**Kohlhammer
Urban**
-Taschenbücher

Band 468

»Entscheidend ist, dass jede Zeit ihre eigene
Auslegung, ihr eigenes
Erlebnis der Bibel findet
und sie stets neu verlebendigt.
Dann wird sie nie Opium sein, sondern ein Licht,
das immer wieder in eine dunkle Welt hinein-
leuchtet und sie zu erhellen versucht.«

Robert Jungk

Friedrich Johannsen

Alttestamentliches Arbeitsbuch für Religionspädagogen

unter Mitarbeit von Simone Ferme

2., überarbeitete Auflage

Verlag W. Kohlhammer
Stuttgart Berlin Köln Mainz

Die Deutsche Bibliothek – CIP-Einheitsaufnahme

Johannsen, Friedrich:
Alttestamentliches Arbeitsbuch für Religionspädagogen / Friedrich Johannsen.
Unter Mitarb. von Simone Ferme. – 2., überarb. Aufl. –
Stuttgart ; Berlin ; Köln : Kohlhammer, 1998
  (Urban-Taschenbücher ; Bd. 468)
  ISBN 3-17-015260-2

Zweite, überarbeitete Auflage 1998
Alle Rechte vorbehalten
© 1987 W. Kohlhammer GmbH
Stuttgart Berlin Köln
Verlagsort: Stuttgart
Umschlag: Data Images GmbH
Gesamtherstellung:
W. Kohlhammer Druckerei GmbH + Co. Stuttgart
Printed in Germany

Inhaltsverzeichnis

Vorwort 11

1. Erste Orientierungen und Problemanzeigen 12
   1.1. Zur Bezeichnung 12
   1.2. Kanonisierung und Übersetzung 13
   1.3. Methodik der Bibelauslegung 20
       1.3.1. Zur Auslegungsgeschichte 20 –
       1.3.2. Die Chance der neuen Wahrnehmung 22 –
       1.3.3. Historisch-Kritische Anzätze 24
   1.4. Auslegung und Interesse 30
   1.5. Wahrheit und Geschichte 31

2. Zur Entstehungsgeschichte 34
   2.1. Die Entstehung des Pentateuch (5 Bücher Mose) . 35
       2.1.1. Grundlegende Fragerichtungen der Pentateuch-Forschung 35 – 2.1.2. Grundrichtungen der Hypothesenbildung 36 – 2.1.3. Neuere Ansätze 37
   2.2. Zur Redaktionsgeschichte von Josua, Richter, Samuelbücher, Königsbücher: Das deuteronomistische Geschichtswerk (DtrG) 38
   2.3. Schematische Darstellung der Entstehung des Pentateuch und des DtrG 40
   2.4. Zur Entstehung der übrigen Schriften 41

3. JHWH, Gott der Befreiung – Das Reden von Gott in der Hebräischen Bibel 42
   3.1. Das alttestamentliche Gottesbild – Problemanzeige 42
   3.2. Identität im Wandel – Annäherungen an das Reden on Gott in der Hebräischen Bibel 45
   3.3. Religionsgeschichtliche Aspekte – Ursprung und Entwicklung des JHWH-Glaubens 49
   3.4. Leitgedanken des Redens von Gott in den Überlieferungen der Hebräischen Bibel 51
       3.4.1. Erinnerung der Befreiung – Feier des befreiten Lebens 53 – 3.4.2. Förderung des Lebens – Der Regenbogen 59 – 3.4.3. Die Unterscheidung von Gott und den Göttern 60

4. Der Rahmen der Freiheit – Urgeschichtliche
   Überlieferungen 63
   4.1. Das Thema Schöpfung heute 63
   4.2. Die Schöpfungsüberlieferungen im Jerusalemer
        Geschichtswerk 65
   4.3. Weisheitliches Schöpfungsverständnis: Psalm 104   68
   4.4. Die Urgeschichte der Priesterschrift 71
   4.5. Die Schöpfungstradition bei Deuterojesaja 79
   4.6. Von der Schöpfungstheologie zur ökolo-
        gischen Theologie 81
   4.7. ... macht euch die Erde untertan! 83
   4.8. Der sogenannte Sündenfall – Kritische
        Exegese und dogmatische Tradition 85
   4.9. Die Erzählung von Kain und Abel (Gen 4,1-16) . 88
   4.10. Die Botschaft des Regenbogens 94
   4.11. Der Turmbau zu Babel 103

5. Aufbruch und Orientierung – Zur theologischen und
   didaktischen Bedeutung der Überlieferungen von den
   Erzeltern Israels (Gen 12-50) 107
   5.1. Beobachtungen zur Komposition der Erzeltern-
        erzählungen (Gen 12-37) 108
   5.2. Verpflichtung zum Gehorsam oder Aufbruch
        zur Mündigkeit? 113
   5.3. Didaktische Konsequenzen aus Wirkungs-
        und Forschungsgeschichte 115
   5.4. Beispiele eines erfahrungsbezogenen Verständnis-
        ses der Erzelternerzählungen 118
        5.4.1. Abraham 118 – 5.4.2. Jakobs Kampf
        am Jabbok 120 – 5.4.3. Die Bindung Isaaks
        (Gen 22) 123
   5.5. Die Joseferzählung 127

6. Macht und Recht – Kritische Betrachtungen der
   Überlieferungen von der frühen Königszeit in Israel 132
   6.1. Zu Inhalt und Redaktion des Richterbuches,
        der Samuelbücher sowie der Königsbücher 133
   6.2. Der Übergang zur Königsherrschaft und ihre
        Beurteilung 135
        6.2.1. Übersicht zur Redaktion von 1 Sam 8-12
        136 – 6.2.2. Übersicht zur Redaktionsgeschichtlichen
        Analyse von 1 Sam 10,17-27 137 –
        6.2.3. Prinzipielle Königskritik und
        königsbejahende Tendenzen 138

6.3.	Das vorstaatliche Israel	139
6.4	Das Königtum Sauls	140
6.5.	Beispiele königskritischer Texte	141
	6.5.1. Die Jothamfabel (Ri 9,8-15) 141 – 6.5.2. Herrschaftskritik in der Gideon-Geschichte (Ri 6-8) 143	
6.6.	Legitimation des (davidischen) Königtums	144
	6.6.1. Der Aufstieg Davids 145 – 6.6.2. Die schillernde Gestalt des David – Wirkungsgeschichte 147 – 6.6.3. Die Geschichte von der Thronfolge Davids (ThFG) 149	
6.7.	Zur Gesamtbeurteilung des Königtums	150
6.8.	Grausamkeit, Gewalt und Krieg	153
7.	Einspruch um der Zukunft willen – Zur Bedeutung der Prophetie in Israel	156
7.1.	Was ist Prophetie?	158
7.2.	Methodische Zugänge zum Verständnis der Prophetie	159
7.3.	Begriffliche Orientierungshilfen	161
7.4.	Welcher Prophet spricht wahr?	164
7.5.	Berufungsgeschichten	166
7.6.	Zur Funktion der Unheilsverkündigung	166
7.7.	Unheil als Durchgang zu neuer Zukunft – Zum Beispiel „Jeremia"	170
7.8.	Aufbruch in eine hoffnungsvolle Zukunft – Zum Beispiel Deuterojesaja (DtJes)	174
7.9.	Das Buch Jona	176
7.10.	Messianische Texte	177
7.11.	Über die Prophetie lernen? – Von der Prophetie lernen?	179
8.	Lebensregeln der Befreiten – Gesetze und Gebote	185
8.1.	Zu den Rechtstexten des Pentateuch	185
8.2.	Die 10 Gebote	186
	8.2.1. Zur Disskussion um den Gegenwartsbezug 187 – 8.2.2. Allgemeines 189 – 8.2.3. Zur Entstehungsgeschichte des Dekalogs 190 – 8.2.4. Bewahrung konkreter Freiheit als ursprüngliche Intention 192 – 8.2.5. Zu den Einzelgeboten des Dekalogs 194	
8.3	Nicht nur die 10 Gebote	204
9.	Im Schatten des Patriarchats – Zur Rolle der Frau und der Beziehung der Geschlechter in der Hebräischen Bibel	207
9.1.	Vorbemerkung zum Thema „Feministische Theologie" und Hebräische Bibel	208

9.2.	Die Frau in der Hebräischen Bibel	210
9.3.	Die Rolle Evas	214
9.4.	Preisgabe der Ahnfrau – Zur Auslegung von Gen 12,10-20; 20 und 26	219
9.5.	Das Hohelied der Liebe	223
9.6.	Das Buch Rut	226

10. Leiden und Lernen – Das Buch Hiob 229
    10.1. Hinführung 230
    10.2. Auslegung 231

11. Kein Zugang mehr zum Baum des Lebens – Leben und Tod in der Hebräischen Bibel 245
    11.1. Auf der Suche nach dem Leben 246
    11.2. Gegen die Mächtigkeit des Todes 248
    11.3. Todeserfahrung im Leben 250
    11.4. Lebensfördernde Weisungen 252
    11.5. Hoffnung auf segensreichen Fortgang der Geschichte 253
    11.6 Das Todesgeschick des Menschen im Spiegel der weisheitlichen Literatur 254
    11.7. Grab und Begräbnis 256
    11.8. Hoffnung über den Tod hinaus? 257
    11.9. Bitte und Dank, Lob und Klage 258
           11.9.1. Tod und Leben in den Psalmen 258 –
           11.9.2. Exkurs: Der Psalter 260

12. Geschichte des alten Israel und Probleme der Rekonstruktion 262
    12.1. Geschichten und Geschichte 262
    12.2. Beispiele für historische Spekulationen 263
    12.3. Die Problematik der Zeitberechnung in der alten Geschichte 264
    12.4. Die Frühgeschichte Israels 266
           12.4.1. Zeit der Erzeltern 267 – 12.4.2. Aufenthalt in Ägypten und Exodus 268
    12.5. Der Ursprung Israels und seine Landnahme – das vorstaatliche Israel 269
           12.5.1. Zur biblischen Darstellung der Geschichte in den Büchern Josua und Richter 269 –
           12.5.2. Zur sogenannten Landnahme – Archäologische Spuren des alten Israels im 12. und 11. Jahrhundert v. Chr. 271 –
           12.5.3. Zu den Stämmen Israels 274

12.6.	Die frühe Königszeit – Saul, David und Salomo .	275
	12.6.1. Saul 275 – 12.6.2. David 276 – 12.6.3. Salomo 277	
12.7.	Die Zeit der Reiche Juda und Israel	278
	12.7.1. Die Trennung der Reiche 279 – 12.7.2. Die Geschichte Judas und Israels bis zu ihrem Untergang 280 – 12.7.3. Zerstörung des Tempels – Babylonisches Exil 282	
12.8.	Zur Entwicklung des Judentums in nachexilischer Zeit	283
	12.8.1. Von der babylonischen zur persischen Herrschaft 284 – 12.8.2. Die Hellenistische Zeit 286 – 12.8.3. Von der Hasmonäerzeit bis zur römischen Herrschaft 288	
12.9.	Zeittafel zur Geschichte Israels	290

Anmerkungen 292

Anhang 305

   Register 305

   Karte 1: Großmächte des alten Orients 309

   Karte 2: Reich Davids 310

   Karte 3: Vermutliche Besiedelung Kanaans vor der Staatengründung 311

Vorwort

Das Arbeitsbuch bietet eine Orientierung über Grundfragen zum Verständnis und zur Auslegung des Alten Testaments / der Hebräischen Bibel (1.), eine Einführung in seine Entstehung (2.) sowie zehn relativ geschlossene, auch unabhängig voneinander lesbare, thematische Darstellungen, einschließlich einer kurzgefaßten Geschichte des alten Israel (12.). Es ist primär für Studierende der Theologie und Religionspädagogik, Referendar/innen und Lehrer/innen konzipiert, die sich wichtige Themen und Problembereiche der at.lichen Schriften, ihrer Theologie und ihrer Wirkungsgeschichte erarbeiten möchten.

Damit ist bereits gesagt: Wie schon das „Neutestamentliche Arbeitsbuch für Religionspädagogen" in dieser Reihe (Bd. 439) ist auch dieser Band nicht auf eine möglichst erschöpfende Präsentation der wissenschaftlichen Fragestellungen und der Auslegungsmethoden angelegt. Es wurde vielmehr eine Auswahl von Themen und Problembereichen getroffen, die für die religionspädagogische Arbeit eine elementare und exemplarische Bedeutung besitzen sowie Grundlagen schaffen für problemorientierte und symboldidaktische Zugänge in der Praxis.

Neben einer allgemeinen, grundlegenden Orientierung über die historisch-kritischen Befunde zu den ausgewählten Bereichen werden auch neuere, z. T. umstrittene Zugangsweisen und Problemsichten dargestellt, die in der gegenwärtigen Auseinandersetzung eine besondere Rolle spielen. Sie sollen den Leser/innen Hilfestellung zu sachkundiger Urteilsfindung geben. Konstitutiv einbezogen sind dabei Aspekte der Wirkungsgeschichte und aktuelle Kontroversen darüber, um das Anliegen des Buches zu unterstreichen, die biblische Literatur als Dialogpartner für in Kirche und Gesellschaft strittige Fragen ins Spiel zu bringen.

In der zweiten Auflage wurden die Trends der neueren Forschung behutsam berücksichtigt und einige in der religionspädagogischen Praxis relevante Themen und Texte hinzugefügt. Die in der ersten Auflage in einem eigenen Kapitel entfaltete Exodustradition wurde in das 3. Kapitel eingearbeitet. Die Kriegstradition wird in 6.8 thematisiert, die Friedenshoffnung u. a. in 7.11.

Verstärkt wurde dem Sachverhalt Rechnung getragen, daß das Alte Testament zugleich die Heilige Schrift des Judentums ist. Um diesen Hintergrund bewußter zu machen, wird trotz des unveränderten Titels in den Kapiteln die Bezeichnung „Hebräische Bibel" verwendet und der Gottesname als Tetragramm (JHWH) geschrieben. Um die thematische Erschließung zu erleichtern, wurde das Register erweitert.

Ich danke Frau Wiss. Ass. Simone Ferme für ihre kritisch-konstruktive Mitarbeit bei der inhaltlichen und formalen Bearbeitung des Buches.

Hannover, den 1. Mai 1998 *Friedrich Johannsen*

1. Erste Orientierungen und Problemanzeigen

בראשית

GENESIS

בראשית א 1

CAPUT I.

בְּרֵאשִׁית בָּרָא אֱלֹהִים אֵת הַשָּׁמַיִם וְאֵת הָאָרֶץ: וְהָאָרֶץ
הָיְתָה תֹהוּ וָבֹהוּ וְחֹשֶׁךְ עַל־פְּנֵי תְהוֹם וְרוּחַ אֱלֹהִים מְרַחֶפֶת
עַל־פְּנֵי הַמָּיִם: וַיֹּאמֶר אֱלֹהִים יְהִי אוֹר וַיְהִי־אוֹר: וַיַּרְא
אֱלֹהִים אֶת־הָאוֹר כִּי־טוֹב וַיַּבְדֵּל אֱלֹהִים בֵּין הָאוֹר וּבֵין
הַחֹשֶׁךְ: וַיִּקְרָא אֱלֹהִים ׀ לָאוֹר יוֹם וְלַחֹשֶׁךְ קָרָא לָיְלָה וַיְהִי־
עֶרֶב וַיְהִי־בֹקֶר יוֹם אֶחָד:
וַיֹּאמֶר אֱלֹהִים יְהִי רָקִיעַ בְּתוֹךְ הַמָּיִם וִיהִי מַבְדִּיל בֵּין מַיִם
לָמָיִם: וַיַּעַשׂ אֱלֹהִים אֶת־הָרָקִיעַ וַיַּבְדֵּל בֵּין הַמַּיִם אֲשֶׁר
מִתַּחַת לָרָקִיעַ וּבֵין הַמַּיִם אֲשֶׁר מֵעַל לָרָקִיעַ וַיְהִי־כֵן:
וַיִּקְרָא אֱלֹהִים לָרָקִיעַ שָׁמָיִם וַיְהִי־עֶרֶב וַיְהִי־בֹקֶר יוֹם

Die Abbildung zeigt den Anfang der Hebräischen Bibel. Die Bibel beginnt mit dem hebräischen Buchstaben Bet (b).

ב

Das Bet ist offen nur nach links in Leserichtung. Es verwehrt den Blick nach hinten, oben und unten. Es fordert zum Lesen, zum *Weiter*lesen auf und nicht zur Spekulation darüber, was vor dem Anfang war.[1]

1.1. Zur Bezeichnung

In diesem Buch geht es um *den* Teil der Bibel, der in der christlichen Tradition **„Altes Testament"** genannt wird. Die Bezeichnung **„Altes Testament"** ist in den letzten Jahren zurecht problematisiert worden, weil sich damit eine gezielte Abgrenzung vom Judentum und eine

Fülle negativer Konnotationen verbindet. Von den vorgeschlagenen und diskutierten Alternativbezeichnungen hat bisher keine breite Akzeptanz gefunden.

Die Alternative „**Erstes Testament**" versucht den Zusammenhang der beiden Teile der Bibel deutlich zu machen, dabei aber die mit der Bezeichnung „Altes" verbundenen negativen Assoziationen zu vermeiden.

Die Bezeichnung „**Jüdische Bibel**" (Tanach) macht bewußt, daß es sich beim sogenannten „Alten Testament" um die heilige Schrift des Judentums handelt, die eine doppelte Fortsetzung im Talmud und im Neuen Testament gefunden hat.

Die Bezeichnung „**Hebräische Bibel**" erinnert daran, daß es sich um eine religionsgeschichtliche Urkunde handelt, die im Gegensatz zu den in Griechisch abgefaßten Schriften des Neuen Testaments ein Werk der jüdischen Tradition ist, das die Christen als **Ganzes** für ihre Heilige Schrift übernommen haben. Um diesen Sachverhalt bewußt zu halten, wird in diesem Arbeitsbuch in der Regel auf die Bezeichnung „Hebräische Bibel" zurückgegriffen.

Die neutestamentlichen Texte verwenden in der Regel die Bezeichnung „**Schriften**", wenn sie sich auf die Sammlung der schriftlichen Überlieferungen des Judentums beziehen.

1.2. Kanonisierung und Übersetzungen

Der Umfang dieser Sammlung von Schriften war mit Beginn der hellenistischen Zeit (um 300 v. Chr.) weitgehend abgeschlossen, und die einzelnen Schriften wurden nicht mehr überarbeitet. Sie hatten den Status von „heiligen Schriften" erreicht, die ausgelegt, aber nicht mehr verändert wurden.

Die endgültige ***Kanonisierung*** (Kanon-Richtschnur), d. h. die Abgrenzung des Bestandes an Einzelschriften als verbindliche heilige Schriften und Ausschluß anderer Schriften **(Apokryphen),** wurde für den hebräischen Kanon allerdings erst um *100 n. Chr. durch die Synode von Jamnia* festgelegt.

Der **hebräische Kanon (Tanach)** gliedert sich in die Teile:
- ***Tora*** (Gesetz): Pentateuch (5 Bücher Mose)
- ***Nebiim*** (Propheten): von Josua bis 2Kön (ohne das Buch Rut) und alle prophetischen Bücher
- ***Ketubim*** (Schriften): u. a. Psalter, Spruchweisheiten, Hiob, Rut, Ester.

In dem Kunstwort TaNaCh sind die Anfangsbuchstaben dieser drei Teile enthalten (CH=K).

Bis auf Teile der Bücher Daniel und Esra, die in der aramäischen Sprache abgefaßt sind, ist die Ursprache der übrigen Schriften **Hebräisch**.

Das **Hebräische** als eine kanaanäische Sprachvariante wurde in der Königszeit bis zum Exil (586 v. Chr.) im Raum Palästina einschließlich des Ostjordanlandes verwendet. Aus der Zeit der assyrischen Herrschaft ist allerdings deutlich, daß das Aramäische (Altsyrisch) die übergreifende Verkehrssprache war, die von der persischen Zeit an das Hebräische als Umgangssprache nach und nach verdrängte. Als Alltagssprache abgelöst wuchs seine Bedeutung als Sprache der Schriften, des Gottesdienstes, des Gebets und der Erziehung. Erst mit der hellenistischen Zeit wurde die für das Hebräische bis dahin verwendete phönizische Schrift durch die bis heute verwendete sogenannte hebräische Quadratschrift ersetzt.[2]

Die Texte in unseren deutschen Bibelausgaben sind Übersetzungen. Eine Übersetzung ist aber immer auch schon ein Stück Interpretation. Das kann das Wortspiel *über*-setzen oder *üb'*-ersetzen deutlich machen. Machen Sie die Probe und vergleichen Sie die Fassungen von Gen 12,1-9 in den bekanntesten deutschen Übersetzungen (Vergleich der Übersetzungen s. u.).

Ein Vergleich verschiedener Übersetzungen ist für die Arbeit mit biblischen Texten, die sich nicht auf den hebräischen Text beziehen, eine Hilfe, der Bedeutung im Urtext näherzukommen.

Die Übersetzung von **Buber-Rosenzweig**[3] zeichnet sich dadurch aus, daß Eigentümlichkeiten der hebräischen Sprache, die nicht in gebräuchliche deutsche Formulierungen zu übertragen sind, durch die besondere Form der Verdeutschung erkennbar bleiben.

Für eine gründlichere Bearbeitung sollten wissenschaftliche Übersetzungen, die z. B. in guten Kommentaren[4] enthalten sind, herangezogen werden.

Lutherbibel, Zürcher Bibel, Einheitsübersetzung (u. a.) sind gegliedert in:
- die Geschichtsbücher
- die Poetischen Bücher
- die Prophetischen Bücher.

Uneinheitlichkeit des christlichen Kanons

In der hellenistischen Zeit übersetzten Diasporajuden die Tora, Prophetische und weitere Schriften ins Griechische. Die bekannteste Übersetzung ist die **Septuaginta (LXX)**, die vermutlich zwischen dem 3. und 1. vorchr. Jahrhundert in Alexandria entstand.

Um 400 n. Chr. ist der Septuagintakanon von den westlichen Kirchen als **Heilige Schrift** anerkannt worden. Die Sammlung enthält einen erweiterten Bestand an Schriften (u. a. Tobias, Judit, Die Weisheit Salomos, Jesus Sirach, Baruch, das 1. und 2. Makkabäerbuch), die auch in die **lateinischen Übersetzungen (Itala, Vulgata)** aufgenommen wurden. Diese **Apokryphen** werden in der römisch-katholischen Tradition zum AT gerechnet (Entscheidung des Tridentinum 1546 n. Chr.).

Die **Kirchen der Reformation** schlossen sich wieder dem hebräischen Kanon an. Für Luther waren die Apokryphen ‚gut und nützlich' zu lesen, aber der Heiligen Schrift nicht gleichgestellt.

Wichtig zu wissen ist, daß die neutestamentlichen Schreiber auf alttestamentliche Schriften in griechischen Übersetzungen zurückgreifen (d. h., daß auch Schriften zitiert werden, die im hebräischen Kanon nicht zu finden sind).

Unterschiede zwischen den einzelnen Bibelausgaben haben aber nicht immer ihren Grund in verschiedenen Übersetzungen. Gelegentlich greifen die Übersetzungen auf abweichende Textüberlieferungen zurück.

Von keiner biblischen Schrift existiert eine Urschrift. Den Vorlagen der Übersetzungen geht eine Kette von Abschriften voraus. Die wissenschaftliche Ausgabe der Hebräischen Bibel (Biblia Hebraica) hat den Codex Leningradensis, der um 1000 n. Chr. in Kairo geschrieben wurde, als Grundlage. Die deutschen Übersetzungen basieren auf dieser Ausgabe und der kritischen Auswertung verschiedener anderer älterer Handschriften (oft zufällige Funde wie 1947 in Qumran).

Man unterscheidet ältere **Papyrushandschriften** (wegen der Verderblichkeit des Materials nur in Fragmenten erhalten) und jüngere Codices (Schriften auf **Tierfellen/Pergament**). Wichtige Handschriften sind: Codex Sinaiticus, Codex Vaticanus, LXX-Handschriften aus dem 4. Jh. n. Chr. und die Funde von Qumran, z. B. Jesajarolle aus dem 1. Jh. v. Chr.

Für die Überlieferung der Hebräischen Bibel wurde die Arbeit von jüdisch-rabbinischen Gelehrten, den sogenannten **Masoreten** (Überlieferer), bedeutungsvoll, die ab 500–1000 n. Chr. in Tiberias und Babylon wirkten. Ihnen verdanken wir die (künstliche) **Vokalisierung** der ursprünglich nur aus Konsonanten bestehenden hebräischen Wörter. Damit wurde vor allem die Aussprache und Bedeutung eindeutig(er) gemacht. Die von den Masoreten festgelegte Textfassung wird als masoretischer Text (Abkürzung MT) bezeichnet.

Vergleich verschiedener Übersetzungen von Gen 12,1-9

Aufgabe:
- Vergleichen Sie die 4 Übersetzungen von Gen 12, 1-9!

Luther (Rev. 1984)	Einheitsübersetzung (1980)	Zürcher Bibel	Buber – Rosenzweig (Neub. 1954)
Abrams Berufung und Zug nach Kanaan	Abrahams Berufung und Wanderung nach Kanaan: 12,1-9	**Abrahams Berufung.** Seine Wanderung nach Kanaan	
12 Und der Herr sprach zu Abram: Geh aus deinem Vaterland und von deiner Verwandtschaft und aus deines Vaters Hause in ein Land, das ich dir zeigen will.	**12** Der Herr sprach zu Abram: Zieh weg aus deinem Land, von deiner Verwandtschaft und aus deinem Vaterhaus in das Land, das ich dir zeigen werde.	**12** ¹ Und der Herr sprach zu Abram: Ziehe hinweg aus deinem Vaterlande und aus deiner Verwandtschaft und aus deines Vaters Hause in das Land, das ich dir zeigen werde;	**Er sprach zu Abram:** Geh vor dich hin aus deinem Land, aus deiner Verwandtschaft, aus dem Haus deines Vaters in das Land, das ich dich sehn lassen werde.
² Und ich will dich zum großen Volk machen und will dich segnen und dir einen großen Namen machen, und du sollst ein Segen sein.	² Ich werde dich zu einem großen Volk machen, dich segnen und deinen Namen groß machen. Ein Segen sollst du sein.	² so will ich dich zu einem grossen Volke machen und dich segnen und deinen Namen berühmt machen, dass er zum Segensworte wird.	Ich will dich zu einem großen Stamme machen und will dich segnen und will deinen Namen großwachsen lassen. Werde ein Segen.

16

³Ich will segnen, die dich segnen, und verfluchen, die dich verfluchen; und in dir selber gesegnet werden alle Geschlechter auf Erden.

⁴ Da zog Abram aus, wie der HERR zu ihm gesagt hatte, und Lot zog mit ihm. Abram aber war fünfundsiebzig Jahre alt, als er aus Haran zog.

⁵ So nahm Abram Sarai, seine Frau, und Lot, seines Bruders Sohn, mit aller ihrer Habe, die sie gewonnen hatten, und die Leute, die sie erworben hatten in Haran, und zogen aus, um ins Land Kanaan zu reisen. Und sie kamen in das Land,

⁶ und Abram durchzog das Land bis an die Stätte bei Sichem, bis zur Eiche More; es wohnten aber zur Zeit die Kanaaniter im Lande.

³ Ich will segnen, die dich segnen; wer dich verwünscht, den will ich verfluchen. Durch dich sollen alle Geschlechter der Erde Segen erlangen.

⁴ Da zog Abram weg, wie der Herr ihm gesagt hatte, und mit ihm ging auch Lot. Abram war fünfundsiebzig Jahre alt, als er aus Haran fortzog.

⁵ Abram nahm seine Frau Sarai mit, seinen Neffen Lot und alle ihre Habe, die sie erworben hatten, und die Knechte und Mägde, die sie in Haran gewonnen hatten. Sie wanderten nach Kanaan aus und kamen dort an.

⁶ Abram zog durch das Land bis zur Stätte von Sichem, bis zur Orakeleiche. Die Kanaaniter waren damals im Land.

³ Segnen will ich, die dich segnen, und wer dir flucht, den will ich verfluchen; und mit deinem Namen werden sich Segen wünschen alle Geschlechter der Erde.

⁴ Da zog Abram hin, wie ihm der Herr geboten hatte, und Lot zog mit ihm. Abram aber war 75 Jahre alt, als er aus Haran wegzog.

⁵ Und Abram nahm sein Weib Sarai und Lot, seines Bruders Sohn, und all ihre Habe, die sie gewonnen, und die Leute, die sie in Haran erworben hatten, und sie wanderten aus, um ins Land Kanaan zu ziehen. Und sie kamen ins Land Kanaan.

⁶ Da zog Abram durch das Land bis zur Stätte von Sichem, bis zur Orakel-Terebinthe. Damals aber waren die Kanaaniter im Lande.

Segnen will ich, die dich segnen, die dich lästern, verfluche ich.
Mit dir werden sich segnen alle Sippen des Bodens.
Abram ging, wie ER zu ihm geredet hatte, und Lot ging mit ihm.
Siebzig Jahre und fünf Jahre war Abram, als er aus Charan fuhr.
Abram nahm Sfarai sein Weib und Lot seinen Brudersohn, allen Zuchtgewinn, den sie gewonnen, und die Seelen, die sie sich zu eigen gemacht hatten in Charan.
Sie fuhren aus, in das Land Kanaan zu gehen.
Sie kamen in das Land Kanaan.
Abram durchquerte das Land bis zum Weihplatz von Sichem,

⁷ Da erschien der HERR dem Abram und sprach: Deinen Nachkommen will ich dies Land geben. Und er baute dort einen Altar dem Herrn, der ihm erschienen war.

⁸ Danach brach er dort auf ins Gebirge östlich der Stadt Bethel und schlug sein Zelt auf, so daß er Bethel im Westen und Ai im Osten hatte, und baute dort dem HERRN einen Altar und rief den Namen des HERRN an.

⁹ Danach zog Abram weiter ins Südland. | ⁷ Der Herr erschien Abram und sprach: Deinen Nachkommen gebe ich dieses Land. Dort baute er dem Herrn, der ihm erschienen war, einen Altar.

⁸ Von da brach er auf zum Bergland östlich von Bet-El und schlug sein Zelt so auf, daß er Bet-El im Westen und Ai im Osten hatte. Dort baute er dem Herrn einen Altar und rief den Namen des Herrn an.

⁹ Dann zog Abram immer weiter, dem Negeb zu. | ⁷ Da erschien der Herr dem Abram und sprach zu ihm: Deinen Nachkommen will ich dieses Land geben. Und er baute daselbst dem Herrn, der ihm erschienen war, einen Altar.

⁸ Danach brach er von dannen auf nach dem Gebirge östlich von Bethel und schlug sein Zelt auf, Bethel im Westen und Ai im Osten; da baute er dem Herrn einen Altar und rief den Namen des Herrn an.

⁹ Dann zog Abram immer weiter nach dem Südland. | bis zur Steineiche des Rechtweisers. Der Kanaaniter war aber damals im Land. ER ließ von Abram sich sehen und sprach: Deinem Samen gebe ich dieses Land. Er baute dort eine Schlachtstatt IHM, der von ihm sich hatte sehen lassen. Von da rückte er vor zum Gebirge, östlich von Bet-El, und spannte sein Zelt, Bet-El im Westen und Ai im Osten. Dort baute er IHM eine Schlachtstatt und rief den NAMEN aus. Dann zog Abram fortgehenden Zugs nach dem Südstrich. |

Kanonvergleich

AT – Einheitsübersetzung	AT – Lutherübersetzung	Der Tanach
Tora / Der Pentateuch Genesis Exodus Levetikus Numeri Deuteronomium **Die Bücher der Geschichte** Josua Richter Rut 1 Samuel 2 Samuel 1 Könige 2 Könige 1 Chronik 2 Chronik Esra Nehemia *(Tobit)* (Judit) Ester *(+ Zusätze LXX)* (1 Makkabäer) (2 Makkabäer) **Die Bücher der Weisheit** Hiob Psalmen Sprichwörter Kohelet Hoheslied *(Weisheit Salomos)* (Jesus Sirach) **Die Bücher der Prophetie** Jesaja Jeremia Klagelieder (Baruch) Ezechiel Daniel *(+ Dan 13-14)* Hosea Joel Amos Obadja Jona Micha Nahum Habakuk Zefanja Haggai Sacharja Maleachi	**Tora / Der Pentateuch** Genesis Exodus Levetikus Numeri Deuteronomium **Geschichtsbücher** Josua Richter Rut 1 Samuel 2 Samuel 1 Könige 2 Könige 1 Chronik 2 Chronik Esra Nehemia Ester **Lehrbücher und Psalmen** Hiob Psalmen Sprichwörter Kohelet Hoheslied **Die Bücher der Prophetie** Jesaja Jeremia Ezechiel Daniel Hosea Joel Amos Obadja Jona Micha Nahum Habakuk Zefanja Haggai Sacharja Maleachi **Die Apokryphen** Judit Weisheit Salomos Tobias Jesus Sirach Baruch 1 Makkabäer 2 Makkabäer Ergänzungen zu Ester Ergänzungen zu Daniel Gebet Manasses	**Tora „Weisung"** Genesis Exodus Levetikus Numeri Deuteronomium **Nebiim „Propheten"** Josua Richter 1 Samuel 2 Samuel 1 Könige 2 Könige ----------------- Jesaja Jeremia Ezechiel Hosea Joel Amos Obadja Jona Micha Nahum Habakuk Zefanja Haggai Sacharja Maleachi **Ketubim „Schriften"** Psalmen Hiob Sprichwörter Rut Hoheslied Kohelet Klagelieder Ester Daniel Esra Nehemia 1 Chronik 2 Chronik

1.3. Methodik der Bibelauslegung

1.3.1. Zur Auslegungsgeschichte[5]

Die Übernahme der Bibel Israels als christliches Altes Testament setzte zwangsläufig einen Prozeß der Auslegung in Gang, diesen Teil der Bibel als **Buch der christlichen Kirche** zu verstehen.

Die frühchristliche Verkündigung hatte das Christusereignis von den Schriften Israels her verständlich gemacht. Mit der Verbindung von Altem und Neuen Testament standen die von Israel kanonisierten Schriften in einem neuen Kontext, von dem her die Hebräische Bibel neu erschlossen werden mußte. Dabei ging es erst in zweiter Linie um Methoden der Auslegung. An erster Stelle diente Auslegung dazu, die überlieferten Texte mit der neuen Situation, der Gottesoffenbarung in Christus, in Beziehung zu setzen und auf sie hin auszulegen. Jeder Auslegungsprozeß ist Sinnsuche, die den Weg beschreitet, neben dem wörtlichen (literalen) Sinn nach weiteren Sinndimensionen zu fragen. Seit der Zeit der Kirchenväter wurde nach und nach ein System der methodischen Sinnsuche entwickelt, das die Auslegung bis durchs Mittelalter bestimmte und in der **Lehre vom vierfachen Schriftsinn** ihren Ausdruck fand.

Bestimmend wurden in diesem Verfahren die aus der griechischen Rhethorik bekannten Grundmuster von Allegorese (Übertragung) und Typologie, bei der die alten Schriften von der als vollkommen verstandenen Offenbarung im NT her als Präfigurationen (Vorformen) entschlüsselt wurden.

Dieses Verfahren setzt für seine Denkbewegung die Struktur von Verheißung und Erfüllung voraus und entfaltet im Prozeß der Auslegung diese Annahme.

> Bekanntestes Beispiel ist die Typologie von Adam als ersten und Christus als neuem (vollendeten, wahren) Menschen.

Lehre vom vierfachen Schriftsinn:

1. Neben dem grundlegenden *historischen* (literalen, „fleischlichen") Wortsinn wird
2. im *allegorischen* (geistlichen oder mythischen) Sinn nach dem Hinweis der Wörter eines Textes und des ganzen AT auf etwas anderes gefragt,
3. im *tropologischen* Sinn die moralische Deutung, die Frage nach der sittlichen Bedeutung erhoben und
4. im *anagogischen* Sinn der Hoffnungsgehalt (die eschatologische Dimension) entfaltet.

Ein **Merkvers** aus dem 13. Jahrhundert faßt diese Sinndimensionen anschaulich zusammen:
> Der Buchstabe lehrt das Geschehene;
> was zu glauben ist, die Allegorie;
> der moralische (Sinn), was zu tun ist;
> wohin zu streben ist die Anagogie.[6]

Auch in der rabbinisch-jüdischen Schriftauslegung hat sich eine Lehre vom mehrfachen Schriftsinn entwickelt, die nicht dem Schema Weissagung (Verheißung) und Erfüllung folgte, sondern den buchstäblichen Text als „von Gott gegebenes Material (nimmt), an dem man seinen Erfindungsreichtum im Entdecken sprachlicher Möglichkeiten erproben kann, um so Antwort auf seine Fragen zu erhalten."[7]

Als Auslegungsprinzip gilt, daß jeder neue Sinn, der über den buchstäblichen Sinn hinausgeht, auf den Literalsinn als Grundlage zurückbezogen wird, da der kanonische Text verbindliche Vorgabe bleibt.

Aus heutiger Sicht ist die Leistung dieser Auslegungstradition als ambivalent zu beurteilen, weil damit zugleich ein Prozeß der Enteignung der jüdischen Bibel von ihren ursprünglichen Eignern und eine Entwertung der Hebräischen Bibel als eigenständigem Zeugnis verbunden war.

Während in den ersten christlichen Jahrhunderten Bibelauslegung auch die Ausbildung christlicher Lehre anleitete, wurde mit zunehmender Machtentfaltung der Kirche Auslegung immer stärker von **dogmatischen Vorentscheidungen** und der **feststehenden Kirchenlehre** normiert, so daß die verschiedenen Ebenen der Schriftauslegungen immer mehr den Charakter der Bestätigung, Entfaltung und Illustration von Lehre bekamen.

Luther und die Reformatoren wandten sich aufgrund dieser mit den Auslegungsprinzipien verbundenen Funktionalisierung der Schrift zur Stabilisierung von Dogmen und Hierarchie gegen die Auslegungstradition nach dem vierfachen Schriftprinzip. Sie bezogen sich ganz auf den wörtlichen Sinn zurück, der allerdings mit dogmatischen Überzeugungen verknüpft und kritisch unterschieden wurde. Für den Auslegungsprozeß wurde nun ein Maßstab im Sinne eines kritischen Erkenntnisprinzips leitend, der in der Frage nach dem, „was Christum treibet", gebündelt ist. Die Wahrheit der Schrift ist nur vom Christusereignis als ihrer Mitte her zu verstehen, als Gottes freisprechendes Wort. Damit wurde eine grundlegende Option zugunsten der befreienden Aspekte der Überlieferung gesetzt und ein kritischer Maßstab entwickelt.

In einer gewissen Entsprechung zu diesem reformatorischen Ansatz zielte auch die im Kontext der Aufklärung mit J. Salomon Semler (†

1791) einsetzende historisch-kritische Bibelauslegung auf Freiheit von dogmatischer Bevormundung.

Der hiermit begonnene Weg erschloß die biblischen Schriften mit historischen und philologischen Methoden, in Anlehnung an die historische und literaturwissenschaftliche Forschung. Auch wenn dabei bisweilen der methodische Umgang zu einer Engführung auf historische Fragestellungen führte, wurden insgesamt eine Fülle anregender Erkenntnisse und Perspektiven entwickelt.

Bei ihren Kanonentscheidungen haben das Judentum und die christliche Gemeinde eine Vielfalt verschiedener Überlieferungen nebeneinander gelten lassen. Diese vielfältige Gestalt ist Grundlage von Auslegungsprozessen wie von Lernprozessen.

Die Hebräische Bibel – sowie die Bibel insgesamt – ist kein Buch eindeutiger Aussagen.

Wer zuviel Eindeutiges herausliest, zeigt eher, daß er selektiv und oberflächlich verfährt:

Geschichten und Gegengeschichten – Gesetz und Evangelium – Zuspruch und Widerspruch.

Sie ist ein Buch des Lernens – im Sinne einer Wegbegleitung, nicht der Rezepte und ein Buch der Offenheit, aber nicht Beliebigkeit.

1.3.2. Die Chance der neuen Wahrnehmung

Die jüdisch-christliche Tradition hat mit ihrer Kanon-Entscheidung die Texte der Hebräischen Bibel als richtungsweisende Überlieferungen definiert. Diese Vorgabe zielt auf eine immer neu auslegende Begegnung.

Ziel- oder besser Wegrichtung einer lernenden Begegnung mit den alten Texten der Hebräischen Bibel ist die Wahrnehmung dessen, was sie für eine tiefere, andere, neue Wahrnehmung der heutigen Gegenwart und der eigenen Situation austragen. Von dieser Ausrichtung her sind zwei gebräuchliche Rezeptionsformen problematisch:
- die Rezitation der Überlieferung zur Bestätigung einer vorhandenen Einstellung
- die Beschränkung der Auslegung auf ein „damals Gemeintes".

Beiden Rezeptionsformen, die in vielfältigen Variationen auftreten, ist gemeinsam, daß die Texte – bzw. die hinter den Texten stehenden Autoren als Kommunikationspartner nicht ernst genommen werden. Beide Rezeptionsformen weisen aber auch auf zwei Pole der Auslegungspraxis, die ihr relatives Recht haben und mit den Begriffen *Nähe* und *Distanz* beschrieben werden können. Für diesen Prozeß des Lernens sind beide Aspekte wichtig: ohne Distanz gibt es keine Irritation, keine Herausforderung, ohne Nähe keinen Anknüpfungspunkt, damit das Fremde zum Eigenen werden kann. Im Auslegungs- und Lernprozeß ist die Klärung der Voreinstellung genauso wichtig wie die kritische Analyse der Differenz, die auch in der Wahrnehmung des historischen Grabens liegt.

In der Vielfalt der entwickelten Methoden spiegeln sich die Bemühungen, um über Nähe und Distanz Zugang zu den alten Texten zu bekommen.

Für Lehrende und Lernende ist im Interesse einer gelingenden Kommunikation untereinander und mit den Texten wichtig, sich der Implikationen, Chancen und Grenzen verschiedener Methoden bewußt zu werden.

Es würde den Rahmen dieses Buches sprengen, hier einen Überblick aller gebräuchlichen Zugänge zu Bibeltexten geben zu wollen.[8] Grob unterscheiden lassen sich zwei Richtungen methodischer Zugänge:

1. Methoden, die den Text in seinen historischen Zusammenhängen wahrnehmen, also von einer zeitlichen Differenz zwischen dem biblischen Text und der Gegenwart ausgehen („diachrone" Herangehensweise).

Beispiele: Historisch-Kritische Auslegung, Sozialgeschichtliche Auslegung;

2. Methoden, die von einer unmittelbaren Beziehung des Textes zum Leser ausgehen, also die zeitliche Differenz außer acht lassen („synchrone" Herangehensweise).

Beispiele: Tiefenpsychologische Auslegung, Befreiungstheologische Auslegung.

Eine eindeutige Zuordnung läßt sich allerdings nur bei den wenigsten Auslegungsrichtungen durchführen, da häufig diachrone und synchrone Herangehensweisen kombiniert werden.[9]

Die Methodenvielfalt bietet die Chance, verschiedene Fragerichtungen gewissermaßen experimentell an den Text heranzutragen und so das Wahrnehmungsspektrum zu erweitern. Es muß dabei aber auch bedacht werden, daß es oft von der Art der Texte abhängt, ob einzelne Methoden eine sinnvolle Herangehensweise darstellen. So trägt bspw. eine feministische Auslegung der Kain und Abel Erzählung (Gen 4,1-16) weniger aus als eine Auslegung unter tiefenpsychologischer Perspektive.

In den folgenden Kapiteln werden bei der thematischen Erarbeitung solche methodischen Fragerichtungen besonders akzentuiert, die für die Erschließung der spezifischen Texte jeweils besonders aufschlußreich sind:

- Literarkritik in der Noahgeschichte (Kap. 4)
- Gattungsgeschichte bei den Prophetenüberlieferungen (Kap. 7)

- ein sozialgeschichtlicher Ansatz bei den Gesetzen und Geboten (Kap. 8)
- tiefenpsychologische Zugänge bei den Erzelterngeschichten (Kap. 5)
- eine feministische Auslegung des Rutbuches (Kap. 9)
- jüdische Auslegungstradition in der Jonaerzählung (Kap. 7)

Trotz einer langen Zeit historisch-kritischer Forschung zur Hebräischen Bibel[10] eröffnen neue Fragestellungen und Methoden oft überraschend neue Aspekte. Seit den 80er Jahren konnten besonders durch die **sozialgeschichtliche** Fragestellung neue Erkenntnisse gewonnen werden. Hierbei werden die realen Lebenssituationen und Verhältnisse in den verschiedenen Epochen der Geschichte Israels untersucht.[11]

Eine zunehmende Bedeutung haben die unter dem Stichwort **linguistische Auslegungen** zusammengefaßten sprachanalytischen Methoden. Darin wird der Text als komplexes Kommunikationssystem aufgefaßt, dessen Struktur nach syntaktischen, semantischen und pragmatischen Kriterien untersucht wird.

Gegenüber der traditionellen historisch-kritischen Exegese, die sich vor allem auf Vorstufen der späteren Textgestalt und die Exegese von kleinen Einheiten konzentrierte, kommt in der neueren Forschung die Endgestalt der kanonisierten Schriften als literarisches Gesamtwerk neu in den Blick. In der sogenannten **kanonischen Schriftauslegung**, die nicht im fundamentalistischen Sinne mißverstanden werden darf, finden insbesondere intertextuelle Bezüge starke Beachtung. Es geht um eine Zusammenschau von Bezügen und Entsprechungen in den verschiedenen Schriften, die leicht mittels einer Konkordanz erhoben werden können. Zitate und Motive können sich so wechselseitig erhellen und auslegen. Unter Rückgriff auf die historische Abfolge der Schriften ist u. a. das Anwachsen, der Wechselbezug und die Neustrukturierung von Motiven zu entdecken. Diese Ausrichtung nähert sich einerseits der Tradition jüdischer Schriftauslegung, andererseits kommt darin auch Luthers These neu zur Geltung, daß die heilige Schrift sich selbst interpretiert und aus sich heraus verständlich sei.

Wegen der besonderen und im Prinzip unverzichtbaren Bedeutung der historisch-kritischen Exegese für eine wissenschaftliche Auslegung der Überlieferung, wird diese in ihren grundlegenden Ansätzen im folgenden erläutert.

1.3.3. Historisch-Kritische Ansätze

Das Anliegen der historisch-kritischen Methoden ist es, die biblische Literatur unter dem Aspekt ihrer Zeitbedingtheit zu untersuchen. Es wird nach der Geschichte der Texte, den konkreten historischen Bedingungen ihrer Entstehung, bzw. ihres Entstehungsprozesses und ihrer Bedeutung bzw. Funktion in den rekonstruierbaren Gestaltungsstufen bis hin zur uns überlieferten Endgestalt des Texte gefragt.

Die historisch-kritische Exegese ist Produkt der modernen Bibelwissenschaft, deren Anfänge in die Zeit der Aufklärung zurückgehen. Sie löste nach und nach die oben skizzierten sogenannten vorwissenschaftlichen Auslegungsmethoden ab (siehe Kap. 1.3.1.). Die methodischen Schritte wurden immer weiter differenziert und ausgefeilt; sie werden in ihren Ansätzen im folgenden beschrieben.

> Um Mißverständnisse zu vermeiden sei angemerkt, daß die bei verschiedenen wissenschaftlichen Auslegungsmethoden benutzte Wortverbindung mit -kritik, „Kritik" vor allem als Unterscheidungslehre versteht. So geht es bei der Textkritik darum, mit Hilfe verschiedener Grundsätze die wahrscheinlich ursprünglichste Textform von solchen tradierten Textformen zu unterscheiden, die wahrscheinlich durch Abschreibefehler o.ä. entstanden sind.

Textkritik

Die Tatsache, daß uns von keiner alttestamentlichen Schrift eine Urschrift überliefert ist und die verschiedenen bekannten Abschriften z. T. voneinander abweichen, macht eine Aufgabe erforderlich, die in der wissenschaftlichen Arbeit als **TEXTKRITIK** bezeichnet wird.

Hierbei geht es um die Unterscheidung der verschiedenen abweichenden Überlieferungen (Lesarten) und ihre versuchsweise Erklärung. Ihr Ziel ist die Rekonstruktion der hypothetisch ältesten Textgestalt.

Textkritische Arbeit setzt Hebräische Sprachkenntnisse und Kenntnisse über die Besonderheiten der bekannten Handschriften voraus (siehe Kap. 1.2.)

Literarkritik

In der seit der Aufklärung einsetzenden Bibelwissenschaft ist neben der Textkritik vor allem die sogenannte **LITERARKRITIK** wichtig geworden.

Dieser Methode liegt die Beobachtung zugrunde, daß in die überlieferte Textgestalt bereits literarische Vorformen (Quellenschriften) eingegangen sind. Literarkritik bzw. Quellenscheidung befaßt sich daher mit der Unterscheidung vermuteter literarischer (schriftlicher) Vorformen der überlieferten Texte.

Leitend ist die Frage nach der sogenannten „Einheitlichkeit" eines Textes durch Beobachtungen von Unebenheiten und Unstimmigkeiten.

Vielleicht kann Sie eine Betrachtung des folgenden Textes auf die Spur dieser Methode bringen:

Der Wetterbericht
FRANKFURT A. M., 27. April (FR). Im Süden meist heiteres Wetter, nach Norden zunehmend bewölkt und vereinzelte Regenfälle prophezeit das Wetteramt. Nach anfangs sonnigem Wetter wird es im Tagesverlauf stark bewölkt, abends zeitweise Regen. Die Tageshöchsttemperaturen liegen bei 12 Grad. Nachts bei stürmisch auffrischenden Nordwestwinden regnerisch mit Tiefsttemperaturen um 4 Grad. Die Höchstwerte sollen bei 15, die Tiefstwerte bei 3 Grad liegen. Aussichten: Unbeständig und Temperaturrückgang.

Auf welche Gedanken bringt Sie dieser Text? Unter dem Aspekt „Einführung in die Hebräische Bibel" mag das Wort „prophezeien" in den Blick kommen. Mit einiger Phantasie läßt sich auch eine Brücke zur Erzählung von der großen Flut in der Urgeschichte schlagen. Erst auf den 2. Blick fällt vielleicht auf, daß hier irgend etwas nicht stimmen kann.

Aufgabe:
- Versuchen Sie, diese Unstimmigkeiten zu erklären!

Während der erste Satz eine unterschiedliche Wetterentwicklung im Süden und Norden ankündigt, weist der 2. Satz auf eine Wetterveränderung im Tagesverlauf hin. Der 3. Satz nennt Temperaturen um 12 Grad als Höchstwert, der 5. Satz Temperaturen um 15 Grad. Auch bei der Nennung der Tiefsttemperatur ergibt sich eine Differenz von einem Grad, wenn man Satz 4 und 5 vergleicht. Satz 1 und 4 enthalten Verben, die dem vorhersagenden Charakter eines Wetterberichts eher entsprechen (prophezeien, sollen ... liegen) als die schlichten Behauptungen der Sätze 2 und 3. Schließlich fällt auf, daß die Ansagen der Sätze 2 und 3 sich wohl nur auf das Wetter im nördlichen Bereich beziehen können.

Aus den einzelnen Beobachtungen läßt sich der Schluß ziehen, daß dieser vordergründig als einheitliches Stück erscheinende „Wetterbericht" zumindest aus 2 verschiedenen Texten (Quellen) zusammengesetzt ist.

Es läßt sich vermuten, daß die Sätze 1, 4 und 5 zusammengehören und die ebenfalls zusammengehörenden Sätze 2 und 3 hier eingeschoben wurden.

In der Tat ist das Textstück so entstanden, daß dem Wetterbericht der „Frankfurter Rundschau" ein Ausschnitt des Wetterberichts der „Hannoverschen Allgemeinen Zeitung" vom gleichen Tag eingefügt wurde.

Besonders anhand von **Texten der Genesis** wurden Beobachtungen gemacht, die zu der Hypothese führten, daß aus in verschiedenen

Zeiten verschriftlichten sogenannten Quellenschriften später die bis heute überlieferte Gesamtfassung entstanden ist.

Beobachtungen die Anlaß für diese Überlegung wurden, beziehen sich auf:

1. inhaltliche Widersprüche,
2. stilistische, sprachliche und grammatische Unterschiede,
3. Wiederholungen und Doppelüberlieferungen.

Ein besonders anschauliches Beispiel für die sogenannte Quellenscheidung ist die Erzählung von der Flut in Gen (1. Mose) 6,5 - 9,17 (siehe Kap. 4.10).

Ein weiteres Schulbeispiel ist Ex 14,21-30 (siehe Kap. 3.4.1).

Eine literarkritische Unterscheidung ist abgesehen von diesen Schulbeispielen nur bei wenigen Texten der Hebräischen Bibel so eindeutig möglich. Die theologischen Versuche der Quellenzuordnungen finden sich in den Einleitungen zum Alten Testament. Diese weichen zum Teil erheblich voneinander ab.

Die analysierten Quellenteile wurden wie Puzzlestücke zusammengelegt, um daraus zusammenhängende theologische Entwürfe wie die Priesterschrift und die inzwischen umstrittenen jahwistischen und elohistischen Geschichtswerke (siehe Kap. 2) zu rekonstruieren, die in mehr oder weniger großem Umfang in die Endgestalt der Hebräischen Bibel eingearbeitet worden sind. Auch wenn die Einzelergebnisse umstritten bleiben, gibt diese Arbeit Einblick in den Wachstumsprozeß der Bibel, bei dem die Wachtumsringe mehr oder weniger deutliche eigene Konturen in der Glaubensgeschichte Israels hinterlassen haben.

Überlieferungskritik

Die literarkritische Analyse ist nach zwei Seiten hin weiter entfaltet worden.

In der **ÜBERLIEFERUNGSKRITIK** wird nach Vorstufen der Texte in schriftlicher, vor allem aber in *mündlicher* Erzähltradition gefragt und versucht, die Entwicklungsstadien von mündlichen Vorfassungen bis zur vorgefundenen Textgestalt hypothetisch zu erklären, um so eine Überlieferungsgeschichte des Textes zu rekonstruieren.

Eine besondere Rolle spielen vor allem in Texten mit altem Überlieferungsgut die sogenannten **Ätiologien**, in denen ein gegenwärtiger Zustand mit einem Ereignis in der Vergangenheit erklärt wird. So werden z. B. die Ursprünge des Kultortes Bethel mit der Erzählung von Jakob und der Himmelsleiter (Gen 28, 10-19) oder die Sprachverwirrung, die Zerstreuung der Menschheit und der Name der Stadt Babel mit der Erzählung vom Turmbau zu Babel (Gen 11, 1-9) erklärt.

Quellen- und Redaktionskritik

Zur anderen Seite hin wurde die literarkritische Arbeit dahingehend entfaltet, daß nach den Quellen und den Redaktionsschritten gefragt wurde.

Die QUELLENKRITIK untersucht den Zusammenhang des analysierten Textes in einer größeren Einheit (Quellenschrift), in dem der Einzeltext vor seiner Eingliederung in die heutige Gesamtkomposition seinen Ort hatte. (Zu den Quellenschriften des Pentateuch siehe Kap. 2.)

Die REDAKTIONSKRITIK fragt nach dem Wachstumsprozeß von der ersten rekonstruierbaren schriftlichen Fassung bis zu der Gesamtkomposition und nach der redaktionellen Arbeit, ihrem Ort und den leitenden Gesichtspunkten, die die Gesamtredaktion der heutigen Textgestalt prägten.

Leitende Fragen sind:
– Läßt sich der Text einer hypothetischen Quellenschrift als Bestandteil einer größeren Einheit zuordnen?
– Wo sind Spuren von redaktionellen Bearbeitungsschritten zu erkennen?

Form- und Gattungskritik

Eine weitere Fragerichtung in der neueren Forschungsgeschichte verbindet sich mit dem Stichwort GATTUNGSFORSCHUNG bzw. FORMGESCHICHTE, die in ihren Grundzügen von **Hermann Gunkel** (1862–1932) entwickelt wurde.

Grundlage dieser Methode ist einerseits die Wahrnehmung des Zusammenhangs von Form und Inhalt, andererseits daß einzelne Sprachformen in typischen Situationen ihren Ursprung haben. Für solche Ursprungssituationen wurde der Begriff „Sitz im Leben" geprägt. Solche Ursprungssituationen können Gerichtsverhandlungen, Gottesdienste, Orakel, Lagerfeuer von Nomaden oder Chroniken von Herrscherhäusern sein.

Die Denkbewegung der Gattungsforschung bzw. Formanalyse läßt sich nachvollziehen, wenn man sich vergegenwärtigt, daß auch in unseren Lebenszusammenhängen von Formen auf den Inhalt geschlossen werden kann: so lassen sich aus bestimmten Flaschenformen Rückschlüsse auf den Inhalt ziehen. Solche Rückschlüsse sind auch im Bereich von Sprachformen möglich. Für einzelne Verwendungssituationen sind bestimmte Sprachmuster typisch. Man denke z. B. an Gebrauchsanweisungen, Beipackzettel für Medikamente oder Wegbeschreibungen einerseits und Glückwünsche, Liebeserklärungen und Schlagertexte andererseits. Typische Sprachformen sind mit bestimmten Anlässen und Inhalten verbunden und lassen z. B. auf einen mehr praktischen bzw. mehr poetischen Bedeutungshorizont zurückschließen. Analog lassen sich biblische Gesetzestexte und Chronologien von Sagen, Gebeten etc. in bezug auf ihre Form und ihre typische Verwendungssituation (Sitz im Leben) unterscheiden.

In biblischer Zeit war sprachliche Äußerung stärker an vorgeprägte Sprachmuster gebunden als heute.

Wie bei literarischen Textgestaltungen üblich, haben auch die biblischen Autoren bei ihrer Gestaltung auf vorgeformte Sprachmuster zurückgegriffen und diese in neue Zusammenhänge eingebunden. Das alte Sprachmuster erhält so einen *neuen* Sitz im Leben. Ein Beispiel: Die sogenannte Botenformel „So spricht JHWH" hatte vermutlich ihren *ursprünglichen* Sitz im Leben in der diplomatischen Sprache. In dieser Form teilte z. B. der Großkönig seinen Untergebenen seinen Willen mit. Wenn die Überlieferung diese Botenformel aufnimmt und auf JHWH überträgt, erhält sie damit einen neuen Sitz im Leben in der prophetischen Rede Israels.

Durch einen Rückschluß auf den ursprünglichen Sitz im Leben lassen sich also Anknüpfungspunkte für das Textverständnis gewinnen.

Ob ein Text als **Sage**, als **Gebet** oder **Königschronik** identifiziert wird, bedeutet zugleich, daß sein Sinn auf je verschiedenen Ebenen gesucht werden muß. So enthalten unsere Volksmärchen z. B. auch wichtige Weisheiten, die sich allerdings kaum unter historischer Fragestellung erschließen lassen.

Bei der Form- und Gattungsbestimmung geht es also um die Frage, auf *welche Kommunikationsstruktur* der Text zurückgreift und mit *welcher Intention* er sie so strukturiert.

Typische Analyseschritte:
1. Beobachtung der formalen Gestalt eines Einzeltextes durch *Gliederung* in die einzelnen Textsequenzen;
2. Untersuchung der *stilistischen Merkmale* (Poetische Sprache? – Nominal- oder Verbalstil? u. a.);
3. Untersuchung der *Sprachform* (Bericht, Erzählung, Gebet, Klage) und Aussageabsicht;
4. Zuordnung zu einer (bekannten) *Gattung*, der die drei Kriterien entsprechen;
5. Frage nach der ursprünglichen *Verwendungssituation* („Sitz im Leben") einer Gattung und Überlegung, ob der Verfasser diese Gattung in seiner Textgestalt benutzt oder verfremdet und ihr einen neuen „Sitz im Leben" gibt.

Motiv- und Traditionskritik

Die MOTIV- UND TRADITIONSKRITIK geht von der Beobachtung aus, daß Einzeltexte auf vorgeprägte Traditionen und Motive zurückgreifen, an sie anknüpfen und gestalten bzw. in neue Zusammenhänge einbinden. Daher wird untersucht, ob und wie ein Text bekannte Motive, Vorstellungen und Denkstrukturen wie geprägte Sprachbilder, Themen, Vorstellungszusammenhänge, Motive u. ä. verwendet.

1.4. Auslegung und Interesse

Im Blick auf die sich ausdifferenzierenden methodischen Zugänge muß festgehalten werden, daß es zur wesentlichen Erfahrung neuzeitlicher Wissenschaft gehört, daß es *keine wert- und interessenfreie Wissenschaft* gibt. Wo sie behauptet wird, dient dies meist zur Verschleierung der eigenen Interessen. Die historisch-kritische Exegese verfolgte von Anfang an das Interesse, Herrschaftsverhältnisse, bzw. autoritäre Herrschaft in Kirche und Gesellschaft, die sich auf die Autorität der als normativ verstandenen Bibeltexte bezog, dadurch zu destruieren und ihnen den ideologischen Boden zu entziehen, daß sie die biblischen Texte als zeit- und ortsgebundene Produkte erklärte. Sie richtete sich gegen Macht und Unfreiheit, die mit dem unkritischen Gebrauch der Texte einherging. Sie hat weiterhin diese Funktion, wo der Rückgriff auf die Bibel mit autoritärer Gebärde geschieht. Dennoch ist wahrzunehmen, daß sich die Ausgangslage, die Situation, in der Auslegung betrieben wird, insgesamt verändert hat.

Nicht ganz zu Unrecht wird aber in den letzten Jahren gegenüber der historisch-kritischen Exegese und ihrem Monopolanspruch eingewendet, daß sie Anteil hat an dem imperialen Gebaren moderner Wissenschaft und dem von ihr gestützten Anspruch, die gegenwärtigen Maßstäbe von Sinn, Logik und Lebenseinstellung zum beherrschenden Maßstab für Vergangenheit und Zukunft zu machen.[12] Durch rein technisch-mechanische Anwendung von Methoden wird der Zugang zu den Texten „beherrscht", die Überlieferungen verlieren aber ihre Funktion als Kommunikationspartner. So als „technische" Instrumente angewandt, können diese Methoden überraschende Entdeckungen und Wahrnehmungen ganz neuer Aspekte eher verhindern als fördern.

Gegen die Zurichtung der Vergangenheit von gegenwärtigen Zwecken her plädiert J. Ebach. Er tritt für eine *kritische, aber möglichst zweckfreie Erinnerung der Überlieferung* ein, in der auch die Vielfalt der Überlieferung zur Sprache kommen kann, wie es in der jüdischen Auslegungsgeschichte immer schon geschah.[13] Die Texte des Pentateuchs/der Tora können der jüdischen Tradition folgend unterschieden werden in Texte der **Halacha** (Weg, verbindliche Lebensorientierung) und Texte der **Haggada** (aramäisch Aggada; Erzählung, erzählende Auslegung). Die Halacha gibt möglichst eindeutige ethische Entscheidungen, die Haggada ist als vielfältige erzählerische Auslegung der Tradition zu verstehen, die in immer neuen Gedankengängen von Generation zu Generation angereichert wird. Ebach macht darauf aufmerksam, daß es in der christlichen Bibelauslegung oft umgekehrt zugeht: eine Textauslegung soll möglichst eindeutig sein, bei den ethischen Konsequenzen setzt dann die Beliebigkeit ein.[14]

1.5. Wahrheit und Geschichte

Es gibt in der Geschichte der neuzeitlichen Bibelauslegung mit ihren Trends zur Historisierung eine hartnäckige Tendenz, Wahrheit mit *historischer Wahrheit* gleichzusetzen. Wenn im Sinne fundamentalistischer Reduktion das historische Ereignis selbst zum Gegenstand des Glaubens wird, liegt alles daran, seine Faktizität als vergangene Wirklichkeit um jeden Preis zu behaupten. Wenn die Ereignisse auch ausgeschmückt sind, es muß doch ein historischer Kern zu finden sein, der auch materielle Spuren hinterlassen hat.

„Arche Noah"
Die Bibel sagt die Wahrheit! Die Lösung eines ihrer größten Geheimnisse, die Arche Noah, liegt am Berge Ararat in der Türkei. Immer wieder haben Expeditionen an den Hängen des Ararat im Osten der Türkei nach den Resten der Arche Noah gesucht. Im Oktober 1985 gelang es einem deutschen Filmteam, der Montana-Film Mainz, bis zu der Stelle vorzudringen, an der dieses biblische Schiff mit rund 15000 BRT liegen soll. Inzwischen hat die türkische Regierung den Fundort gesperrt, um im kommenden Jahr dort mit Grabungen zu beginnen. Vor den Deutschen haben schon über dreißig andere Expeditionen geglaubt, das Geheimnis des Ararat gelüftet zu haben, doch keiner kam seinem Ziel so nahe wie die Gruppe der deutschen Bergsteiger, die auch erst beim zweiten Versuch fündig wurde. Sie können Augenzeugen dieses spannenden Expeditions-Filmes werden, den auch der Westdeutsche Rundfunk gesendet hat.
Bestellen Sie die 45-Minuten-Video-Kassette.

Die Anzeige zur „**Arche Noah**" ist Symptom einer Reduktion von „Glaubenswahrheit" auf die Ebene historischer Ereignisse. Eine solche Fragehaltung wird der **Vielschichtigkeit** der Überlieferungen nicht gerecht und verfehlt die Eigenart **religiöser Sprache**. Diese wird nur angemessen erfaßt, wenn für sie ähnliches gilt, wie P. Klee das für

31

ein Kunstwerk formuliert hat: religiöse Sprache „gibt nicht das Sichtbare wieder, sondern macht sichtbar".[15] Nun gibt es durchaus viele Bereiche, wo die historische Forschung und die Archäologie für das Verständnis biblischer Texte einen Beitrag leisten können (z. B. bei der Erhellung des sozialgeschichtlichen Hintergrundes verschiedener biblischer Epochen). Etliche biblische Überlieferungen sind auf historische Situationen und Probleme bezogen. Da die Geschichte die Folie der sie theologisch deutenden Geschichten ist, ist die Erhebung und Kenntnis des hypothetischen Verlaufs der historischen Ereignisse für die Exegese eine wichtige Grundlage.[16] Wie die historisch-kritische Erforschung aufgezeigt hat, unterscheiden sich der reale Geschichtsverlauf und die theologisch-reflektierte Darstellung geschichtlicher Überlieferungen aber z. T. erheblich voneinander. Zu beachten ist dabei, daß die theologisch-literarische Gestaltung den Rückgriff auf die frühere Zeit immer im Interesse der *eigenen Gegenwart* und ihrer Zukunft macht. Die Erinnerungen an die historischen Ereignisse werden von den Verfassern als Material für eine literarisch-theologische Auseinandersetzung mit ihrer Lebenswirklichkeit bzw. mit der Situation des Volkes verwendet. Die Gegenwart der Verfasser wird im Spiegel der Vergangenheit reflektiert. Dabei wird die Geschichte des Volkes literarisch so entfaltet, daß die damaligen Rezipienten daraus ein neues Verständnis ihrer Gegenwart im Lichte des JHWH-Glaubens gewinnen konnten.

Daher ist die Beachtung der zeitlichen Bedingungen, unter denen ein Text gestaltet wird, für die Sinnerschließung meist wichtiger als die Zeit, über die er handelt. Besonders anschaulich läßt sich diese These an der Jonanovelle veranschaulichen: Die vermutlich in spätpersischer oder frühhellenistischer Zeit (also zwischen 350 und 300 v. Chr.) verfaßte Novelle greift auf eine Geschichtskonstellation (Jona, Ninive) zurück, wie sie im 8. vorchr. Jh. bestand, thematisiert aber Fragen der eigenen Zeit.

Die Geschichtsschreibung der Bibel ist (wie auch manche andere Geschichtsschreibung) also deutlich von den subjektiven Interessen der Verfasser geprägt und damit stark ideologisch motiviert (siehe z. B. die Königsbücher, Kap. 6). Die Texte der Bibel sind immer als theologische Texte zu lesen, in denen es um das Verstehen der jeweiligen Gegenwart aus der Perspektive des Glaubens geht. Diese Wahrnehmung hat entscheidende Bedeutung für den Auslegungsprozeß. Weder eine Ausrichtung auf *überzeitliche* Wahrheiten noch auf *historische* Wahrheiten wird der Eigenart und den Intentionen der Überlieferungen gerecht.

Gegen Auslegungsmethoden und Interpretionsinteressen, die auf *einen* Sinn von Texten abzielen, bringt die in der Literaturwissenschaft entwickelte **Rezeptionsästhetik** die Erfahrung ins Spiel, daß erst die Leserin bzw. der Leser den Sinn eines Textes konstituieren. Von diesem Ansatz her kann die Vielfalt von Methoden zur Vielfalt von Lesehilfen werden.

Literatur:

Baldermann, Ingo: Einführung in die Bibel, Göttingen⁴1993; *Böcker*, Hans Joachim u. a.: Altes Testament, Neukirchen-Vluyn,⁵1996; *Lang*, Bernhard: Die Bibel. Eine kritische Einführung, Paderborn²1994; *Ohler*, Annemarie: Grundwissen Altes Testament. Ein Werkbuch. Bd. 1: Pentateuch. Bd. 2: Deuteronomische Literatur. Bd. 3: Propheten, Pslamen, Weisheit, Stuttgart 1986 ff; *Zenger*, Erich, u. a.: Einleitung in das Alte Testament, Stuttgart u. a. *Berg,* Horst Klaus: Ein Wort wie Feuer. Wege lebendiger Bibelauslegung, München 1991; *Dohmen*, Christoph/ *Stemberger*, Günter: Hermeneutik der Jüdischen Bibel und des Alten Testaments, Stuttgart u. a. 1996

2. Zur Entstehungsgeschichte

Foto: F. Johannsen

2.1. Die Entstehung des Pentateuch (5 Bücher Mose)

2.1.1. Grundlegende Fragerichtungen der Pentateuch-Forschung

Der Pentateuch ist – wie andere biblische Bücher und die gesamte Bibel – in seiner uns überlieferten Endgestalt eine **literarische Gesamtkomposition**, in der im Ganzen, aber auch in ihren Teilen jeweils ein planvolles theologisches Profil zu entdecken ist.

Zugleich ist sie aber auch eine **Sammlung von literarischen Zeugnissen verschiedener Verfasser** aus verschiedenen Zeiten, mit verschiedenen Intentionen. Es ist eine Eigentümlichkeit, daß offensichtlich für die Tradenten oder Redaktoren die Treue zur Überlieferung wichtiger war als die Auflösung von Widersprüchen, die durch das Wachstum der Überlieferung entstanden waren.

In jüngster Zeit ist ein neues Interesse an der Gesamtkompostion und der Endgestalt der Texte festzustellen. Die bisherige Forschungsgeschichte hat sich vor allem für die Vorformen und die Entstehungsgeschichte der Einzeltexte interessiert.

In der mit der Aufklärung einsetzenden **literarkritischen Betrachtung** des Pentateuch (5 Bücher Mose) gehört mit zu den ersten Entdeckungen, daß Gen 1 - 2,3 und Gen 2,4 - 3 aus verschiedenen Gründen unterschiedlichen literarischen Quellen zuzurechnen sind. Wegen des dort benutzten Gottesnamens **Jahwe (JHWH)** wurden der bzw. die Verfasser der Quellenschrift, der in der Urgeschichte Gen 2,4b - 4 sowie wesentliche Teile von 6–9 u. 11 zugerechnet werden, als **Jahwist (J)** bezeichnet.

Diese Quellenschicht wurde unterschieden von der erst ab Gen 15 fragmentarisch erhaltenen Quellenschicht **E (Elohist**, nach Elohim; hebr. Gott) und der in der Urgeschichte Gen 1; 5; 10 und Teile von 6–9 umfassenden **Priesterschrift (P)**. Über die Quellenschichten und die Redaktionsgeschichte mit ihren vielfältigen Detailproblemen informieren die „Einleitungen ins Alte Testament".[17] In der neueren Forschung zeigt sich der Trend, **E** als eigenständige Quelle ganz aufzugeben und die Überlieferungen, die der Quelle **J** zugeordnet wurden, zeitlich neu zu bestimmen (siehe Kap. 2.1.3.).

Über den Werdeprozeß des Pentateuch gibt es in der **neueren alttestamentlichen Forschung** tiefgreifende Meinungsverschiedenheiten, die hier nur angedeutet werden können. Ansatzpunkt der literarkritischen Arbeit ist insbesondere die Beobachtung von **Doppelüberlieferungen** und von **Widersprüchen**. Widersprüche fallen neben den Gegensätzen von Gen 1 und 2-3 besonders in der **Flutgeschichte** auf.

Sie können solche Widersprüche in Gen 6,5 - 9,28 selbst entdecken (siehe Kap. 4.10.).

Weitgehend durchgesetzt hat sich die These, daß diese Widersprüche durch die Verbindung bereits literarisch vorgeformter Stücke zustande gekommen sind und nicht durch die Verarbeitung unterschiedlicher mündlicher Überlieferungen in einer Grundschrift.

2.1.2. Grundrichtungen der Hypothesenbildung

Zur Entstehung des Pentateuch wurden vielfältige Hypothesen entwickelt. Es lassen sich drei **Grundrichtungen der Hypothesenbildung** unterscheiden:

1. Quellenhypothese (Urkundenhypothese; Schichtenmodell):
Die ältere Quellenhypothese rechnet mit zunächst **selbständigen Quellenschriften** (mindestens J, E, P), die einen ähnlichen Erzählbogen hatten, der unterschiedlich umfangreich die **Gesamtdarstellung** von der Schöpfung bis zum Tod des Mose enthielt. Diese zu unterschiedlichen Zeiten entstandenen Quellenschriften wurden später von einem oder mehreren Redaktoren zusammengearbeitet. Dabei wurden die Quellen in unterschiedlichem Umfang verwendet. Redaktionen vermutet man nach katastrophalen Ereignissen wie dem Untergang des Nordreiches und dem babylonischen Exil.

2. Erzählkranzhypothese (Fragmenthypothese; Blockmodell):
Ein anderes Erklärungsmodell geht von ursprünglich selbständigen Texten mit **Einzelthemen** wie Schöpfung, Exodus u.s.w. ohne den durchgehenden Erzählzusammenhang des späteren Pentateuch aus. Diese thematisch begrenzten Erzählkränze wurden lange Zeit für sich überliefert und dann viel später in exilischer bzw. frühnachexilischer Zeit zu dem großen Erzählzusammenhang des Pentateuch zusammengestellt.

3. Grundschriftenhypothese (Ergänzungshypothese, Fortschreibungsmodell):
Schließlich wird der Werdeprozeß redaktionsgeschichtlich so erklärt, daß der Pentateuch auf **eine Basis-Urkunde**, die von der Schöpfung bis zum Tode Moses berichtet, zurückgeht. Diese Grundschrift wurde durch verschiedene mündliche oder schriftliche Teiltexte oder interpretierende Ergänzungsschichten angereichert.

Lange Zeit war die Quellenhypothese (1.) in Form des klassischen Modells von **Julius Wellhausen** (1844–1918) in der Pentateuch-Forschung führend.

Ein wichtiges Argument für die Beibehaltung einer modifizierten Quellentheorie (1.) liegt in dem Sachverhalt, daß die Rekonstruktionen von P (besonders), aber auch von J, sich zusammenhängend lesen lassen.

Problematischer ist die **zeitliche Einordnung** der einzelnen Schichten. Die traditionelle Einordnung nach Wellhausen, die auch in religionspädagogische Zusammenhänge übernommen wurde, setzt das jahwistische Werk in der frühen Königszeit an (in der sogenannten salomonischen Aufklärung). Die Plausibilität einer bereits in der frühen Königszeit entstandenen jahwistischen Quellenschrift ist in der Forschung jedoch inzwischen soweit erschüttert worden, daß auch religionspädagogische Rezipienten sich davon lösen müssen. Das *klassische* Wellhausen-Modell zur Pentateuch-Entstehung ist vor allem in bezug auf die Frühdatierung von J nicht mehr haltbar.

2.1.3. Neuere Ansätze

Die neuere Pentateuch-Forschung liefert modifizierte Modelle zu jeder der vorgestellten Hypothesen. Diesem Arbeitsbuch wird das von E. Zenger vorgeschlagene Modell einer Kombination von Erzählkranzmodell und reduziertem Quellenmodell zugrundegelegt.[18]

Erzählkränze bilden eine Zwischenebene zwischen kleinen Einzelüberlieferungen und Gesamtdarstellungen unter der Perspektive einzelner Themen oder Gestalten.

Vereinfacht verlief der **Entstehungsprozeß des Pentateuch** möglicherweise folgendermaßen:
1. In den späteren Pentateuch sind drei Überlieferungsströme (Quellen) zusammengeflossen, die zunächst eine voneinander unabhängige Geschichte hatten:
   a) Komposition von Erzählkränzen nichtpriesterlicher Texte (JG = Jerusalemer Geschichtswerk);
   b) priesterliche Texte (P);
   c) deuteronomistische Texte (Dtn).
2. Eine erste übergreifende Geschichtsdarstellung unter Verwendung von überlieferten Erzählungen entstand vermutlich nach dem Untergang des Nordreiches (722 v. Chr.) unter Einfluß von prophetischen Gestalten wie Amos, Hosea, Jesaja und kann **Jerusalemer Geschichtswerk (JG)** genannt werden (JG entspricht im wesentlichen den in älteren Einleitungen J = Jahwisten zugeschriebenen Teilen). Dieses Werk wurde nach dem Untergang Judas in der Exilszeit (586-538 v. Chr.) bearbeitet und erweitert. Hierbei wurde das alte, bereits mehrfach redigierte Bundesbuch Ex 20,22-23,33 eingearbeitet. Das Ergebnis dieser Bearbeitung kann **Exilisches Geschichtswerk** genannt werden.
3. Ein zweiter umfassender Geschichtsentwurf entstand um 520 in Babylon unter priesterlichem Einfluß (**Grundschrift der Priesterschrift P**[19]) und wurde nach der Rückkehr durch kultisches Material und das Heiligkeitsgesetz (Lev 17-26) erweitert.

4. Die dritte Quelle ist eine Vorform des 5. Buch Mose (Deuteronomium), dessen älteste Gestalt in Form einer reinen Gesetzessammlung auf die Zeit Hiskijas (um 700 v. Chr.) zurückgeführt wird. Diese wurde unter Joschija (um 620 v. Chr.) erweitert und schließlich im Exil ins **Deuteronomistische Geschichtswerk (DtrG)** eingebunden (siehe Kap. 2.2.).

Zwischen 450 und 400 v. Chr. wurden die aus den Quellen entstandenen Ströme im Pentateuch zusammengeführt. In seiner Endgestalt erscheint der Pentateuch als kunstvolle literarische Komposition, in die die Biographie des Mose eingewoben ist. Den äußeren Rahmen bilden die Bücher Genesis und Deuteronomium, den inneren Rahmen die Bücher Exodus und Numeri. Die Mitte des Pentateuch bildet die Agende für den Versöhnungstag im Buch Leviticus (Lev 16-17). Eine Reihe wichtiger Themen (Passa Ex 12 u. Num 9,1-14; der Dekalog Ex 20 u. Dtn 5 u. a.) sind spiegelbildlich um das Buch Leviticus als Zentrum angeordnet.[20] Der Pentateuch spannt den Bogen von der Erschaffung der Erde, der Verheißung des Landes, dem Exodus und der Gabe der Tora mit Einsetzung der Institutionen (Feste, Ämter) zur erneuten Verheißung des Landes an seiner Schwelle.

2.2. Zur Redaktionsgeschichte von Josua, Richter, Samuelbücher, Königsbücher: Das deuteronomistische Geschichtswerk (DtrG)

Mit gewissen Modifikationen stimmt die Forschung darin überein, daß die Bücher Deuteronomium, Josua, Richter, 1. und 2. Samuel, 1. Könige bis 2. Könige 25 während der **Exilszeit** in Israel (möglicherweise um 560 v. Chr. in Mizpa, Judäa) ihre **letzte entscheidende Bearbeitung** erhielten.

Diese These wurde von dem Alttestamentler **Martin Noth** aufgestellt und besonders in seinen *Überlieferungsgeschichtlichen Studien*, 1943, ausgeführt. Allerdings ging Noth noch von der Vorstellung **eines** Autors aus. Wegen der Nähe zum Deuteronomium (Dtn = 5. Mose) erhielt die Überarbeitung der genannten Bücher die wissenschaftliche Bezeichnung **deuteronomistisch** (griechisch deuteros nomos = zweites/wiederholtes Gesetz).[21]

Inzwischen werden in der Forschung unterschiedliche deuteronomistische (dtr) Bearbeitungsstufen angenommen, die nach und nach eine Reihe kleinerer und größerer Sammlungen und Geschichten zu einer sieben Jahrhunderte umfassenden Geschichtsdarstellung zusammenfügten **(Deuteronomistisches Geschichtswerk = DtrG)**.

Bearbeitungsschichten des DtrG nach Walter Dietrich:[22]
- DtrH (dtr Historiker) Grundredaktion der unterschiedlichen älteren Überlieferungen, königsfreundlich

- DtrP (prophetischer Dtr) erste Bearbeitungsschicht, königskritisch
- DtrN (nomistischer, das Gesetz betonender Dtr) zweite Bearbeitungschicht, prinzipielle Ablehnung des Königtums.

Bei den Redaktionen wurden die Stoffe sortiert, geordnet, überarbeitet und mit eigenen Interpretationen versehen, die vor allem in zurück und vorausschauenden Reflexionen beim Übergang von einer wichtigen zur anderen wichtigen Epoche zu finden sind. In meist längeren Redestücken sind die entscheidenden **Grundgedanken dtr Theologie** ausgeführt:

- Dtn 1-3 (Mose Rückblick auf die Wanderung bis zum Horeb und Vorausschau)
- Dtn 31,1-8,34 (Moses Abschiedsrede; Josuas Einsetzung; Moses Tod und Begräbnis)
- Jos 1 (Josua übernimmt die Führung; Beginn der Eroberung des Westjordanlandes)
- Jos 23 (Josuas Abschiedsrede; Ende der Eroberung des Westjordanlandes)
- Ri 2 u. 1 Sam 12 (Beginn und Ende der Richterzeit)
- 1 Sam 8 u. 12 (Reden Samuels)
- 2 Sam 7 (Nathanweissagung; dtr Überarbeitung)
- 1 Kön 3, 9 (Offenbarung an Salomo)
- 1 Kön 8, 14 ff. (Gebet Salomos bei der Tempelweihung)
- 2 Kön 17 (Untergang des Nordreiches)
- 2 Kön 25 (Zerstörung Jerusalems)

> **Aufgabe**:
> - Lesen Sie die angegebenen Texte und versuchen Sie, die Grundgedanken dtr Theologie und Geschichtsbetrachtung zusammenzufassen!

Entscheidendes **theologisches Kriterium** des deuteronomistischen Geschichtswerks ist die alleinige Verehrung JHWHs im Sinne der ersten beiden Gebote, die als fast stereotyper Maßstab an die einzelnen Epochen angelegt werden. Die Tora hat nur den einen Sinn, daß Israel die Götter der Nachbarvölker meidet und an der Bilderlosigkeit des Glaubens festhält.

Während der **Richterzeit** lag die Verantwortung dafür beim ganzen Volk, in der **Königszeit** allein beim König. Die Folgen des über ihn ergangenen Urteils betrafen aber alle. Besonders die Könige des Nordreiches werden fast durchgehend kritisiert. Im Rahmen der Bemühungen, gegenüber Jerusalem selbständig zu werden, hatte der erste König sein eigenes Kultzentrum eingerichtet und sich damit eines Kultvergehens schuldig gemacht. Diese „Sünde Jerobeams" führte nach dtr Interpretation schließlich zum Untergang des Nordreiches. So sind es überhaupt im wesentlichen die Kultvergehen, die unter die Lupe genommen werden, während die für die prophetische Kritik entscheidende politisch-soziale Situation fast gar nicht in den Blick kommt.

Nun hat die dtr Auswahl und Überarbeitung aber glücklicherweise nicht alle **Spuren früherer Überlieferungen und älterer Geschichtsdarstellungen** getilgt, die nicht in ihr Konzept paßten. Auch ist die Überarbeitung in ihrer Intensität sehr unterschiedlich.

Große vordeuteronomistische Überlieferungsstücke, die innerhalb des Werkes noch einen hohen Grad von eigenem Profil zeigen, sind z. B.:
- verschiedene Sammlungen zur Josua- und Richterzeit,
- die jeweils ursprünglich selbständigen Geschichten von Davids Aufstieg und seiner Thronfolge (1Sam 16 - 1Kön 2),
- die Elia-Elisa-Geschichten (1Kön 17 - 2Kön 13).

2.3. Schematische Darstellung der Entstehung des Pentateuch und des DtrG

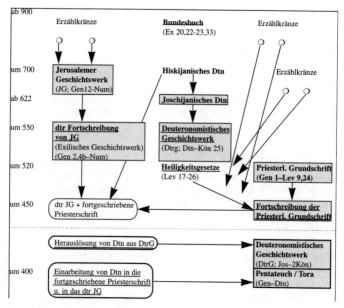

Kombination von Erzählkranzmodell und einem reduzierten Quellenmodell[23]

2.4. Zur Entstehung der übrigen Schriften

Wie der Pentateuch und die Richter-, Samuel- und Königsbücher haben auch die Prophetischen, Bücher, der Psalter und die Weisheitsliteratur einen literarischen Wachstumsprozeß hinter sich, bis sie ihre kanonische Endgestalt erreichten. Auch bei dieser Literatur ist der Entstehungsprozeß immer nur auf der Grundlage von Vermutungen hypothetisch zu erheben. Wie in der Pentateuchforschung ist auch in bezug auf die Entstehung dieser Schriften vieles im Fluß, so daß ältere Kommentare, Einleitungen und Abhandlungen nur noch sehr zurückhaltend verwendet werden sollten. Eine Übersicht über die gegenwärtige Forschungslage zu den einzelnen Schriften und ihre Komposition bietet die *Einleitung in das Alte Testament* von E. Zenger u. a. (Stuttgart u. a. 1995).

Insgesamt zeichnet sich der Trend ab, die Besonderheit der jeweiligen gezielten literarischen Komposition der Endgestalt der einzelnen Schriften mehr in den Blick zu nehmen. Skeptischer wird dagegen die Möglichkeit beurteilt, Originalworte einzelner Propheten identifizieren und auf den Kern ihrer ursprünglichen Botschaft durchstoßen zu können.

Literatur:
Dietrich, Walter: Die frühe Königszeit in Israel. Stuttgart u.a 1997, 202–273; *Kraus*, H. J.: Geschichte der historisch-kritischen Erforschung des Alten Testaments, 3. erw. Aufl., Neukirchen-Vluyn 1982; *Zenger*, Erich u. a.: Einleitung in das Alte Testament, Stuttgart u. a. 1995, 46–75

3. JHWH, Gott der Befreiung – Das Reden von Gott in der Hebräischen Bibel

Tetragramm JHWH

3.1. Das alttestamentliche Gottesbild – Problemanzeige

„Das Alte Testament ein Buch der Rache – das Neue Testament ein Buch der Liebe. Das ist ein immer wieder anzutreffendes Urteil über die beiden Teile der Bibel. Aber nicht nur, daß in der Hebräischen Bibel, im Alten Testament, so viel von Gewalt und Rache die Rede ist, ist ein Eindruck, der es vielen Christen heute schwer macht, das Alte Testament als Urkunde ihres Glaubens anzusehen, sondern mehr noch, daß der Gott Israels selbst als Rachegott erscheint."[24]

Werden Studierende der Religionspädagogik in Einführungsveranstaltungen zur Hebräischen Bibel nach ihren Vorerfahrungen und Problemen mit dem AT befragt, werden Probleme mit dem Gottesbild in der Häufigkeit an erster Stelle genannt.

- Ich komme mit dem Gottesbild im AT nicht klar.
- Ich habe Probleme mit dem strafenden Vater-Gott.

Hartnäckig hält sich das verbreitete Urteil, ein Spezifikum des Alten Testaments sei die Rede vom rächenden, strafenden Gott. Ein Urteil, das sich im Begriff des „alttestamentarischen Gottes" verdichtet und sich in einer Fülle von Einsprüchen aus radikal-humanistischer Perspektive findet, aber auch in christlichen Positionen, die die „Liebesethik" des Neuen Testaments vor diesem Hintergrund profilieren.

Der Einspruch macht sich u. a. fest an Rachepsalmen, Schilderungen von Kriegsereignissen, Darstellungen von Bluttaten und moralischen Exzessen, die mit heutigen Wertvorstellungen nicht vereinbar sind. So folgert etwa Rudolf Augstein nach einer Lektüre des Alten Testaments: „So ergreifend sich die Bibel liest: Ich werde einen Trennungsstrich ziehen müssen zwischen dem Gott des Alten Testaments und mir."[25]

In den letzten Jahrzehnten wurde die **Kritik** aus feministischer Perspektive mit einer Kritik am patriarchalen Gott ergänzt (siehe Kap. 9.).

Auf dem Hintergrund dieses negativen Urteils machte **Hanna Wolff** den Vorschlag, dem alttestamentlichen Gottesbild endlich den Abschied zu geben und ausschließlich das Gottesbild Jesu als christlich zu akzeptieren.[26]

H. Wolff argumentiert tiefenpsychologisch und sieht in den in der Christentumsgeschichte vollzogenen Harmonisierungen des alttestamentlichen mit dem jesuanischen Gottesbild einen krankmachenden, regressiven Akt. Weil mit dem aus verschiedenen menschlichen Entwicklungsstufen stammenden alttestamentlichen Gottesbild und dem ganzheitlichen jesuanischen Gottesbild zwei unvereinbare Gegensätze zusammengebracht wurden, konnte die Wirkung nur negativ sein.[27]

Die konsequente Absage an das AT und sein Gottesbild hat in der Geschichte des Christentums seit Marcion im 2. Jahrhundert n. Chr. immer wieder Anhänger gefunden und findet heute eine Fortsetzung in humanistischen Einsprüchen.

Eine Abspaltung der Hebräischen Bibel von der christlichen Tradition würde insgesamt nicht ein Gewinn, sondern ein Verlust an Identität bedeuten. Die Argumentation von H. Wolff, die eigentliche Identität des christlichen Glaubens in der Diskontinuität zur jüdischen Tradition festzumachen, ignoriert die religionsgeschichtlich enge Verknüpfung und ist auch aus tiefenpsychologischer Sicht ein Schritt in die falsche Richtung: *Nicht die Abspaltung von „ungeliebten" Wurzeln, sondern nur eine kritische Integration gerade auch der Überlieferungen, die Widerspruch erregen, kann dem christlichen Glauben zur je neuen Identität verhelfen.*

Es ist mit dem Vorurteil aufzuräumen, die beiden Teile der Bibel ließen sich einer polaren Struktur von Rache und Liebe, Gewalt und Friede, Gesetz und Evangelium, Verheißung und Erfüllung u. a. zuordnen. In beiden Teilen der Bibel finden sich jeweils beide Pole, die insgesamt in einem dialektischen Verhältnis zueinander stehen. Das Problem der „dunklen Seiten Gottes"[28] ist Thema der ganzen Bibel.

Aufgabe:
- Suchen Sie Beispiele und Begründungen für diese These!

Eine genauere Beobachtung der Befunde macht deutlich, daß auch im Neuen Testament sogenannte „Rachetexte" zu finden sind (z. B. Lk

21,20 ff; 2Thess 1,8; 2Kor 10,6; Offb 6,10) und statistisch das Wort „Rache" – gemessen am Textumfang – in den Texten des AT nicht häufiger vorkommt als in den Texten des NT. Schließlich ist in der Hebräischen Bibel dreimal so häufig von „Liebe" die Rede wie von „Rache".[29] Dieser Sachverhalt läßt sich mit einer Konkordanz leicht nachprüfen!

Anmerkungen zur anstößigen Rachetradition (s. auch Kap. 6.8.)

In der älteren israelitischen Rechtsordnung gab es die Einrichtung der **Blutrache**. Aber nicht als Willkürakt, sondern als geregeltes Rechtsverfahren. Dahinter steht die in den **sogenannten noachitischen Geboten** (Gen 9,5 f) zum Ausdruck kommende Vorstellung, daß (jedes) Menschenleben grundlegend geschützt ist und es für den gewaltsamen Tod eines Menschen kein Äquivalent (keine Wiedergutmachung) gibt – außer dem Tod des Mörders. Rache in diesem Sinne war kein Ausleben einer niedrigen Gesinnung, sondern eine (für uns problematisch gewordene) Form des Lebensschutzes. Nun ist aber mitzusehen, daß in Anbetracht der heute noch in vielen Staaten geübten Praxis der Todesstrafe bereits in alttestamentlicher Zeit eine Orientierung gegen die Institition der Blutrache und Einrichtung von Sühne – und Äquivalenzverfahren zu beobachten ist. So heißt es im priesterlichen Gesetz Lev 19,18:

„Du sollst nicht Rache üben!
Und du sollst nicht grollen den Söhnen deines Volkes! Und du sollst deinen Nächsten lieben wie dich selbst! Ich bin JHWH!"

Eine andere Seite des Anstoßes sind die **sogenannten „Rachepsalmen"** (z. B. Ps 5), in denen der Beter sich an Gott wendet, er möge ein Unrecht sühnen. In der Tendenz, dieser Art vom „Gott der Rache" zu sprechen liegt es aber nun gerade, Gott die Rache zu überlassen und selbst darauf zu verzichten. Ungerechte Verhältnisse werden nicht akzeptiert, gleichwohl wird aber nicht durch Gewaltakte neues Unrecht geschaffen.

Wenn uns das Reden vom Gott der Rache nicht ins Bild des liebenden Gottes paßt, wäre doch zu bedenken, wo die Rache- und Aggressionsphantasien dann angesiedelt werden. Vielleicht kann die Sprache mancher Psalmen daran erinnern, daß die *ganze* Wirklichkeit bei Gott festgemacht werden kann. (Zum Thema „Gewalt und Krieg" siehe Kap. 6.8.).

Die Hebräische Bibel hält in besonderer Weise die Geschichtlichkeit des Glaubens wach und schützt vor einer ungeschichtlichen Idealisierung christlicher Lehre. Darüber hinaus ist zu fragen, ob nicht auch gerade in einer Auseinandersetzung mit Texten, die uns fremd erscheinen und die Widerspruch erregen, eine Chance liegt, auch unsere Wirklichkeit realistisch, anders und neu zu sehen.

3.2. Identität im Wandel – Annäherungen an das Reden von Gott in der Hebräischen Bibel

Aufgabe:
- Lesen Sie Ex 3,1-15!

Die Erzählung von der **Berufung des Mose am brennenden Dornenbusch** (Ex 3) ist eine sogenannte Theophanieerzählung (Theophanie = Gotteserscheinung).

Sie enthält verschiedene für die Form der **Theophanieerzählung** wichtige Elemente. Eines davon ist, daß der Mensch die Gegenwart Gottes (bzw. einer Gotteserscheinung) nur ertragen kann, wenn ihm dies von der Seite Gottes her durch bestimmte Vorkehrungen ermöglicht wird.[30] Kein Mensch kann Gott schauen und weiterleben (Ex 33,20). Gott offenbart sich dem Mose, bleibt aber dennoch verborgen. In V. 6 stellt sich Gott als „Gott des Vaters, Gott Abrahams, Gott Isaaks und Gott Jakobs" vor. In diesen Formulierungen klingt möglicherweise eine Erinnerung an Vorformen der israelitischen Religion durch. Der Verfasser dieses Textes erinnert damit an die Überlieferungen von der segensreichen Führung aus der Vorgeschichte Israels. Das folgende steht zugleich in Kontinuität und Diskontinuität zu dieser Vorgeschichte. Grundlegend ist hier, daß Gott sich vorstellt als der, der das Leiden unter der Gewalt der Ägypter wahrnimmt. Die entscheidende Erfahrung JHWHs verbindet sich unauflöslich mit der Wahrnehmung des Leidens und der Erfahrung der Befreiung. Diesen Zusammenhang hat Israel in seiner Glaubensüberlieferung immer wieder neu zum Ausdruck gebracht.[31]

JHWH ist der Gott des Exodus. Israel hat zwar noch eine Vorgeschichte, aber seine eigentliche „Geburt" verbindet sich mit der **Offenbarung des Gottesnamens**. In der Offenbarung von Ex 3 ist eine Trennung zwischen Väterzeit und Mosezeit markiert. Die Deutung des Gottesnamens (Ex 3,13 ff.) und das Bild vom brennenden und sich nicht verzehrenden Dornbusch erschließen sich wechselseitig. Der brennende, aber nicht *ver*brennende Dornbusch ist Symbol einer Identität, die zugleich Nichtidentität ist, weil **Wandel und Offenheit ihre wesentlichen Kennzeichen** sind. Indem er sich verändert, bleibt dieser Gott derselbe. Einerseits wird „JHWH" als Name vorgestellt, zugleich bringt diese in V. 14 anklingende Namenserklärung aber zum

Ausdruck, daß damit weder eine abschließende Charakterisierung noch eine Möglichkeit der Festlegung gegeben wird, die sonst mit einer Namensgebung verbunden ist. „Alles was einen Namen ausmacht, und uns einen Hinweis auf seinen Träger geben könnte – seine Herkunft, die in ihm verkörperte Macht oder auch nur eine einzige signifikante Eigenschaft – fehlt hier völlig. Stattdessen wird das offenbar Entscheidende mit einer Verbalform umschrieben. Der Name JHWHs kann gelesen werden als: „>ich bin< bzw. >ich werde sein<, des näheren >ich werde dasein, als der ich dasein werde<."[32] Miskotte spricht von einem namenlosen Namen, der offen ist für unabsehbare neue Identifikationen. Die in den meisten Übersetzungen zu findenden Formulierungen „Ich bin, der ich bin" trifft nicht den dynamischen Charakter des hebräischen Wortlautes, der besser mit „Ich erweise mich als der, der sich erweist" oder „Ich werde dasein, als der ich dasein werde" o.ä. wiedergegeben wird.[33]

Die Antwort auf die Frage nach dem Namen ist somit zugleich Verweigerung der Antwort. Eine besondere Pointe steckt aber darin, daß es auch keine andere Antwort gibt.[34]

Die Erzählung Ex 3 ist ein Beispiel für das Ringen alttestamentlicher Texte, um eine sachgemäße (theologische) Darstellung Gottes. „JHWH" wird in der Hebräischen Bibel fast 7000 mal verwendet. Dazu ist anzumerken daß der JHWH-Name bzw. die JHWH-Tradition älter ist als diese Erklärung. **Der „Name" wird in Israel Synonym für Gott selbst.**

Der Name bindet sich an die Geschichte des Volkes, das (theologisch) erst durch die Bekanntgabe des Namens als Volk konstituiert wird. Was es mit diesem Namen auf sich hat, zeigt sich an der Spur, die er hinterlassen hat. Der Name haftet nicht am Kultbild, sondern nimmt die Funktion ein, die anderswo das Kultbild in der Antike hatte.[35]

Ex 33,19 deutet auf eine Spur des Namens in der Erfahrung von Zuwendung und Erbarmen, die unabsehbare neue Erfahrungen öffnet. Der „Name" läßt sich nicht definieren. Der Spur des Namens läßt sich nach dem Bild von Ex 33,32 nur von der Rückseite hinterherschauen, d. h. in Erzählung entfalten. **Daher wird die Frage nach Gott in der Bibel aufgenommen, indem seine Geschichte erzählt wird.** Absicht der Erzählung ist nicht die Erinnerung an ein Ereignis aus der Vergangenheit, sondern das Hineinholen, die Verwicklung in etwas, was uns voraus liegt: die in der Beziehung zu diesem Gott liegende Möglichkeit, der Entwurf des (unseres) Menschseins.[36] Der „Name" zielt auf eine vertrauensvolle Beziehung, die herausfordert und in Pflicht nimmt.

In der jüdischen Tradition wird das Tetragramm JHWH (früher vermutlich Jahwä lautend) seit der **Exilszeit** (586–538 v. Chr.) nicht mehr ausgesprochen[37], sondern beim Lesen ersetzt durch die nur für Gott verwendete besondere Bezeichnung „adonaj" (Herr) oder „hassem" (der Name). Buber-Rosenzweig verwenden in ihrer Übersetzung „ER". In der Lutherbibel wird der Gottesname mit „HERR" wiedergegeben, damit wird zwar die Besonderheit noch betont, aber es wird nicht mehr klar, daß es sich um einen Eigennamen handelt. Zudem ist die Bezeichnung HERR mit Herrschaft und Männlichkeit konnotiert, so daß zwangsläufig das „Gottesbild" in eine von mehreren möglichen Bedeutungsrichtungen festgelegt wird. In diesem Arbeitsbuch wird die Besonderheit des Namens durch die Verwendung des Tetragramms (vier Buchstaben) JHWH ausgedrückt.

Der „Name", das Bilderverbot und bildhaftes Reden von Gott

Der Feststellung, daß der Name Gottes die Funktion einnimmt, die in der Antike sonst das kultische Götterbild hat, entspricht in gegenläufiger Richtung das in vielen Schichten der biblischen Überlieferungen entfaltete Verbot von Kultbildern (Gottesbildern).

Nun beschränkt sich das **Bilderverbot** aber keineswegs auf das Verbot von Kultbildern, auch wenn die deuteronomistische Theologie hier einen starken Akzent gelegt hat.

Insgesamt geht es wie beim Namensgebot um die Abwehr jeder Art von Verdinglichung und jeden Verfügbarmachens Gottes. Da alle fixierenden Gottesvorstellungen und Gottesbilder die Tendenz der Verdinglichung in sich tragen, steht die Rede von einem „alttestamentlichen *Gottesbild*" im Widerspruch zum Gottesverständnis der Hebräischen Bibel.[38]

Geht es doch in der Grundtendenz darum, *jede* Vorstellung von Gott als unzureichend und überholbar zu verstehen (siehe auch Kap. 8.2.5.). Hinzu kommt aber, daß auch jede geschichtlich entwickelte Form der Gottesverehrung, der Verkündigung und des Bekenntnisses (Jer 23,7) widerrufbar waren und außer Kraft gesetzt werden konnten.[39]

Vor dem Hintergrund der Tradition des Bilderverbotes[40] ist somit bereits der Begriff *„Gottesbild"* problematisch. Dennoch ist eine gewisse Spannung festzustellen, die darin liegt, daß es heißt: „Du sollst dir kein Gottesbild machen", die biblische Sprache aber dennoch eine Vielzahl von bildhaften Beschreibungen Gottes kennt.

Auf der einen Seite hat sich im theologischen Denken des alten Israels die Vorstellung durchgesetzt, daß keine Gestalt oder Form der sichtbaren Welt Gott zu vergegenwärtigen vermag, andererseits kann von Gott nur in Beziehung zur Welt gedacht und geredet werden. JHWH ist unvergleichbar (Jes 40,18), aber in den Erzählungen doch nicht gestaltlos. Gott nimmt Gestalt an, wenn er sich zu erkennen gibt, läßt sich aber nicht auf eine Gestalt *festlegen*.

In der Exoduserzählung (Ex 13,21) erscheint Gott am Tage als Wolkensäule und nachts als Feuerschein, jeweils ganz anders, aber im Kontrast zur Umgebung. Das Bild wandelt sich, hat aber in beiden

Fällen das Ziel, daß sich die Menschen wandeln und den Weg aus der Knechtschaft in eine verheißene Zukunft gehen können.[41]

Somit geht es im Bilderverbot um das **Offenhalten der Gegenwart für neue Erfahrung Gottes**. Das Bilderverbot ist Kriterium des theologischen Redens von Gott in dem Sinne, „daß es der spezifischen Gefährdung jeder Epoche begegnet, den Begriff Gott nach dem Bild der eigenen Gegenwart, ihrer Bedürfnisse und Moden zu formen. Es will – für jede Gegenwart neu – Gott in der Welt Raum schaffen."[42]

Wandelnde Bilder Gottes

Bildhaftes Reden von Gott ist in den Schriften der Hebräischen Bibel im Unterschied zu systematisch-theologischen Sätzen geradezu typisch. Gott wird in Sprach-Bildern als Fels, König, Vater, Mutter, Quelle, Licht, Richter und Amme bezeichnet.[43]

Gegenüber dem Vor-Urteil von der patriarchalen Vatergottheit der Hebräischen Bibel ist die Beobachtung wichtig, daß nur relativ selten und dann meist auf eine Person bezogen – wie auf David im Sinne eines Adoptivverhältnisses (Ps 89,27 u.ö.) und auf Jeremia (3,4) – von *Gott als Vater* gesprochen wird. Ähnlich verhält es sich mit der Rede von *Gott als Richter*. Sie verbindet sich häufig mit der Vorstellung vom Weltenrichter und intendiert, daß Gott das durch menschliches Tun gestörte Recht wiederherstellt bzw. wiederherstellen möge. Die Bezeichnung von *Gott als König* wurzelt in der kanaanäischen El-Tradition (Bild des Götterkönigs, Ps 95,3) und wird u. a. zum kritischen Maßstab für irdische Herrscher bis hin zur grundsätzlichen Kritik königlicher Herrschaft in Israel (vgl. 1Sam 8,7; siehe Kap. 6). Die Bezeichnung *Gottes als Hirte* (z. B. Gen 49,24; Ps 23,1-4) knüpft an die Schutz- und Führungsfunktion des Hirten an, die auch das Bild orientalischer Herrscher prägte. In dem von Tritojesaja gezeichneten Bild zukünftigen Heils in (Jes 66, 5-13) wird *Gott* gezeichnet wie *eine tröstende Mutter*.

Die Vielzahl biblischer **Metaphern** und **Bilder** spiegeln die unabschließbaren Erfahrungen Gottes in der Vielzahl möglicher Situationen, von denen sie nicht ablösbar sind. Sie werden sinnvoll nur, wenn sie den Charakter von „Hörbildern" bekommen, in denen sie zur Anrede werden, die nur durch Antwort verstanden werden kann. Antwort vollzieht sich im Gebet, in Klage, Bitte und Lob. Im Gebet wird nicht definiert, sondern die Fülle der erfahrenen Lebenswirklichkeit dem nahen und zugleich verborgenen, aber (zuvor)kommenden Gott überantwortet, wie das exemplarisch im Gebet Jesu geschieht: Gott unser Vater, dein Name werde geheiligt, dein Reich komme.[44]

Wie verschiedene Metaphern in der Gebetssprache aufeinander bezogen sein können und sich wechselseitig erschließen, läßt sich eindrucksvoll an dem beliebten Psalm 23 wahrnehmen:

In den Versen 1-4 wird die Hirtenmetaphorik in ihrer ganzen Bedeutungsfülle entfaltet, in den Versen 6-7 tritt das Bild Gottes als Gastgeber hinzu, der großzügig bewirtet und Asyl gewährt.

3.3. Religionsgeschichtliche Aspekte – Ursprung und Entwicklung des JHWH-Glaubens

Religionsgeschichtlich ist JHWH möglicherweise eine an einem Wüstenheiligtum im Sinai verehrte Gottheit, die vielleicht in vorisraelitischer Zeit bereits von den Kenitern (Gen 4,15) und/oder den Midianitern (Ex 18,1) verehrt wurde. Die Hebräische Bibel enthält zwar Erinnerungen an diese Vorgeschichte, seine theologische Reflexion geschieht jedoch im Blick auf eine religionsgeschichtliche Entwicklung, in der sich JHWH „von einem Berggott zum Weltgott wandelte".[45]

Eine Reihe von Texten haben die Erinnerung aufgehoben, daß JHWH aufbrechen muß vom Sinai aus der Gegend Edoms, um zur Hilfe zu kommen (Ri 5,5; Ri 4,3: „JHWH als du von Seir auszogst und einhergingst vom Gefilde Edoms...").

Ägyptische Dokumente über die Nomadengruppe der Schasu, die im 2. vorchristlichen Jahrtausend im palästinisch-syrischen Raum gelebt haben sollen, enthalten die Landschaftsbezeichnung Schasu JHWH, die auf die Sinaiwüste weist.[46]

Aufgabe:
- Vergleichen Sie Gen 4,26 und Ex 6,2!

Die JHWH-Verehrung Israels hat neben einer vor- bzw. außerisraelitischen Vorform und den möglicherweise von den Vorfahren des späteren Israels verehrten Gottheiten noch eine dritte Wurzel in der **El-Verehrung**. Erinnerungen daran sind aufgehoben in Namen wie El, olam (Gen 21,33); El-Roi (Gen 16,13); El Beth-El (Gen 31,13 / 35,7); El-Eljon (Gen 14,18 ff). Dabei handelt es sich um **Lokalgottheiten**, die möglicherweise als Erscheinungsformen des allgemeinsemitischen Hochgottes El zu verstehen sind, der aus den Textfunden von Ugarit bekannt ist.

Ein entscheidender Schritt zur Etablierung der JHWH-Verehrung dürfte sich mit der Überführung eines alten (nord-)israelitischen Heiligtums, der **Bundeslade,** nach Jerusalem durch David vollzogen haben. 2Sam 6 erinnert an ein Fest, das beim Einzug JHWHs nach

Jerusalem gefeiert wurde. JHWH, verbunden mit dem Zusatz Zebaot (Heerscharen), der vermutlich auf die himmlischen Heerscharen verweist, wurde als „über der Lade thronend" verehrt.[47] Hier übernahm er gewissermaßen die Funktion des Jerusalemer Stadtgottes. Indem Eigenarten und Attribute kanaanäischer Gottheiten auf ihn übertragen wurden, diente dieser religionspolitische Akt Davids auch der Integration von kanaanäischer und israelitischer Bevölkerung.

Ärchäologische Spuren

Zu den wenigen archäologisch gesicherten Dokumenten einer vorexilischen JHWH-Verehrung gehört ein Tempel in der südjudäischen Stadt Arad.

Aus der Königszeit stammen auch in der Nähe von Lachish entdeckte Inschriften, in denen neben JHWH eine weibliche Gottheit (Aschera) genannt wird, die in der deuteronomistischen Theologie neben Baal als zu bekämpfende Fremdgottheit erscheint und aus den Ugarit-Texten als Gefährtin Els bekannt ist.[48]

Im Laufe der Glaubensgeschichte Israels wurden dann in der Auseinandersetzung mit oder auch in Rezeption von Gottheiten anderer Gruppen – besonders der Kanaanäer – einzelne Aspekte z. B. des **Fruchtbarkeitsgottes Baal** auf JHWH übertragen. Andererseits führte diese Auseinandersetzung auch zu harten Abgrenzungen etwa gegenüber dem naturverbundenen Baalismus und gegenüber weiblichen Gottheiten.[49]

Besonders in den älterern Schichten der Elia-Überlieferungen läßt sich trotz des deuteronomistischen Rahmens das Ringen erkennen, vielfältige – auch gegensätzliche – Erfahrungen mit dem einen Gott JHWH zusammenzubringen. Von dieser Epoche an hat sich der Anspruch des ersten Gebotes auf alleinige Verehrung eines Gottes entfaltet. „Was über Elia erzählt wird, schreitet den gesamten
Bereich der Themen und Bereiche ab, in denen man diesem Gott und seiner Macht begegnet."[50]

Aus der anfänglichen **Monolatrie**, der Verehrung *eines* Gottes, neben dem die Existenz auch anderer Gottheiten nicht bestritten wurde,[51] entwickelte sich erst in der Exilzeit der Monotheismus, der letztlich eine Konsequenz der Exklusivität der JHWH-Verehrung ist.[52]

In dieser Zeit formuliert der unbekannte Exilsprophet, der den wissenschaftlichen Namen Deuterojesaja erhielt: „Vor mir ist kein Gott gewesen und nach mir wird keiner sein" (Jes 43,10) und deklariert andere Götter als Menschenwerk und handgemachte „Nichtsnutze" (vgl. Jes 44, 9-20).

3.4. Leitgedanken des Redens von Gott in den Überlieferungen der Hebräischen Bibel

Das Reden von Gott im ersten Teil der Bibel – wie in der ganzen Bibel – ist so vielfältig, daß es sich gegen eine Systematisierung sperrt. So geht von Gott der Befehl aus, einen Mann, der am Sabbat Holz gefällt hat, zu töten (vgl. Num 15, 35). Auf der anderen Seite wird JHWH als „Quelle des Lebens" bezeichnet (Ps 36,10) und erläßt das generelle Gebot, nicht zu töten (Ex 20, 13). Gott vernichtet und bewahrt, fordert zum Krieg und verheißt Frieden.

Der Befund der Vielfalt biblischer Aussagen steht gegen die von bestimmten christlichen Positionen behauptete Eindeutigkeit.

> **Aufgabe:**
> * Setzen Sie sich mit der folgenden Feststellung und Anfrage J. Ebachs auseinander:
>
> „Wer sich auf die Bibel beruft, tut es unter Berufung auf deren Eindeutigkeit, Widerspruchslosigkeit, klare Wahrheit – was ein Indiz für eine, vorsichtig gesagt, nicht sonderlich aufmerksame Lektüre ist.
> Auf der anderen Seite (...) gibt es die, die die Vieldeutigkeit der biblischen Worte und Bilder wahrnehmen und die Bibel *deshalb* als widersprüchlich, unlogisch und allemal überholt ablehnen.
> Warum sind so wenige Menschen bereit, gerade in den Bildern *und* Gegenbildern, Geschichten *und* Gegengeschichten, Worten *und* Gegenworten die bleibende und immer neue Bedeutung der Bibel zu erkennen?"[53]

Es fehlt nicht an Versuchen, die Komplexität des alttestamentlichen Redens von und über Gott bestimmten **Leitgedanken** zuzuordnen. In der christlichen Tradition wurde vor allem der Aspekt

"Gott als Gesetzgeber und Richter" besonders hervorgehoben. H. Wolffs Ablehnung des AT findet hier einen entscheidenden Ansatzpunkt.

Unter dem Aspekt des Gesetzes hat R. Bultmann das AT als „Dokument des Scheiterns" charakterisiert.[54] Voraussetzung dieser Charakterisierung ist ein paulinisches Verständnis des Gesetzes (vgl. Gal 3, 24), das auf dem Hintergrund einer bestimmten Frömmigkeitsentwicklung des Judentums steht. Mit dem alttestamentlichen Verständnis der Tora als lebensermöglichender Weisung hat das nur noch wenig zu tun. Wie die Charakterisierung Bultmanns erweisen sich die meisten generalisierenden Bestimmungen des AT, die vorwiegend durch die (bzw. eine) neutestamentliche Sicht geprägt sind, angesichts der Komplexität und des dynamischen Charakters des alttestamentlichen Redens von Gott als problematisch oder defizitär.

Zu nennen sind hier z. B. eine Reihe von Gegenüberstellungen von AT und NT, die jeweils ein bestimmtes Grundverständnis des AT einschließen: Gesetz und Evangelium, Verheißung (Weissagung) und Erfüllung, Schöpfung und Vollendung, Geschichte und Eschatologie, Alter und Neuer Bund. Im Anschluß an die Reflexionen antisemitischer christlich-theologischer Traditionen nach der Shoa ist zudem aufgedeckt worden, daß das christliche Grundverständnis der Hebräischen Bibel immer auch ein bestimmtes Verhältnis zum Judentum impliziert.

Das Problem der Zuordnung der beiden Teilen der Bibel kann hier nicht näher entfaltet werden.[55] Es ist aber auf die bei Luther u. a. grundlegende Beobachtung zu verweisen, daß viele der genannten Gegensätze wie Gesetz und Evangelium dialektische Prinzipien sind, die beide Teile der Bibel betreffen. In beiden Teilen können Texte zu Wort oder Gegenwort werden, lassen sich erfüllte Träume und unabgegoltene Verheißungen entdecken.

Im Blick auf die Hebräische Bibel hat **Claus Westermann** aufgrund von Textanalysen die Unterscheidung zwischen einem **rettenden (erlösenden)** und **segnenden (erhaltenden)** Handeln Gottes angeregt.[56] Darin werden Grunddimensionen der Überlieferungen erfaßt, die mit gewissen Variationen und Erweiterungen im folgenden aufgenommen werden. In Anlehnung an die **Exodusüberlieferung**, die in mehreren Schichten der Hebräischen Bibel eine zentrale Rolle spielt und im Blick auf eine Verknüpfung mit der neuzeitlichen Freiheitstradition als Befreiungstat zu verstehen ist, wird als **erster Leitgedanke** die „**Erinnerung der Befreiung**" herausgestellt.

Das **Segenshandeln** wird in einem **zweiten Leitgedanken** als „**Förderung des Lebens**" aufgenommen.

Die beiden Aspekte, die das Handeln Gottes und eine diesem Handeln entsprechende Aufgabenstellung für den Menschen umschreiben, sind zu ergänzen um die Aufgabe der auf Unterscheidung basierenden Entscheidung für den einen Gott. In diesem **dritten Leitgedanken** geht es um die fundamentale „**Unterscheidung von Gott und den Göttern**", der weitere Unterscheidungen zuzuordnen sind.

Die Hebräische Bibel ist eine Sammlung von Büchern, die auf vielfältige Weise und Form sehr unterschiedliche Gotteserfahrungen zum Ausdruck bringen, die prinzipiell unabgeschlossen sind und sich jeder statischen Festlegung entziehen.[57] Auf diesem Hintergrund muß jeder Versuch einer Unterscheidung von Leitgedanken ein Experiment bleiben, das dazu dient, Erfahrungen Gottes zu verstehen und neu auf die Spur zu kommen. Zugleich können allerdings diese Leitgedanken auch Ansätze für eine Kriterienbildung geben, mit diesen Leitgedanken gegenläufige Tendenzen in den Schriften sachkritisch zu hinterfragen.

3.4.1. Erinnerung der Befreiung – Feier des befreiten Lebens

Der erste genannte Leitgedanke des Redens von Gott in der Hebräischen Bibel ist die „Erinnerung der Befreiung", die uns vielfach in den Überlieferungen begegnet.

Die Gestaltung der JHWH-Überlieferung ist entscheidend durch die z. B. in Ex 13 bezeugte Exodustradition geprägt. Die Erinnerung daran sollte von Generation zu Generation vergegenwärtigt werden. In der Feier des Passafestes machte sich jede spätere Generation mit den befreiten Vorvätern zeitgleich. Charakteristisch dafür ist die etwa in die Zeit des babylonischen Exils zu datierende Überlieferung Dtn 6,20-24:

„Wenn dich dann künftig dein Sohn fragt: Was sollen denn die Verordnungen, die Satzungen und Rechte, die euch JHWH, unser Gott, geboten hat? So sollst du zu deinem Sohn sagen: Wir waren Sklaven des Pharao in Ägypten. Da führte uns JHWH mit starker Hand heraus aus Ägypten und JHWH tat vor unseren Augen große unheilvolle Zeichen und Wunder an den Ägyptern, am Pharao und an seinem ganzen Hause; uns aber führte er von dannen heraus, um uns hierher zu bringen und uns das Land zu geben, das er unseren Vätern zugeschworen hatte. Und JHWH gebot uns, nach all' diesen Satzungen zu tun und JHWH, unseren Gott, zu fürchten, auf daß es uns wohl ergehe für alle Zeit und er uns am Leben erhalte, wie es jetzt geschieht."

Folgende Aspekte macht diese Überlieferung deutlich:
Dem Gesetz (der Tora), als auf Gott zurückgeführte Lebensregel, geht die Befreiung voraus und – so wird man weiter folgern können – es hat seinen Sinn im wesentlichen darin, eine dieser Befreiung entsprechende Lebenspraxis zu ermöglichen.

Die festliche begangene Erinnerung der Befreiung enthält in einer Zeit der Fremdbestimmung – wie etwa des babylonischen Exils – immer auch einen subversiven Hintergrund. Auch wenn es vordergründig nur um Erinnerung geht, wird in der Vergegenwärtigung der Erinnerung deutlich, daß die jeweils erfahrene Unterdrückung und

Unfreiheit im Widerspruch zu dem als Befreier verehrten Gott steht. *Die Veränderung beginnt damit, daß im Vertrauen auf diesen Gott jemand vor den Mächtigen tritt.*[58]

Schließlich weist der Text auf einen für die **religionspädagogische Arbeit** wichtigen Sachverhalt hin. Das Lernen religiöser Überlieferungen ist hier angebunden an eine vorgegebene religiöse Praxis, die erklärt werden will und zum Anlaß einer Nachfrage wird.

Wie beide überlieferten Fassungen des Dekalogs belegen (Ex 20, 2 ff; Dtn 5, 6 ff), wurde die Erinnerung an die Befreiung zu einem entscheidenden Attribut JHWHs. In dieser Rettungstat gründet sein Anspruch, von Israel allein verehrter Gott zu sein. Aus der Erinnerung der Befreiung wurde schon in der Geschichte Israels immer wieder Hoffnung auf eine neue Befreiung geschöpft. **„Exodus" wurde zum Symbol erfahrener und zugleich uneingelöster Verheißung.**

Eine der ältesten erkennbaren Einzelüberlieferungen, das sogenannte **Mirjamlied** (Ex 15, 21), besingt den Machterweis JHWHs bei der Errettung aus ägyptischer Sklaverei. In Dtn 26 nimmt diese Erinnerung eine zentrale Stellung im Glaubensbekenntnis ein, das anläßlich der Erntefeier gesprochen wird.

Während des **babylonischen Exils** (586–538 v. Chr.) wird die Exodustradition zum Hoffnungssignal für die exilierten Juden in Babylon (vgl. Jes 51,11 u. a.). Die Erinnerung der Befreiung wurde in der christlichen Tradition teilweise durch andere Symbole überlagert oder verdrängt (so ist z. B. im 1. Gebot der Hinweis auf die Befreiungstat, Ex 20,2, in den katholischen und protestantischen Katechismen entfallen). Die Berfreiungstradition lebt aber da auf, wo der Exodus neue Hoffnung angesichts gegenwärtiger Unterdrückungserfahrungen anregt. So findet sich das Exodusmotiv z. B. in Spirituals der afroamerikanischen Sklaven. Eine zentrale Bedeutung hat dieses Symbol in den Theologien der Befreiung, die im Zusammenhang von Aufbruchsbewegungen in der Dritten Welt konzipiert wurden.[59]

Zu den Überlieferungen der Exodustradition (Ex 1-15)

Die in Ex 1-15 überlieferten Erzählungen zeichnen einen Spannungsbogen von der zunehmenden Unterdrückung der Israeliten in Ägypten, der wundersamen Geburt und Rettung des Mose, seiner Flucht nach Midean, seiner Berufung am Horeb, seiner Rückkehr nach Ägypten, einem ersten gescheiterten Rettungsversuch und den zehn Plagen. Zwischen die Ankündigung der zehnten Plage – der Tötung der Erstgeburten der Ägypter (Ex 11) – und ihrer Ausführung (Ex 12, 29-30) ist die Stiftung des Passafestes eingeschaltet, an dessen Ende der eilige Aufbruch steht. Der Fortgang der Erzählung ist unterbrochen durch weitere Anweisungen für die Passafeier und mündet ein in den wundersamen Durchzug durchs Schilfmeer, in dem die ägyptischen Verfolger versinken (Ex 14). Der Abschnitt endet nach dem Lobgesang des Mose, mit dem Mirjamlied (Ex 15,21).

Das Mirjamlied

Das sogenannte **Mirjamlied** gilt als eine der ältesten (wahrscheinlich *die* älteste), ursprünglich selbständig überlieferte Erinnerung Israels.

> Singet JHWH,
> denn er ist hoch und erhaben.
> Das Ross, seinen Reiter warf er ins Meer.

Bei der Gestaltung des Textes wurde dieser Vers der Schwester des Aaron (die Verbindung mit der Mosegestalt erfolgte erst in einem späteren Textstadium) zum Kehrvers eines Moseliedes. Über seinen ursprünglichen „Sitz im Leben" kann nur gemutmaßt werden. Vermutlich wurde es im Kult als Loblied für erinnerte Rettung gesungen bzw. musikalisch und tänzerisch inszeniert. Die in Vers 20 vorgeschaltete Einleitung steht wahrscheinlich mit der u. a. in Ri 11,31 überlieferten Sitte zusammen, daß die Frauen den Männern nach gewonnener Schlacht entgegenzogen.

Die ursprünglich selbständige Gestalt der Mirjam wurde im Laufe der Überlieferungsgeschichte zur Schwester des Mose und diesem untergeordnet.

> **Aufgabe:**
> - Suchen Sie mit Hilfe einer Konkordanz andere biblische Texte heraus, in denen von Mirjam die Rede ist und versuchen Sie, die Beobachtung nachzuvollziehen, daß die Mirjamgestalt von der Mosetradition überformt wurde!

Ex 14, 21-30

In der Erzähltradition wurde die Erinnerung an die erfahrene, verdankte Befreiung immer wunderhafter ausgeschmückt.

Wie die Überlieferung angewachsen ist und später durch Synthese verschiedener zunächst selbständiger Quellen ihre kanonische Gestalt gefunden hat, läßt sich am Textabschnitt Ex 14,21-30 gut rekonstruieren. In der Erzählung der älteren Quelle, die dem Jerusalemer Geschichtswerk (JG) zuzurechnen ist, lenkt **JHWH** die Naturkräfte und irritiert die Ägypter. In der priesterlichen Version der Erzählung rückt die Gestalt des **Mose** als Mittler in den Mittelpunkt, und das Meer spaltet sich auf wundersame Weise.

Quellenscheidung Ex 14, 21-30

JHWH trieb die ganze Nacht das Meer durch einen starken Ostwind fort und machte so das Meer zu trockenem Land.

Um die Zeit der Morgenwache blickte JHWH aus der Feuer- und Wolkensäule auf das Lager der Ägypter und brachte es in Verwirrung.

Er hemmte die Räder an ihren Wagen und ließ sie nur schwer vorankommen. Da sagte der Ägypter: „Ich muß vor Israel fliehen, denn JHWH selbst kämpft für sie gegen Ägypten."

Gegen Morgen flutete das Meer in sein altes Bett zurück, während die Ägypter auf der Flucht ihm entgegenliefen. So trieb JHWH die Ägypter mitten ins Meer.

So rettete JHWH an jenem Tag Israel aus der Hand der Ägypter. Israel sah die Ägypter tot am Strand liegen.

Mose streckte die Hand über das Meer aus, da spaltete sich das Wasser.

Die Israeliten konnten auf trockenem Boden mitten ins Meer hineingehen, während rechts und links das Wasser wie eine Mauer stand. Die Ägypter setzten ihnen nach, alle Pferde des Pharao, seine Streitwagen und Reiter zogen hinter ihnen ins Meer hinein.

Darauf sprach JHWH zu Mose: „Streck deine Hand über das Meer, damit das Wasser zurückflute und den Ägypter, seine Wagen und Reiter zudecke."
Da streckte Mose seine Hand über das Meer.

Das Wasser kehrte zurück und bedeckte die Wagen und Reiter, die ganze Streitmacht des Pharao, die den Israeliten ins Meer nachgegangen war. Nicht ein einziger blieb übrig.

Die Israeliten aber waren auf trockenem Boden mitten durch das Meer gezogen, während rechts und links des Wasser wie eine Mauer stand.

Aufgabe:
- Versuchen Sie, die hypothetische Rekonstruktion der Quelle wieder zusammenzubringen ohne etwas auszulassen und vergleichen Sie das Ergebnis mit dem Bibeltext (Lutherbibel)!

Passa – die Feier der Befreiung

In ihrer Endfassung ist die Auszugsgeschichte in der Form einer **Festlegende/Festagende** gestaltet, d. h. als Erinnerung formuliert, die die Anweisung für eine rituelle Begehung des Festes enthält.

Religionsgeschichtlich hat die Passafeier vermutlich **mehrere Wurzeln** in alten Hirtenfesten und bäuerlichen Erntefesten. Beide

Traditionen wurden mit der geschichtlichen Erinnerung an den Exodus zusammengebracht, so daß jahrezeitlich-zyklische Feste in einem heilsgeschichtlich begründeten Fest aufgehen. An alte Hirtenfeste erinnert das Schlachten des Lammes und der damit verbundene Blutritus, der wohl urspünglich der Abwehr von Dämonen dienen sollte. An bäuerliche Feste erinnert das Mazzenfest (Fest der ungesäuerten Brote), das wahrscheinlich ursprünglich mit Abschluß der Gerstenernte gefeiert wurde. Bei der Gestaltung des Passafestes läßt sich eine kultische von einer familialen Linie unterscheiden. Im Zusammenhang mit der Kultzentralisation der Josianischen Reform (622 v. Chr.) wurde Passa als Wallfahrtfest am Tempel in Jerusalem unter priesterlicher Leitung gefeiert (Dtn 16,1-8), so wie es auch aus den Evangelien bekannt ist. Ex 12 stellt Passa als Familienfeier dar, wie sie wahrscheinlich in der Exilszeit begründet wurde und ihre Fortsetzung nach der Zerstörung des 2. Tempels fand.

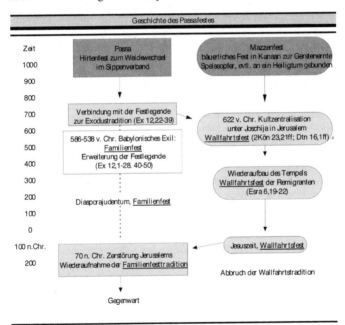

Geschichte des Passafestes

Passa beginnt am 14. Tag des jüdischen Monats Nissan und dauert sieben Tage. Der erste Abend ist ein häuslicher Festabend, mit sozialem Charakter. Neben Verwandten sollen traditionell auch Fremde und Bedürftige eingeladen werden. Das Fest verläuft nach einer rituellen

Ordnung (hebr. Seder, daher heißt der erste Abend auch **Sederabend**), zu der das Essen bestimmter symbolischer Speisen gehört, die auf einem Sederteller vor dem Hausherrn angeordnet sind.

Bittere Kräuter (meist geriebener Merrettich) erinnern an die bitteren Zeiten, die die Israeliten in Ägypten erdulden mußten. **Charosset** (hebr. für Fruchtmus, hergestellt aus Äpfeln, Nüssen und Rosinen) symbolisiert den Mörtel, den die Israeliten für den Bau der ägyptischen Städte verwendet haben. Er erinnert damit an den Frondienst der Israeliten in Ägypten. Der gebratene **Unterschenkelknochen eines Lammes** stellt die Passa-Opfergabe dar, die zur Zeit des Tempels zum Heiligtum hinaufgebracht wurde. Er erinnert auch an die Verschonung bei der Tötung der Erstgeborenen in Ägypten.

Mazza symbolisiert die Hast, mit der die Vorfahren Ägypten verlassen mußten. Es war zu wenig Zeit, um gesäuertes Brot zu backen. Es erinnert außerdem an das Armenbrot, das sie während ihrer Knechtschaft in Ägypten essen mußten. **Karpas**, ein Gemüse, symbolisiert den Frühling und den Geist der Hoffnung. Frischer Sellerie, Petersilie oder gekochte Kartoffeln werden dazu benutzt. Ein hartgekochtes **Ei** erinnert an die Zerstörung des Tempels. Es ist das traditionelle jüdische Symbol der Trauer. **Salzwasser** symbolisiert die Tränen, die das Volk Israel in der Sklaverei geweint hat.[60]

Wein ist der Ausdruck der Freude. Während des Seders wird viermal der Becher zum Trinken erhoben. Dies symbolisiert die vier verschiedenen Weisen, in der die Tora die Erlösung Israels zum Ausdruck bringt (Ex 6, 6.7). Das fünfte Versprechen Gottes in Ex 6, 8 wird durch den Becher für den Propheten Elija symbolisiert, der in der Mitte des Tisches steht. Er ehrt den Vorboten des Messias, der unsichtbarer Gast des Sederabends ist.

Im Mittelpunkt des Passafestes steht die **Rezitation der Haggada**, die vor jedem Gedeck des Sedertisches liegt. Sie führt durch den rituellen Ablauf des Sederabends und erzählt von der Befreiung. Die Haggada zielt auf die Identifikation der Feiernden mit dem Volk Israel ab und auf die Erfahrung der Geborgenheit in Gott damals wie heute. Sie nimmt in der religiösen Literatur des Judentums eine Sonderstellung ein, da sie nicht die Ratio, sondern unmittelbares religiöses Erlebnis fordert. Enthalten sind Passagen aus dem Talmud, sowie Psalmen Davids, Hymnen, Lobsprüche, Gebete und Lieder. Die Erzählung des Exodus muß jedoch nicht auf den Haggada-Text beschränkt bleiben – sie empfiehlt selbst, noch weiter und ausführlicher zu erzählen.

Ein Leiter, meist der Hausvater, übernimmt den Hauptteil der Erzählung, aber auch alle anderen, besonders die Kinder werden miteinbezogen. Meist darf das jüngste Kind die vier Fragen aus der Haggada stellen, und die Anwesenden oder der Leiter erzählt, warum das Fest gefeiert wird. Das gemeinsame Singen und Bräuche wie das Suchen nach etwas Gesäuertem, das die Mutter am Vorabend des 14. Nissan im

Haus versteckt hat, sowie das ‚Stehlen' und Vestecken von Mazza am Sederabend beziehen die Kinder ebenfalls mit ein.

In der Mischna (Pesachim X,5) heißt es: „In jeder Generation ist ein Mensch verpflichtet, sich selbst so anzusehen, als sei er aus Ägypten ausgezogen, denn es heißt (Ex 13,8): ‚und du sollst es an jenem Tage deinem Sohn so erzählen: (es geschieht) um dessentwillen, was der Herr getan hat an mir, als ich auszog aus Ägypten.'"

In der Erzählung und der Inszenierung geschieht Erinnerung als vergegenwärtigte Geschichte. „In der Feier des Seder lernt das Kind ‚wir' zu sagen, indem es hineingenommen wird in eine Geschichte und Erinnerung, die dieses wir formt und füllt."[61]

3.4.2. Förderung des Lebens – Der Regenbogen

Als zweiter Leitgedanke des Redens von Gott in der Hebräischen Bibel wurde die „Förderung des Lebens" genannt.

JHWHs Handeln ist entscheidend auf die Erhaltung und Förderung des Lebens gerichtet, das er geschaffen hat. Besonders in hymnischen Formen wird die elementare Selbsterfahrung des Lebens als Lob des Schöpfers zum Ausdruck gebracht.

„Ja, du bist's, der mich zog aus dem Mutterschoß, mich sicher barg an meiner Mutter Brust." (Ps 22, 10)

„Du hast meine Nieren geschaffen, hast mich gewoben im Mutterschoß.

Ich danke dir, das ich so herrlich bereitet bin, so wunderbar, wunderbar sind deine Werke." (Ps 139, 13)

Diese elementare Erfahrung des Lebens als einem verdankten Gut ist Basis für die Bitte, um die Erhaltung des Lebens angesichts vielfältiger Gefährdungen:

„Kehre wieder JHWH, errette mein Leben. Hilf mir, um deiner Güte willen!" (Ps 65)

„Ach JHWH rette mein Leben!" (Ps 116, 4b)

Seinen konkreten Ausdruck findet die Förderung des Lebens nach der Überlieferung der Hebräischen Bibel im **Segenshandeln JHWHs**.

Segen bedeutet reiches, gefülltes Leben und drückt sich auch in äußerem Wohlergehen aus. Bei Wahrung einer gewissen kritischen Differenz kann sicher im modernen Begriff der Lebensqualität eine Entsprechung gefunden werden.

Die Hebräische Bibel hält in diesen Überlieferungen die Erinnerung eines Lebens vor dem Tode trotz tödlicher Bedrohungen wach und drängt auf eine politisch-soziale Gestaltung der Wirklichkeit, die diesem immer neu einzuklagenden Recht entspricht. Zugleich erinnert die Angewiesenheit auf den Segen an die Geschöpflichkeit des Menschen und allen Lebens. Es geht um Förderung dieses prinzipiell begrenzten Lebens, das sich in einer Kette von Generationen immer neu entfaltet hat und sich entfalten soll.

Symbolhaften Ausdruck findet das Segenshandeln im Bundeszeichen des Regenbogens (Gen 9, 8-17), in dem der Gemeinschaft alles Lebendigen Hoffnung auf Kontinuität des Lebens zugesagt wird[62].

Als entscheidende lebensfördernde Gabe wird das Gesetz (die Tora) verstanden.[63]

„Deine Hände haben mich gemacht und bereitet, gib mir Einsicht, daß ich deine Gebote lerne."

Nach Dtn 30, 15-16 entspricht die Entscheidung für oder gegen die Tora der Entscheidung zwischen Leben und Tod. Wie ein „Baum, gepflanzt an Wasserbächen, der seine Frucht bringt zu seiner Zeit und dessen Blätter nicht verwelken", dem alles wohl gerät, was er tut, beschreibt Psalm 1 den Mann, der sich ganz auf die Weisungen einläßt.

Die nachexilische Zeit verbindet Weisung mit Weisheit:

„Wer mich (die Weisheit) findet, findet das Leben" (Spr 8,35).

In der **christlichen Tradition** ist der lebensfördernde Aspekt der Weisungen und der Weisheit aus dem Blick geraten. Erfahrungen in Zusammenhang mit Gewalt und Gewaltfolgen, ökologischem Raubbau und verhängnisvollen Rückwirkungen sozialer Ungerechtigkeiten lassen diese Überlieferungen jedoch in einem neuen Licht erscheinen und führen zur Neu-Entdeckung ihrer Wahrheitsaspekte.

In den folgenden Teilen werden anhand verschiedener Themen mögliche Anstöße aus den gesetzlichen und weisheitlichen Überlieferungen für die Gegenwart mitbedacht.

3.4.3. Die Unterscheidung von Gott und den Göttern

Die „Unterscheidung von Gott und den Göttern" wurde als dritter Leitgedanke des Redens von Gott in der Hebräischen Bibel genannt.

„Höre Israel: JHWH ist unser Gott, JHWH ist einzig" (Dtn 6, 4).

Mit diesem für das Judentum bis heute grundlegenden Bekenntnis des „Schema Israel" (höre Israel) bringt die Hebräische Bibel die absolute Einzigartigkeit und Unvergleichbarkeit JHWHs zum Ausdruck. Eine Reihe von Geboten (EX 20,3; 22,19; 23,13; 23,24; 34,14; Le 19; Dtn 5,7) verweisen auf die Ausschließlichkeit des Gottesverhältnisses.[64] Das Bekenntnis zur Einheit Gottes ist ein Ergebnis, dem in der Glaubensgeschichte Israels ein Ringen um die Entscheidung zwischen Gott und Göttern vorausgeht (s. o. Kap. 3.3.).

JHWH hat Israel befreit und wendet sich als einziger Israel zu. Daraus folgt der **Anspruch auf alleinige Verehrung und Absage an**

alle anderen Götter. Die Hebräische Bibel ist voll von Erinnerungen an Auseinandersetzungen um die Entscheidung für JHWH (z. B. 1. Jos 24, 15; Ri 10, 6-16; 1 Kön 18 u. ä.).

Für die Rezeption dieser Überlieferungen ist die Frage nach den Implikationen dieser Entscheidung von besonderem Interesse.

In der Tendenz des ersten Gebotes liegt es, daß Israel uneingeschränkt alle Erfahrungen, Probleme und Lebensbereiche, denen es begegnet ist, mit seinem Gott zusammen gedacht hat.[65] *Unter seinem Anspruch konnte kein Erfahrungsbereich ausgeklammert werden.* Das ist auch der Grund dafür, warum z. T. konträre Aussagen gewissermaßen nebeneinander überliefert wurden. Sie spiegeln die Spannungen in der Vielfalt der Lebenserfahrungen. Dies gilt es zu bedenken, wenn wir in der Überlieferung auch ein Reden von Gott finden, das uns fremd und abstoßend erscheint. In diesen und anderen Überlieferungen, mögen sie als theologische Reflexion oder Erzählung, als Hymnus oder Gebet verfaßt sein, gilt es, die ihnen zugrunde liegende Lebenssituation zu entdecken, die zum Anlaß für die jeweilige Äußerung wurde. Wenn es gelingt, die Texte als Ausdruck und Verarbeitung grundlegender und zugleich situationsgebundener Erfahrungen zu verstehen, lassen sich die Überlieferungen auch für die Gegenwart fruchtbar machen, sei es als zusprechendes Wort oder Gegenwort.

Zuweilen ist das unmittelbar möglich, weil eigene Erfahrung und die in den Texten gebundene Erfahrung sich spontan treffen oder entsprechen. In der Regel wird jedoch eine reflektierte Auseinandersetzung notwendig sein, um Fremdheit und historische Distanz zu überwinden oder ganz schlicht Fremdes als Fremdes zu akzeptieren. Auf mögliche methodische Hilfen wird in den folgenden Abschnitten verwiesen.

Im Blick auf die zentrale **Unterscheidung von Gott und Göttern** ist jedoch zu bedenken, daß zwei in Spannung zueinander stehende Pole zusammengehalten werden müssen: die ausschließliche und ganzheitliche Orientierung an dem befreienden Gott und die kritische Reflexion dieser Orientierung und ihrer Konsequenzen.

Diese notwendige Spannung von Partizipation und Reflexion ist auch in **religionspädagogischen Arbeitsfeldern** grundlegend. Ohne ein Anerkennen und ein Einlassen auf den befreienden Gott und seine Traditionen *und* ohne eine gleichzeitige (unabschließbare) kritische Reflexion ist die geforderte Unterscheidung von Gott und den Göttern nicht zu leisten.

Im Denken der Neuzeit kommen die „Götter" nicht mehr im klassischen Sinne vor. Sie wurden längst abgelöst durch Mächte und Idole, die unser Vertrauen beanspruchen. Hier ist z. B. die Unterscheidung zwischen dem „**Gott des Friedens**" und den „**Göttern der Macht**"[66] gefordert, zwischen dem „**Gott des Seins**" oder den „**Göttern des Habens**".[67] Vielleicht muß man unter postmodernem Vorzeichen auch einen Gegenpol zum Gott der Beliebigkeit suchen. Dieser Unterscheidung entspricht das Streben nach Gerechtigkeit als Bedingung des Friedens, die nach Ps 25, 14 vor JHWH hergeht (vgl. auch Ps 11, 7; 48, 11; Am 5, 24 u.v.a.).

Aus den in den **Leitgedanken** genannten Tendenzen können Impulse für eine religionspädagogische Arbeit gewonnen werden, heutige Erfahrungen aus anderer Perspektive wahrzunehmen, Alltagserfahrung kritisch zu sichten und im Medium der alten Geschichten für neue und andere Erfahrungen zu erschließen. Zugleich können sie als Anstoß zur Ideologiekritik in der Überlieferung selbst dienen. Von den Leitgedanken her lassen sich Maßstäbe bzw. sachkritische Aspekte entwickeln für den Umgang mit überlieferten Texten, die gegenläufige Tendenz enthalten oder als gegenläufig erscheinen.

Literatur:

Dietrich, W./ *Link*, Chr.: Die dunklen Seiten Gottes. Willkür und Gewalt, Neukirchen-Vluyn 1995; *Ebach*, Jürgen: Gottesbilder im Wandel. Biblisch – theologische Aspekte, in: ders.: „... und behutsam mitgehen mit deinem Gott", Bochum 1995, 157–170; *Ebach,* Jürgen: Der Gott des Alten Testaments ein Gott der Rache?, in: ders.: Biblische Erinnerungen, Bochum 1993, 81–93; *Link,* Christian: Die Spur des Namens. Wege zur Erkenntnis Gottes und zur Erfahrung der Schöpfung. Theologische Studien, Neukirchen 1997; *Ritter* u. a.: Der Allmächtige, Göttingen²1997, besonders 20–31

4. Der Rahmen der Freiheit – Urgeschichtliche Überlieferungen

4.1. Das Thema Schöpfung heute

„Mein Sohn, wir wissen über unsere Umweltgefahren Bescheid.

Und wir werden mit ihnen fertig."

Aus: Ev. Erwachsenenbildung in Hannover (Hg.): Auf der Suche nach einem neuen Lebensstil, Hannover o. J.

„Noch vor wenigen Jahren erschien das Reden von der Welt als ‚Schöpfung' Schülern wie Studenten als eine beträchtliche intellektuelle Zumutung; komplizierte Umwege waren notwendig (‚Warum erzählt der Priester in Babylon seinen deportierten Landsleuten diese Geschichte?') und das Ergebnis hoch abstrakt: ‚Die Schöpfungsgeschichte will nicht sagen, wie Gott die Welt geschaffen hat, sondern nur, daß Gott die Welt geschaffen hat!'

Heute signalisiert schon der bloße Begriff Schöpfung ohne weitere theologische Erklärungen die Notwendigkeit eines anderen Umgangs mit der Welt und wird als ein solches Signal gerade auch von kritischen Jugendlichen akzeptiert."[68]

Diese Feststellung I. Baldermanns hat ihre Gültigkeit behalten.

Die zunehmende ökologische Gefährdung der Welt hat in der Tat in den letzten Jahrzehnten zu einer neuen Entdeckung des Schöpfungsgedankens geführt. Dabei geht es im Kern jedoch nicht um eine Weltentstehungstheorie, die womöglich im Konflikt mit anderen liegt (Schöpfung kontra Evolution), aber auch nicht um ursprünglich heile Grundgegebenheiten, die nach klassischer christlicher Dogmatik durch menschliche Schuld verspielt wurden (Urstand und Fall). Schöpfung ist vielmehr zum **kritischen Symbol** geworden, in dem verdankte, nicht verfügbare Ursprungsbedingungen, der ökologische Wechselbezug allen Seins und der Hinweis auf die eigentliche Bestimmung der Welt ausgedrückt und miteinander verschränkt sind. Wie bereits Kepler erkannte, erinnert der Schöpfungsgedanke den Menschen nicht an etwas, was er ohnehin schon wußte, sondern daran, worauf er nicht achtet. Interessanterweise geben die keineswegs einheitlichen Schöpfungstraditionen der Hebräischen Bibel auf diesem Hintergrund jeweils eigene kritische Impulse und Denkanstöße, wenn sie von den Erfahrungen der ökologischen Bedrohung her neu gelesen werden.

In der Auslegung der biblischen Schöpfungstexte eröffnen sich kritische Anfragen an das herrschende naturwissenschaftliche Weltverständnis mit seinen verschiedenen Ausprägungen und Konsequenzen. Die **ambivalente Rolle des Menschen** in der Welt, der Gedanke der Zusammengehörigkeit und Würde auch der nichtmenschlichen Kreatur, die eigentümliche Spannung zwischen menschlicher Herrschaft über die Natur und Partizipation an der Natur kommt verschärft in den Blick.

Eine problematische Rolle spielen Neuauflagen von sogenannter **kreationistischer Schöpfungslehre**, die besonders in den USA zu beobachten sind. Eine Gestalt der biblischen Weltvorstellungen wird hier als Konkurrenzmodell zur naturwissenschaftlichen Evolutionstheorie entfaltet. Damit wird eine weitestgehend überwundene Konfrontation zwischen Theologie und Naturwissenschaft fortgesetzt, die ihren Ursprung in der Aufklärung hatte und in die Einsicht mündete, daß biblische Schöpfungstexte und naturwissenschaftliche Hypothesen auf unterschiedlichen Aussagehorizonten liegen. Abgesehen von der reaktionär-konservativen Funktion solcher „Lehren", wird durch sie der notwendige kritisch-produktive Dialog zwischen Theologie und Naturwissenschaften be- bzw. verhindert. Glaube wird hier letztlich auf das Für-wahrhalten von einer Fülle von Fakten reduziert, und die Auseinandersetzung dreht sich um die Plausibilität von vorgeschichtlichen Ereignissen. Eine auslegende Deutung in der Spannung von früherer und gegenwärtiger Wirklichkeitserfahrung wird durch Vorentscheidungen ausgeblendet. Die mit zunehmender Komplexität der Lebenswirklichkeit steigende Attraktivität fundamentalistischer Erklärungsmuster kann nur als Warnung verstanden werden, daß die aufgrund gegenwärtiger Welterfahrung gegebene Möglichkeit eines unmittelbaren Zugangs zur biblischen Schöpfungstradition nicht dazu verleiten darf, den **historisch-kritischen Zugang** zu vernachlässigen. Die in Auseinandersetzung mit der Aufklärung begonnene und später weiterentwickelte historisch-kritische Wahrnehmung der Texte als Produkt einer bestimmten Zeit und Situation stellt in einer wissenschaftlich geprägten Welt eine wichtige Verständigungshilfe bereit. Eine modifizierte Form historisch-kritischer Sicht kann dazu verhelfen, daß die für den Auslegungsprozeß bedeutsame Spanne zwischen emotionaler Betroffenheit und intellektueller Redlichkeit nicht einseitig aufgelöst wird.

Das **Schöpfungsthema** hat in verschiedenen Bereichen der Hebräischen Bibel seinen literarischen Niederschlag gefunden. Neben den relativ bekannten Texten der **Urgeschichte** (Gen 1-11) finden sich Bezüge auf die Schöpfungstradition in den **Psalmen** (z. B. Ps 8 und Ps 104), bei **Deuterojesaja** (d.i. Jes 40-55) und in der **Weisheitsliteratur**. Die Beachtung des Gesamtzusammenhangs ergibt ein spannungsvolles Bild.

4.2. Die Schöpfungsüberlieferungen im Jerusalemer Geschichtswerk

Die Gestalt, in denen das Schöpfungsthema in der Literaturgeschichte Israels vermutlich seine erste literarische Ausformung gefunden hat, findet sich in Texten, die die traditionelle Quellenscheidung der jahwistischen Schicht (J) und der frühen Königszeit zugeordnet hat. Es gilt heute eher als unwahrscheinlich, daß in so früher Zeit bereits eine theologisch reflektierte Ursprungsgeschichte konzipiert wurde. Vermutlich ist eine Gesamtkonzeption erst in der späteren Königszeit in Jerusalem gestaltet worden, wobei wahrscheinlich ältere Erzählkränze mit aufgenommen wurden. Ihre abschließende Gestaltung und Bearbeitung hat diese Erzählschicht jedoch aber wohl erst in der Zeit des Exils oder danach erhalten. Als Bezeichnung für die erste Gesamtkonzeption wird hier in Anlehnung an Zenger der Begriff *Jerusalemer Geschichtswerk* verwendet (siehe Kap. 2).

Dieses hat seine Spuren in Texten von **Gen 2,4b–11,10** hinterlassen. Trotz des Vorbaus und Einbaus der Priesterschrift läßt sich jedoch sein Grundprofil und seine eigenständige Komposition vor allem in den Texten Gen 2,2b-8,22 noch deutlich erkennen.

Den Hintergrund der Erzählgestaltung bilden vermutlich die bäuerlichen Erfahrungen im ländlichen Juda der vorexilischen Königszeit. Die alten Erfahrungen der judäischen Landbevölkerung werden im Horizont einer weltweiten Perspektive theologisch bedacht.

Der mit der Gründung des davidisch-salomonischen Reiches verbundene Prozeß der Integration der kanaanäischen und israealitischen Bevölkerung geht einher mit der Einbindung altorientalischer Überlieferungen und Wissensbestände, die u. a. eine universale Sicht der Welt kannten.

Die Wirklichkeitserfahrung, Teil einer großen, unüberschaubaren Welt zu sein, führt zu einer Reflexion der die ganze Wirklichkeit tragenden Grundbedingungen und ihrer Lebensperspektive.

Der Ort des Erzählers ist geprägt von den Erfahrungen schwieriger Lebensbedingungen im Verhältnis zu denkbaren Möglichkeiten, vom Verlust des Paradieses – des Gottesgartens. Aus dieser Perspektive wird nach dem Ursprung, dem Grund solcher Erfahrungen gefragt und den Bedingungen, sie zu bestehen. So ist nicht die moderne Frage nach der Entstehungs(geschichte) der Welt im Blick, sondern **die Frage nach Ursachen der ambivalenten Gegenwartserfahrungen** und ihrer Bedeutung für die Bewältigung und Perspektive des Lebens. Deutlich wird entfaltet, daß der Mensch, der unwiderruflich vom Ort der Gottesnähe getrennt ist, in seiner durch sich selbst und die Widrigkeiten der „Natur" gefährdeten Lebenswirklichkeit auf die Zuwendungen (den Segen) JHWHs angewiesen ist.

Nur die segnende Zuwendung JHWHs, nicht die Fähigkeit des Menschen, schafft die Voraussetzung, daß die Erde sich als Lebensraum (2,4b) erweist, der sich durch stabile Grundgegebenheiten auszeichnet: Saat und Ernte, Kälte und Hitze, Sommer und Winter, Tag und Nacht (8,22).

Die Szenerie ist von Wahrnehmung des bäuerlichen Menschen im Raum von Wüstenrandzonen geprägt. Wasser ist das entscheidende Lebenselement, die Oase das Bild üppiger Lebensbedingungen. Das Wachsen von Weide und Nutzpflanzen (2,5) wird erst durch die Gabe des Wassers ermöglicht (2,6).

Das **Menschenbild** ist von einer engen Verbindung des akkerbauenden Menschen zum bebauten Ackerboden geprägt. Adam (der *Mensch,* nicht der *Mann!*) wird aus der adama (dem Ackerboden) geformt und durch JHWH belebt (2,7). In der Wortverbindung adamadama wird einerseits ein mythologischer Rest von der „Mutter Erde" erkennbar, vor allem aber ein Verständnis des Menschen deutlich, das diesen in enger Wechselbeziehung zu seinem natürlichen Umfeld sieht. Für den so geschaffenen Menschen pflanzt JHWH einen Garten, den der Mensch in seiner ursprünglichen Bestimmung als Gärtner **bebauen und bewahren** soll (2,8; 2,15). Vom Paradiesgarten her hat die ganze übrige bekannte Welt Anteil am lebensermöglichenden Segen des Wassers (2,10-14). Die Früchte der Paradiesbäume sind gleichzeitig ein ästhetischer Genuß und gute Nahrung (2,9).

Das Bild des Paradieses zeichnet kein Schlaraffenland, sondern ein Bild des arbeitenden Menschen, dessen Arbeitsmühe durch den Ertrag ausgewogen wird.

In dieses Urbild ist erzählerisch die Grunderfahrung eingetragen, daß dem Menschen nicht alles zuträglich ist, was ihm möglich ist.

Die in 2,16 eingeführte Einschränkung, **vom Baum der Erkenntnis** nicht zu essen, verweist auf die Grundbedeutung der Tora, der Weisung Gottes, den Menschen vor den ihn gefährdenden Möglichkeiten zu schützen und kann als lebensfördernde Zuwendung verstanden werden.

Die Landtiere und die Vögel werden aus dem gleichen Material geschaffen wie der Mensch (2, 19). Dieser Sachverhalt bringt die enge kreatürliche Gemeinsamkeit zum Ausdruck. Zugleich wird aber durch den Akt der Benennung eine Differenz geschaffen. Namensgebung hat im alten Orient und im Zusammenhang der Hebräischen Bibel immer auch den Aspekt eines Herrschaftsaktes. Daß Seetiere hier nicht vorkommen, erklärt sich von dem Lebenshorizont der bäuerlichen Bevölkerung bzw. der judäischen und der jerusalemer Bevölkerung her.

Die folgende Erzählung (2,18-25) ist in der Auslegungsgeschichte zum Nachteil der Frauen interpretiert worden (siehe Kap. 9). Ihr Kern liegt jedoch in der Ätiologie der Zweigeschlechtlichkeit des einen Menschen als Grund für die erotische Spannung zwischen Mann und Frau.

Das Erzählelement **3,1-7** entfaltet die Grunderfahrung, daß menschliches Autonomiestreben zum Ansatzpunkt der Verführung wird, die lebensfördernde Weisung zu mißachten. Daß die Schlange hier Medium der Verführung ist, findet verschiedene Deutungen. Ein Erklärungsansatz ergibt sich aus der Annahme, daß sich die Schlange anbietet, weil sie ohnehin wegen ihrer heimtückischen und gefährlichen Art ein Erzfeind des bäuerlichen Menschen in Palästina ist.[69] Möglicherweise steht die Schlange auch als Symbol einer als gefährlich erachteten politischen oder religiösen Macht. Daneben werden Vorstellungen erwogen, die Schlange auf dem Hintergrund einer nicht mehr eindeutig identifizierbaren mythologischen Erzählung als Verkörperung einer dämonischen Macht o.ä. zu verstehen.[70] Schließlich wird versucht, sie als Symbol weiblicher Urmacht (uroborisches Symbol) zu deuten.[71]

Eine Reihe von in der Gegenwart des Erzählers erfahrbaren Minderungen von Lebensqualität werden als Folgen dieser Gebotsüberschreitung, des sogenannten „Sündenfalls" (siehe Kap. 4.8 u. 9.3) verstanden: die Feindschaft zwischen Schlange und Mensch, der Geburtsschmerz, die Mühe bei der Bewirtschaftung des Ackerlandes. Auch die patriarchalische Ordnung wird dazugezählt. Daher ist im Blick auf Auslegungstraditionen, die hierin eine göttliche Ordnung sehen wollen, Kritik angezeigt. Aus Sicht des Erzählers handelt es sich um vom Menschen (schuldhaft) verursachte Differenzen, die die Erfahrungen seiner Gegenwart von den Möglichkeiten menschlicher

Existenz abheben. Vom Menschen selbst verursachte Minderungen der Lebensqualität sollten nicht als Wille Gottes interpretiert werden.
Mit dem Bild vom verschlossenen Paradies deutet der Erzähler an, daß der Weg des Menschen in die Autonomie unumkehrbar ist.
Aber die Wirklichkeit des Menschen „jenseits von Eden" ist nicht gottlos. JHWH wendet sich den Menschen fürsorglich zu (3,21).
Folgende Aspekte prägen die alte Erzählung:
1) Die Suche nach Unsterblichkeit wird als grundsätzlich vergebliches Bemühen gedeutet (3,24). Die zentrale Aufgabe des Menschen ist das Bebauen der Erde, das jedoch von dem Bewußtsein getragen ist, daß der Mensch selbst Teil dieser Erde ist (3,23). Die Ambivalenz der vorfindlichen Lebenswelt und die Zweideutigkeit des menschlichen Handelns bleiben auch im folgenden wesentliches Thema der älteren Schicht der Urgeschichte. Die Arbeitsteilung (4,1) ist Ausgangslage grundsätzlicher Konflikte; das Schmieden des Erzes kann das Pflügen erleichtern oder zur Herstellung von Waffen dienen (4,23 f), der Fortschritt, der mit dem Brennen von Ziegeln durchscheint, dient dem Städtebau (4,17), schafft aber auch den Anreiz, in den „Himmel", in den Gott allein vorbehaltenen Bereich vorzustoßen (11,1 ff).
2) Die der Paradiesgeschichte folgenden Erzählungen sind als urgeschichtliche Beispiele so gestaltet, daß deutlich wird, wie der Mensch bzw. die Menschheit immer wieder den ihr gesteckten „Rahmen der Freiheit" mit verhängnisvollen Folgen durchbricht und nur durch die immer neue Zuwendung JHWHs überleben kann (z. B. 4,15).

In der älteren Schicht der Urgeschichte steht die zwischen Ursprung und Wirklichkeit des Menschen bestehende Diskrepanz im Zentrum. Diese äußert sich in der Qualitätsminderung, die das menschliche Leben durch das menschliche Tun erleidet.

Die im Psalm 104 entfaltete Schöpfungstheologie setzt ihre Akzente mehr beim fürsorglichen Vorausschauen des Schöpfers und der staunenden Betrachtung der Schönheit und Ordnung der Schöpfung.

4.3. Weisheitliches Schöpfungsverständnis: Psalm 104

Für den Dichter dieses Psalms sind die elementaren Lebensbedingungen und konstitutiven Gegebenheiten der Lebenswelt Werk und Gabe des Schöpfers, die zur lebenssichernden Nutzung bereitgestellt sind.

„Du lässest Gras sprossen für die Tiere und Gewächse für den Bedarf der Menschen, daß Brot aus der Erde hervorgehe und Wein, der

des Menschen Herz erfreue, daß sein Antlitz erglänze von Oel und Brot das Herz des Menschen erstärke" (V. 14 f).

Die Schöpfung wird in diesem Psalm nicht unter dem Gesichtspunkt einer geminderten Qualität betrachtet, sondern als wunderbares Werk, das Anlaß zu elementarem Staunen, Freude und Lobgesang gibt. O. H. Steck vertritt die These, daß dieser Psalm auf dem Boden der „Stadttheologie von Jerusalem" steht, deren altorientalische und altkanaanäische Kultur nach der Einnahme durch David israelitisch-kritisch weitergestaltet und erweitert wurde.[72] Während sich die ältere Schicht der Urgeschichte weitgehend auf die Gegebenheiten der bäuerlichen Welt beschränkt, wird hier das Interesse deutlich, die natürliche Welt in ihrer Totalität zu erfassen. Gegliedert ist der Psalm nach den **drei Räumen des Kosmos** in den *überirdischen Raum*, das *Festland* und das *Meer*. Mit der Schaffung der natürlichen Welt sind stabile Grundgegebenheiten gesetzt (V. 9). Anhand detaillierter Naturerkenntnisse werden die ökologischen Zusammenhänge des Ganzen beschrieben. Ähnlich wie in der vorpriesterlichen Schicht der Urgeschichte ist auch hier das Wasser als Ermöglichung des Lebens konstitutiv. Alles ist weise geregelt, die wilden Tiere suchen sich nachts ihre Nahrung, der Tag dient der Feldarbeit des Menschen (V. 20 ff.). Auch das Meer (V. 25 f.) ist ein Ort des von JHWH geschaffenen Lebens. Das der mythologischen Tradition nachgezeichnete „Seeungeheuer", das an gottwiderstreitende Mächte erinnert, hat seine chaotische Qualität verloren und wird als Geschöpf unter anderen dargestellt. Die Lebenswelt, aber vor allem das Leben selbst, ist verstanden als grundlegende, allem Geschehen vorausliegende Gabe Gottes. Die Welt wird als Ganze in ihrer positiven Fülle sowie elementarer Sinnhaftigkeit und Qualität wahrgenommen und erlebt. Der Mensch lebt und lobt aus dieser Grunderfahrung der geschöpflichen Welt und seiner eigenen Geschöpflichkeit heraus. Anders als in der älteren Schicht der Urgeschichte steht der Mensch nicht im Mittelpunkt dieser Welt, sondern ist eingebunden in den Gesamtzusammenhang des Ganzen. Bei aller vorgegebenen Stimmigkeit der Welt, bleibt dem Dichter doch bewußt, daß der Mensch, der sich dem Plan und der Weisung Gottes nicht einfügt (der Sünder), als einziges Lebewesen das gottgewollte Zusammenspiel der Geschöpfe stören kann (Ps 104, 35a).[69]

Aufgaben:
- Vergleichen Sie das Welt- und Menschenverständnis von Ps 104 mit den vorpriesterlichen Teilen der Urgeschichte.
- Vergleichen Sie die Welt- und Erkenntnissituation der Moderne mit diesen beiden Texten.

Auch die nachexilische **Weisheitsliteratur** der Hebräischen Bibel[74] knüpft an die im Psalm 104 aufgezeigte Linie an, verstärkt jedoch die skeptische Sicht der Dinge, die in diesem Psalm nur am Schluß anklingt. Wichtig an der weisheitlichen Tradition ist, daß sie in zentraler Weise von einer Selbstoffenbarung des Schöpfers durch die Schöpfung spricht.

„Die Himmel erzählen die Ehre Gottes, und das Firmament verkündet das Werk seiner Hände." (Ps 19,2)

Wirkliche Naturerkenntnis ist in ihrer ganzen Fülle Erkenntnis der Schöpfungsqualität der Welt. Dadurch unterscheidet sich dieses Weltverständnis fundamental von dem distanziert-differenzierten Weltverständnis der Neuzeit. Im weisheitlichen Denken offenbart sich die Welt als Schöpfung, weil die „Weisheit" von Anbeginn an das ordnende, regelhafte Zusammenspiel allen Seins begründet hat. Die „Weisheit" ist identisch mit dem von Gott in die Welt eingesenkten Schöpfungsgeheimnis (Spr 8).

Dieses bleibt jedoch dem menschlichen Erkenntnis- und Bemächtigungswillen letztlich unerreichbar.[75] Daß dem Menschen immer nur teilweise Erkenntnis möglich ist und er nicht zu einem umfassenden Verstehen aller Gesamtzusammenhänge kommen kann, reflektiert das Weisheitslied in Hiob 28. Hier wird die Funktion eines antiken Bergwerkes als Beispiel dafür geschildert, zu welchen technischen Leistungen der Mensch fähig ist. Aber zu welchen technischen Leistungen es der Mensch auch bringt, in welche Tiefen und Höhen er auch vorstößt, zum Schöpfungsgeheimnis kann er nicht durchstoßen. Als Konsequenz aus dieser Erfahrung wird auf einen Perspektiv- und Einstellungswechsel verwiesen, in dem der Mensch sich der Differenz zwischen Gott und Mensch bewußt wird: „die Furcht des Herrn, das ist Weisheit, und Meiden das Böse, das ist Einsicht" (Hiob 28,28).

Die weisheitliche Schöpfungstradition liegt angesichts der bedrohlichen ökologischen Folgen menschlicher Herrschaft den gegenwärtigen Erfahrungen vielleicht näher als die anderen, stärker anthropozentrisch ausgerichteten Schöpfungstraditionen der Bibel. Gegen die Trennung von Mensch und Welt und eine mit technischer Ausbeutung verbundenen Sicht der Welt aus der Perspektive menschlicher Zwecke bringt die weisheitliche Tradition die ästhetische Dimension ins Spiel. Sie lenkt die Wahrnehmung auf die Schönheit und Sinnhaftigkeit der Welt und den unauflösbaren Zusammenhang **aller** Kreaturen. Sie erinnert den Menschen daran, sich als Kreatur unter Mitkreaturen zu sehen. Da menschliches Erkenntnisvermögen auch bei größten Fortschritten nie zum Verständnis des Ganzen fortschreiten kann, sollte er auch in seinem Planen nie aufs Ganze gehen.

Vor dem Hintergrund der unsere Gegenwart bestimmenden ökologischen Problematik scheint der priesterliche Schöpfungsbericht in

Gen 1-2,4a nicht so ohne weiteres als kritisches Potential geeignet zu sein. Dieses Urteil ist vor allem bestimmt durch die umstrittene Wirkungsgeschichte von 1,26 („Macht euch die Erde untertan"), die wegen ihrer besonderen Bedeutung in der ökologisch-theologischen Debatte gesondert thematisiert wird.[76]

4.4. Die Urgeschichte der Priesterschrift

Trotz einiger gegenläufiger Argumentationen ist die Hypothese (weiterhin) gut begründet, daß es sich bei der sogenannten **Priesterschrift (P)** um ein zunächst eigenständiges literarisches Produkt handelt, daß in der nachexilischen Zeit in den Gesamtzusammenhang des Pentateuch eingearbeitet wurde. Die Bezeichnung Priesterschrift wurde gewählt, weil diese Quellenschicht deutlich vom Interesse für kultische und rituelle Einrichtungen sowie für priesterliche Ordnungen geprägt ist. Wegen der besonderen formalen Eigenarten der Sprache lassen sich die priesterlichen Texte weitgehend auch ohne speziellere Kenntnisse identifizieren. Die Verfasser sind wahrscheinlich priesterlichen Kreisen in der babylonische Diaspora (ungefähr 520 v. Chr.) zuzurechnen. Ein wichtiger Grundzug sind die sogenannten **Genealogien**, hebr. toledot (z. B. Gen 5 u. 10), durch die die Geschichte vor allem unter dem Aspekt des Wechsels von Generationen in Perioden eingeteilt wird. Diese Darstellung von Geschichte unterscheidet sich von der üblichen Geschichtschreibung, in der Herrscher, Schlachten und Siege dominieren. In den Mittelpunkt rückt Familiengeschichte, über die Erinnerung tradiert wird. Hier werden die Lebenszeiten von Einzelmenschen überliefert, in deren Traditionskette der Leser eingebunden wird.

Ein weiteres Aufbaukriterium bietet die enge **Verbindung von Geschichtserzählung und Gesetz**. Die Sprache ist in der Regel nüchtern, sachlich und sehr präzise.

Eine wesentliche Entdeckung der neueren Exegese liegt in der *Aufdeckung des engen Zusammenhanges der ganzen Urgeschichte* (in der Priesterschrift Gen 1; 5; z. T. 6–8; 9,1-17 u. 10). Von daher ist es unangemessen, den sogenannten Schöpfungsbericht in Gen 1-2,4a isoliert von dieser Fortsetzung zu betrachten. Eine für die Gesamtdeutung wichtige Frage ist die nach dem Verhältnis von Gen 1-2,4a und Gen 9,1-17 (s.u.).

Auch wenn sich – abgesehen vom zeitlichen Ablauf – bei der Betrachtung des Schöpfungsberichtes erstaunliche Analogien zu modernen Kosmogonien und evolutionären Weltentstehungstheorien ergeben, liegt das Interesse der Priesterschrift nicht in einem naturgeschichtlichen Abriß. Das allgemeine naturwissenschaftliche Wissen der damaligen Zeit wird vielmehr verwendet, um die Rahmenbedingungen, die Möglichkeiten und Grenzen geschichtlicher Entwicklung und menschlichen Handelns grundlegend abzustecken.

Lebensermöglichende Ordnungen und Regeln sind ebenso anfänglich gesetzt wie der menschliche Freiheitsraum innerhalb dieser Grundgegebenheiten. Auf dem Hintergrund der babylonischen Schöpfungstradition, in der die Menschen zum Dienst an den Göttern geschaffen werden, kann der priesterliche Bericht als „Proklamation menschlicher Freiheit" bezeichnet werden. Daneben lassen sich viele Aspekte ausmachen, die aus babylonischer Tradition übernommen, jedoch in eigener Weise interpretiert bzw. fortgeschrieben wurden. Anders als in den vorpriesterlichen Teilen der Urgeschichte liegt hier ein Weltbild bzw. Weltmodell zugrunde, in dem die geordnete Schöpfung als ein schmaler Raum erscheint, der von chaotischen Urmächten umgeben ist. In der Flutgeschichte wird diese Bedrohung der Schöpfung, wieder in den chaotischen Urzustand zurückzufallen, anschaulich (siehe Kap. 4.10.).

Neben der räumlichen Ordnung spielt die zeitliche eine große Rolle. Die Schöpfung wurde in einem bestimmten zeitlichen Rahmen geschaffen und mit ihr die Rahmenbedingungen für die Zeitbestimmung. Tag und Nacht, Woche und Jahr werden bestimmbar. Zentraler Aspekt dieser priesterlichen Weltordnung ist die Institution des Sabbats, des 7. Tages als Tag der Schöpfungsruhe und Unterbrechung jeder Arbeit. Der **Sabbat** ist in der Exilszeit zu einem zentralen Konfessionskennzeichen des Judentums geworden und eine Institution, die den Zusammenhalt in der Diaspora förderte. Das Zurruhekommen wurde in der Form des Sabbatjahres auch ein bedeutender Impuls der Sozialpolitik in Israel.

In der Feier des Sabbats geht es um eine produktive Erinnerung an den „Frieden mit der Natur".[77] Indem durch Unterbrechung der menschlichen Arbeit ein Perspektivwechsel vorgenommen wird und die Welt nicht als Objekt menschlicher Gestaltung, sondern als geschenkter Lebensraum wahrgenommen wird, hat die Feier ein utopisches Moment.

Betrachtungen zu den ersten Versen der Hebräischen Bibel:[78]

Die revidierte Lutherübersetzung des ersten Satzes lautet: „Am Anfang schuf Gott Himmel und Erde." Bei Buber-Rosenzweig heißt es: „Im Anfang schuf Gott den Himmel und die Erde".

Im oder am Anfang? Ist der erste Satz als eine Art Überschrift zu verstehen oder als temporale Einleitung im Sinne von „Als Gott begann Himmel und Erde zu schaffen"? Alle Möglichkeiten lassen sich philologisch begründen. Übersetzung ist nicht ohne Interpretation möglich. Eindeutig ist die Bibel schon am (oder im?) Anfang nicht. So ist es eine Frage der Interpretation, ob hier der Gedanke einer Schöpfung aus dem Nichts angemessen ist, oder ein relativer Anfang gemeint ist, der auf die Schilderung des folgenden Tuns Gottes verweist. Vers 2 kennzeichnet den Zustand der Welt bevor Gott schafft: Wüst und leer (hebr.: tohuwabohu), Finsternis auf der Tiefe (auf dem Abgrund, hebr. tehom) und der Geist (Geistwind, hebr. ruach) auf/über dem Wasser.

Einen deutlicherern Hinweis auf die Besonderheit dieses zweiten Satzes läßt die Übersetzung von Buber-Rosenzweig wahrnehmen:

„Die Erde aber war Irrsal und Wirrsal.
Finsternis über Urwirbels Anlitz.
Braus Gottes schwingend über dem Anlitz des Wassers."

Der religions- und geistesgeschichtliche Zusammenhang, dem dieser Text seine Entstehung verdankt, ist nach weitgehend übereinstimmender Meinung der Fachleute die jüdische Diaspora in Babylon, die dort mit dem babylonischen Schöpfungsmythos (Enuma elisch) konfrontiert war. Es ist davon auszugehen, daß dieser Mythos die priesterliche Schöpfungstradition bis zu einem gewissen Grad beeinflußt hat.

Eine Besonderheit des **babylonischen Mythos** ist die Zusammenfügung *zweier* in älteren (sumerischen, ägyptischen und kanaanäisch-ugaritischen) Mythen getrennter Motive vom *Chaosdrachenkampf* und der *Schöpfung.*[79] Im babylonischen Mythos hatte sich Marduk seine Stellung als Stadtgott von Babylon (und damit den in seinem Namen begründeten Herrschaftsanspruch Babylons) dadurch erkämpft, daß es ihm gelungen war, den Chaosdrachen Tiamat zu besiegen. Tiamat ist die Personifikation des lebenszerstörenden Salzwassers, das in Konkurrenz zum lebensspendenden Süßwasser (personifiziert durch die Götter Enki/Ea) steht. Die bestehende Welt ist Produkt eines Götterkampfes, indem es Marduk gelungen war, mit der Hilfe der guten Götter die lebensfeindliche Tiamat zu besiegen, ihren Kadaver zu teilen und daraus Himmel und Erde zu machen.

In dem knappen Hinweis auf *tehum* (Abgrund, Urtiefe, Urwirbel) klingt – wie in weite Ferne gerückt – dieses vor dem Schöpfungsbeginn liegende Ereignis als „Ort der Finsternis" an. Diese u. a. Beobachtungen legen den Schluß nahe, daß mit dem „Anfang", von dem Gen 1,1 spricht, kein absoluter, sondern ein realtiver Anfang gemeint ist. Der Zustand davor, der in Vers 2 anklingt, bleibt als Teil der vorgeschöpflichen Welt noch erhalten, während andere Elemente des Zustands „davor" im folgenden zur lebensermöglichenden Welt umgestaltet und Grundlegung der Lebenswelt werden. Das für den Zustand der Welt vor der Schöpfung verwendete Wort *Tohuwabohu* ist als extreme Steigerung des Wortes *tohu* zu verstehen, das Wüste, Öde und Nichtiges bezeichnet. Gottes Geistwind weht ziellos im Kontrast zum zielgerichteten schöpferischen Lebenswort, das im folgenden „Gott sprach" durchscheint. Das hier verwendete Wort *bara* wird in der Hebräischen Bibel ausschließlich für das (um)-gestaltende schöpferische Handeln Gottes verwendet. Nicht Schöpfung aus dem Nichts, sondern Umgestaltung von Ziellosem, Ungeordnetem in eine lebensfreundliche, zielgerichtete, geordnete Gestalt ist das Thema von Gen 1. In den bekannten Chaosgestalten (Tehum als vorgeschöpfliche „Gestalt" und Tanninim, Meeresdrachen als Geschöpfe, Gen 1,21) bleibt die Widersprüchlichkeit der Welt und Gefährdung einer Verkehrung der Schöpfung in Leeres und Nichtiges als Erfahungsebene präsent.

Grundsymbol dieser Gefährdung ist in der priesterlichen Theologie die „Flut", die als urgeschichtliche Erzählung die Erinnerung aufbewahrt, das das gegenwärtige Leben der großen Flut entronnen ist. Erinnernde Erzählung hat hier wie insgesamt die Funktion in der Gegenwart vor einer Neuauflage der vergangenen Gefahren zu warnen.

Die Eigenart der formalen Gestaltung

Bei der Betrachtung der priesterlichen Schöpfungsgeschichte fallen immer wiederkehrende formelhafte Wendungen auf, in denen man ein Erschaffen durch das Wort und ein Erschaffen durch Tun unterscheiden kann. Einige Ausleger deuten diesen Zusammenhang so, daß die Priester eine ältere Erzählung der Welterschaffung durch eine handwerklich tätige Gottheit überformt haben durch einen Wortbericht, so daß der Wortbericht zu einer Interpretation des Tatberichtes wird.

Aufgabe:
- Machen Sie den Versuch, den Wort- und den Tatbericht voneinander zu trennen. Die Vollzugsmeldung: „Und es geschah also" bildet dann den Abschluß des Wortberichtes, an die der Tatbericht angehängt wurde.

O.H. Steck hat plausibel dargelegt, daß es einer solchen literarkritischen Erklärung nicht bedarf, weil die Schöpfungserzählung als ein Werk aus einem Guß interpretiert werden kann. Ankündigung und der Bericht der Verwirklichung sind als Schema auch in der übrigen Priesterschrift zu beobachten. Bei der Verwirklichung wird deutlich, daß es sich nicht nur um einen einmaligen Akt, sondern eine Dauereinrichtung handelt. Die sogenannte Billigungsformel (und Gott sah, daß es gut war) läßt sich verstehen im Sinne von „wie Gott es eigentlich

gemeint hat" oder auch als zweckentsprechend „gut für Weiteres".
Die Welt wird so dargestellt, wie sie für jedermann erfahrbar ist, wenn
er die Naturphänomene betrachtet.

Deutlich wird das Interesse, die Welt als durch und durch geordnetes
Phänomen darzustellen. Die Frage der antiken Welt ist nicht „Wie
entsteht etwas aus Nichts?", sondern „Was hält die Welt stabil?" – (die
Frage, die Asterixlesern bekannt ist: Majestix fürchtet sich vor nichts
anderem, als daß ihm der Himmel auf den Kopf fällt). Vom Anfang
erzählen, heißt Welt ordnen. Von der Ordnung des Anfangs erzählen,
heißt die Ordnung zu erinnern, die die Gegenwart vor einem Absturz
ins Chaos bewahrt...

Schematische Übersicht: Gen 1

Werke (Benennung) → **Funktion**	**Tag**	**Anordnung** „und Gott sprach"	**Vollzugsformel** „und es geschah"	**Bericht über Verwirklichung**	**Billigungsformel** „und Gott sah, daß es gut war"
Tag und Nacht	1.	X	X	X	X
Himmel	2.	X	X	X	–
Erde/Meer	3.	X	X	(von LXX überliefert)	X
Pflanzen		X	X	X	X
Gestirne → Orientierung → Zeitbestimmung	4.	X	X	X	X
Wasser/Lufttiere	5.	X	–	X	X
Landtiere	6.	X	X	X	X
Menschen → Herrschaft		X	X	X	(X)

Die erste Ordnungsleistung liegt in der Trennung von Licht und
Finsternis und der daraus folgenden Unterscheidung von Tag und
Nacht. Damit ist ein erster Tag geboren und der aller weiteren Ordnung
zugrundliegende Rhythmus der Zeiten beginnt. Dieser Rhythmus ist
dem Menschen vorgegebene Ordnung – Schöpfungsordnung. Die Sozialstruktur menschlicher Gemeinschaft, die in der Theologiegeschichte mit Schöpfungsordnung verbunden wurde, ist dagegen nach
biblischer Wahrnehmung Produkt der Geschichte.

Für unsere Vorstellung irritierend ist an dem sonst wohlgeordneten
Schema die Erschaffung der Gestirne am vierten Tag. Diese Beobachtung hat in der Auslegungsgeschichte viele Erklärungen gefunden.
So vertritt z. B. G. von Rad die These, daß hier eine bewußte rationale

Gegenposition zum altorientalischen Astralglauben eingenommen wird. Daher werde auf eine Benennung der Gestirne verzichtet und nur ihre Funktion herausgestellt. In der Begriffswahl „Lampen" werde deutlich jeder göttliche Charakter abgewehrt.[80]

Vermutlich liegt die Erklärung in einer dazwischenliegenden Variante: Gestirne konnten in Israel keinen göttlichen Charakter haben, wie die Ungeheuer der bekannten Mythologien. Dennoch wurden sie aber als lebendige Kreaturen verstanden, denen die Himmelsfeste als ein eigener Lebensraum zugeordnet ist.

Die Pflanzen wurden dagegen nicht als Lebewesen, sondern als „Kleid der Erde" verstanden, weil ihnen das Blut als Lebenssaft fehlt.

So ergibt sich eine aus moderner Sicht ökologische Zuordnung von:

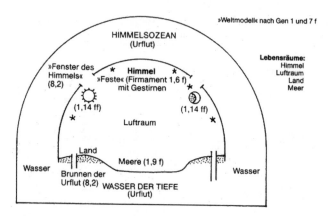

»Weltmodelle« nach Gen 1 und 7 f

Lebensraum	und	Lebewesen
(1.–3. Tag)		(4.–6. Tag)
Himmelsfeste		Gestirne
Meer		Wassertiere
Lufttraum		Lufttiere
Erde (mit Pflanzen)		Landtiere und Menschen

Die Landtiere und der Mensch sind als Geschöpfe des 6. Tages eng miteinander verbunden und auf den gleichen Lebensraum angewiesen. Die darin liegende Konfliktmöglichkeit wird jedoch durch zwei Aspekte reduziert:

1. Wassertiere und Vögel werden ebenso wie der Mensch gesegnet und sollen ihren Lebensraum füllen. Bei den Landtieren fehlt der Hinweis auf den Segen als Wachstumskraft. Dahinter mag der Gedanke stehen, daß die Landtiere sich nicht auf Kosten des menschlichen Lebensraumes vermehren sollen.

2. Daneben wird die Nahrungszuweisung für Menschen und Landtiere unterschieden. Naturpflanzen, die „von selbst" wachsen wie Gräser und Kräuter dienen den Tieren, Kulturpflanzen wie Getreide und Baumfrüchte den Menschen als Nahrung.
3. Zusätzlich wird nun dem nach Gottes Ebenbild[81] geschaffenen Menschen aufgetragen, „sich die Erde untertan zu machen" und über die Tiere zu herrschen.

(Zur Deutung und Auslegungsgeschichte dieses Herrschaftsauftrages, der in der Diskussion über die geistigen Ursachen der ökologischen Krise ein zentrales Thema geworden ist, siehe Kap. 4.7.).

Wenn man von der (nicht unbestrittenen Deutung[82]) ausgeht, daß der Auftrag zu herrschen eine nähere Bestimmung der in dem Vers davor ausgesprochenen Gottebenbildlichkeit des Menschen ist, wird damit vor allem die Qualität der Herrschaft charakterisiert. Nach allgemein orientalischem Verständnis gilt der König als Bild Gottes. Israel sieht die Aufgabe des Königs nicht in einer despotischen Herrschaft, sondern in idealtypischer Sicht als fürsorgliche, auf die Erhaltung des Rechtsfriedens gerichtete Machtausübung, wie sie etwa in der messianischen Tradition (siehe Kap. 7.10.) entfaltet wird. In einem wichtigen Unterschied zur altorientalischen Vorstellungswelt bleibt die Herrschaft hier jedoch nicht dem König vorbehalten, sondern ist Aufgabe des *Menschen* als Mann und Frau (ohne weitere Differenzierung in Nationen, Rassen, Herrscher, Beherrschte!).

Während nach dem babylonischen Mythos Menschen geschaffen werden, um den Göttern zu dienen, könnte diese Bestimmung gelesen werden im Sinne von „nicht um zu dienen, d. h. die kulturelle Arbeit zu leisten, die die Götter vorher selbst machen mußten, sondern im Auftrage Gottes zu herrschen". Das Verständnis von „Herrschen", mit dem in Entsprechung zu Gott der Mensch (als Mann und Frau) beauftragt wird, entspricht der Beziehung des Hirten zu seiner Herde, die seinerseits immer wieder als Metapher der Amtsführung eines guten Königs Verwendung findet. Damit sind durchaus Leitung und Gewalt mitgedacht, aber nicht im despotischen Sinne.[83] Zum Verständnis ist die Erfahrung mitzubedenken, daß wilde Tiere in der Antike ein Gefährdungspotential für den Menschen darstellten. Die Grenzen der menschlichen Herrschaft sind besonders durch die oben genannte Nahrungsmittelzuweisung abgesteckt. Indem Mensch und Tier von unterschiedlichen Kräutern, aber beide vegetarisch leben, entfaltet Gen 1 ein Bild des Lebens ohne Blutvergießen.

Der Unterschied zwischen der hinter Gen 1 liegenden und der heutigen Welterfahrung ist zugespitzt gekennzeichnet durch *den Wandel* von der Bedrohung der Menschen durch die Naturmächte hin zur Bedrohung der Natur durch die Macht der Menschen.

Die Betrachtung von Gen 1 bringt im Rahmen der Priesterschaft nun jedoch nur die eine Seite der urgeschichtlichen Sichtweise. Die andere Sicht eröffnet Gen 9,1-7.

> **Aufgabe:**
> - Vergleichen Sie die Herrschaftsbilder von Gen 1,28 und Gen 9,2.
> Gen 1,28: „**Gott segnete die Menschen und sprach zu ihnen, seid fruchtbar und mehret euch** und macht euch die Erde untertan und herrschet über die Fische im Meer und über die Vögel unter dem Himmel und über das Vieh, das auf Erden kriecht."
> Gen 9, 2: „**Gott segnete die Menschen und sprach zu ihnen, seid fruchtbar und mehret euch.** Furcht und Schrecken vor euch komme über alle Tiere der Erde, über alle Vögel des Himmels, über alles, was auf Erden kriecht, und über alle Fische im Meer: In eure Hand sind sie gegeben. Alles, was sich regt und was lebendig ist, soll euch als Nahrung dienen. Wie das Blattwerk der Pflanzen gebe ich euch alles."

Für die Herrschaft des Menschen wird in Gen 1,28 das Bild des fürsorglichen Hirten-Königs (s. o.) gezeichnet, in Gen 9,2 ein Bild aus der Kriegstradition.

Der Gegensatz der Rolle des Menschen vor und nach der Flut, also zwischen 1,26 ff (Geschöpf Gottes und Herr der Erde) und 9,1 ff (Bild Gottes und Schrecken der Tiere) wird oft als Differenz zwischen verlorenem Ideal und Realität interpretiert. Jürgen Ebach[84] macht darauf aufmerksam, daß beim genaueren Hinsehen 1,26 ff nicht als vergangenes Ideal zu verstehen ist, noch 9,1 ff der Realität entspricht. Diese Schlußfolgerung läßt sich allerdings nur ziehen, wenn die Kontexte jeweils mitgelesen werden.

Die Differenz zwischen Gen 1,26 ff und 9,1-7 ist vom Einbruch der **Gewalt** bestimmt, die in der priesterlichen Flutgeschichte zum entscheidenden Stichwort wird. Während die Regelungen von Gen 1 in Form von fürsorglicher Herrschaftsausübung und unterschiedlicher vegetarischer Nahrungszuweisung die Vermeidung eines Konflikts zwischen Mensch und Tier im Blick haben, geht Gen 9 von Erfahrungen aus, die den Ausbruch des Konfliktes zwischen Mensch und Natur wie zwischen Mensch und Mensch bereits voraussetzen. Im Gegensatz zu 1,29 wird nun das Töten von Tieren zu Nahrungszwecken eingeräumt.

Wenn die auf Gen 9,2 folgenden Verse mitbedacht werden, ergibt sich daraus, daß das Leben mit der Gewalt durch Weisungen Gottes so reguliert wird, daß das Leben – im Interesse von Tier und Mensch –

prinzipiell geschützt bleibt. Zwar wird nun das Töten von Tieren als Nahrung für den Menschen erlaubt, im Schächtungsritual wird aber erinnert, daß zum Blutvergießen nicht das Butgenießen kommen darf und menschliches Leben prinzipiell vor tödlicher Gewalt geschützt werden muß. „*Blutvergießen in der Natur (darf) nicht das Modell für den Umgang von Menschen mit Menschen abgeben.*"[85]

So gelesen erscheint Gen1 als eine utopische Erinnerung daran, daß in der von Gott geschaffenen Welt kein Blutvergießen sein soll, daß der Mensch in der gleichberechtigten Beziehung von Mann und Frau beauftragt ist, als Bild Gottes fürsorglich über die nichtmenschliche Kreatur zu herrschen, und daß es zwischen den Menschen keine weiteren Differenzierungen und Herrschaftsstrukturen gibt. In Anbetracht der geschichtlichen Gewalterfahrung liest sich aber auch die Welt von Gen 9,1-7, die vom Gegensatz zwischen Mensch und Tier gekennzeichnet ist, noch wie eine relativierte Utopie, indem Gewalt zwischen Tier und Mensch durch das Gebot Gottes begrenzt und Töten von Menschen generell untersagt ist. In den biblischen Zukunftsvisionen (z. B. Jes 11) kehrt das friedliche, konfliktfreie Bild von Gen 1 wieder. Für ethisches Handeln der Gegenwart können die sogenannten noachitischen Gebote in Gen 9 Orientierung sein. Der Blick auf das relativ Gute kann jedoch die Tiefe seiner Wahrnehmung durch die Erinnerung des Besseren in Gen 1 schärfen.[86]

(Die Erinnerung an die fundamentale Bedrohung durch Wasser/ Urchaos als Grunderfahrung geht der theologischen Deutung voraus. Die Texte sind als theologische Auseinandersetzung um die Rolle Gottes in dieser Erfahrung zu verstehen. Er will nicht zerstören, sondern „*Samen am Leben erhalten auf der ganzen Erde*" Gen 7,3.)

4.5. Die Schöpfungstradition bei Deuterojesaja[87]

Bei Deuterojesaja, dem großen Hoffnungspropheten der Exilszeit wird die Schöpfungstradition zur Basis seiner Hoffnungstheologie. Der Rückgriff auf den Schöpfungsgedanken wird bei ihm zu einer neuen Argumentationsbasis, die mit geschichtlichen Erinnerungen Israels verknüpft wird. Das von ihm gezeichnete Hoffnungsbild der Heimkehr der Exilierten nach Zion verbindet die im Schöpfungsgedanken enthaltene Erinnerung an die urzeitliche Macht JHWHs mit der Erinnerung an seine in der Geschichte erwiesene Mächtigkeit. Besonders anschaulich wird dieser Zusammenhang in **Jes 51, 9-16**. Der Beginn dieses Textes ist an die Gattung des **Volksklageliedes** angelehnt, dem im Gottesdienst der Exilgemeinde das Erhörungsorakel folgt, an das die Verse 12 ff erinnern.

Angerufen wird in V. 9 der „Arm JHWHs", der in der Hebräischen Bibel sowohl als Symbol der Befreiung (vgl. Ps 74,16; 89,11; 136,11 f.) als auch als Organ des Schöpfungshandelns (vgl. Jer 27,5; 32,17) zu verstehen ist. Dieser Arm JHWHs soll sich mit Kraft kleiden wie in den „Tagen der Vorzeit". Diese Wendung umfaßt sowohl die frühere Zeit als auch die vorgeschichtliche Zeit. Mit den Prädikationen „der Rahab zerschlug", „den Drachen durchbohrte" werden mythologische Traditionen aufgenommen. Ähnlich verhält es sich mit dem Hinweis auf die Austrocknung des Meeres, in dem die aus der kanaanäischen Mythologie bekannte Besiegung des Meeresgottes Jam anklingt. Eine Anlehnung an die kanaanäische Mythologie ist auch aus dem Hinweis auf den Urdrachen Tanin herauszuhören. Dort wird der Gott Baal als der Überwinder des Drachens (Tanin) bezeichnet. Jer 51,34 u. Ez 29,3; 32,1 verwenden diese Bezeichnung (Tanin) auch für den babylonischen König Nebukadnezar und den Pharao. Bei Rahab verhält es sich ähnlich. In der babylonischen Mythologie erscheint diese Gestalt als Meerungeheuer und wird auch in der Hebräischen Bibel so aufgenommen (vgl. Hi 9, 13; Ps 89, 11; Hi 26, 12). Zugleich wird sie aber auch als Synonym für Ägypten (Jes 30,7 u. Ps 87,4) verwendet. Auch die in Gen 1,2 genannte mythische Urflut (tehom) klingt an. Mächte der Urzeit und geschichtliche Mächte sind in diesen mythologischen Begriffen zwei Seiten fundamentaler Bedrohung, die beide von der Macht JHWHs „gezähmt" sind. Die in der Urgeschichte erwiesene Macht und die geschichtlich erfahrene Macht (Aufnahme der Exodustradition in Jes 51,10) bilden die Folie für eine neue Befreiungstat (Jes 51,11). Die Bilder der Schöpfung und des Exodus fließen zu einem Bild zusammen. In Jes 51,13 ist dann ausdrücklich von JHWH als dem Schöpfer die Rede.

In der hymnischen Entfaltung des Schöpfungsgedankens kommen zwei Aspekte in den Blick:
1. Die Furcht vor der Gewalt von Menschen hängt zusammen mit dem „Vergessen des Schöpfers".
2. Der Schöpfungsgedanke wird unmittelbar auf die eigene Existenz bezogen. Erinnern, Gedenken der Schöpfung zielt darauf ab, daß die Angeredeten sich als Geschöpfe verstehen, deren Schöpfer ihnen eine neue Perspektive eröffnet. In dem in 51,16 gemalten Hoffnungsbild fließen die Konturen von Schöpfung, Erwählung und Erlösung zu einem Heilshandeln JHWHs zusammen.

Aufgaben:
- Im Blick auf den Schöpfungsgedanken lassen sich in den einzelnen Texten (Gen 1; Gen 2-3; u. a.) sowohl Gemeinsamkeiten als auch Unterschiede feststellen. Stellen Sie Unterschiede und Gemeinsamkeiten einander gegenüber.

- Worin liegt nach Ihrer Einschätzung jeweils das Hauptinteresse der einzelnen Texte?
- Welche Ausformung des Schöpfungsgedankens erfüllt am ehesten die im Eingangszitat von I. Baldermann angesprochene Signalfunktion?

Im folgenden wird zunächst die Zuordnung des Schöpfungsthemas (bzw. der Urgeschichte) zur übrigen Hebräischen Bibel bei verschiedenen Alttestamentlern aufgezeigt. Anschließend werden einige für die gegenwärtige Diskussion relevante Probleme thematisiert.

4.6. Von der Schöpfungstheologie zur ökologischen Theologie

Das soteriologische Schöpfungsverständnis – Gerhard von Rad

Im Anschluß an die 1935 von Gerhard von Rad („Das theologische Problem des alttestamentlichen Schöpfungsglaubens") entwickelte These galt lange Zeit das Thema Schöpfung als ein Randthema alttestamentlicher Theologie.

G. von Rad sah den ursprünglichen Kern des altisraelitischen JHWHglaubens in dem Bekenntnis zu dem in der Geschichte erfahrenen Rettungsgeschehen (Exodus). Der Schöpfungsgedanke dagegen sei diesem geschichtlichen Heilsglauben in Auseinandersetzung mit Vorstellungen anderer religiöser Überlieferungen hinzugewachsen.

„Wahr ist, daß sich der altisraelitische Jahweglaube auf Grund bestimmter geschichtlicher Erfahrungen ausschließlich als Heilsglaube verstanden hat; das ist aus seinen ältesten Bekenntnisformulierungen ohne weiteres zu entnehmen."[88]

Israel machte sich dabei aber nicht die mythologischen Schöpfungsvorstellungen seiner Umwelt zu eigen. Schöpfung wird zum Vorspann und Bestandteil der Heilsgeschichte. Besonders bei Deuterojesaja wird die Schöpferfunktion JHWHs zum Ausdruck und zur Garantie seines Heilshandelns. Diese in unlösbarer Einheit mit dem Rettungshandeln verstandene Schöpfungsvorstellung (soteriologisches Verständnis) ist nach von Rad keineswegs auf Deuterojesaja beschränkt, sondern bestimmt mit kleinen Abweichungen das Schöpfungsverständnis der Hebräischen Bibel.

Mit der Unterordnung des Schöpfungsthemas unter das Exodus-Befreiungsthema verbindet sich implizit eine Kritik an der lutherischen Tradition der Schöpfungsordnungen, die noch im NS-Unrechtsstaat eine Gestalt der göttlichen Ordnung sah. Mit der Konzentration auf die von Gott gewirkte Heilsgeschichte verbindet sich eine Kritik an eine sich davon lösende „germanische Heilsgeschichte" mit naturmystischer Fundierung.

Schöpfungsverständnis bei Claus Westermann

Einer neue bzw. andere Gewichtung des Schöpfungsthemas in der Hebräischen Bibel hat Claus Westermann in seinem Genesiskommentar (ab 1966) entfaltet.[89]

Besonders auf Grund der Beobachtung, daß Motive der biblischen Urgeschichte weltweit verbreitet sind, zieht C. Westermann den Schluß, daß die Schöpfungserzählungen ein eigenes, von den Rettungserzählungen unabhängiges Interesse und Gewicht haben.

„Die eigentliche Bedeutung der biblischen Schöpfungserzählung und des Redens von der Urzeit (Gen I-XI) überhaupt liegt darin, daß in ihm die Erinnerung an die Menschheitsgeschichte als ein in sich geschlossenes Ganzes bewahrt wird, daß sich in ihm die gegenwärtige Menschheit als Glied der Menschheitsgeschichte versteht."[90]

Schöpfung als *Urgeschehen* hat einen universalen Charakter, in dem die Erwählung und Rettung des Gottesvolkes als partialer Aspekt göttlichen Handelns eingebettet ist.

Grund für die weltweite Verbreitung und vielseitige Ausgestaltung des Schöpfungsglaubens ist nicht die Frage nach dem Woher aller Dinge, sondern die mehr existenzielle Frage nach verläßlichen Grundbedingungen angesichts vielseitiger Bedrohungserfahrungen. Daher entfaltet die Hebräische Bibel auch keine Lehre von der Schöpfung, sondern erzählt davon und vergewissert sich der Verläßlichkeit der Grundbedingungen in hymnischer Sprache.

Ökologisches Schöpfungsverständnis bei Gerhard Liedke

Auf der Basis von Westermann konzipiert Gerhard Liedke seinen Entwurf einer *Ökologischen Theologie*[91], in der die biblischen Schöpfungsüberlieferungen im Kontext der ökologischen Krise interpretiert werden.

Der durch die Erfahrung des 3. Reiches gegebene Kontext, auf den v. Rad seine Auslegung bezog, veränderte sich und die Erfahrung der ökologischen Gefährdung der Welt führte zu einer neuen kritischen Profilierung des Schöpfungsgedankens, der sich in einer Fülle von Publikationen niederschlägt.[92]

Wichtiger Anknüpfungspunkt für eine Entfaltung des Schöpfungsgedankens in diesem Kontext ist eine Auseindersetzung mit dem Vorwurf, daß der christliche Glaube in der Tradition des „dominium terrae", des Imperativs aus Gen 1,28 (... macht euch die Erde untertan!) zu den Mitverursachern der ökologischen Krise gehöre.

4.7. ... macht euch die Erde untertan!

1964 formulierte **C. F. von Weizsäcker**, „daß die moderne Welt ihren unheimlichen Erfolg zum großen Teil ihrem christlichen Hintergrund verdankt."[93] Mit einem gewissen Stolz wurde bis in die sechziger Jahre dieses Jahrhunderts hinein in theologischen Arbeiten zum Ausdruck gebracht, daß das in der altestamentlichen Tradition wurzelnde Selbstverständnis des Menschen erst jene sachliche Distanz zur Welt ermöglichte, die Bedingung für ihre umwälzende Gestaltung war. Ein kurzer Textauszug als Beispiel:

> „Welt und Schöpfung sind entgöttert. Eine der Grundlagen der gesamten abendländischen Kultur ist zweifelsohne gerade in diesem Vorgang zu suchen! Mit der Entgötterung des Geschaffenen schwinden die Wesen, und das Ding als Sache kommt in den Blick. Wie das dem Prozeß der ersten Umwelterkenntnis entwachsene Kind, dem die Dinge fortan nicht mehr belebt, sondern als Sachen erscheinen, genauso werden dem Menschen durch das Gotteswort die Dinge, die ihn umgeben, als solche entschleiert."[94]

Als **L. White** und **C. Amery**[95] diese Argumentation aufnehmen, aber nicht mehr positiv werten, sondern darin die geistigen Ursachen für die Umweltzerstörung sehen, wird das Verständnis des Herrschaftsauftrages (dominium terrae) auf dem Hintergrund der ökologischen Herausforderung neu reflektiert.[96]

In dieser Auseinandersetzung wird u. a. hervorgehoben, daß sich die Lebenssituation der Menschheit gegenüber den Erfahrungen, die hinter den Texten der Hebräischen Bibel stehen, grundlegend gewandelt hat. An die Stelle der Bedrohung des Menschen durch die Natur ist die Bedrohung der Natur durch den Menschen getreten. Die geistigen Grundlagen für diese fundamentale Veränderung der Grundsituation sind nun zweifellos durch die christlich-jüdische Traditionen mitbestimmt. **U. Krolzik** weist jedoch darauf hin, daß die für das Weltbild der modernen Naturwissenschaft und Technik charakteristische radikale Verdinglichung der Natur nicht eine direkte Folge des Christentums, sondern eine Folge der Säkularisierung ist:

> „Als Ergebnis ist festzuhalten, daß sich in der Christenheit des Abendlandes ein Geschichtsverständnis, ein Arbeitsethos und eine dominium-terrae-Interpretation ausbildeten, die technologische Neuerungen und die technische Verwandlung der Welt förderten oder sogar forderten. (...) Es zeigt sich dann, daß die Technikentwicklung des 12./13. Jahrhunderts zwar christlich motiviert und legitimiert, aber keineswegs durch ein ausbeuterisches Naturverhältnis bestimmt war. Erst durch die Auflösung der Gottbezogenheit von Mensch und Natur

in der Renaissance entsteht ein Menschen- und Naturverständnis, das der Natur seinen Eigenwert nimmt und sie zum reinen Mittel herabwürdigt. Diese Auffassung wird jedoch bis zum Ende des 18. Jahrhunderts durch die vom abendländischen Mönchtum ausgehende Vorstellung begrenzt, daß der Mensch als Mitarbeiter Gottes die Werte und Schönheit der Natur durch seine Kultivierung gelungen zur Darstellung bringt."[97]

In seinem Versuch einer „Ökologischen Theologie" fordert **G. Liedke**:

„Bisher war ‚Ausbeutung' der Leitbegriff für das Verhältnis des Menschen zur Natur. Es ist deutlich, daß – obwohl die Realität der Ausbeutung nicht bald aufhören wird – wir einen neuen Leitbegriff brauchen, der sowohl der Situation Rechnung trägt als auch theologisch angemessen ist. (...) Der erste Schritt eines Umdenkens, Umwertens und eines neuen Verhaltens zur Natur ist: die außermenschliche Schöpfung (wieder) als Konfliktpartner anerkennen. Die Wiedereinsetzung der Natur als Partei des Konfliktes ist die Voraussetzung für alles weitere. Solange die außermenschliche Schöpfung von uns nur als totes Material betrachtet wird, das uns beliebig zur Verfügung steht, wird alle Bemühung um Umweltschutz zu kurz greifen."[98]

Liedke entdeckt eine Fülle ökologischer Grundgedanken in der biblischen Urgeschichte, die als kritische Impulse gegen herrschendes Selbst-, Welt- und Naturverständnis eingebracht werden (können).

Im Rahmen der ökologischen Problematik wird als ein Aspekt des Schöpfungsgedankens wiederentdeckt, daß das Reden von der Welt als Gottes Schöpfung *nicht* meint, daß sie eine Welt des Menschen ist. Das „... macht euch die Erde untertan!" muß wieder aus dem Zusammenhang heraus gehört werden, in dem es steht, einem Zusammenhang, der an die Herrschaft eines Hirten erinnert und auch die fundamentale Gefährdung der Welt durch die vom Menschen ausgehende Gewalt kennt.

Andererseits gilt: Nur wenn gleichzeitig kritisch bedacht wird, daß christlicher Glaube und Theologie am Entstehen und Stabilisieren des modernen anthropozentrischen Weltverständnisses zumindestens beteiligt sind, kann eine theologische Umweltethik sachgemäß entworfen werden.

Zugleich kann die biblische Schöpfungstradition vor einer neuen Sakralisierung der Natur oder Naturmystik warnen. Außerdem ist zu bedenken, daß von einer wie auch immer strukturierten Theologie der Natur keine Normen für eine solidarische menschliche Praxis abgeleitet werden können.

> **Aufgaben:**
> - Stellen Sie Kerngedanken eines ökologischen Schöpfungsverständnisses zusammen!
> - Welche Kriterien lassen sich aus der Hebräischen Bibel gewinnen?

4.8. Der sogenannte Sündenfall – Kritische Exegese und dogmatische Tradition

> Durch Adams Fall
> ist ganz verderbt
> menschlich Natur und Wesen.

Dieser Vers aus einem (ins neue Evangelische Gesangbuch nicht mehr aufgenommenen) Choral von 1529 faßt knapp eine Lehrentwicklung zusammen, die auf Grund einer bestimmten Deutung von Gen 2/3 bereits im Judentum der hellenistischen Zeit einsetzte und über Paulus (Röm 5) und insbesondere Augustin wesentlicher Bestandteil christlicher Dogmatik und Anthropologie wurde: *Die Lehre von Urstand und Fall.* Diese Lehre hat ihren Ursprung in einer Interpretation, die die biblischen Schöpfungstexte als Darstellung eines historisch-realen Geschehens verstand. Der Kern dieser Lehre besteht in der Aussage, daß der ursprünglich von Gott *gut* geschaffene Mensch durch die Ursünde verdorben (korrumpiert) ist und von da an alle Menschen durch diese Ursünde in ihrem Wesen als Sünder geprägt sind (Erbsünde).

Exegetische Betrachtungen zeigen in unterschiedlicher Weise, wieviel der Erzählung verlorengeht, wenn sie gleichsam durch die überkommene dogmatische Brille gelesen wird. Für **C. Westermann** liegt bereits in dem Herausarbeiten einer allgemeinen Lehre eine falsche Zugangsweise:

„Die eigentliche, die Erzählung bestimmende Frage ist: Warum ist der von Gott geschaffene Mensch ein von Tod, Leid, Mühe und Sünde begrenzter Mensch? Sie ist nicht eigentlich die objektive Frage nach der Ursache, sondern die Frage des von diesem Zwiespalt betroffenen Menschen, die in der Erzählung ihre Antwort erhält. Diese Antwort ist dann auch nicht eine objektive Auskunft, die man in eine Lehre fassen könnte. Die ‚Aussage' dieser Erzählung ist nicht anders zu hören, als indem man die Erzählung hört."[99]

O. H. Steck wendet sich vor allem gegen die in der Auslegungsgeschichte vielfach vorgenommene Verbindung von Erbsünde und Sexualität sowie neuere, von humanwissenschaftlicher Triebtheorie gestützte Erklärungen (z. B. das „sogenannte" Böse).

„... nicht im Bereich der Triebkräfte, die der Mensch mit den Tieren gemeinsam hat, sieht der Jahwist das Böse – die Verbindung der allgemeinen Sünde, der Erbsünde mit dem Geschlechtstrieb ist völlig unbiblisch –, sondern weit umfassender in der Frage, woran sich der Mensch orientiert – an sich selbst, seinen autonomen Interessen, Bestimmungen, Vorstellungen und auch Trieben, oder an Gott, der ihm das Leben gab, und an Gottes vorgegebenem Tun und Ordnen für ihn."[100]

Damit aber werden nun Autonomie und Sünde unmittelbar verbunden. Gegen diese enge Verbindung und zugunsten einer „Entlastung" der Autonomie führt **F. Crüsemann** differenzierende Beobachtungen an den vorpriesterlichen Texten ins Feld. Im Vergleich mit Gen 4,7 zeigt er auf, daß Gen 2 f nicht das Phänomen „Sünde" thematisiert, zumal der Begriff selbst dort auch gar nicht verwendet wird. Erst innerhalb der Kain-und-Abel-Erzählung taucht der sonst in der Hebräischen Bibel übliche Sündenbegriff (hebr.: awon[101]) auf. Sünde wird dort als eine „bedrängende, aber vermeidbare Handlungsweise" charakterisiert, „die als Möglichkeit vor allem dann auftaucht, wenn das selbstbestimmte Handeln des Menschen ungewollte, negative Folgen hat."[102]

Wenn das vom Menschen als gut, d. h. als dem Leben förderlich Erkannte und Bestimmte auch gute Folgen hat, ist er stolz. So etwa läßt sich Gen 4,7 umschreiben. Für den Fall, daß diese Bestimmung durch den Menschen fehlschlägt und sein Tun nicht die intendierten guten und förderlichen Wirkungen hat, kommt die Sünde ins Spiel. Aber sie ist nach Gen 4,7 beherrschbar!

Zweifellos enthalten gerade die vorpriesterlichen Teile der Urgeschichte eine gewisse pessimistische Einschätzung der allgemeinen Lebenssituation des Menschen und seiner Fähigkeiten. Sie reflektieren die Minderungen der Lebensmöglichkeiten und die Zweideutigkeiten des menschlichen Handelns. Der Mensch hat unwiderruflich die Früchte des Baumes der Erkenntnis des Guten und des Bösen gegessen und die von der Schlange in Aussicht gestellte Fähigkeit erlangt, über Gut und Böse zu entscheiden, d. h. autonom zu bestimmen und festzulegen, was dem Leben förderlich bzw. schädlich ist.

Die Autonomie ist nach Gen 3 ein Zustand, der mit einer tiefen Ambivalenz des Lebens verbunden ist. Zugleich aber stellt sie eine alternativlose Bedingung des Menschseins überhaupt dar. Dieser Zustand wird nach der urgeschichtlichen Erzählung zwar als verschuldet gesehen, nicht aber als „Sünde" bezeichnet. Die Erzählung lenkt den Blick weg von dieser urgeschichtlichen „Erklärung" der menschlichen Grundsituation auf Erfahrungen, die danach kommen: Besonders die schlechten Erfahrungen mit der Autonomie, die Fehlschläge trotz bester Absichten etc. werden nach Darstellung der vorpriesterlichen Texte zum Einfallstor für die Macht der Sünde, die nach Gen 4,7 als gemeinschaftsschädliches Verhalten verstanden wird.

Weitere Verse der Urgeschichte, die gemeinhin als Beleg einer grundlegenden Bosheit des Menschen und einer ausschließlich negativen Bewertung menschlicher Autonomie herangezogen werden, sind die Verse Gen 6,5 („und jedes Gebilde der Planungen seines Herzens war nur böse allezeit"[103]) und die fast wörtliche Wiederholung am Ende der Flutgeschichte (8,21), die mit der folgenden Formulierung wiederzugeben ist: „denn das Gebilde des menschlichen Herzens ist böse von seiner Jugend an"[104]. Das Herz umfaßt nach dem Verständnis der Hebräischen Bibel auch die Vernunft und den Willen. Nicht das Herz selbst wird als böse gekennzeichnet, nicht einmal das Denken und Planen, wie Luthers Übersetzung mit „Dichten und Trachten" zum Ausdruck bringt, sondern die „Gebilde der Planungen". Damit dürfte mit einiger Wahrscheinlichkeit das gemeint sein, was konkret hervorgebracht wird. Auch bei der besten Planung der menschlichen Vernunft sind die negativen Konsequenzen nicht zu übersehen. Diese Erfahrung, darauf weist Crüsemann mit Recht hin, verbindet unsere Gegenwart mit der des Erzählers.

Das Beispiel zeigt, wie kritische Auslegung die theologischen Intentionen der Texte gegen eine problematische Auslegungsgeschichte freilegen kann.

Im Anschluß an die hier skizzierten Beobachtungen sind m. E. nun zwei Aspekte bedenkenswert, die u. a. auch das **Grundverhältnis von Theologie und Pädagogik** berühren.

(1) Die Autonomie des Menschen wird zwar in der Auslegung von Gen 2-3 unterschiedlich bewertet, ist aber eine Gegebenheit. Zugleich wird erzählt, daß der Mensch an seinem Wunsch „wie Gott zu sein" scheitert. Die vorfindliche zwiespältige, gegenüber denkbaren Möglichkeiten geminderte Lebenssituation wird als Verlust der paradiesischen Ursprungsbedingungen erfahren. Dieser Verlust ist jedoch unwiderruflich. Die anschließende Erzählung thematisiert die Erfahrung, wie der auf sich selbst zurückgeworfene Mensch trotz dieser Trennung von seinem Ursprung durch die Zuwendung Gottes seine Lebenschancen erhält.

(2) Gegenüber der Interpretation und Auseinandersetzung mit diesen lebenseröffnenden Erfahrungen kann und sollte die Frage der Schuldanteile Adams und Evas getrost vernachlässigt werden. Die Argumentation Crüsemanns zeigt, daß es zumindest problematisch ist, die Gebotsübertretung Adams und Evas als Prototyp von Sünde zu

interpretieren. Auf jeden Fall ist es unsachgemäß, die Ursachen der „Vertreibung aus dem Paradies" geschlechtsspezifisch zu erheben.

Hier wurden in der Auslegungsgeschichte, durch die (höhere) Schuldzuweisung an Eva, verhängnisvolle Konsequenzen für das Geschlechterverhältnis abgeleitet, die von feministischer Seite heute mit Recht angeprangert werden und auch im pädagogischen Raum der Aufarbeitung bedürfen. Ähnliches gilt für die *Erbsündenlehre*, die zur Legitimation vielerlei weltlicher und geistlicher Herrschaft über Mann und Frau diente, durch die die böse Natur des Menschen domestiziert werden sollte.

> **Aufgaben:**
> - Formulieren Sie Ihre Erfahrungen mit dem unter (1) und (2) aufgezeigten Sündenverständnis!
> - Versuchen Sie, verschiedene Auslegungsschwerpunkte mit eigenen Worten (thesenförmig) herauszustellen.
> - Suchen Sie Begründungen und Kritik der Thesen anhand des Bibeltextes.

4.9. Die Erzählung von Kain und Abel (Gen 4,1-16)

> **Aufgaben:**
> - Lesen Sie den Text aufmerksam und notieren Sie ihre Beobachtungen und Fragen.
> - Suchen Sie nach ätiologischen Elementen, d. h., welche Erscheinungen werden von ihren Ursachen bzw. Ursprüngen her gedeutet?
> - Klären Sie die Bedeutung, die diese Erzählung für *Sie* hat.
> - Suchen Sie Beispiele für die Verwendung des Kain- und Abel-Motivs in der Gegenwart und/oder setzen Sie sich mit literarischen Verarbeitungen auseinander (z. B. Hesse: „Demian", Steinbeck: „Jenseits von Eden").
> - Vergleichen Sie die Darstellung der Erzählung in verschiedenen Kinderbibeln und arbeiten Sie heraus, welche Interpretationen hier vorgenommen wurden.

In der religionspädagogischen Tradition ist die Erzählung geradezu ein Exempel für den Mißbrauch biblischer Erzählungen zugunsten einer fragwürdigen Moralerziehung. Bürgerliche Tugenden und gottgefälliges Verhalten werden dabei gleichgesetzt. Ein Textstück von

H. Merz, der das entsprechende Bild aus der Bilderbibel von **Schnorr v. Carolsfeld**[105] kommentiert, mag für viele stehen:
„Abel ist ein Schäfer geworden und bringt fromm das Opfer von seiner Herde. Aufrecht steigt der Rauch in die Höh, wo Gott es in Gnaden annimmt, um des kindlichen Glaubens willen, der sich schon in dem offenen sanften Antlitz und in der demühtigen Geberde Abels ausspricht. Kain, der Ackersmann, hat auch einen rohen Altar erbaut und einen Korb voll Früchten zum Opfer gebracht, aber nicht sein Herz. Ohne Andacht und Demuth kniet er da, abwärts hängt er die maschinenmäßig gefalteten Hände, wie der Rauch abwärts zieht. Mit Scheelsucht und Ingrimm schaut er zur Seite nach dem glückseligen Bruder, nach welchem der gnädige Gott die Vaterhände ausstreckt. Die Hacke liegt neben Kain – wehe, wenn er die auf ihn lauernde Sünde nicht beherrscht."

*Eine ähnlich moralisierende Darstellungen findet sich in der viel verwendeten Kinderbibel von **Anne de Vries**.*

Fragen und Probleme, die die biblische Erzählung offenläßt, werden in der Auslegungsgeschichte hineingedeutet: Die vom Text nicht behandelte Frage, wie denn jeweils Annahme bzw. Ablehnen des Opfers erkennbar sind, werden in der Bildtradition durch aufsteigenden bzw.

Aus: Schnorr von Carolsfeld: Die Bibel in Bildern

herabziehenden Rauch beantwortet. Die Frage nach dem Grund der Annahme bzw. Ablehnung des Opfers wird durch bürgerlich geprägte Frömmigkeitsvorstellung ausgefüllt: Kain handelt nur äußerlich, ohne die rechte Gesinnung, aber: Gott sieht ins Herz (und unter die Bettdecke). Eine andere Auslegungstradition sieht in der Geschichte ein Beispiel für Gottes freie und unerklärliche Gnadenwahl. Sowohl Fragen menschlicher Gesinnung als auch Fragen zur Gotteslehre haben aber keinen Anhalt am Text selbst und führen zwangsläufig zu mehr der weniger willkürlichen spekulativen Erweiterungen. Diese könnte man übersehen, würde damit nicht ein angsteinflößendes Gottesbild und eine fragwürdige Moralerziehung unterstützt.

Zwei Fragerichtungen können m. E. (bei diesen wie bei vielen anderen biblischen Textstücken auch) einerseits kritisch gegen problematische Interpretationen eingebracht werden, andererseits eine produktive Auseinandersetzung mit diesen Texten neu eröffnen helfen:

- die vor allem mit historisch-kritischen Methoden zu stellende Frage nach den Deutungsmöglichkeiten, die einem Hörer bzw. Leser in dem historischen Kontext, in dem die Erzählung gestaltet wurde, vermutlich nahelagen,
- dann die Frage nach ihrer möglichen Bedeutung in verschiedenen geschichtlichen Situationen
- sowie die Frage danach, welche allgemeinmenschlichen Erfahrungen dem Text zugrunde liegen und wie diese bearbeitet werden.

Hinweis: K. H. Berg stellt am Beispiel Gen 4,1-16 die verschiedenen methodischen Ansätze zur Bibelauslegung dar (in: ders.: Ein Wort wie Feuer. Wege lebendiger Bibelauslegung. München und Stuttgart 1991).

Beobachtungen zur Textgestalt und zur Überlieferungsgeschichte

Der Text steht im Zusammenhang mit Gen 2,4b - 3, ist aber durch den genealogischen Anfangssatz deutlich als Beginn eines neuen Abschnitts gekennzeichnet.

Wir müssen von einer langen Tradierung des Überlieferungsstoffes ausgehen, in deren Verlauf vieles verändert, weggelassen und anders akzentuiert wurde, ohne daß die Spuren dieser Traditionsgeschichte ganz ausgelöscht wurden. Der überlieferte Text zeigt jedoch keine nennenswerten Brüche, so daß er als literarische Einheit interpretiert werden kann.

Möglicherweise scheint aus den Formulierungen des ersten Satzes ein alter **mythologischer Grundbestand** der Überlieferung, der kaum noch erkennbar ist und von der Ermordung eines Göttersohnes (Abel) durch einen Menschensohn (Kain) gehandelt haben mag.[106]

In einer anderen Schicht der Textgeschichte steht vielleicht der Grundkonflikt zweier Berufsgruppen, der **Viehhirten und der Ackerbauern**, im Vordergrund. Dieser Konflikt zwischen den herumziehenden, auf freies Land angewiesenen Viehhirten und den an festen abgegrenzten Siedlungsgebieten interessierten Ackerbauern gibt heute noch den Stoff für manchen Western ab. Kulturgeschichtlich steht der Ackerbauer auf einer „höheren" Stufe und hat die Viehhirten weitgehend verdrängt. Der Übergang bedeutet zugleich einen Wechsel von einer passiven zu einer aktiven, planenden Nutzung der Natur und steht am Beginn eines bestimmten Gewaltverhältnisses des Menschen gegenüber der Erde, das mit einfacher Bodenlockerung beginnt und in Agrartechnologie seine Fortsetzung gefunden hat. Ökologische Folgeprobleme der Gegenwart bringen uns heute dieser urgeschichtlichen Einsicht wieder näher. In der jetzigen Gestalt sind die unterschiedlichen Berufe nur Nebenaspekte.

Die vorpriesterlichen Bearbeiter des alten Stoffes haben mit großer Wahrscheinlichkeit auch die Erklärung der Situation und Lebensweise der **Keniter** im Blick gehabt. Der jahweverehrende Nomadenstamm der Keniter lebte zu Beginn der Königszeit im Süden Israels. Die Intention des Textes könnte in diesem Zusammenhang gelautet haben: Die heute (nach den Staatengründungen im alten Israels) vorfindliche Situation Kains (d. h. seiner Nachfahren, die nie richtig seßhaft geworden sind) hat urgeschichtliche Gründe. Der Schutz JHWHs umfaßt aber auch gerade ihn! Diese sogenannte kollektiv-stammesgeschichtliche Deutung ist in der protestantischen Forschung so in den Vordergrund gehoben worden, daß sie alle anderen Aspekte überlagert hat. Diese konkrete, auf die politische Situation bezogene ätiologische Deutung der Situation der Keniter hat sicher ihre Berechtigung, gibt außerhalb der historischen Ebene aber wenig Sinn.

Formgeschichtlich betrachtet könnte man von einer Umformung einer ursprünglichen Stammessage zur Menschheitssage sprechen. Weiter läßt sich durch formale Gliederung des Textes feststellen, daß zwischen die erzählenden Teile Dialog- bzw. Redeteile eingeschoben sind, in denen das Geschehen deutend reflektiert wird.

Zur Deutung der Erzählung

Für die vorliegende Erzählung ist festzuhalten, daß es hier wie in den übrigen Teilen der Urgeschichte um Grundgegebenheiten menschlicher Existenz geht. Wie in der ganzen Genesis werden allgemeine und typische Verhaltensweisen und Verhaltensprobleme von Menschen an Einzelgestalten (in Form einer Familiengeschichte) thematisiert. Das Grundmotiv, die Rivalität von Brüdern, ist ein in der Antike weitverbreitetes Erzählmotiv (z. B. Set und Osiris; Romulus und Remus u.v.a.m.).

Im Kontext der Urgeschichte beginnt mit Gen 4 die Geschichte der autonom gewordenen Menschheit, die zwischen gut und böse entscheiden muß. Die Frau ist auf die Rolle der Gebährenden (Eva bedeutet Mutter) reduziert.

In der Äußerung Evas: „Ich habe einen Mann erschaffen/gewonnen mit JHWH!" wird der Name Kain gedeutet (quana – erschaffen/gewinnen), und die Mutter kommt als Mitschöpferin des Schöpfergottes, als am Schöpfungswerk Beteiligte in den Blick.

Eva nennt den Erstgeborenen Kain (hier mag die Assoziation an den Stamm der Keniter mitschwingen), beim zweitgeborenen Bruder weist schon der Name auf seine Statistenrolle in der Erzählung: Abel (Hauch, Nichtigkeit). Schon aus den Namen läßt sich erschließen, daß Kain Identifikationsfigur der Erzählung ist. Als der Bebauer der Erde (obed adama) hat er den Beruf, zu dem nach Gen 2,5 der Mensch bestimmt ist, eine Tätigkeit mit der „Jenseits von Eden" aber nur mit Mühsal Nahrung erworben werden kann. Kain ist im Kontext von Gen 2 und 3 nicht **ein** Mensch, sondern **der** Mensch schlechthin. Von Abel, dem Hirten, und Kain, dem Ackerbauern, wird nun erzählt, daß sie ein Opfer darbringen. Im Kontext der Opfertradition ein Erstlingsopfer, bei dem Menschen die Produkte ihrer Arbeit opfern mit dem Ziel, den Erfolg der Arbeit sicherzustellen. Die Annahme oder Ablehnung des Opfers ist weder äußerlich am Rauch zu erkennen, noch in der besseren oder schlechteren Opferhandlung begründet. Für den Menschen der Antike wird sie offenbar im Erfolg oder Mißerfolg der Arbeit. So läßt sich aus der Szene herauslesen, daß Abels Herden gut geworfen hatten, während Kain eine Mißernte verkraften mußte.

So steht denn auch der **Umgang mit dem Erfolg bzw. dem Mißerfolg menschlicher Arbeit** im Zentrum der hier thematisierten Erfahrung. Die Arbeit des einen findet den gewünschten Erfolg, die Mühe des anderen nicht – aus nicht erklärbaren Gründen! Weder unterschiedliche Gesinnung, noch Frömmigkeit, noch unterschiedliche Leistungen taugen hier als Erklärungsmuster, obwohl sie zu allen Zeiten gerne herangezogen wurden. Für die Erzählung ist gerade das kennzeichnend, daß die Folgen durchaus gleicher Mühe (jeder opfert das seinem Beruf Angemessene) höchst unterschiedlich ausfallen. Diese die **Menschheitsgeschichte begleitende Grunderfahrung** ist die Voraussetzung für das Verständnis des weiteren Verlaufs der Geschichte. Nicht die Frage nach dem Warum, sondern die Frage wie Kain (der Mensch) mit diesem Erfolg des Anderen (trotz gleicher oder sogar mehr eigener Mühe) umgeht, steht im Zentrum dieser Erzählung.

Kain ist enttäuscht, frustriert, „er ergrimmt". Nach 4,6 hat der Mensch in diesem Stadium durchaus noch die Möglichkeit, seine in solcher Situation entstehenden destruktiven Tendenzen zu beherrschen und verhängnisvolle Reaktionen zu unterlassen.

JHWH warnt ihn: „Warum ergrimmst du und läßt dein Angesicht fallen. Ist es nicht so, wenn du es gut machst (wenn du erfolgreich bist), ist Erheben (trägst du die Nase hoch), wenn du es nicht gut machst, liegt die Sünde vor der Tür, ein Lagerer, nach dir hat sie Verlangen, du aber herrsche über sie" (4,6 f).

Die Lutherbibel leistet mit ihrer Übersetzung „Wenn du fromm bist-wenn du nicht fromm bist" einer falschen Interpretation Vorschub. Es geht nicht um Frömmigkeit oder moralisches Defizit, sondern den Umgang mit dem Mißerfolg.

Ursache, Auslöser für die sündige Tat Kains sind weder sein böser Charakter noch sein schlechtes Tun, sondern seine Reaktion auf die unerklärlich negativen Folgen eines mit guter Absicht vollzogenen Handelns. So wie Kain auf die Erfahrung der Erfolglosigkeit reagiert, hat es für ihn negative Folgen. Seine Reaktion ist nach der Meinung des Erzählers nicht zwangsläufig. Zwangsläufig ist allerdings der Zusammenhang seiner Tat und der Tatfolge.

Kain wird aus Frustration zum Gewalttäter: „und als sie auf dem Feld waren, erhob sich Kain gegen seinen Bruder Abel und tötete ihn" (4,8).

„Da sprach JHWH zu Kain: Wo ist Abel, dein Bruder?" Kain antwortet mit einer Wendung, die im Zusammenhang der Urgeschichte ein Wortspiel enthält: soll ich, der Bebauer der Erde, der Hirte des Hirten, der Hüter des Hüters sein? Bebauen und bewahren (hüten) war nach Gen 2 die ursprüngliche Bestimmung des Menschen.

Der Bebauer entzieht sich der Rolle des Bewahrers. Eine Grunderfahrung, die in die ökologische Krise der Gegenwart hineinreicht.

Die begangene lebensfeindliche Tat ruft die negativen Folgen für den Täter nun selbst hervor. Das die Erde tränkende Blut des Opfers schreit nach Konsequenzen für die Vernichtung von Menschenleben. Die Gottesrede, der Fluch JWHWs ist nicht als Strafe zu verstehen, hier werden nur die vom Täter selbst verursachten Tatfolgen deutlich genannt. Entsprechend antiker Vorstellung verliert der blutgetränkte Acker seine Fruchtbarkeit. Und der Brudermörder verliert die Gemeinschaft des Bruders und muß allein leben. Leben ohne Schutz der menschlichen Gemeinschaft aber ist zum Tod bestimmtes Leben. Den Vorstellungshintergrund bildet hier deutlich der Tun-Ergehen-Zusammenhang, das Gesetz von Tat und Tatfolge, das in der Hebräischen Bibel eine zentrale Rolle spielt.[107] Dieser Erfahrungsgrundsatz könnte den Charakter einer Schicksalsmacht haben. Doch an dieser Stelle – nach der Tat – setzt der Erzähler den eigentlichen theologischen Akzent. Gott (JHWH) durchbricht dieses mörderische Vergeltungsgesetz und stellt den Täter unter seinen Schutz. Gegenüber der alten Erfahrung von der Zwangsläufigkeit des Vergeltungszusammenhanges wird etwas anderes „ins Spiel gebracht", das diesen Zusammenhang unterbricht und damit eine neue Möglichkeit aufzeigt und herausfordert, eine neue Erfahrung mit der Erfahrung zu machen. Erzählen die Verse 11 und 12 die Tatfolge nach dem Tun-Ergehen-Zusammenhang, so durchbricht die Zusage JHWHs in Vers 15 diese Vergeltungskette. Der Mörder bleibt Mensch und gerade für ihn gilt der Schutz des Rechtes. Diese Unterbrechung des Vergeltungszirkels eröffnet Kain und damit der Menschheit die Lebenschance trotz der eskalierten Gewalt.

Aus **tiefenpsychologischer Perspektive** wird in der Rede Kains ein für diese neue Erfahrungsfähigkeit nicht unwichtiger Schritt erkennbar: Kain erkennt seine Situation und übernimmt Verantwortung für seine Fehlentwicklung. Wehrt er in Vers 9 das Eingeständnis seiner Schuld noch mit der Frage ab, ob er der „Hirte des Hirten" sein solle, ist er nun zur Trauer über sein Opfer und zur Klage über die durch ihn schuldhaft verursachte Situation fähig.

Im **Kainmal** (V. 15b) mag eine Erinnerung an die Tätowierungen der Keniter nachklingen. In der vorliegenden Erzählung ist es für andere Deutungen offen. Kain lebt als vom Boden vertriebener Ackerbauer jenseits von Eden, flüchtig, aber nicht ohne Schutz.

Der Abschnitt ist hier zu Ende, aber die Geschichte Kains hat in der Urgeschichte noch eine Fortsetzung. Kain wird nach Gen 4, 17 ff zum Urvater menschlicher Zivilisation- und Kulturgeschichte. Die Erzählung hat hier einen deutlichen kulturkritischen Aspekt. Diese Geschichte, unsere Geschichte, ist Folge von Mord, Gewalt, zerstörter Gemeinschaft und ruheloser Existenz. Der ungeschminkte Realismus ist aber nur die eine Seite dieser Überlieferung. Die Erinnerung dieses Ursprungs verweist zugleich auf die Möglichkeit der Unterbrechung der Gewaltspirale und die in der „Gegengeschichte" Gottes zu erschließenden Bedingungen neuer (lebensfördernder) Erfahrungen.

4.10. Die Botschaft des Regenbogens

Diese Gegengeschichte Gottes findet in der Urgeschichte ihr Symbol im *Regenbogen als Bundeszeichen*.

Es fällt auf, daß das Bild des Regenbogens in den letzten Jahren zunehmend in vielerlei Zusammenhängen auftaucht. Seine biblische Bedeutung als Bundeszeichen zwischen Gott und der Erde nach der Flutkatastrophe ist dabei durchaus nicht immer gegenwärtig. Nach Gen 9, 12 ff wird der Bogen als sichtbares Zeichen dafür an den Himmel gestellt, daß die alles verderbende Flut Vergangenheit ist.

Zur Vorgeschichte der Erzählung von der großen Flut

Die Erzählung von einer großen Flut gehört zur menschheitsübergreifenden Erinnerung, wie gefährliche Wasserbedrohung zur immer neuen Menschheitserfahrung gehört. Kein Text der Bibel hat so viele außerbiblische Parallelen wie die Fluterzählung[108]: Je nachdem wie eng man die Vergleichskriterien setzt, lassen sich nach gegenwärtigem Kenntnisstand zwischen 80 - und 300 Texte heranziehen. Die Sintflut ist *der* Archetyp der Menschheitskatastrophe.

Ein verbindendes Element vieler überlieferter Fluterzählungen ist der Vernichtungsbeschluß als Beschluß der Götterversammlung oder eines Gottes:

Ägypten: Totenbuch – Ausspruch des Atum:
„Ich aber werde alles, was ich schuf, zerstören.
Die Erde wird wieder als Ur-Ozean erscheinen,
als Wasserflut wie in ihrem Anfangszustand"
(Der Beschluß ist hier nicht begründet!)

Im babylonischen Gilgamesch-Epos heißt es:

„Eine Sintflut zu senden trieb ihr Herz die großen Götter."

Westermann weist auf mehrere *Traditionsschichten der Fluterzählung* hin:
1. in älteren Schichten: Unheil, eine den Menschen überfallene Katastrophe
2. Strafe für menschliche Schuld
3. Auseinandersetzung der Götter über Angemessenheit der Strafe (Gilgamesch-Epos)

Daß der oder die, die etwas geschaffen haben, dies auch wieder zerstören können, ist eine dem menschlichen Denken selbstverständliche Logik.

Es gehört zu den wichtigen Beobachtungen des religionsgeschichtlichen Vergleichs, daß die biblische Variante der Fluterzählung an vorgegebene Überlieferungen von einer Vernichtungsflut mit ihren Strukturelementen (z. B. Vernichtungsbeschluß) anknüpft, diese aber als Rettungsgeschichte entfaltet. Aus der Vorgeschichte der Überlieferung läßt sich auch erklären, daß das Leiden der Untergehenden in der Erzählung ausgeklammert bleibt. Ein relativ vorgeformtes Traditionsgut wird gewissermaßen ein Teilelement für die Rettungsgeschichte Noahs. Grundtenor der biblischen Erzählung ist die *Rettung des Einen* in einer von urmenschlicher Erfahrung geprägten Katastrophengeschichte.

Wenn bedacht wird, daß die Flutgeschichte ein vorgegebenes Traditionselement ist, muß der Blick auf die jeweils spezifische Gestaltung und ihre Einbindung in den Zusammenhang der Urgeschichte gelegt werden. Während z. B. im Gilgamesch-Epos die bewahrenden Gottheiten Ea und Enki den vernichtenden Gottheiten gegenüber treten, muß der Zwiespalt zwischen *den Göttern* in der israelitischen Version zum Zwiespalt in dem *einen Gott* werden.

Zur literarischen Komposition der Flutgeschichte (Gen 6,5 - 8,22)

Die biblische Fassung der Flutgeschichte ist ein besonders geeignetes Anschauungsmodell für die **Quellenscheidung** (siehe Kap. 1.3.3.), da hier deutlich erkennbar die ursprünglich selbständigen schriftlichen Überlieferungen der vorpriesterlichen Schicht und der Priesterschicht mit geringen Ergänzungen durch einen Redaktor ineinandergearbeitet worden sind und sich ohne große Mühe wieder trennen lassen. Als Indikatoren dafür, daß dieser Text eine Komposition aus mehreren Quellen ist, gelten u. a. Doppelüberlieferungen (z. B. Vernichtungsbeschluß, Auftrag zum Besteigen der Arche und Durchführung, Flutentwicklung, Vernichtung der Lebewesen ...) und widersprüchliche Daten (z. B. Zeit- und Zahlenangaben).

Aufgabe:
- Versuchen Sie, die zwei Erzählstränge unter Beachtung der genannten Aspekte zu rekonstruieren.
- Vergleichen Sie Ihr Ergebnis mit dem im folgenden dargestellten Muster der Quellenscheidung.

Beispiel: Quellenscheidung Gen 6-9

Vorpriesterliche Quellenschrift
(5) Als JHWH sah, daß die Bosheit der Menschen groß war auf Erden, und daß alles Dichten und Trachten ihres Herzens die ganze Zeit nur böse war allezeit, (6) da reute es JHWH, daß er den Menschen gemacht hatte auf Erden, und es bekümmerte ihn tief. (7) Und JHWH sprach: Ich will die Menschen, die ich geschaffen habe, vom Erdboden austilgen, vom Menschen bis zum Vieh, den kriechenden Tieren und den Vögeln des Himmels; denn es reut mich, daß ich sie gemacht habe. (8) Noah aber hatte Gnade gefunden in den Augen JHWHs.

Priesterschrift
(9) Dies ist die Geschichte Noahs: Noah war ein gerechter Mann, integer unter seinen Zeitgenossen; mit Gott wandelte Noah. (10) Und Noah zeugte drei Söhne, Sem, Ham und Japhet. (11) Die Erde aber ward verderbt vor Gott, voll ward die Erde von Frevel. (12) Gott sah die Erde an und siehe, sie war verderbt; denn alles Fleisch hatte seinen Wandel verderbt auf Erden. (13) Und Gott sprach zu Noah: Das Ende allen Fleisches ist bei mir beschlossen; denn die Erde ist voll von Frevel ihretwegen. So will ich sie denn von der Erde vertilgen. (14) Mache dir eine Arche aus Tannenstämmen; mit Zellen sollst du die Arche bauen, und verpiche sie inwendig und auswendig mit Pech. (15) Und so sollst du sie machen: dreihundert Ellen sei die Länge der Arche; fünfzig Ellen ihre Breite und dreißig Ellen ihre Höhe; (16). Einen Lichteinfall aber sollst du an der

7
1) Und JHWH sprach zu Noah: Gehe in die Arche, du und dein ganzes Haus; denn dich habe ich gerecht erfunden von mir unter diesem Geschlecht. (2) Nimm dir von allen reinen Tieren je sieben, Männchen und Weibchen, von den unreinen Tieren je zwei, Männchen und Weibchen, (3) auch von den Vögeln des Himmels je sieben, Männchen und Weibchen, um auf der ganzen Erde Nachwuchs am Leben zu erhalten. (4) Denn sieben Tage noch, dann will ich regnen lassen auf die Erde, vierzig Tage und vierzig Nächte lang, und will alles Bestehende, das ich gemacht habe, vom Erdboden vertilgen. (5) Und Noah tat, ganz wie ihm JHWH geboten hatte.
16b) Und JHWH schloß hinter ihm zu.

Arche machen, indem du sie nach oben bis zu einer Elle fertigstellst, und die Türe der Arche sollst du an der Seite anbringen. Ein unteres, ein zweites und ein drittes Stockwerk sollst du machen. (17) Ich aber lasse jetzt die Sintflut über die Erde kommen, um alles Fleisch unter dem Himmel, das Lebensatem in sich hat, zu vertilgen; alles, was auf Erden ist, wird hinsterben. (18) Aber mit dir richte ich einen Bund auf: Du sollst in die Arche gehen, du und deine Söhne und deine Frau und deine Schwiegertöchter mit dir. (19) Und von allem Lebendigen, von allem Fleisch, sollst du je zwei von allen in die Arche bringen, um sie mit dir am Leben zu erhalten, ein Männchen und ein Weibchen sollen es sein. (20) Von jeder Art der Vögel und jeder Art des Viehs und von allem, was auf Erden kriecht, von jeder Art sollen zwei zu dir kommen, um am Leben zu bleiben. (21) Du aber nimm dir von jeglicher Speise, die man ißt, und lege dir einen Vorrat an, damit er dir und ihnen zur Nahrung diene. (22) Und Noah tat alles; genau so wie ihm Gott geboten hatte.

Ausgleich eines späteren Redaktors

(6) Und Noah war sechshundert Jahre alt, da kam die Flut über die Erde (7) Und Noah ging mit seinen Söhnen und mit seinem Weibe und seinen Schwiegertöchtern vor den Wassern der Sintflut in die Arche. (8) Von den reinen und von den unreinen Tieren, von den Vögeln und von allem, was auf Erden kriecht, (9) ging je ein Paar, ein Männchen und ein Weibchen, zu Noah in die Arche, so wie Gott es dem Noah geboten hatte.

(10) Und nach den sieben Tagen kamen die Wasser der Flut über die Erde.

(12) Und der Regen strömte auf die Erde, vierzig Tage und vierzig Nächte lang.

(17b) Und die Wasser wuchsen und hoben die Arche, und sie schwamm hoch über der Erde.

(22) Alles, was Lebensluft atmete, was auf dem Trockenen war, das starb. (23) So vertilgte er alle Wesen, die auf dem Erdboden waren: die Menschen sowohl als das Vieh; das Kriechende und die Vögel des Himmels, die wurden vertilgt von der Erde; nur Noah blieb übrig und was mit ihm in der Arche war.

(11) Im sechshundertsten Lebensjahre Noahs, im zweiten Monat, am siebzehnten Tag des Monats, brachen alle Brunnen der großen Urflut auf, und die Fenster des Himmels öffneten sich. (13) An eben diesem Tage ging Noah mit seinen Söhnen, Sem, Ham und Japhet, mit seinem Weibe und seinen drei Schwiegertöchtern in die Arche; (14) sie und alle die verschiedenen Arten des Wildes und des Viehs und alles dessen, was auf Erden kriecht, und auch der Vögel, alles dessen was fliegt, was Flügel hat; (15) die gingen zu Noah in die Arche, je zwei von allem Fleische, das Lebensodem in sich hatte. (16) Und die hineingingen waren je ein Männchen und ein Weibchen von allem Fleische, wie ihm Gott geboten hatte.
(17) Da kam die Sintflut über die Erde.
(18) Und die Wasser nahmen mächtig

(6) Nach Verlauf von vierzig Tagen aber
(2b) dem Regen vom Himmel ward gewehrt,

(3) und die Wasser verliefen sich nach und nach von der Erde.

(6b) Da öffnete Noah das Fenster der Arche, das er gemacht hatte.

(8) Da wartete Noah sieben Tage; dann ließ er die Taube ausfliegen, um zu sehen, ob sich die Wasser vom Erdboden verlaufen hätten. (9) Da aber die Taube keine Stätte fand, wo ihr Fuß ruhen konnte, kam sie wieder zu ihm in die Arche; denn noch war das Wasser auf der ganzen Erde.
(10) Hierauf wartete er noch weitere sieben Tage; dann ließ er die Taube abermals aus der Arche fliegen. (11) Die kam um die Abendzeit zu ihm zurück, und siehe da! Sie trug ein frisches Ölblatt in ihrem Schnabel. Da merkte Noah, daß sich Wasser von der Erde verlaufen hatten. (12) Dann wartete er noch weitere sieben Tage und ließ die Taube ausfliegen; sie kam aber nicht wieder zu ihm.

(13b) Da tat Noah das Dach von der Arche und siehe da! Der Erdboden war trocken geworden.

überhand und wuchsen gewaltig über der Erde, und die Arche fuhr auf den Wassern dahin. (19) Und die Wasser wurden immer mächtiger über der Erde, so daß alle hohen Berge unter dem ganzen Himmel bedeckt wurden. (21) Da starb alles Fleisch dahin, das sich auf Erden regte, an Vögeln, an Vieh, an Wild und allem, was auf Erden wimmelte, auch alle Menschen. (24) Und die Wasser nahmen zu auf der Erde, 150 Tage lang.

8
(1) Da gedachte Gott des Noah und all des Wildes und des Viehs, das bei ihm in der Arche war. Und Gott ließ einen Wind über die Erde wehen, und die Wasser sanken; (2) und es schlossen sich die Brunnen der Urflut und die Fenster des Himmels. So nahmen die Wasser ab nach den 150 Tagen, (4) und am siebzehnten Tage des siebenten Monats ließ sich die Arche auf den Bergen von Ararat nieder. (5) Die Wasser aber sanken noch weiter, bis zum zehnten Monat; am ersten Tage des zehnten Monats wurden die Spitzen der Berge sichtbar.
(7) Noah ließ den Raben ausfliegen; der flog hin und her, bis die Wasser auf Erden vertrocknet waren.

(13) Im 601. Lebensjahre Noahs, am ersten Tage des ersten Monats, waren die Wasser auf Erden versiegt. (14) Am 27. Tage des zweiten Monats war die Erde ganz trocken.

In der überlieferten Gestalt der Fluterzählung sind zwei Variationen aufgehoben, die zu einer neuen gestaltet wurden, ohne daß der „Komponist" die unterschiedlichen Versionen eingeebnet hat. Darin ist vielleicht die Erinnerung enthalten, daß von der hier aufbewahrten menschheitsübergreifenden Grunderfahrung unterschiedlich erzählt wurde und erzählt werden kann.

Es wird schon äußerlich deutlich, daß die jüngere priesterliche Vorlage (P) deutlich dominiert, während aus der älteren Quelle vornehmlich Einzelemente eingearbeitet wurden. Die inhaltlichen Widersprüche, die zum Identifizieren der Quellen führen, sind zugleich Ansätze für das Herausarbeiten der verschiedenen Absichten und Interessen, die die Quellenschriften mit der Fluterzählung verfolgen.

Die **ältere Quelle** setzt ein mit der Reue JHWHs über die Erschaffung des Menschen und seinem Beschluß, alles wieder zu vernichten. Noah hat (ohne Angabe von Gründen!) Gnade gefunden.

Mit ihm werden – als Voraussetzung für das in 8,20ff folgende Dankopfer, das den Abschluß dieses Quellenstranges bildet – von allen opferfähigen und damit zugleich speisefähigen Tieren sieben Paare gerettet, von allen übrigen nur je ein Paar, um das Überleben der Arten zu sichern. (Diese Erzählschicht kennt keinen prinzipiellen Vegetarismus wie Gen 1.)

Die Flut wird ausgelöst durch einen vierzigtägigen Dauerregen, der eine alles vernichtende Überschwemmung bewirkt. Danach sendet Noah mehrfach eine Taube aus, um festzustellen, ob das Wasser sich wieder verlaufen hat (Ölzweigbild).

In der **Priesterschrift** ist die Rettung Noahs begründet in seinem Lebenswandel. Er entsprach dem biblischen Bild des Gerechten (Buber-Rosenzweig übersetzen 6,9: Noah war ein bewährter, ganzer Mann unter seinen Geschlechtern). Besonders kennzeichnend für die Darstellung der Priesterschrift sind eine Fülle genauer Angaben (Zeiten, Archen-Bauanleitung u. a.). Die genaueste Tagesangabe in 7,1 setzt den babylonischen Kalender voraus[109]. Die Dauer der Flut umfaßt genau ein Sonnenjahr (354+11). Der Tag, an dem das Wasser von der Erde verschwunden ist, wird im jüdischen Kalender zum Neujahrstag: 1. Tag des 1. Monats.

Die Priesterschrift und die vorpriesterliche Quellenschrift setzen unterschiedliche „Weltmodelle" voraus, die von ihrem je spezifischen Erfahrungshintergrund (Gefahr durch Überfluten, Gefahr durch plötzlichen Regen) geprägt sind, der sich in den Bildern „Insel im Ozean" und „Oase in der Wüste" fassen läßt.

Die **vorpriesterliche Schicht** ist von den Erfahrungen der Wüstenrandzonen geprägt und sieht die Ursache der vernichtenden Flut in einem längeren Landregen.- In der Negevwüste im Süden Israels sterben noch heute wesentlich mehr Menschen durch überraschenden Wassereinbruch als durch Verdursten.

Die **Priesterschrift** ist von der babylonischen Situation mit ihren jährlichen massiven Wasserkatastrophen geprägt. Nach der Darstellung von P öffnen sich die „Schleusen des Himmels und der Tiefe". Das bedeutet nun nichts weniger, als daß die bei der Schöpfung in Gen 1 erzählte Scheidung der Wasser und die Trennung des Raumes der Schöpfung von den chaotischen Wassern der Urflut rückgängig gemacht wird. Die Flut kehrt die Ordnung der Schöpfung wieder ins Gegenteil, das Chaos, das die Grenzen der Schöpfung „umgibt", erhält Gelegenheit sich auszubreiten

In beiden Versionen liegen die Besonderheiten nicht so sehr in der Erzählung der Flut selbst, sondern in den Spannungen zwischen vorher und nachher.

Zur vorpriesterlichen Schicht: Dem auch in religionsgeschichtlichen Vergleichstexten „üblichen" Vernichtungsbeschluß ist eine Begründung hinzugefügt: Gott bereut angesichts des durch den Menschen verursachten Zustands der Welt, daß er den Menschen geschaffen hat. Auffällig ist nun aber die Wiederholung fast desselben Satzes vor und nach der Flut in Gen 6, 5 und 8, 21.

Dazu zunächst eine Beobachtung:

In der Lutherübersetzung findet sich die Version, daß „alles Dichten und Trachten ihres Herzens nur böse war immerdar" und „das Dichten und Trachten des menschlichen Herzens ist böse von Jugend auf." Diese Verse der Urgeschichte wurden gern als Beleg einer wesensmäßigen Bosheit des Menschen und Begründung einer ausschließlich negativen Bewertung menschlicher Autonomie herangezogen.

Buber-Rosenzweig übersetzen präziser: „alles Gebild der Planungen seines Herzens (ist) bloß böse all den Tag."

Die Lutherübersetzung legt den Schluß nahe, daß das Herz als Kern des Menschen wesensmäßig böse sei. Der hebräische Text nennt aber nicht das Herz böse, sondern was aus ihm hervorgeht. Da das Herz nach dem Verständnis der Hebräischen Bibel besonders auch Vernunft und Willen umfaßt, ist daraus zu schließen, daß hier die grundlegende Erfahrung bezeichnet wird, daß das Gebilde der Planung, daß was der Mensch mit Verstand und Vernunft plant, in seiner Realisierung böse Folgen hat. Selbst bei den bestgedachten und auf positive Wirkung zielenden Planungen der menschlichen Vernunft sind – ist aus den Planungen erst mal Realität geworden – die negativen Konsequenzen nicht zu übersehen.[110] Die moderne technische Zivilisation liefert überreichlich Bestätigungen für diesen Erfahrungssatz.

An dieser bösen Wirkung menschlicher Planung hat die Katastrophe nichts geändert. Der Mensch hat aus der Katastrophe nicht gelernt, sich in seinem Planungsverhalten nicht verändert.

Dies wird festgehalten, wenn dieser Satz nach der Flut in ganz ähnlicher Form wie vorher wiederholt wird. Geändert hat sich aber die Schlußfolgerung, die Gott nun aus diesem unveränderten Sachverhalt zieht:

„Ich will hinfort nicht mehr alles Lebendige schlagen, wie ich getan habe" (Gen 8,21c).

Im Anschluß an Noahs Opfer sagt ihm JHWH zu, daß ein solches Gewaltunternehmen zur Vernichtung der Menschheit nicht wiederholt wird und bekräftigt das in der Zusage stabiler Grundbedingungen:

„Solange die Erde steht soll nicht mehr aufhören Saat und Ernte, Frost und Hitze, Sommer und Winter, Tag und Nacht." (Gen 8,22).

Zur Priesterschrift: In der priesterlichen Version wird die Eskalation der Gewalt (des Frevels) zum Grund für die Vernichtung. Während die Schöpfung in Gen 1 als sehr gut bezeichnet wird, läßt die Ausbreitung der Gewaltverhältnisse diese Bezeichnung nun nicht mehr zu. Wiederholt wird aber in 9,1 der Segensspruch von Gen 1,28 (s. o.).

Anders als vor der Flut ist das Leben auf der Erde nun aber nicht mehr als friedliches Nebeneinander gekennzeichnet. Das Verhältnis vor allem zwischen Mensch und übriger Kreatur, aber auch zwischen Mensch und Mensch, ist als Gewaltverhältnis gekennzeichnet. Die Auswirkungen dieser Gewalt werden jedoch durch Regeln JHWHs begrenzt, die dem Leben eine Zukunft eröffnen sollen.[111] Die Priesterschrift beendet die Fluterzählung mit dem Bundesschluß JHWHs, der die ganze gerettete Kreatur umfaßt. Wegen der einseitigen Aktivität JHWHs hat dieser Bund mehr den Charakter eines Vermächtnisses, eines Testamentes. Von Gottes Seite her soll es fortan keinen vernichtenden Gewaltakt gegen die Schöpfung mehr geben. Angesichts gegenwärtiger Möglichkeiten und Erfahrungen ist allerdings zu fragen, ob die Menschen rechtzeitig lernen, auch ihrerseits eine solche Grundentscheidung gegen die Gewalt zu treffen.

Der Bundesschluß mit *allen* aus der Rettung (Arche) hervorgegangenen Lebewesen wird mit dem Zeichen des Regenbogens bekräftigt.

Deutung und Gegenwartsbezug

Sowohl in beiden Quellenschriften als auch in der Gesamtkomposition steht die Fluterzählung in einem sehr engen **Zusammenhang mit den Schöpfungstexten**. Beide sind wohl nur in der Spannung zueinander richtig zu interpretieren. In dieser Spannung wird die Grundsituation der Welt und der Kreaturen gedeutet. Nach dem Gefälle der biblischen Urgeschichte ist die Situation nach der Flut die Grundlage für jede spätere und damit auch für unsere Lebenssituation. Die Katastrophe liegt hinter uns!

Die genannten Beobachtungen legen **didaktische Konsequenzen** nahe:

Im unterrichtlichen Arrangement sollte die Erzählung so zur Sprache kommen, daß sie zu einer Identifikation mit Noah und den Geretteten führen kann und Licht auf unsere Ausgangsbedingungen wirft:

Wir (mit der ganzen vorfindlichen geschöpflichen Welt) sind davongekommen, sind entronnen und haben die Aufgabe, aus dieser erinnerten Erfahrung zu lernen, wie es um uns steht und was wir daraus machen können.

Die Erinnerung an das Urgeschehen hat existentielle Bedeutung – wesentliche **Intention** der Erzählung (bzw. der erzählenden Erinnerung) ist die Erinnerung an die **Zusage stabiler Lebensbedingungen** („Solange die Erde steht...") und ein Bedenken, was Kontinuität des Lebens auf der Erde trotz fortdauernder Gewalt möglich macht.

Die Flutgeschichte ist Teil der Urgeschichte, die nach Westermann den Charakter von *Urgeschehen*, als jeder geschichtlichen Situation zugrundliegende Grunderfahrung hat. Urgeschichte erzählt vom Ursprung. Im jüdisch-christlichen Geschichtsverständnis erschließt die erinnerte Vergangenheit sowohl das, was die Gegenwart konstituiert (ihre die Gegegnwart prägende Herkunftsgeschichte) als auch das, was ihr Hoffnung auf Zukunft eröffnet.

Zum Symbol des Regenbogens

Im Symbol des Regenbogens verdichtet sich heute die Erfahrung der fundamentalen Gefährdung der Schöpfung durch die Auswirkung menschlichen Handelns und die Hoffnung, daß die Katastrophe hinter uns und nicht vor uns liegt.

Der Bogen galt als Zeichen des Kriegsgottes. Die biblische Darstellung nimmt diesen mythologischen Hintergrund bildhaft auf: Gott ist mächtig, aber er hat seinen Bogen an die Wolken gehängt. Fortan soll er daran erinnern, daß Gott trotz schlechtester Erfahrung mit den Menschen auf Gewalt als Lösungsmittel verzichtet. Davon kann dann die Herausforderung abgeleitet werden, es Gott nachzutun und die Gewaltwerkzeuge aus der Hand zu legen. Der Regenbogen verweist auf das „Nie mehr Gewalt!" Gottes angesichts einer gewalttätigen Menschheit. Er fordert heraus, den entscheidenden „Lernschritt Gottes" nachzuvollziehen und sich in einer gewaltgesättigten Welt auf die Erfahrung eines neuen gewaltfreien Umgangs einzulassen.

Der Bogen erinnert zugleich daran, daß Gott zu seinem Bund mit *allem* Lebendigen steht.

„Sorgen wir dafür, daß der Regenbogen sichtbar bleibt, daß er nicht durch die Störung des Wasserkreislaufs zwischen Himmel und Erde verblaßt, daß er nicht durch Smog unserer Zivilisationsabgase verdunkelt oder schließlich in der nuklearen Nacht vollends unsichtbar wird."[112]

Zur Arche: Nur noch der Bau der Stiftshütte als Ort der Begegnung Gottes mit den Menschen ist so genau beschrieben wie der Bau der Arche. Das entsprechende (hebr.) Wort wird in der Hebräischen Bibel nur für den Kasten, in dem Mose gerettet wird, nochmals verwendet. Eine „Fortsetzung" findet sich im Verständnis des Kirchenbaus als Arche.

Die Arche ist ein Mikrokosmos – Bild für die Gemeinschaft und Interdependenz allen Lebens, der Mensch überlebt nur mit den Tieren. Noah rettet das Ganze in einem begrenzten, überschaubaren Unternehmen. Welche Phantasien kann das Bild der Arche – das Bauen von Archen als Rettungssymbol heute freisetzen?

> **Aufgabe:**
> - Stellen Sie Texte, Lieder und Bilder mit dem Symbol des Regenbogens zusammen und vergleichen Sie diese mit der obigen Deutung.
> - Welche Gemeinsamkeiten, Unterschiede und andere Akzente lassen sich erkennen?

4.11. Der Turmbau zu Babel

„Babylon heute" nach dem Gemälde „Der Turmbau zu Babel" von Pieter Bruegel d. Ä., 1563. Design: Pierre Brauchli. Tanner + Staehelin Verlag, Wasserstraße 16, Postfach 191, CH 8029 Zürich.

Die Verfremdung des Bildes von P. Bruegel bietet eine konkrete fortschreibende Interpretation der urgeschichtlichen Erzählung vom Turmbau zu Babel (Gen 11,1-9).

Aufgaben:
- Versuchen Sie, die Aussageabsicht der Collage zu umschreiben!
- Welches Hintergrundwissen ist für Ihr Verständnis erforderlich?
- Lesen Sie die Erzählung Gen 11,1-9 und stellen Sie zusammen, welche Aspekte der Erzählung durch die Collage aufgenommen bzw. nicht aufgenommen werden.

„Mit dem Bau von Atomkraftwerken wird es so enden wie mit dem Turm von Babel! Also stellt das ganze Unternehmen ein, solange es noch geht." So oder so ähnlich mag die intendierte Botschaft des Bildes lauten. Ist damit die urgeschichtliche Erzählung angemessen aufgenommen und unter aktuellen Gesichtspunkten interpretiert oder wurde gar Mißbrauch mit ihr getrieben? In dieser Form stellt sich die Alternative nur, wenn man unterstellt, daß die Erzählung nur *eine* Interpretation zuläßt. Dazu ist sie aber zu vielschichtig. Daher ist es unsachgemäß, **die** „Wahrheit des Textes" abstrakt erheben und auf eine mögliche Situation übertragen zu wollen.

Versteht sich die Bildverfremdung aber als Anstoß bzw. Herausforderung in gegenwärtigen Diskussionsprozessen, so steht hinter der Verwendung des Turmbaumotivs ja nicht die Absicht, eine umfassende und einzig richtige Interpretation zu leisten, sondern einen Denk- und Kommunikationsprozeß zu eröffnen bzw. zu provozieren, in dessen Verlauf sich die Plausibilität der Botschaft des Bildes erst erweisen muß.

Die **historisch-kritische Reflexion** des Textes kann dann möglicherweise einen nicht unwichtigen Beitrag zu diesem Prozeß leisten, ihn bereichern oder modifizieren, aber nicht grundsätzlich entscheiden oder diskreditieren.

Umgekehrt kann es in **didaktischen Zusammenhängen** von großer Bedeutung sein, wenn biblische Motive in gegenwärtigen Zusammenhängen und Auseinandersetzungen anklingen, und von hierher nach der Ursprungsgeschichte zurückgefragt werden kann.

Nach der Auslegung von **C. Westermann**[113] handelt es sich hier um eine ätiologische Erzählung, d. h. ihre Absicht ist es, einen gegenwärtigen Zustand durch ein Geschehen in der Vergangenheit zu erklären. Nun werden hier allerdings gleich *drei Phänomene* erklärt:
- die Sprachverwirrung,
- die Zerstreuung der Menschheit
- und der Name der Stadt Babel.

Für C. Westermann steht hier die Sprachverwirrung im Zentrum. Zerstreuung taucht bereits in 9, 18 f auf und wird auch in anderen kulturellen Überlieferungen gern am Ende der Fluterzählung aufgenommen.

Somit sind die Verse 4a und 9b als spätere Zusätze anzusehen. Auch die geschichtsbezogene Erklärung des Namens der Stadt Babel ist dem Text vermutlich später zugewachsen. Indem die Vielfalt der Sprachen und die damit verbundenen Verständigungsschwierigkeiten innerhalb des Urgeschehens erklärt werden, folgt daraus, daß die Ursachen für diese und andere Daseinsminderungen vor aller geschichtlichen Erfahrung liegen und innerhalb der Menschheitsgeschichte immer schon vorgefunden wurden.

> **Aufgabe:**
> - Versuchen Sie, den Text zu gliedern und suchen Sie nach „Unebenheiten" in der Darstellung bevor Sie weiterlesen!

Es fällt auf, daß Gott bereits in V. 5 zur Erde hinabgestiegen ist und in V. 7 den Entschluß fällt, hinabzusteigen.

V. 4 redet von Stadt und Turm, V. 8 nur noch von der Stadt. Es werden Sprachverwirrung und Zerstreuung der Menschheit nebeneinander begründet, schließlich taucht erst am Schluß der Hinweis auf ‚Babel' auf.

Die erkennbaren Unebenheiten lassen sich dadurch erklären, daß man zwei (oder mehr) Quellen als Grundlagen des Textes vermerkt. Eine andere Erklärungsmöglichkeit, der C. Westermann den Vorzug gibt, liegt in der Annahme, daß hier verschiedene (mündlich überlieferte) Traditionen miteinander verbunden und später noch ergänzt wurden.

Die **älteste Traditionsstufe** befaßt sich vermutlich mit dem Motiv, daß Menschen mit ihrem Dasein nicht mehr zufrieden sind und in die Bereiche der Götter eindringen wollen. Dabei werden Erfahrungen bedacht, daß die Versuche des Menschen, die ihm als Geschöpf gesetzten Grenzen zu überschreiten, lebensfeindliche Folgen haben.

Die Vermessenheit des Menschen, „das Sein-wollen-wie-Gott", könnte dann als Grund für das in der Vielfalt der Sprachen zum Ausdruck gebrachte „Sich-nicht-verstehen" interpretiert werden.

Dann wird daran das in anderen Kulturen häufig mit der Flutgeschichte verbundene Motiv der Zerstreuung der Menschen eingefügt und schließlich noch die Namenserklärung von Babel ergänzt. Babel ist in der Hebräischen Bibel wegen der mit der babylonischen Herrschaft verbundenen Leiderfahrung Israels zur Metapher einer feindlichen Stadt geworden.

Mögliche Gliederung

Gen 11	1. 2.–4. 5.–8.	Beschreibung der Ausgangslage (eine Sprache) Reden und Handeln der Menschen – Entschluß die Kulturtechnik ‚Ziegelbrennen' zu nutzen – Entscheidung für den Turmbau (Ergänzung Stadtbau) Reden und Handeln Gottes V. 5.1 ‚Hinabfahren' zur Orientierung V. 6 Feststellen der Möglichkeiten der Menschen V. 7.2 ‚Hinabfahren' zur Sprachverwirrung V. 8 Zerstreuungsmotiv (Ergänzung) V. 9 Namensänderung (Ätiologie Babels) – späterer Zusatz

Möglicher **Anknüpfungspunkt** für eine Auseinandersetzung mit dem Text sind die Phänomene:

- Turmbau (‚Hoch-hinaus-wollen') und die Erörterung möglicher Begründungen für Repräsentationsbauten.
- Die Skepsis gegenüber bestimmten Kulturtechniken. Für die Gegenwart der Textabfassung war Ziegelbrennen eine der höchstentwickelten technischen Möglichkeiten. (Brennen von Ziegeln aus Lehm wurde in Israel nicht praktiziert, war dem Erzähler aber bekannt.)

Aufgaben:
- Wo treffen sich die hier in die urgeschichtliche Zeit projezierten Erfahrungen mit Gegenwartserfahrungen zu diesen Erscheinungen?
- Wie würden Sie die Ursachen von Verständigungsschwierigkeiten beschreiben?
- Lassen sich aus der Erzählung Lernimpulse zum Thema „Verständigungsprobleme" erschließen?

Literatur:

Liedke, G.: Im Bauch des Fisches. Ökologische Theologie. Stuttgart u. a. 1979
Steck, O. H.: Welt und Umwelt, Stuttgart u. a. 1978; *Westermann*, C.: Genesis, Teilb. 1, Genesis 1-11, (BK I), Neukirchen²1976

5. Aufbruch und Orientierung – Zur theologischen und didaktischen Bedeutung der Überlieferungen von den Erzeltern Israels (Gen 12-50)

Bindung Isaaks, Synagoge der Leo-Baeck-Schule, Haifa
Foto: F. Johannsen

Während die Urgeschichte (Gen 1-11) die die Gegenwart konstituierenden Bedingungen des Lebens und ihre Grundkonflikte in der Erzählung vom Ursprung der Welt als Urgeschehen erinnert, erzählen die Erzelternüberlieferungen vom Ursprung des Volkes Israel. Auch hier geht es um Urgeschehen im Sinne dessen, was die Gemeinschaft konstituiert, sie gefährdet und ihr Perspektiven eröffnet. Erzählt wird nicht Vergangenheit, die mit historischem Blick erschlossen werden könnte, sondern die in der Gegenwart fortwirkenden und sie prägenden Grundkonstellationen. Die erzählten Gestalten und Konflikte ermöglichen identifikatorische Erinnerung. Im „Wieder-erkennen" erschließen die Erzählungen die Wirklichkeit, ihre Gefährdungen und ihre Möglichkeiten.

5.1. Beobachtungen zur Komposition der Erzelternerzählungen (Gen 12–37)

Bei einer Betrachtung der vorliegenden Gesamtkompositionen der Texte von Gen 12-37 fällt auf, daß eine bestimmte Form der Gottesrede in einigen Variationen immer wieder auftaucht:

„Deinen Nachkommen will ich das Land geben" (Gen 12,7b).

„Denn das ganze Land, das du siehst – dir will ich es geben und deinen Nachkommen für ewige Zeiten. Und Deine Nachkommen will ich mehren wie den Staub der Erde, so daß, wenn man den Staub der Erde zählen kann, man auch deine Nachkommen wird zählen können" (Gen 13,15-17).

Liest man die Erzählungen im Zusammenhang, so stößt man darauf, daß die Bearbeitung des Stoffes nach hinten hin dichter wird. Während bei den Abraham-Sarah-Überlieferung kurze Erzählstücke durch überleitende Sätze nur locker miteinander verbunden sind, finden sich bei den Jakob-Überlieferungen längere strukturierte Erzählkreise (z. B. der Jakob-Esau-Kreis sowie der Jakob-Laban-Kreis).

Inhaltlich geht es im wesentlichen um die beiden Aspekte:
– Heilige Orte und ihre Geschichte,
– Familienprobleme und -konflikte.

H. Gunkel hielt mündlich überlieferte Einzelsagen für den Grundbestand der Erzählungen. Er unterscheidet zwischen ***personenbezogenen*** Sagen, in denen es um die Charakterisierung einer Gestalt geht, und ***ätiologischen*** Sagen, mit denen jeweils eine in die Gegenwart des Erzählers hineinreichende Bedeutung eines Ortes durch ein Geschehen in der Vergangenheit begründet wird.

Aufgaben:
- Versuchen Sie, Reste solcher Sagen in den Erzählungen zu entdecken.
- Arbeiten Sie heraus, wo jeweils Verheißungsformeln der o. g. Art zu finden sind und vergleichen Sie die verschiedenen Ausformungen.
- Achten Sie auf typische Übergangsformulierungen, durch die vermutlich ursprünglich selbständige Erzählungen und Überlieferungsstücke miteinander verbunden sind.
- Stellen Sie die Orte zusammen, die in den einzelnen Erzählungen im Mittelpunkt stehen und suchen Sie diese auf der Karte am Ende des Buches auf.
- Stellen Sie einige Konflikte und Probleme zusammen, die in den Erzählungen thematisiert werden.

Die sogenannten *Väterverheißungen* sind nach **M. Noth** u. a. das eigentliche Zentralthema des zweiten Teils der Genesis. Sie bilden das kompositorische Gerüst, den „cantus firmus" der Endgestalt der Texte. Die Gesamtbearbeitung ist deutlich durch die Theologie der Exils- bzw. Nachexilszeit geprägt. In der Exilszeit ist die Erinnerung an die Erzeltern als Ermutigung artikuliert worden, gegen die Erfahrung des Verlustes von Land- und Volkszusammenhang die Hoffnung auf die Verheißung und den damit verbundenen Segen JHWHs zu setzen und wie Abraham den Aufbruch aus Haran (12,4) zu wagen und seinen Weg ins verheißene Land nachzugehen.

Der in der exilischen Zeit entstandenen Priesterschrift lassen sich nur wenige Teile zuordnen (z. B. 11,10 ff; der Bund mit Abraham in Gen 17; der Grabkauf in Gen 23; 25,7-17; 27,46 - 28,9 sowie Listen in Gen 35 und 36). Insgesamt ist mit einem längeren Prozeß von mündlicher und schriftlicher Tradierung zu rechnen, bei dem die Erzählkreise um die Gestalten Abraham/Sara, Isaak/Rebekka, Jakob/Lea-Rahel genealogisch verbunden und durch interpertierende Zusätze, Erzählvariationen u. ä. jeweils neu akzentuiert und interpretiert wurden. Einen Einblick in den Tradierungsprozeß öffnet das in dreifacher Variation erhaltene Erzählstück von der „Gefährdung der Ahnfrau" (Gen 12,10-20, Gen 20, Gen 26).[114]

Indem die Traditionen der verschiedenen Stämme durch die genealogische Verknüpfung der Vätergestalten miteinander verbunden wurden, wird die Gemeinschaft des Volkes als verwandschaftliche Beziehung interpretiert. Die Grundbeziehungen zu den umliegenden Völkern, die zum davidisch-salomonischen Großreich gehört hatten, wird im Bild einer entfernteren Verwandtschaft gefaßt. Die spannungsreiche Beziehung wird ätiologisch als Folge von Familienkonflikten u. ä. „erklärt". So läßt sich in den Jakob-Esau-Beziehungen das gespannte Verhältnis zwischen Israel und Edom wiederentdecken. Die feindlichen Nachbarn (Moabiter und Ammoniter) gelten als Nachkommen des Abrahamneffen Lot, deren Geringschätzung sich in ihrer inzestiösen Ursprungsgeschichte (Gen 19, 30-38) widerspiegelt.

Mit der Erinnerung wird vergegenwärtigt, daß das Land zwischen Dan und Beersheba zwar schon in vorstaatlicher Zeit von den Erzeltern bewohnt wurde, aber ursprünglich andere Bewohner und Besitzer hatte. Der Besitz des Landes wird (ausschließlich) als Folge der Verheißung und Ausdruck der Zuwendung JHWHs an Israel verstanden. Ein durchgängiger roter Faden der Gesamtkomposition erschließt sich als Entfaltung der Segensverheißung an Abraham (Gen 12,1-4). Diese Interpretationsschicht überlagert die in den Einzelerzählungen durchscheinenden menschlichen Schwächen, das Versagen und die ambivalenten Handlungen. An der positiven bzw. negativen Stellung zum Verheißungsträger entscheidet sich die in 12,3 verheißene Entfaltung des Segens für andere.

Neben diesen **Ätiologien von Gemeinschaften** spielen in den Erzelternüberlieferungen die **Ätiologien von Kultorten (Heiligtumslegenden)** eine wichtige Rolle.

Es ist ein weitverbreitetes Phänomen der Religionsgeschichte, daß heilige Orte jeweils mit bestimmten Kultlegenden verbunden sind, die die Heiligkeit des Ortes und eine bestimmte Kultpraxis begründen. Da bei einer Veränderung bzw. einem Wechsel der Religion solche Kultorte ein eigenständiges Beharrungsmoment entwickeln, werden sie in der Regel durch entsprechende Erneuerung der Kultlegenden (und der Kultpraxis) übernommen. So kann man vermuten, daß diese Heiligtumslegenden die Funktion haben, vorisraelitische Kultorte als Orte der JHWH-Verehrung zu legitimieren (z. B. Gen 28,10-22). Ähnliche Vorgänge sind auch aus unserem Kulturraum bekannt. In der karolingischen Zeit erfolgte der Bau von Kirchen meist an der Stelle früherer heidnischer Kultstätten und wurde mit christlichen Heiligenlegenden begründet.

Forschungsgeschichtlicher Exkurs:

Aus den in den Erzelternüberlieferungen dominierenden Gottesbezeichnungen (Gott Abrahams u. a.) wurde in der besonders von **Albrecht Alt** („Der Gott der Väter" 1929) angestoßenen Forschungsrichtung ein besonderer Religionstyp der *Väterreligion* als Vorläufer der JHWH-Verehrung vermutet.

Diese von A. Alt entfaltete These vom „Gott der Väter" hatte erhebliche forschungsgeschichtliche Wirkung. Aufgrund von Einzelbeobachtungen an den biblischen Texten und Untersuchungen von nabatäischen und palmyrenischen Inschriften (Gott des X) rekonstruierte er den Typus der sogenannten

Väterreligion. Diese gehört für ihn zur Vorgeschichte des JHWH-Glaubens, hat aber in den Erzelterngeschichten vielfältige Spuren hinterlassen. Aus dem Vorkommen der Bezeichnungen „Gott Abrahams", „Schreck Isaaks" und „Starker Jakobs", sowie dem Vertragsabschluß zwischen Jakob und Laban (Gen 31,14 ff), bei dem die jeweiligen Vätergötter (der Gott Abrahams und der Gott Nahors) Garanten des Vertrages werden, schloß Alt, daß es sich dabei um ursprünglich je verschiedene Gottheiten gehandelt haben müsse, die jedoch alle einem gleichen Religionstypus, dem der Vätergötter, zuzuordnen seien. Aufgrund seiner besonderen Beobachtung folgerte Alt, daß Abraham, Isaak und Jakob ihre Stellung in der Überlieferung Israels primär ihrer Funktion als **Offenbarungsempfänger** und **Kultstifter** verdankten. Die Väter selbst seien danach als historische Einzelgestalten zu deuten, deren Erinnerung aufbewahrt wurde, weil man die überlieferte Religion auf sie zurückführte. Auf einer weiteren Traditionsstufe – nach Einwanderung der halbnomadisch lebenden Verehrer der Vätergötter nach Kanaan – seien die Väterüberlieferungen mit den Heiligtumslegenden der kanaanäischen Heiligtümer verschmolzen. Die Anziehungskraft der großen Heiligtümer führte schließlich zur Entstehung von Kultgemeinschaften und zum Austausch und zur Verbindung der ursprünglich selbständigen Vätertraditionen und endlich zu einer genealogischen Verknüpfung der Vätergestalten. Auch nachdem die JHWH-Verehrung Nationalreligion geworden war, sei die Verehrung der Vätergötter als Stammesreligion zunächst noch selbständig daneben bestehen geblieben, bis schließlich der JHWH-Kult zu den alten Heiligtümern vorgedrungen war und als jüngste Schicht die alten Bestände überlagerte. Texte wie Exodus 3,6 und 14 f dokumentierten die Verknüpfung von Väterreligion und JHWH-Kult und hielten gleichzeitig die Erinnerung an eine Vorstufe wach.

Alt umreißt den Religionstyp des Vätergottes so, daß die jeweilige Gottheit keinen Eigennamen hat, sondern nach dessen Namen benannt ist, dem sie zuerst erschien. Das Verhältnis der Gottheit zu dem Offenbarungsempfänger bzw. seiner Gruppe sei gekennzeichnet durch Fürsorge für das Wohlergehen von Mensch und Tier und habe als mitwandernder Gott den Lebensverhältnissen nomadischer Stämme entsprochen. Besonders das **Verheißungsmotiv**, das in den literarischen Schichten zum wesentlichen Gestaltungsmoment der Väterüberlieferung wurde, hat nach Alt bereits seinen Ursprung in der Väterreligion.

Alts These, daß die Väter ursprünglich Offenbarungsempfänger und Kultstifter waren, wurde in der deutschsprachigen Forschung weithin zur Grundlage weiterer Arbeiten. Hier sind vor allem die Werke von **Martin Noth** und **Gerhard von Rad** zu nennen.

Während wichtige Vertreter der **angelsächsischen Forschung** versuchten, durch Vergleich biblischer Notizen und außerbiblischen Materials eine Frühgeschichte Israels zu rekonstruieren, blieb die deutsche Forschung diesen Versuchen gegenüber skeptisch. Hier setzte sich weitgehend die Einsicht durch, daß aufgrund der Quellenlage eine Rekonstruktion der Frühgeschichte Israels nicht möglich sei. Alle Versuche, aus Einzeldaten wie Gebräuchen, Rechtsgrundsätzen u. a. zeitliche Einordnungen und Gesamtzusammenhänge abzuleiten, sind aufgrund vielschichtiger Interpretationsmöglichkeiten gescheitert. Auch gegenüber den Thesen Alts, deren Plausibilität lange Jahre anerkannt war, nahm die Kritik in den letzten Jahren deutlich zu. Die von ihm herangezogenen Vergleichstexte stammen aus wesentlich späterer Zeit, weiteres überzeugendes Vergleichsmaterial wurde bisher nicht gefunden. Insgesamt ist seine Gedankenführung als nicht haltbare

Hypothese anzusehen, die wesentliche Züge des späteren JHWH-Glaubens in die Vorgeschichte projeziert hat.

Auch die mit dieser These Alts verbundene Verortung der Vorfahren Israels in einer nomadischen Tradition ist nach neueren Untersuchungen (bes. Köckert) ein nicht mehr zu begründendes Konstrukt.

Das Gottesverhältnis, das in den Erzelternüberlieferungen zur Sprache kommt, ist dadurch gekennzeichnet, daß Gott vor allem in seiner lebensfördernden Funktion für die *Familie und den Einzelnen* zur Sprache kommt. Die Gottesbeziehung ist von ihrer Unmittelbarkeit geprägt, die keiner Beziehung zu einem oder Vermittlung durch einen offiziellen Kult bedarf.

Einen **thematischen Schwerpunkt** bildet das Familienereignis der Geburt bzw. das Problem des Fortbestandes der Familie. Die Rückbindung an die soziale Gestalt der Familie verweist nicht auf die Vorgeschichte des JHWH-Glaubens, sondern auf eine tragende Dimension dieses Glaubens nach Verlust der Eigenstaatlichkeit in der Zeit des babylonischen Exils, in der der Text gestaltet wurde. Daß der Erzähler dabei auch Elemente aus älteren Traditionen einfließen läßt, hat zu den oben genannten Fehlschlüssen geführt, hieraus seien Einsichten über die reale Vorgeschichte zu gewinnen. Ein schiefes Bild ergibt sich auch, wenn unsere Vorstellung bürgerlicher Familie das Verständnis prägen.

In einem überschaubaren sozialen Zusammenhang werden **Grundprobleme und Phänomene menschlicher Existenz** thematisiert: Hoffnung, Hunger, Streit und Versöhnung, Betrug, Rivalität, die Beziehung zwischen Brüdern und Geschlechtern, Geburt und Tod. Alle Grunderfahrungen werden in eine Gottesbeziehung eingebunden, die durch keine Zwischeninstanz gebrochen ist.[115]

Aus den Erzelternüberlieferungen lassen sich keine historischen Erkenntnisse über die Vorgeschichte Israels gewinnen, wohl aber Einblicke und Einsichten über die Auseinandersetzung mit diesen Grunderfahrungen im Lichte des Verheißungsglaubens im Kontext geschichtlicher Erfahrungen.

Für die Erschließung der möglichen Bedeutung dieser Überlieferungen in heutigen didaktischen Zusammenhängen ist zu beachten, daß die abendländische Erziehungstradition durch eine bestimmte Interpretionsgeschichte der Abrahamüberlieferung entscheidend geprägt wurde.

5.2. Verpflichtung zum Gehorsam oder Aufbruch zur Mündigkeit?

Das Milgramexperiment – Abraham, Symbol des Gehorsams

In den 60er Jahren dieses Jahrhunderts wurde in den USA ein sozialpsychologischer Versuch durchgeführt, dessen Ergebnis weit über eine wissenschaftlich interessierte Öffentlichkeit hinaus Erschrecken auslöste. Gemeint ist das nach seinem Initiator benannte **Milgramexperiment**.

Mit dem Hinweis, an einem wissenschaftlichen Experiment teilzunehmen, durch das der Einfluß der Bestrafung auf das Gedächtnis getestet werden solle, wurden Versuchspersonen dazu aufgefordert, im Nebenraum sitzende „Lernende" durch Stromstöße zu bestrafen, wenn bestimmte Lernleistungen nicht erbracht wurden. Die Skala des hierfür benutzten Generators reichte von 15 Volt („geringer Schock") bis 450 Volt („schwerer Schock"). Obwohl die Rollenverteilung scheinbar ausgelost wurde, waren die „Lernenden" jeweils eingeweihte Versuchshelfer. Das Experiment wurde unter verschiedenen Versuchsanordnungen durchgeführt, wobei vor allem die räumliche Nähe zum „Opfer" wechselte. Als allgemeines Ergebnis war festzustellen, daß trotz intensiven Protestes und Schmerzensäußerungen der „Opfer" die meisten Versuchspersonen trotz zwischenzeitlichem Zögern den Anordnungen des Versuchsleiters immer wieder nachkamen. Der Hinweis auf die Notwendigkeit und wissenschaftliche Beobachtung der Versuche brachte nicht wenige Teilnehmer dazu, auch lebensgefährliche Stromstöße auszuteilen.[116]

Es war vor allem naive Gutgläubigkeit in den höheren (wissenschaftlichen) Sinn ihres Tuns, die eine Menschenleben gefährdende Gehorsamsbereitschaft begründete.

Als Symbolfigur dieses blinden Gehorsams gilt Abraham, der nach der Überlieferung ohne Zögern bereit war, auf einen Gottesbefehl hin seinen Sohn zu opfern (Gen 22). Diese Opferszene war über vier Jahrhunderte lang beherrschendes Bildthema in Haus- und Kinderbibeln und hat schon von daher eine einschneidende Wirkung im Bereich der religiösen Sozialisation gehabt.

Für die Auslegungsgeschichte kommt die Darstellung des Hebräerbriefes hinzu, die Abrahams Gehorsam als Ausdruck des Glaubens interpretiert (vgl. Hebr 11,8). Die große Zahl zum Teil erschütternder Darstellungen über die Wirkung dieser Erzählung läßt den ungeheuren Einfluß vermuten, der von Abraham ausgegangen ist.[117]

Noch in der nach dem zweiten Weltkrieg lange wirksamen konzeptionellen Richtung des Religionsunterrichts, der „Evangelischen Unterweisung", spielte bei didaktischen Überlegungen zur Vätergeschichte der Gehorsam eine zentrale Rolle.[118]

Im Katholischen Handbuch zur Auswahlbibel „Reich Gottes" beginnt die Katechetische Orientierung damit, daß die „Katechese (...) auf alle Fälle auf den Gehorsam Abrahams abheben (muß): Gott ruft und Abraham hört."[119]

Nicht die im Kontext menschlicher Totalitätsansprüche kritische Frage, was es heißt, Gott mehr zu gehorchen als den Menschen, stand dabei zur Debatte, sondern dieser Tradition ist der Glaube schlicht zum Disziplinierungsmittel verkommen. Ein Sachverhalt, der besonders dann problematisch wird, wenn den Heranwachsenden Forderungen Gottes und Gehorsamsforderungen Erwachsener als identisch vermittelt werden. Auf solchem Boden gedeiht dann eine Autoritätsgläubigkeit, die sich Verführer verschiedenster Art für ihre Interessen nutzbar machen können.

Auf diesem Hintergrund drängt sich die Überlegung auf, in Anbetracht der Mißbrauchsgeschichte, diesen Teil der biblischen Tradition in der didaktischen Arbeit auszusparen, um einem Konflikt mit dem pädagogischen Leitziel einer Erziehung zur Mündigkeit von vornherein auszuweichen. Aus zwei Gründen jedoch erweist sich eine solche Entscheidung als nicht ratsam:
1. Die Religionspädagogik muß sich auch mit den negativen Spuren ihrer Tradition auseinandersetzen und darf sie nicht einfach ausklammern oder wegschieben. Gerade vor dem Hintergrund einer Mißbrauchsgeschichte ist eine poduktive Bearbeitung im Kontext von Schülervorerfahrungen angezeigt.
2. Nach der für die Hebräische Bibel zentralen Exodustradition kommt Glaube von der Erfahrung der Befreiung her und hat eine lebenseröffnende Dimension. Wenn dieser Zusammenhang von Glaube, Befreiung und Förderung des Lebens gewissermaßen als hermeneutischer Schlüssel auch an die Erzelternüberlieferungen herangetragen wird, werden in ihnen Aspekte und Impulse erkennbar, die nicht nur die Kritik der skizzierten didaktischen Tradition ermöglichen, sondern zugleich Anregungen für eine konstruktive didaktische Arbeit geben.

Die lange Auslegungstradition hat eine prägende Wirkung mit emotionalen Verfestigungen hinterlassen. Daher reicht es nicht aus, die skizzierte Wirksamkeit dieser Überlieferung schlicht als Produkt unsachgemäßer theologischer und didaktischer Arbeit zu qualifizieren. Es ergibt sich vielmehr für die religionspädagogische Arbeit mit dieser Tradition eine doppelte Aufgabenstellung, die entsprechend auch im Blick auf andere Themenbereiche zum Zuge kommen muß:
1. Eine bewußte Wahrnehmung und Aufarbeitung ihrer bis in die Sozialisation heutiger Lehrer, Schüler und Eltern hineinreichende Wirkungsgeschichte, die zu leisten ohne Erinnerung der Ursachen und Bedingungszusammenhänge nicht erfolgen kann, und

2. eine kritisch-konstruktive Bearbeitung der Tradition, die dazu beiträgt, ihrem Mißbrauch zur Kultivierung von Unmündigkeit zu begegnen, und die Anstöße für neue Erfahrungen mit Tradition und Alltagswelt gibt.

Aufgabe:
- Versuchen Sie zu beschreiben, welche Bedeutung die Abrahamerzählungen (besonders Gen 22) für Sie haben.

5.3. Didaktische Konsequenzen aus Wirkungs- und Forschungsgeschichte

Eine Gesamtbetrachtung der Erzelternüberlieferungen[120] ergibt, daß die starke Gewichtung des Gehorsamsmotivs in der Auslegungsgeschichte, abgesehen von dem noch näher zu untersuchenden Kap. 22, wenig Anhalt hat. Wie bei vielen anderen Deutungsmustern auch, handelt es sich hierbei um eine durch spätere Interessen bedingte Projektion, die an die Texte herangetragen wurde. Ähnlich verhält es sich mit dem Verständnis Abrahams als „Vater des Glaubens". Diese Deutung findet ihren Ansatzpunkt in dem Vers: „Abram glaubte dem Herren, und das rechnete er ihm als Gerechtigkeit an." (Gen 15, 6). Dieser Vers, der der in der Exilszeit entstandenen Priesterschrift zugerechnet wird, wurde – vermittelt durch Paulus (Röm 4, 1-25) – zum entscheidenen Kriterium in der christlichen Auslegungsgeschichte.

Die skizzierte unsichere Forschungslage verbietet es, zusammenhängende Folgerungen über die Situation der Vorläufer und ihrer Religion zu ziehen.

Daraus ergibt sich weiter die Konsequenz, daß der je gegenwärtige Stand der sich ständig im Fluß befindlichen Forschung kein sicheres Fundament für die religionspädagogische Praxis bietet und „Ergebnisse wissenschaftlicher Arbeit" nicht unreflektiert zu ihrer Grundlage gemacht werden dürfen.[121] Zugleich wird in diesem Zusammenhang deutlich, welche Problematik mit der Forderung verbunden ist, den Religionsunterricht auf „wissenschaftlicher Grundlage" durchzuführen.[122] Dies kann angesichts der Sachlage nicht heißen, Unterrichtsgegenstände aus wissenschaftlichen Ergebnissen abzuleiten, sondern vielmehr Aspekte der wissenschaftlichen Auseinandersetzung selbst in reflektierter Auswahl altersstufengerecht zu thematisieren. Damit wäre zugleich der Versuchung vorgebeugt, die traditionelle Autorität des Wortes Gottes durch wissenschaftliche Autorität zu ersetzen. Die Einbeziehung des „wissenschaftlichen Streites" um die Auslegung von Tradition und Gegenwart in den Unterricht könnte zugleich den problematischen Nachwirkungen der Auslegungsgeschichte und einem Mißbrauch religiöser Tradition zur Disziplinierung u. a. entgegenwirken.

Im Interpretationsprozeß muß sich bewußt gemacht werden, wie die eigene Sichtweise jeweils immer schon vorgeprägt ist und die Wahrnehmung begrenzt. Wird diese Einschränkung einmal wahrgenommen, dann sind die Voraussetzungen geschaffen, um auch andere überraschende Aspekte der Erzählungen in den Blick kommen zu lassen.

Die in diesen und anderen biblischen Überlieferungen liegenden didaktischen Möglichkeiten bleiben ungenutzt, wenn die kritische nicht mit einer konstruktiven Bearbeitung verschränkt wird. In der religionspädagogischen Literatur wird im Blick auf die didaktische Relevanz der Erzelternüberlieferungen hervorgehoben, ihre Vorzüge bestünden darin, daß es sich um elementare Glaubens- und Lebensgeschichten handele.[123] Diese im Ansatz sicher richtige Beschreibung eignet sich als Grundlage didaktischer Arbeit nur, wenn Glaubens- und Lebensgeschichte in einem dialektischen Bezug gesehen und nicht einseitig aufgelöst werden. **Weder** sollte ein dogmatisch vorgeformtes Glaubensverständnis im Sinne der o.a. Auslegungtradition zum alleinigen Verständnisschlüssel werden[124], so daß die Überlieferung nur der Veranschaulichung eines vorgefaßten dogmatischen Verständnisses dient, **noch** sollte eine Reduktion auf „elementare Lebensgeschichte" die Perspektive das Glaubens ausblenden, und sich die Bearbeitung auf allgemeingültige Aspekte des Menschseins beschränken.

Ein kreativer Unterrichtsprozeß ergibt sich erst, wenn es in der Arbeit gelingt, die Glaubens- und Lebensgeschichte der Texte mit der Glaubens- und Lebensgeschichte der Schüler in ein produktives Verhältnis zu bringen.

Grundlage für die Initiierung solcher Lernprozesse kann eine mehrperspektivische Interpretation sein, die aus der Perspektive verschiedener methodischer Zugänge gewonnen werden kann.

Dabei können die in Kap. 3.4 entfalteten theologischen Leitgedanken die Frage nach den befreienden und lebensfördernden Erfahrungen profilieren.

Im Blick auf das **methodische Vorgehen** legt sich eine Unterscheidung von allgemeinen Grunderfahrungen an, die vor allem die Tiefenschicht der Texte bestimmen, und Erfahrungen, die im Zusammenhang mit konkreten historisch-sozialen Gegebenheiten stehen. Kann die eine Ebene mehr durch tiefenpsychologische Interpretationsmethoden, kreativen Umgang und Interaktionsversuche erschlossen werden, bleiben für die andere Ebene die verschiedenen historisch-kritischen Fragestellungen unentbehrlich.

Eine wichtige Anknüpfungsmöglichkeit für die Erzelternüberlieferungen liegt in der Beobachtung, daß weitgehend jeweils die einzelne Person und eine elementare Lebenssituation im Vordergrund der Erzählung stehen.

Diese werden jedoch nicht wie im Märchen zeitlos präsentiert, sondern auf eine geschichtlich-soziale Situation bezogen, wie eine Fülle von Hinweisen und Anspielungen erkennen läßt. Da dieser politisch-soziale Horizont der Erzählungen nur vermutet werden kann, verbietet es sich, diese nur hypothetisch erschließbare Situation zum ausschließlichen Ansatzpunkt der Interpretation zu machen. Daß eine Reihe jüngerer religionspädagogischer Arbeiten in der „Ursprungssituation" den eigentlichen Anknüpfungspunkt suchen, hat seinen Grund auch darin, daß diese in der Forschung vor einigen Jahren noch relativ eindeutig zu sein schien.

Trotz der teilweise unsicheren Forschungslage darf nicht davon abgesehen werden, daß die Texte ihren Kontext und konkreten Hintergrund in einer bestimmten Konstellation und Position der Glaubensgeschichte Israels haben.

Im Unterschied zu unserem Wirklichkeitsverständnis der modernen Welt steht die Existenz oder Wirklichkeit Gottes in diesen Texten nicht zur Debatte, wohl aber die Konsequenz, die das Wirken Gottes für das Wirklichkeitsverständnis hat.

Die Bedeutung und Konsequenz der Gottesbeziehung für verschiedene Lebensentscheidungen und Lebensgestaltungen wird – bezogen auf die jeweiligen Hauptpersonen als Identifikationsgestalten – erzählend entfaltet. Gott ist als Gegenüber der Person(en) und als umfassender Horizont aller Lebensprozesse „im Spiel". Er fordert heraus zum Aufbruch, verheißt Zukunft, wird als Richter angerufen, ist Verhandlungspartner und Verbündeter, aber auch Gegner.

Auf die Erfahrungsebene bezogen bedeutet das, daß alle für die Lebensgestaltung und das Selbstverständnis wichtigen Impulse als Gotteserfahrungen ausgedrückt werden. Die sogenannte **tiefenpsychologische Exegese** versucht, die damit verbundene psychische Dynamik versuchsweise mit dem Instrumentarium der Tiefenpsychologie (vor allem in Anlehnung an C.G. Jung) zu erhellen.

Dieser Zugang versteht sich in der Regel nicht als Alternative, sondern Ergänzung historisch-kritischer und anderer Methoden.

In den folgenden Auslegungsbeispielen wird die Verknüpfung synchroner und diachroner Zugänge[125] ansatzweise dargestellt.

5.4. Beispiele eines erfahrungsbezogenen Verständnisses der Erzelternerzählungen

5.4.1. Abraham

„JHWH sprach zu Abram: Geh aus deinem Land und aus deiner Verwandtschaft und aus dem Haus deines Vaters in das Land, das ich dir zeigen werde; so will ich dich zu einem großen Volk machen, will dich segnen und deinen Namen groß machen.
  Werde ein Segen. Ich will segnen, die dich segnen, die dich verwünschen, verfluche ich; und mit dir sollen sich segnen alle Geschlechter der Erdbodens.
  Abram ging, wie JHWH ihm geboten hatte ..." (Gen 12,1-4a).

Nachdem in Gen 11,27-32 mit der Genealogie Terachs (des Vaters von Abraham) die Verknüpfung von der Urgeschichte zur Abrahamgeschichte hergestellt ist, wird mit diesen Versen der Zyklus der Erzelternerzählungen eingeleitet und unter die Perspektive des Segens gestellt.

JHWH gebietet den Aufbruch und Abraham folgt diesem Gebot.

Es ist strittig, wann diese kompositorische Klammer den folgenden Erzählungen vorgeschaltet wurde. Vermutlich gehört sie zur exilischen Bearbeitungschicht.[126] Dieser Vorspann verschärft den Kontrast zu den in den Einzelerzählungen deutlichen menschlichen Schwächen der Abrahamgestalt, interpretiert andererseits die aus dem Verhalten Abrahams nicht erklärbaren Geschehensabläufe zu seinen Gunsten. Das Geschick anderer entscheidet sich an ihrem positiven oder negativen Verhältnis zu Abraham und seiner Sippe (z. B. Gen 12,17).

An die in diesem Text unmittelbare Verknüpfung von Gebot und Ausführung, die auch in Gen 22 (Bindung Isaaks, s.u.) zu finden ist, schließt die Tradition an, die in Abraham den Musterfall des (blinden) Glaubensgehorsams sieht. In dieser Interpretationsgeschichte wurde der Blick auf Einzeltexte gelegt und die die Komposition kennzeichnenden Spannungen einseitig aufgelöst. Außerdem wird wie bei der Rezeptionsgeschichte des Dekalogs (siehe Kap. 8) nicht beachtet, daß im JHWH-Gebot immer die Intention einer lebensfördernden Perspektive anklingt, nicht das Gebot einer blinde Autorität fordernden Gottheit. (Darauf verweist indirekt auch die Erzählung von der Bindung Isaaks, die den JHWH-Namen erst im Zusammenhang mit dem positiven Schluß erwähnt.)

Gegen die unheilvolle Tradition vom „blinden" Glaubensgehorsam, kann eine Interpretation aus tiefenpsychologischer Sicht den Sinn der Überlieferung neu zu erschließen helfen.

Mit dem Aufbruch, mit der Lösung von allen alten Bindungen beginnt in der Komposition der Erzelternerzählungen die Geschichte des Segens. Segen ist in der Hebräischen Bibel Inbegriff von Lebensfülle.

Gott (JHWH) ist hier der Impulsgeber für einen Aufbruch, der in eine (oder *die*) Segensgeschichte einmündet. Während in theologischer Tradition Gott aus gutem Grund immer als Gegenüber des Menschen zur Sprache kommt, wird Gott in tiefenpsychologischer Auslegung als Symbol einer innerpsychischen Kraft verstanden. Als Archetyp des Selbst repräsentiert Gott die seelische Komponente, die die lebensgeschichtliche Aufgabe der Identitätsfindung als Suche nach dem Ganzsein (Heilsein) antreibt und lenkt. Unter Archetypen sind seelische Urbilder zu verstehen, die im Laufe der Menschheitsgeschichte in der Psyche jedes Menschen ihren Niederschlag gefunden haben. Nach C. G. Jung sind Urbilder der Person (Das Selbst, Der Schatten, Anima/Animus,) von Urbildern der Wandlung (die Übergang/Durchgang repäsentieren) zu unterscheiden. Die Archetypen der Person weisen auf einen Grundkonflikt hin, die Archetypen der Wandlung auf einen Veränderungsprozeß. In archetypischen Erzählungen werden diese Urbilder durch äußere Gestalten repräsentiert. Der auf der äußeren Ebene dargestellte Interaktionsprozeß spiegelt gewissermaßen einen innerseelischen Vorgang. Was auf der äußeren Ebene als Interaktion verschiedener Gestalten entfaltet wird, hat seine Entsprechung in verschiedenen seelischen Antriebskräften. Es entspricht der Erfahrung, daß in der Regel äußere Begegnungen psychische Konflikte auslösen und Entwicklungsprozesse anstoßen. Dieser methodische Ansatz bei den genannten tiefenpsychologischen Konstrukten macht nur Sinn, wenn man von der Vermutung ausgehen kann, daß in einer Erzählung unter der äußeren Darstellung die Dynamik menschlicher Grundkonflikte bzw. Veränderungsprozesse thematisiert wird.

In den Erzelternüberlieferungen spiegelt die Abrahamgestalt das idealtypische Selbstverständnis Israels, während im (listigen) Jakob mehr die reale Existenz Israels Ausdruck findet. Zugleich „durchleben" beide typische Konfliktsituationen eines Mannes und die Frauengestalten Grundkonflikte einer Frau.

Der „Befehl" zum Aufbruch aus allen Bindungen ist Grundimpuls der Individuation und Selbstfindung. Unter diesem Vorzeichen ist der „Gehorsam" Abrahams auf den Gottesbefehl keine Unterwerfung unter eine fremde Autorität, sondern Bereitschaft „er selbst zu werden".

In dem Bild vom Segen für die Völker wird ein Anspruch und eine geschichtliche Perspektive zum Ausdruck gebracht, hinter der jede konkrete historische Gestalt zurückbleiben muß. Folgerichtig wird der Fortgang der Abraham-Erzählung als Suchprozeß dargestellt:

Kaum hat er einen Fuß auf das Land der Verheißung gesetzt, bricht er wieder auf, um eine Reihe konfliktreicher Situationen durchzustehen. Immer wieder ist die verheißende Perspektive bedroht. Zugleich fällt aber auf, daß diese Verheißung im Anschluß an das Durchleben oder Bewältigen problematischer Situationen wiederholt wird. Auf der Erfahrungsebene bedeutet das, daß das Durcharbeiten identitätsbedrohender Konflikte zu einer neuen Vergewisserung des Selbst und der Gewißheit einer hoffnungsvollen Zukunftsperspektive führt. Dieses als Durchgang durch konfliktreiche Situationen und Bewährung in verschiedenen Einzelszenen gekennzeichnete Leben Abrahams endet nach biblischer Überlieferung mit einem Tod, der angenommen werden kann:

„So starb Abraham in schönem Alter, alt und lebenssatt und ward versammelt zu seinen Stammesgenossen" (Gen 25, 8). Auf der Erfahrungsebene heißt das, das ist ein Mensch, der sich den Herausforderungen der Ablösung und der Trennung in verschiedenen Lebenssituationen gestellt hat, daran gereift ist und immer wieder die Vergewisserung eines segensreichen Fortgangs der Geschichte erfahren hat. Mit einer solchen Perspektive kann er sich und sein Leben loslassen.

Bevor wir uns Gen 22, einem der schwierigsten und problematischsten Texte innerhalb der Abraham-Überlieferung und vielleicht auch der ganzen Hebräischen Bibel zuwenden, soll ein Blick auf die Jakob-Überlieferung geworfen werden.

5.4.2. Jakobs Kampf am Jabbok

Wie das Bild der Abraham-Gestalt ist auch die uns überlieferte Jakob-Gestalt das Ergebnis eines Wachstumsprozesses, der von nicht mehr begründbaren Vorstufen mündlicher Überlieferung bis zu verschiedenen Schichten literarischer Bearbeitung reicht. Erkennbare Zwischenstufen sind die an die Heiligtümer Bethel (Gen 28,11-22) und Sichem (Gen 33,18-20 und 35,1-15) angebundenen westjordanischen Jakob-Überlieferungen sowie ostjordanische Jakob-Traditionen, zu denen die Jakob-Esau- sowie die Jakob-Laban-Erzählungen und einige Lokaltraditionen zu rechnen sind. Zu diesen Lokaltraditionen gehört auch die am ostjordanischen Fluß Jabbok (heute Nahr ez-Zerqa) haftende Überlieferung Gen 32 (22-32).

Diese vielfach rätselhafte Erzählung läßt deutlich einen langen Gestaltungsprozeß erahnen. Ob die erkennbaren Unebenheiten des Textes auf literarischer Ebene (Zwei-Quellen-Erklärung) oder in den mündlichen Vorstufen begründet sind, mag dahingestellt bleiben. Der älteste Kern dürfte auf die **Lokalsage** einer gefährlichen Furt zurückgehen, in der vom Kampf eines Mannes mit einem Nacht- und Flußdämon erzählt wird. Möglicherweise bekam der Stoff irgendwann eine Funktion im Kultus eines Lokalheiligtums von Pnuel.[127]

Die jetzige Textgestalt enthält gleich drei **Ätiologien**:
- die Namenserklärung für Pnuel,
- die Erklärung, warum nach israelitischer Speisesitte der Nerv nicht gegessen wird (V. 33)
- und die Umbenennung Jakobs in Israel (V. 28).

Offensichtlich kommt in der überlieferten Textgestalt der Erklärung der Speisesitte und der Namensklärung von Pnuel nur untergeordnete Bedeutung zu. Im Mittelpunkt steht vielmehr ein Kampf auf Leben und Tod und die Unbenennung Jakobs.[128]

In der Gesamtkomposition steht Jakob vor der entscheidenden Wiederbegegnung mit Esau. Er hatte ihn betrogen und war geflohen, um seiner Rache zu entgehen. Aber Esau ist nicht mehr der etwas tolpatschige Jäger, der sich für eine Mahlzeit überlisten läßt. Er erscheint nun als mächtiger und gefährlicher Mann (vgl. 32,6). Die Anspielungen auf das geschichtliche Verhältnis zwischen Israel (Jakob) und Edom (Esau) sind hier deutlich erkennbar und enthalten möglicherweise die Botschaft, daß die Macht des im Süden von Juda gelegenen Edom ernstgenommen werden muß und das Verhältnis zu ihm „brüderlich" zu regeln ist.

In der **Tiefenschicht** thematisiert die Erzählung einen typischen Grundkonflikt, der in der Erscheinung eines gleichgeschlechtlichen äußeren Gegenspielers seinen Ausdruck findet. In der Erzählung deutet die Angst vor der Begegnung mit Esau auf ein ungelöstes psychisches Problem hin. Nach archetypischer Erklärung ist Esau der „Schatten" Jakobs. Der Schatten ist Urbild eines nichtintegrierten Teils einer Person. Er repräsentiert die dunkle, nicht geliebte, abgespaltene Seite seiner Existenz. Der in der Erzählung geschilderte Betrug an Esau ist in dieser Deutung ein Selbstbetrug: Eine nichtakzeptierte seelische Komponente wird „ausgetrixt", abgedrängt und aus der bewußten Wahrnehmung abgespalten, bleibt aber als nichtintegrierter Teil der Persönlichkeit im seelischen Kräftespiel destruktiv wirksam.

Jakob versucht, der (notwendigen) Auseinandersetzung durch Flucht zu entkommen. Dabei spielt die weibliche Seite seiner Seele (auf der äußeren Ebene verkörpert durch Rebekka) eine entscheidende Rolle. Im listigen Laban begegnet er seinem Spiegelbild. Das Verhältnis ist durch gegenseitige Betrügereien gekennzeichnet. Schließlich hält Jakob diese Begegnung mit sich selbst nicht mehr aus und versucht, wiederum zu fliehen. Diese neue Flucht bringt ihn jedoch der notwendigen Auseinandersetzung mit seiner Identitätsproblematik wieder näher. Durch Arbeit, Familiengründung u. a. konnte Jakob bisher die „Flucht" vor sich selbst durchhalten und eine Auseinandersetzung und Bearbeitung seines zentralen Problems, das Auseinanderfallen seiner Person in zwei nicht integrierte Teile, vermeiden. Schließlich wird jedoch ein Ausweichen immer schwieriger.

Auf der äußeren Erzählebene kommt es zu einer dramatischen Zuspitzung. Der Kampf am Jabbok kann nun als der entscheidende Durchbruch interpretiert werden. Die Erzählung ist voller archaischer Symbolik. Der Flußübergang ist ein Symbol der Wandlung. Der Prozeß der Wandlung (der Integration) wird in archetypischen Erzählungen (z. B. Märchen) meist als Kampf auf Leben und Tod dargestellt. Eine gelingende Wandlung bedeutet das erfolgreiche Durchstehen einer Persönlichkeitsentwicklung. Ein Nichtgelingen kann tödlich sein. Der Kampf muß allein durchgestanden werden (V. 24). Bisher konnte Jakob durch eine Vielzahl von Aktivitäten sein Grundproblem überdecken. Jetzt geht es darum, ob seine Schattenseite ihn überwältigt oder sein bewußtes Ich die Oberhand behält. In der Anonymität des Gegners wird zum Ausdruck gebracht, daß Jakob seine Schattenseite nicht „kennt" bzw. (noch) nicht wahrnehmen kann. Erst in der „Morgenröte", als symbolischen Ausdruck dafür, daß das Bewußtsein die Oberhand über die Kräfte des Unbewußten erlangt, wird ihm die Bedeutung des Kampfes klar.

Er hat „mit Gott gerungen", d. h. in archetypischer Sprache, er hat um seine Selbstwerdung gerungen. In der Frage nach dem Namen des Gegners versucht er noch einmal, Gewalt über sein Gegenüber zu bekommen, die andere Seite seiner Existenz zu beherrschen. Stattdessen empfängt er Segen (Lebenskraft), der die gelungene Wandlung zum Ausdruck bringt, die mit der „Annahme" (nicht Beherrschung) seines Schattens gelungen ist. Er hat eine neue Stufe seiner Identität erreicht. Diese wird äußerlich gekennzeichnet durch die Umbenennung: Aus Jakob, dem Betrüger, wird Israel, der Gottesstreiter. Gezeichnet vom Kampf, aber als neuer Mensch, geht er aus der Auseinandersetzung hervor.

Die Integration der Person, ihr „Heilwerden", wird als intensive Gotteserfahrung erzählt, die mit äußerster Gefährdung verbunden ist. Hierin kommt ein Aspekt zum Ausdruck, der zu den Grunderfahrungen der jüdisch-christlichen Religionsgeschichte gehört: eine unmittelbare Gottesbegegnung ist immer lebensbedrohend (vgl. z. B. Jes 6,5).

Diese Bedrohung hat ihren Grund darin, daß in dieser Erfahrung alle Möglichkeiten der Selbsttäuschung wegfallen und es um die schonungslose Wahrnehmung der personalen Existenz geht. In den Vätererzählungen sind diese Begegnungen verbunden mit dem Zuspruch (auf der Erfahrungsebene mit der Gewißheit) des segensreichen Fortgangs der Entwicklung.

Nach der Erzählung vom Jabbokkampf wird Jakob erst nachträglich klar, daß er mit Gott und Menschen (mit sich) gekämpft hat. Erst nach erfolgreicher Wandlung kann er das Geschehen als Gotteserfahrung deuten, als Wandlungsprozeß, der ganz in eine Gottesbegegnung eingebunden ist.

Diese skizzierte tiefenpsychologische Interpretation ist nur entfernt mit der klassischen Interpretation der Erzählung als „Glaubenskampf" in Verbindung zu bringen. Die beherrschenden Themen darin sind eine Glaubens- bzw. Vertrauenskrise, das Ringen um menschliche Schuld im Gegenüber der Autorität Gottes und/oder das Ringen um verlorenes Gottvertrauen.

Hier ist der Blick nicht auf das Verhältnis Gott-Mensch, sondern auf die Erfahrung einer inneren Wandlung, „eines Heilwerdens" im Kontext der Wegbegleitung Gottes gerichtet.

5.4.3. Die Bindung Isaaks (Gen 22)

Der die christliche Tradition beherrschende Titel „Opferung Isaaks" wird vermieden, weil darin eine problematische Sicht der Erzählung enthalten ist. Eine wesentliche Pointe der Erzählung ist ja gerade, daß Isaak nicht geopfert wird. Eigentliches Thema ist eine Prüfung Abrahams. Die jüdische Tradition stellt mit der Bezeichnung „Bindung Isaaks" (akeda) den Gedanken in den Vordergrund, daß Isaak nicht geopfert wird. Die Geschichte wird am jüdischen Neujahrstag (rosh hashana) erinnert. Das Blasen der schofar (des Widderhorns) vergegenwärtigt, daß ein Ersatzopfer (ein Widder) an Isaaks Stelle verbrannt wurde.

Zugleich ist die Erzählung in der Leidensgeschichte des jüdischen Volkes immer neu zum Anstoß der Deutung von Situationen zwischen Leben und Tod geworden: „Eine Schrecken erregende Geschichte, die zu einer Quelle des Trostes geworden ist für alle, die sie auf sich nehmen und sie in einem übertragenen Sinne in ihre eigene Erfahrung einfügen."[129]

Die ungeheuer intensive theologische Auseinandersetzung um das Verständnis dieser Überlieferung kann hier nicht wiedergegeben werden. In der neueren Auslegungsgeschichte hat **H. Gunkel** den Text in kultgeschichtlichem Zusammenhang zu erklären versucht: Eine Kultstelle, an der früher Menschenopfer üblich waren, wurde von israelitischen Gruppen übernommen. Das Menschenopfer wurde durch ein Tieropfer abgelöst und die Erzählung gibt die (ätiologische) Erklärung dafür, wie es zu dieser Ablösung gekommen ist.

Nun steht diese Überlieferung im großen Zusammenhang mit der Verheißungsgeschichte und gewinnt damit einen paradoxen Charakter. Es ist hier ja nicht ein Mensch, sondern Gott selbst, der den Fortgang der Verheißung gefährdet. Wird hier Abrahams Gehorsam als Vorbild verstanden, endet das zwangsläufig bei einer Gestalt von Kadavergehorsam, die die Wirkungsgeschichte der Erzählung z. T. in erschreckender Weise erkennen läßt.

Neuere theologische Interpretationen versuchen daher, diese Erzählung mehr von den dahinterliegenden Erfahrungen zu verstehen, bleiben dabei jedoch sehr zurückhaltend.

Für **G. von Rad** zeigt die Geschichte, daß ein (erfahrener) Widerspruch in Gottes Führung nicht erschrecken muß, sondern als Aufgabe verstanden werden kann.

O. H. Steck will die Geschichte aus der Retrospektive – als Erfahrung einer positiven Führung Gottes – gelesen wissen.

C. Westermann schließlich lenkt den Blick auf das Erleiden und Erleben der Rettung des Kindes und sieht hier Menschen angesprochen, die entsprechende Erfahrungen machen.

Gerade an dieser Erzählung könnte die christliche Auslegung von der **jüdischen Tradition** lernen, daß es nicht darauf ankommt, eine „richtige" Auslegung zu finden, sondern eine, die die eigene Geschichte und Situationen konkreten Lebens deuten hilft und Wege bzw. Auswege eröffnet. Der Sachverhalt, daß in der biblischen Erzählung eine (menschlich) unfaßbare Erfahrung als Prozeß einer Gotteserfahrung entfaltet wird, hat zu kurzschlüssigen Deutungen geführt, die in der Spanne von Kadavergehorsam und einem grausamen Opfer fordernden Gott liegen. Wenn eine „Moral" in der Geschichte liegt, dann die, daß die einzige Instanz, die berechtigt wäre, ein Menschenopfer zu fordern, dieses Opfer **nicht** will. So sollte sich die Empörung nicht gegen diese Geschichte richten, sondern gegen die reale menschliche Geschichte, in der im Namen von Idealen, Vaterland, Fortschritt und anderen *Ersatzgöttern* immer wieder Kinder geopfert wurden und werden.[130]

Auch bei dieser Erzählung kann eine **tiefenpsychologische Interpretation** eine mögliche Wahrnehmung erschließen. Darin wird die Erzählung unter dem Gesichtspunkt der Herausforderung einer Lebensphase und Bewältigung einer Lebenskrise interpretiert. Die einzelnen Phasen werden als Teile eines am Schluß gelingenden Entwicklungsprozesses gedeutet.[131]

Zunächst einige allgemeine Beobachtungen:

Abraham erscheint in dieser Erzählung als eine gefühllose Gestalt, die ihren Auftrag fast mechanisch erfüllt. Wie anders stellt etwa Gen 18 Abraham dar. Während er dort mit JHWH um die Rettung Sodoms feilscht, zeigt er hier, wo es um das Leben seines eigenen Sohnes geht, keine Gefühlsregungen.

Die Verse 1-14 lassen ein geradezu stereotypisches Grundschema erkennen.

Die Verse 15-18 gehören nicht mehr zur eigentlichen Erzählung, sondern binden die Erzählung mit der Wiederholung der Verheißung in die Gesamtkomposition der Erzelternüberlieferung ein (s. o.).

Aufbau:
- Einleitung
- Anruf Gottes
- Reaktion Abrahams
- Forderung Gottes
- Reaktion Abrahams
- Wanderung
- Dialog Abraham – Isaak
- Vorbereitung des Opfers
- Einspruch JHWHs
- Ersatzopfer
- Ortsbenennung

Die **Einleitung** kennzeichnet die Erzählung als Versuchungsgeschichte und weiht den Leser in eine Perspektive ein, die den Akteuren verborgen bleibt. Es geht um eine Herausforderung in der sich der „Held" bewähren muß. Auf der Erfahrungsebene steht damit die Bewältigung einer Lebenskrise an. Was es zu bewältigen gibt, läßt sich nur indirekt erschließen. Im Rahmen der Gesamtkomposition steht Abraham in der Mitte seiner Lebenszeit, in der eine Neuorientierung erfolgen muß, die sich nicht mehr an den Möglichkeiten eines Heranwachsenden mißt. Der Sohn kann dann als Archetyp verstanden werden, als eine seelische Komponente, die in der Auseinandersetzung mit dem realen Sohn in den Vordergrund gerückt ist. Der „Sohn" erinnert den Vater an die nicht wieder-holbare Möglichkeit seines Menschseins. Was älter werdende Männer tun, um diese Konfrontation mit ihrer realen Situation abzuwehren, ist hinlänglich u. a. als Stoff von Romanen und Filmen bekannt. Wie bereits oben skizziert, ist Gott in der tiefenpsychologischen Sicht als Kraft der Individuation zu interpretieren. Abraham folgt dem Impuls, sich auf den Weg (zu einem neuen Selbst) zu machen. *Weg* ist in archetypischer Sprache Symbol für einen Prozeß des Suchens. Abraham folgt der an ihn gestellten (lebensgeschichtlichen) Herausforderung und packt sein Problem (verkörpert in der Gestalt seines Sohnes) an. Noch ist es ein Weg ins Ungewisse, noch überwiegt der Impuls, das Problem einfach auszulöschen. Esel und Knecht, in archetypischen Erzählungen hilfreiche Geister, werden als Verstärkung mitgenommen. Nach einem dreitägigen psychischen Moratorium (Wanderung) nimmt er den Ort der Entscheidung wahr. Den weiteren Weg muß er ohne die verstärkenden Kräfte bewältigen. Noch versucht er, den Sohn in der passiven Rolle zu halten. Im Bild: Er trägt Wasser und Feuer als aktive Elemente, Isaak das Holz. In Vers 7 setzt er sich mit seinem Sohn auseinander, der für ihn sein vergangenes Leben symbolisiert und auf den er seine unerfüllten Erwartungen projiziert. Noch will er sich dieses Problems durch Abspalten (Opfern des Sohnes) entledigen. Auf der Erzählebene spitzt sich die Situation dramatisch zu. Nun hört er den Ruf des Engels JHWHS (der Name des befreienden Gottes wird am Anfang der Erzählung nicht genannt), der ihn beim Namen nennt. Er stellt sich seinem Selbst und kann wahrnehmen, daß er sich in seiner Gefühlswelt verstrickt hat (Bild des Widders). Im Bild des Ersatzopfers kann deutlich werden, daß das Problem nicht auf äußerer Ebene zu lösen ist, sondern nur durch innere Wandlung, durch neue Integrität. Abraham kommt um das Opfer nicht herum, sieht, erkennt nun, was er eigentlich opfern muß – vielleicht die Illusion ewiger Jugend – um der Herausforderung seiner Lebenssituation gerecht zu werden. In der Ortsbenennung bleibt die Erinnerung an diesen durch Gott initiierten und gelenkten Prozeß lebendig.

Diese Auslegung mag einigen hilfreich sein, anderen sehr konstruiert erscheinen.

Wie andere auf Erfahrung bezogene Interpretationen kann sie Anstoß einer eigenen Suchbewegung werden und der Gefahr entgegensteuern, die Texte normativ auszulegen und ihnen allgemeine Belehrungen zu entnehmen. Das versuchsweise Heranziehen eines tiefenpsychologischen Interpretationsansatzes ist besonders bei den Überlieferungen eine Möglichkeit, die nach historisch-kritischer Einsicht das Produkt eines langen Bearbeitungsprozesses von älterem Erzählgut sind.

In der religionspädagogischen Arbeit kann ein tiefenpsychologisch interpretiertes Gottesverständnis auch atheistisch eingestellten Schülern einen Zugang zu biblischen Texten eröffnen. In dieser Perspektive können die Überlieferungen eine kommunikative Auseinandersetzung anregen und zum Medium für die Auseinandersetzung mit Lebenskrisen und bei der Identitätssuche werden, die jeder Mensch als lebenslangen Prozeß zu bewältigen hat.

Gott kommt in den Überlieferungen als Wegbereiter und Wegbegleiter dieses Prozesses zur Sprache. Das Mitgehen mit diesem Gott ist ein Weg in der Spannung gegensätzlicher Lebenserfahrungen zwischen Ermutigung und Widerstand, Verzweiflung und Verheißung.

Unter theologischem Aspekt ist davon auszugehen, daß Mündigwerden und wahre Gotteskenntnis letztlich zusammengehören.[132] Daher können die anhand der Erzelternerzählungen thematisierten Aufbruchs- und Krisenerfahrungen in Anknüpfung und Widerspruch zum säkularen Mündigkeitsverständnis diskutiert werden; eine Diskussion, in der es nicht um die Diskreditierung des Strebens nach Mündigkeit, sondern um ein Verstehen ihrer Bedingungen und Konkretisierungen im Lichte biblischer Erfahrungen geht.

5.5. Die Joseferzählung

Die Josefgeschichten gelten als Meisterstück der Erzählkunst, die viele Anregungen, nicht zuletzt zu Thomas Manns großer Romantrilogie „Josef und seine Brüder", gaben.
In religionspädagogischen Zusammenhängen gehören sie zu den beliebtesten Stoffen.

> Aufgabe:
> - Verschaffen Sie sich einen Überblick über Auswahl und Intention sowie thematischer und altersmäßiger Zuordnung dieser Überlieferungen in ihnen zugängigen Lehrplänen und Unterrichtswerken der Nachkriegszeit.

In der Komposition des Pentateuch verbinden die Joseferzählungen (Gen 37-50, mit der eingeschobenen Thamar-Juda-Erzählung in Gen 38) die Erzelternerzählungen mit den Exodustraditionen und stellen so eine Kontinuität zwischen diesen ursprünglich selbständigen Traditionen her. Die Erzählung wirkt im Vergleich mit den Erzelternüberlieferungen relativ geschlossen.

Aufbau der Erzählung:

37,1-4	Exposition und Entwicklung des Konfliktes (Der Neid der Brüder, Verkauf nach Ägypten)
39-41	Entwicklung der Lösungsmöglichkeit (Aufstieg Josefs mit zwischenzeitlichem Abstieg)
42	Aufbau der Spannung (1. Reise der Brüder nach Ägypten)
43-45	Vorbereitung und Lösung des Konflikts zwischen den Brüdern (2. Reise und Versöhnung)
46-47	Jakobs Reise nach Ägypten; Wiedersehen mit Josef; Audienz beim Pharao; Josefs Herrschaft
48-49	Jakobs Segen über die Josefsöhne und seine Söhne
50	Tod und Bestattung Jakobs; Tod und Bestattung Josefs

Verschiedene Beobachtungen an der Endgestalt weisen aber auf einen Wachstumsprozeß hin, der unterschiedlich erklärt wird.
Thematisch geht es in den Kapiteln 37; 39-45 um Josef und seine Brüder, von 46-50 um die Übersiedlung der Jakob-Sippe nach Ägypten. In Kap. 37,25-27 wird Josef von seinen Brüdern an Ismaeliten verkauft, in 37,28; 36 von Mideanitern. (Die Mideaniter gehören ins 2. vorchr. Jahrtd., die Ismaeliten ins 1. vorchr. Jahrtd.). Die Namensbezeichnungen für Jakob wechseln zwischen Jakob und Israel. Die

dominante Rolle unter den Brüdern wechselt zwischen Ruben und Juda.

Für diese u. a. Beobachtungen von sogenannten Unebenheiten in der Komposition werden drei **Erklärungsmodelle** angeführt:
1. Die literarkritische Erklärung nimmt die Ergänzung einer älteren Textfassung um eine zunächst selbständig entwickelte andere Textfassung an.
2. Das Schichtenmodell nimmt die Überarbeitung einer älteren Fassung (Rubenschicht) durch eine spätere Judaschicht an.
3. Die Erzählung wird als novellistische Einheit verstanden, die später einige Überarbeitungen erfahren hat.

In der neueren Forschung geht der Trend zu den Modellen 2. und 3.

In der Gesamtkomposition entfaltet die Erzählung Familiengeschichte auf weltpolitischer Bühne.

Die Brüder und Söhne Josefs sind Repräsentanten politischer Größen in der Königszeit Israels. Von daher ergeben sich für die Interpretation der Erzählung einerseits Anknüpfungspunkte von der **individuell-psychologischen Seite** als auch von der **politisch-sozialen Seite**.

Individuell-psychologische Deutung

Da die Erzählungen im **Religionsunterricht** meist in früheren Altersstufen eingesetzt werden, wird die politisch-soziale Seite meist vernachlässigt und die individuelle Konfliktgeschichte in den Mittelpunkt gestellt. Als Erzählung von Neid und Schuld, Schulderkenntnis und Möglichkeit neuer Gemeinschaft durch Schuldanerkenntnis und Verantwortungsübernahme gibt sie verschiedene Anknüpfungspunkte für Identifikation und Anregung zum Umgang mit Konflikten. Die durch den Neid auf Josef ausgelöste Schuld der Brüder wird nicht weggewischt, sondern führt angeleitet durch Josef zur Erkenntnis der Schuld. Erst als die Brüder bereit sind, brüderlich füreinander einzustehen, gibt sich Josef als ihr Bruder zu erkennen (45,4).

Theologische Interpretationen sind nur in 45,5.7 und 50,19 f zu finden. Sie stellen die menschlichen (Schuld-)Geschichten in den Horizont der Führung Gottes. Dabei bleibt aber die Verantwortung der Handelnden voll erhalten und der Umgang mit den Ereignissen für die Entscheidung der handelnden Menschen offen.

Auffällig wenig findet sich der Gottesname JHWH, der sich allerdings am Anfang der Potifarszene in 39, 2-6 häuft. In diesem Abschnitt ist eine deutliche Verbindung zu den Erzelternüberlieferungen zu beobachten. JHWHs Segen begleitet Josef, daher gelingt ihm alles und um seinetwillen geht es auch dem Haus des Potifar gut (s. oben 5.2). Die im Abschnitt 39,7-18 dargestellte versuchte Verführung Josefs durch Potifars Frau ist die Umgestaltung einer ähnlichen ägyptischen Erzählung. Vermutlich liegt auch anderen Teilen der Gesamtkomposition älteres Überlieferungsgut zugrunde.

Wichtige Strukturelemente der Erzählung sind die **Gewänder** (als Symbole der Anerkennung, Macht, Identität) und die **Träume**. In den Träumen erschließt sich in dieser Erzählung das göttliche Planen. Aber auch in der Wahrnehmung dieser Träume liegt keine Determination, keine Erkenntnis schicksalhafter Vorherbestimmung. Sie orientieren und eröffnen die Möglichkeiten menschlichen Handelns. Indem der Traum des Pharao von den sieben fruchtbaren und den sieben mageren Jahren entsprechend gedeutet wird, kann Josef durch sein Handeln sicherstellen, daß die mageren Jahre gerade keine werden. So steht der Traum in dieser Erzählung für eine sensible Wahrnehmung des Willens Gottes in der konkreten Situation. Wie die großen prophetischen Gestalten versteht es Josef, sowohl die Bedeutung der Vergangenheit als auch die sich daraus für die Gestaltung der Zukunft ergebenden Not-wendigkeiten zu deuten. In seiner Gestalt vereinigen sich die Bilder vom weisen Propheten und vom weisen Staatsmann.

Politisch-soziale Deutung

Im Blick auf die politisch-soziale Deutungsebene hat **F. Crüsemann** herausgearbeitet, daß sich die Erzählung unter einem historisch-politischen Blickwinkel wie eine Legitimationsgeschichte für beamtenmäßige Herrschaft und königliche Steuerpolitik liest.[133] Ohne kluge staatliche Wirtschaftspolitik sind Notsituationen nicht zu bewältigen. Zugleich wird den Herrschenden aber die Mahnung zuteil, daß Versöhnungsbereitschaft eine Voraussetzung für einen friedlichen Fortgang der Geschichte ist.

Mit Ausnahme der Szene von Potifars Frau ist das Bild, das vom fremden Ägypten gezeichnet wird auffällig positiv. Zum einen zeigt die Erzählung ein hohes Maß an Vertrautheit mit den Bräuchen und Gepflogenheiten, zum anderen wird der Pharao durchweg als verständiger König gezeichnet.

Walter Dietrich erklärt die Entstehung der jetzigen Gesamtkomposition als **Überarbeitung** einer noch fast vollständig erhaltenen **älteren Josefnovelle** durch eine **Josef-Geschichtsschreibung**.[134]

Die ursprüngliche Novelle nennt den Erzvater „Jakob", die Überarbeitung nennt ihn „Israel".

In der Novelle versucht Ruben die Agression der Brüder gegen Josef zu mäßigen. Die Brüder werfen Josef in den Brunnen. Während sie essen, holen ihn midianitische Kaufleute heraus und verkaufen ihn in Ägypten. In der älteren Fassung ist der Verkauf nach Ägypten also nicht geplant, die Mideaniter hatten ihn aus dem Brunnen befreit und verschleppt, der verantwortliche älteste Bruder Ruben kam zu spät um Josef zu retten.

Aus der verhängnisvollen Folge des Verhaltens der Brüder wird ein beabsichtigter Verkauf Josefs (und damit nach den Bestimmungen des Bundesbuches – vgl. Ex 21,16 – ein todeswürdiges Verbrechen). In der Überarbeitungsschicht werden die Mideaniter durch die bekannteren ismaelitischen Karawanen ersetzt.

Als Ursprungsort der **Novelle** nimmt Dietrich die frühe Königszeit Israels (des Nordreiches) an. Aus dieser Perspektive erklären sich der ägyptenfreundliche Hintergrund und lassen sich auch die Intentionen vieler Einzelzüge der Erzählung deuten. Jerobeam, der erste König des Nordreichs Israel, war vor Salomo nach Ägypten an den Hof des Pharao Schischak geflohen und hatte dort sein Vertrauen gewonnen. Entsprechend der Tradition des Nordreiches wollten die älteren Brüder keinen König über sich dulden. Aber der mißhandelte Josef konnte sich nach Ägypten retten und wurde von Gott groß gemacht. Die Brüder müssen ihre Schuld und seinen Leitungsanspruch anerkennen. Nicht dem Ältesten, dem weisesten und Klügsten gebührt die Vormachtstellung. Auch die besondere Rolle Benjamins als umkämpfter Grenzbereich zwischen Juda und Israel erklärt sich aus dieser Sicht. Vor diesem geschichtlichen Hintergrund wird die Novelle ein Element der Legitimierung des nordisraelitischen Königtums und mit der Gestalt Josephs wird ihr idealisiertes Selbstbild gezeichnet.

Die **Überarbeitungsschicht** nimmt den Traditionsstoff auf, ergänzt ihn jedoch nach dem Untergang des Nordreiches aus judäischer Sicht. In diesem Perspektivwechsel sind vor allem die Passagen ergänzt worden, in denen eine führende Rolle Judas bei der Lösung des Konfliktes artikuliert wird (z. B. 43,3-12). In Ablösung von Ruben übernimmt Juda die Führungsrolle in den Auseinandersetzungen mit dem Vater und mit Josef. Die Schuld der Brüder am Schicksal Josefs (dem Repräsentanten des Nordens) ist gegenüber der alten Novelle deutlich hervorgehoben. Sie haben Josef schuldhaft verkauft. Eine im Bundesbuch als todeswürdiges Verbrechen gekennzeichnete Tat. Das Interesse ist bestimmt durch neue gesamtisraelitische Geschichtsperspektive. Juda übernimmt die Initiative, um die Schuld- und Konfliktgeschichte mit den Nordstämmen, die in der Erzählung durch Josef und seine Söhne Efraim und Manasse repräsentiert sind, zu überwinden und zu einer neuen brüderlichen Gemeinsamkeit zu kommen. Die Vergangenheit wird zum Modell für die Gegenwart. Josefs Verhalten ist gegenüber den Brüdern in der Ergänzungsschicht von Zusammengehörigkeitsgefühl und Großmut, sein Handeln gegenüber den Ägyptern dagegen von Härte gekennzeichnet (Kap 47). Ähnlichkeit mit der Gestaltung der Davidgeschichte wird erkennbar.

Das skizzierte Modell der Ergänzung einer alten nordisraelitischen Josefnovelle durch eine judäische Geschichtsinterpretation verortet wesentliche Teile der Gesamtkomposition in die frühe nachsalomonische Königszeit und die Zeit nach dem Untergang des Nordreiches. Die Endgestalt der Komposition und abschließende Redaktion bezieht dann die Situation der exilischen und nachexilischen Zeit ein.

Wie aus dieser Sicht gewinnt die alte Erzählung auch aus der Perspektive anderer Zeiten bis in die Gegenwart immer neue Konturen als Spiegel für die Interdependenz von individueller und Kollektivgeschichte, für verantwortliches Handeln im Zusammenhang von Schuld und Versöhnung, für das geheimnisvolle Zusammenwirken von menschlichem Tun und göttlicher Führung. Nicht zuletzt bleibt an jede Gestalt menschlicher Herrschaft die Frage Josefs eine mahnende Erinnerung: „Stehe ich denn an Gottes Statt?" (Gen 50,19b).

Literatur:

Fischer, Irmtraud: Die Erzeltern Israels, Berlin u. New York 1994; *Köckert*, Matthias: Vätergott und Väterverheißung. Eine Auseinandersetzung mit Albrecht Alt und seinen Erben, Göttingen 1988; *Westermann*, Claus: Genesis, 2. Teilband, Kapitel 12-36, Neukirchen-Vluyn²1989; *Kassel*, Maria: Biblische Urbilder. Tiefenpsychologische Auslegung nach C.G. Jung, München 1980; *Dietrich*, Walter: Die Josefnovelle als Novelle und Geschichtsschreibung, Neukirchen-Vluyn 1989; *Rad*, Gerhard von: Die Josefgeschichte, Neukirchen 1954; *Westermann*, Claus: Genesis. 3. Teilband Genesis 37-50, (BK I/3), Neukirchen-Vluyn 1982; *Westermann*, Claus: Die Josef-Erzählung. Elf Bibelarbeiten zu Genesis 37-50, Stuttgart 1990; *Unterrichtsmaterial: Josef.* Eine Chance für Träumer. Unterrichtsmaterialien Religion betrifft uns, 3/96; *Linda*, Curt: Shalom Pharao (Video 80 min) Vertrieb: Matthias-Film, München 1982

6. Macht und Recht – Kritische Betrachtungen der Überlieferungen von der frühen Königszeit in Israel

Marc Chagalls Chorfenster, Pfarrkirche St. Stephan, Mainz: David und Batseba, Biblische Traumgestalt – Ps. 128

© VG Bild-Kunst, Bonn 1998

6.1. Zu Inhalt und Redaktion des Richterbuches, der Samuelbücher sowie der Königsbücher

Das Richterbuch behandelt die Geschichte der Stämme Israels in der Zeit nach der „Inbesitznahme" Kanaans, in der nach biblischer Darstellung die Geschicke der Stämme durch Richter (Stammesherrscher) gelenkt wurden. (Zur Geschichtlichkeit der Überlieferungen siehe Kap. 12).

Die Samuel- und Königsbücher deuten die Geschichtsepoche von der letzten Richtergestalt (Samuel) bis zur Begnadigung des letzten Königs von Juda (Jojakin) im Babylonischen Exil.

Das **Richterbuch** enthält nach einer Darstellung der Eroberung des Landes und generellen Charakterisierung der Zeit (Einleitung: 1,1 - 3,6) Erzählungen von sieben großen Richtern sowie Notizen von sechs „kleinen" Richtern (3,7 - 16,31) und schließt mit Einzelerzählungen über Mißstände in dieser Zeit (17,1 - 21,25). In teilweise sehr stereotyper und schematischer Weise wird von immer erneutem Abfall von JHWH, Klage und Rettung erzählt.

Die **Samuelbücher** beginnen mit den Erzählungen von Samuel, dem letzten Richter und Saul, dem ersten König (1Sam 1-15), überliefern die Geschichte vom Aufstieg Davids (1Sam 16-2 Sam 5. 7-8) und die Geschichte von der Thronfolge Davids (2Sam 6. 9-20), die ihr Ende in 1Kön 1-2 findet und in 2Sam 21-24 durch Ergänzungen unterbrochen ist.

Die **Königsbücher** setzen bei der Thronbesteigung Salomos ein und erzählen 1. von der Regierungszeit Salomos (1Kön 1-11,43); 2. von der Geschichte der beiden Reiche Israel und Juda bis zum Untergang Israels 726 v. Chr. (1Kön 12,1 - 2Kön 17,41) und 3. von der Geschichte Judas bis zum Untergang durch die Babylonier 586 v. Chr. (2Kön 18,1 - 25,30).

Das Richterbuch sowie die Samuel- und Königsbücher verdanken ihre wesentliche Gestaltung dem **deuteronomistischen** Bearbeiterkreis, der sich vermutlich aus Jerusalemer Hofbeamten und Priestern zusammensetzte. Ihre theologischen Leitgedanken stimmen mit den Forderungen des Deuteronomiums nach einem zentralen Kultort (Jerusalemer Tempel) und der Reinheit dieses Kultes überein. Bei der Gestaltung wurde auf verschiedene ältere Quellenmaterialien, Königsanalen und zusammenhängende Geschichtsdarstellungen (z.B die Geschichte vom Aufstieg Davids und die Geschichte von der Thronnachfolge Davids) zurückgegriffen.

Als deuteronomistisch (dtr) werden alle Texte in Dtn bis 2Kön bezeichnet, die in Einzelteilen der evtl. schon unter Joschija (um 620 v. Chr.) beginnenden Überarbeitung der vordeuteronomistischen (vordtr) Quellenmaterialien zugerechnet werden.

Ihre Grundgestalt haben die Bücher zwischen der letzten Phase der judäischen Königszeit und der Exilszeit erhalten (Begnadigung des judäischen Königs Jojakin 561 v. Chr). Es ist davon auszugehen, daß die Bücher ihre Endgestalt einer nachexilischen Redaktion verdanken.

Aus der Situation der Bearbeiter während und nach dem babylonischen Exil, als die Eigenstaatlichkeit und das Königtum verloren waren, läßt sich die **Intention der Bearbeitung** verstehen:

Das Hauptinteresse liegt in der **Ätiologie** des Untergangs von Tempel und Staat. Ursache des Untergangs ist für die Deuteronomisten die Abkehr von JHWH und seiner Tora (Weisung).

Weiterhin geht es um die Frage nach der religiös-sozialen Gestalt Israels nach dem Verlust des Königtums. Das vorstaatliche Modell der Richterzeit scheiterte aus dtr Sicht, weil das Volk immer wieder von der alleinigen Verehrung JHWHs abgefallen war. Die Rolle des Königtums erscheint durch und durch ambivalent. Dem Königtum verdankt Israel zwar die Zentralisierung des Kultes, aber die wenigsten der folgenden Könige halten sich an die verlangte strenge **Monolatrie**.[135] Es kommt zum Ausdruck, daß die dtr Bearbeiter JHWHs Heil nicht vom Bestehen einer Königsherrschaft abhängig sehen, sondern den Wunsch nach einem König im Kontext der Herrschaft JHWHs als eine von Anfang zwielichtige Angelegenheit einschätzen.

Das Resümee aus der so dargestellten Geschichte lautet: Die Chance für Israel liegt in eindeutiger **Monolatrie**. Für das Weiterleben in exilischer und nachexilischer Zeit ist damit der Weg gewiesen zur alleinigen Hinwendung zu JHWH und seiner Tora.[136]

In welcher Gesellschaftsform dies Anliegen am besten aufgehoben ist, bleibt strittig: „Die Bücher Richter und Samuel lassen sich geradezu als ein Dialog, besser noch: als vielstimmige Diskussion darüber verstehen, welches die dem Gottesvolk angemessene Gesellschaftsform sei."[137]

Diese Spannungen und Gegensätze in den Überlieferungen geben Anknüpfungspunkte zu einer kritischen Betrachtung.

Ein wesentlicher Akzent der Gesamtüberlieferung der Bibel liegt in der Überzeugung, daß letztlich alle Macht bei JHWH liegt: dem „König hilft nicht seine große Macht, der Held rettet sich nicht durch seine große Stärke" (Ps 33, 16). Auch das Recht ist JHWHs Recht und vor allem auch das Recht der Fremden, Witwen, der Unterdrückten, der Gewaltleidenden u. a. (vgl. Ps 146,7).

Die Besonderheit der deuteronomistischen (dtr) Geschichtskonzeption liegt darin, daß das Recht *den Machthabern vorgegeben ist* und *nicht von ihnen gesetzt wird*. Bevor es überhaupt eine staatliche Institution gegeben hat, hat Gott die Tora offenbart. Das Königtum muß sich an der Tora bewähren. In den Spannungen zwischen Propheten und Königen steht der Mißbrauch königlicher Macht meist im Mittelpunkt. Vor diesem Hintergrund wird die Frage der Legitimität des

Königs gestellt, aber auch die Frage, ob Israel überhaupt einen irdischen König braucht (siehe auch Kap. 2.2.).

Das Verhältnis von Macht und Recht, von menschlicher Herrschaft und dem von Gott geoffenbarten Recht zieht sich wie ein roter Faden durch die Überlieferungen vom frühen Königtum.

6.2. Der Übergang zur Königsherrschaft und ihre Beurteilung

– Zum geschichtlichen Hintergrund siehe Kap. 12.

Der **Übergang von der Richterzeit zum Heerkönigtum Sauls** wird in den Überarbeitungsschichten der Überlieferung sehr unterschiedlich gesehen und gewertet und aus dtr Sicht in eine kritische Reflexion der ganzen Königsherrschaft einbezogen.

Auch die **Wertung der Richterzeit** schwankt zwischen dem, was die Schlußnotiz des Richterbuches zum Ausdruck bringt: „Zu der Zeit war kein König in Israel, jeder tat, was ihm recht dünkte." (Ri 21,25) und zwischen idealisierten Erinnerungen an eine unmittelbare Führung JHWHs. Man könnte von einer einerseits negativen, anderseits positiven Wertung der „Anarchie" sprechen.

Wie sehr die verschiedenen Traditionsschichten mit z. T. unterschiedlicher Tendenz durchmengt sind, läßt sich u. a. an dem Textzusammenhang 1Sam 8-12 erkennen.

Aufgaben:
- Lesen Sie die Texte 1Sam 8-12 im Zusammenhang und versuchen Sie, folgende Fragen zu beantworten: a) Welche Einstellungen zum Königtum lassen sich erkennen? b) Wodurch wird Saul als König legitimiert?
- Versuchen Sie eine grobe Gliederung des Textes und stellen Sie Vermutungen darüber an, welche Zeit/Situation sich darin ausspricht.

6.2.1. Übersicht zur Redaktion von 1 Sam 8-12

			Text	Inhalt	Funktion
dtr			v. 1–3 vordtr.	6–10 dtr. *Entstehung des Königlichs in Israel* Samuel lehnt den Wunsch nach einem König ab	Reflexion des Verhältnisses von menschlichem Königtum und Königtum Jahwes
			11–17 vordtr.	1.Sam 8 Jahwe gibt nach und läßt Samuel das *Königsrecht* verkündigen	Polemische Kritik des Königtum (und seiner Folgen)
				18 ff dtr.	
Einrahmung und Verknüpfung von ursprünglich selbständigen Überlieferungen	Thema: Verhältnis der Führergestalt zum Eigentum des Volkes	Ältere Sammlung einzelner Erzählungen (z. T. dtr. überarbeitet)			*Legitimation des Königtums von Saul* (nicht allgemein *des* Königtums) *Hintergrund:* Interesse überlebender Sauliden und ihr Anspruch auf Führung?)
			1.Sam 9–10,16	Saul wird König durch göttliche Fügung (Saul wird von Samuel zum König gesalbt)	öffentliche Bestimmung Sauls durch Jahwe
			1.Sam 10, 17–27 (zur genauen Zusammensetzung siehe S. 126f)	Saul wird zum König gewählt (Volksversammlung von Mizpa)	Königsjubel (Zustimmung) des Volkes
			1.Sam 11	Saul wird König nach siegreicher Schlacht (Sauls Sieg über die Ammoniter – ursprünglich Anlaß für Königseinsetzung, jetzt Bewährung des Königtums und Erneuerung durch Akklamation vor Jahwe in Gilgal	Erneuerung des Königtums Sauls (kommt vermutlich dem historischen Geschehen am nächsten)
			v. 3–5 vordtr.	Abschiedsrede Samuels	Einbindung in Glaubenstradition bis zur Gegenwart
			1.Sam 12 dtr.	(v. 12 Königtum steht gegen Königtum Jahwes)	Prinzipielle theol. Königskritik
				v. 19 ff Königtum wird letztlich akzeptiert, wenn König und Volk Jahwe treu bleiben	Ausgleich der Dtr.: Unabhängig von der Herrschaftsform ist Treue zu Jahwe (1. und 2. Gebot!) für das Ergehen Israels entscheidend.
dtr					

6.2.2. Übersicht zur Redaktionsgeschichtlichen Analyse von 1 Sam 10,17-27[138]

Ältere Überlieferung

(Die Einleitung der alten Sage ist vermutlich zugunsten der dtr.-Einleitung weggefallen)

dtr-Interpretationsschicht
17 Samuel aber berief das Volk zum Herrn nach Mizpa. 18 Und er sprach zu den Israeliten: So spricht der Herr, der Gott Israels: Ich habe Israel aus Aegypten heraufgeführt und euch errettet aus der Gewalt der Aegypter und aller Königreiche, die euch bedrängten. 19 Ihr aber habt heute euren Gott verworfen, der euch aus allen euren Nöten und Drangsalen erlöst hat, und habt gesagt: „Nein! Einen König sollst du über uns setzen!" Wohlan, so tretet vor den Herrn nach Stämmen und Tausenden. 20 Als nun Samuel alle Stämme Israels herzutreten liess, da traf es das Geschlecht Matri; und als er das Geschlecht Matri Mann für Mann herzutreten liess, da traf es Saul, den Sohn des Kis.

Ältester Kern
Wie man ihn aber suchte, war er nicht zu finden. 22 Da befragten sie den Herrn nochmals: Ist der Mann überhaupt hergekommen? Der Herr antwortete: Ja; er hält sich beim Gepäck versteckt. 23 Da liefen sie hin und holten ihn von dort. Als er aber mitten unter das Volk trat, da überragte er alles Volk um Hauptteslänge.

24 Und Samuel sprach zum ganzen Volk: Seht ihr, wen der Herr erwählt hat?

Seinesgleichen ist ja nicht im ganzen Volke! Da jauchzte alles Volk und rief: Es lebe der König!
[vermutlicher Schluß: V. 26 Mitte: Die Tapferen (=das Heer) folgten ihm nach]

25 Samuel aber verkündete dem Volk das Königsrecht und schrieb es in ein Buch und legte es vor dem Herrn nieder. Darnach entliess Samuel das ganze Volk, einen jeden in sein Haus.

Neuer (vor-dtr. Schluß)
(Erwähnung einer Opposition; damit wird der Schluß offengehalten und eine Verbindung zu Kap. 11 hergestellt. Die hier aufgebaute Spannung wird erst in 11,12 ff aufgelöst.)
26 Auch Saul ging heim nach Gibea, und mit ihm die Tapfe-

ren, denen Gott das Herz gerührt hatte. 27 Einige Nichtswürdige aber sprachen: Was kann der uns helfen? und sie verachteten ihn und brachten ihm kein Geschenk

Wie die Übersicht zeigt, enthalten die Kapitel, die den Beginn der Königszeit Israels darstellen, ein ganzes Spektrum verschiedener Bewertungen und Einstellungen zum Königtum, denen im folgenden etwas „systematischer" nachgegangen werden soll.

6.2.3. Prinzipielle Königskritik und königsbejahende Tendenzen

Eine **prinzipielle Königskritik**, die das Königtum JHWHs und das menschliche Königtum in Israel als unvereinbar sieht, läßt sich nur noch bedingt ausmachen. Reste dieser Position sind in 1Sam 12,12 und 1Sam 8,6 f noch zu erkennen.[139]

Die Kritik wird jedoch von der dtr Überarbeitung im Sinne der *These* relativiert, *daß es letztlich auf die richtige Gottesverehrung des Königs ankomme* (12,19 ff).

Die prinzipielle Ablehnung menschlicher Königsherrschaft hat in der späteren jüdischen Tradition bei bestimmten Gruppen immer wieder Anklang gefunden (z. B. bei den Zeloten) und wurde in der christlichen Tradition in dem Gedanken aufgenommen, daß der Herrschaft Gottes die demokratische Verfassung menschlicher Sozialorganisation entspricht.

In den Texten, die die frühe Königszeit behandeln, überwiegt eine **positive Einstellung** zur Königsherrschaft. Im Mittelpunkt stehen Texte, die das Königtum Sauls erklären und legitimieren (Kap. 9-11). Diese gehen auf ursprünglich selbständige Einzelüberlieferungen zurück. Ihr Hintergrund und ihre Zusammenstellung läßt sich am ehesten mit dem Versuch überlebender Sauliden (in der Zeit Davids und Salomos) in Verbindung bringen, ihren Anspruch auf die Herrschaft durchzusetzen. Auf diesem Hintergrund läßt sich in 11,13 ein polemischer Einspruch gegen den Umgang der „neuen" Herrscher mit ihren Gegnern herauslesen:

Während Saul sein empfangendes Heil auch an seine Feinde weitergibt, lassen David und Salomo ihre Feinde verfolgen und ausrotten (2Sam 21; 1Kön 2,8).[140]

Eine weitere Textgruppe reflektiert die durch das Königtum veränderten Rechtsverhältnisse und Eigentumsordnung. Wenn man der Argumentation folgt, daß die (vordtr) Verse 8, 1-3; 11-17 und 12, 3-5 thematisch zusammengehören,[141] wird hier die Feststellung ausgesprochen, daß eine schlimme Rechtsverletzung in der alten Gesellschaftsordnung, wie sie die Söhne Samuels begehen, harmlos ist gegen das, was nun im Königtum geltendes Recht darstellt.[142]

6.3. Das vorstaatliche Israel

Wie der Übergang Israels aus vorstaatlicher Zeit in eine staatliche Organisationsform beurteilt wird, hängt ganz wesentlich von dem Verständnis der vorstaatlichen Organisation Israels ab. Hier wurde die alttestamentliche Diskussion lange von der 1930 von **Martin Noth** aufgestellten **Amphiktyonie-These** beherrscht.[143] Noth ging davon aus, daß die Einheit des Zwölf-Stämmeverbandes sich durch eine gemeinsame Gottesverehrung an einem Zentralheiligtum (Sichem) konstituiert hat, wie sie in Jos 24 erinnert wird. Die Stämme vereinigten sich im Falle einer Gefahr unter der Führung eines charismatischen Führers (Richters) zu einem Heiligen Krieg (JHWH-Krieg). Inzwischen hat sich die Ansicht durchgesetzt, daß diese These Noths von späteren Idealvorstellungen geprägt ist. Genauere Textanalysen ergeben, daß jeweils partielle Stammeszusammenschlüsse und -kämpfe auf ganz Israel projiziert wurden. Auch die Annahme eines gemeinsamen Zentralheiligtums läßt sich nicht belegen.

Es bleibt aber die Frage, ob den sehr alten Erinnerungen, denen etwa das Debora-Lied (Ri 5) zuzurechnen ist, eine eigenständige soziale Organisation zugrunde liegt oder ob das vorstaatliche Israel nur als mehr oder weniger anarchistische Übergangsphase zwischen vorstaatlichen Sozialformen und staatlicher Organisation zu bewerten ist (siehe auch Kap. 12.5.).[144]

Die Beurteilung ist wesentlich von der jeweiligen Sichtweise des Beurteilers abhängig. Wie der „Sitz im Leben" des Forschers auch dessen Wertung prägen kann, zeigt **Frank Crüsemann** am Beispiel von **Julius Wellhausen** auf, der aus der Sicht seines positiven Verständnisses vom Preußischen Staat des 19. Jahrhunderts das Königtum Israels als eine Erlösung von der Anarchie und größte Segnung JHWHs charakterisiert.[145]

Crüsemann versuchte, mit Hilfe eines soziologischen Erklärungsmodells ein eigenständiges Verständnis des vorstaatlichen Israels im Sinne einer segmentären Gesellschaft aufzuzeigen.[146] Für die eigenständige (nicht nur vorübergehende) Existenz solcher Gesellschaftsformen gibt es bis in die Gegenwart hinein vielerlei Belege. Ihre Kennzeichen, Fehlen einer Zentralinstanz, im wesentlichen patrilinear bestimmte Abstammungsverhältnisse auf Vererbung von Parzellen und Herden beruhendes Wirtschaftssystem, lassen sich alle auch in den Erinnerungen aus der vorstaatlichen Zeit Israels entdecken. In dieser Gesellschaftsform kann das Gemeinschaftsgefühl auf sehr verschiedenen Aspekten gegründet sein (z. B. gemeinsame Gottesverehrung). Wichtig an der sozialen Organisation ist, daß Eigentumsanhäufungen durch Erbfolgebestimmungen relativiert werden und die

Eigentumshäufung nicht als alleinige Erklärung für das Entstehen von Zentralinstanzen herangezogen werden können.[147]

Auch die öffentlichen Instanzen wie die *Ältesten* und *charismatische Führungsgestalten* sind für Israel nachgewiesen. Auf dem Hintergrund drohender Fremdherrschaft wird diese Organisation vom Königtum abgelöst. Aus der Perspektive der späteren Zeit war die historisch nicht mehr deutlich faßbare **Gestalt Samuel** das Bindeglied zwischen der Richter- und der Königszeit.

Die anarchische Dynamik der segmentären Gesellschaft Israel wurde von Saul und von David so genutzt, daß sie sich jeweils an die Spitze der antiherrschaftlichen Kräfte stellten. Während aber Saul als auf Dauer anerkannter Heerführer keine stabile Herrschaftsgrundlage aufbauen konnte, gelang es David, aus den nicht produzierenden Schichten (Verschuldete, Verarmte, Landlose, Fremde, s. 1Sam 22, 2) eine eigenständige Macht aufzubauen. Nach Sauls Niederlage und Tod war Davids Truppe die einzige Macht, die Israel noch von der Fremdherrschaft der Philister retten konnte. Als Kehrseite der Rettung erwies sich, daß die alte Gesellschaftsstruktur sich nun statt äußerer Fremdherrschaft eine innere Zentralherrschaft auflud. Zunächst aber war die neue Herrschaftsstruktur auf die alten Sozialformen nur aufgepfropft, so daß die besitzenden Schichten, die zunächst vom Abgabesystem am härtesten betroffen waren, zwangsläufig mit Widerstand reagierten.

Neben der prinzipiellen Königskritik, die in 1Sam 8,11-17 (in Verbindung mit 8,1-3 und 12,3-5) zu Wort kommt und polemisch den Exzessen der alten Gesellschaftsform die Normalität des Königtums gegenüberstellt, finden sich weitere königskritische Traditionen in Ri 8 und 9.

6.4. Das Königtum Sauls

Die wahrscheinlich zuverlässigste Erinnerung an Sauls Einsetzung zum König liegt vermutlich in 1Sam 11 vor. Der Beginn der Erzählung schildert Saul ganz nach dem Bild eines charismatischen Führers der Richterzeit. Erst gegen Schluß ist von der Erneuerung (ursprünglich wohl Einsetzung) des Königtums im benjaminitischen Heiligtum in Gilgal die Rede.

Es ist nicht mehr zu klären, über welche Stämme – außer Benjamin – sich das Königtum erstreckte. Die Vermutungen schwanken zwischen einigen anliegenden Stämmen und dem Israel des Debora-Liedes (Ri 5).

Insgesamt dürfte das Heerkönigtum Sauls in wesentlich größerer Nähe zu den Staatstraditionen Israels gestanden haben, als das auf zentrale Institutionen gegründete spätere Königtum. Gleichzeitig wird hierin auch der Grund zu suchen sein, warum der Aufbau einer dauernden Herrschaft nicht möglich war. Sein Kampf gegen die Philister wird in der Regel von Guerilla-Taktik gekennzeichnet gewesen sein, mit deren Hilfe er die weit überlegenen Gegner teilweise empfindlich treffen konnte, bis die Philister eine entscheidende Schlacht erzwangen (1Sam 31,2 ff). Diese endete für das Heer Sauls vernichtend und wird als Anlaß für Sauls Selbsttötung geschildert.

Die Beurteilung ist von der erst in der Folgezeit einsetzenden Geschichtsschreibung so überlagert, daß über das wirkliche Geschehen nur wenige abgesicherte Vermutungen möglich sind.

In der Überlieferung von Sauls Erhebung zum König sind die für das spätere Königtum Israels wichtigen Elemente, Designation durch JHWH und Akklamation des Volkes (A. Alt), deutlich einbezogen. Diese doppelte Grundlegung sollte eine Verabsolutierung königlicher Macht abwehren. Vor diesem Hintergrund fällt auf, daß Salomo ohne Zustimmung des Volkes König wurde.

Die einschneidenden politischen, sozialen und religiösen Veränderungen, die mit der Entstehung des Königtums verbunden waren, forderten eine Neuorientierung in der Auseinandersetzung mit alten religiösen und sozialen Traditionen. Sowohl die **Legitimierungsversuche** als auch verschiedene **kritische Auseinandersetzungen** mit dem Königtum berufen sich dabei auf die Traditionen Israels und beziehen gleichermaßen Überlieferungen aus der Umwelt mit ein.[148]

6.5. Beispiele königskritischer Texte

6.5.1. Die Jothamfabel (Ri 9,8-15)

Die Fabel ist in ihrem jetzigen Kontext als Rede des Jotham dargestellt, der als einziger dem Mordanschlag entkam, dem alle übrigen männlichen Verwandten als potentielle Rivalen zum Opfer fielen. Unter Aufnahme und Umarbeitung älteren Materials wird in der vorliegenden Fassung einer auf Bluttat gegründeten Herrschaft der Untergang vorausgesagt. Die ursprüngliche Fabel wurde dabei um die Verse 15b - 20 erweitert.[149]

So, wie die Geschichte jetzt erzählt ist, wird sie zu einem radikalen Einspruch gegen die in 9,2 gestellte Frage, ob die Herrschaft eines einzelnen nicht besser sei als die Herrschaft vieler. Es ist anzunehmen, daß erst (negative) Erfahrungen mit dem Königtum den Hintergrund für diese Reflexionen bilden. Viele Einzelheiten spiegeln den Aufstieg Davids wider: Zu nennen sind die Legitimation der Herrschaft mit

Blutsverwandtschaft (vgl. Ri 9,2 mit 2Sam 5,1) und die Tatsache, daß auch David (analog Ri 9,4) mit einer gedungenen Söldnertruppe zur Macht kam. Damit wird auch die Absicht der jetzigen Bearbeitungsform deutlich: Der Zusammenhang von Blutschuld und Folge, über den JHWH wacht, wird auch dazu führen, daß die Gewalttaten des Königtums für den König und das beteiligte Volk nicht ohne Folgen bleiben und somit zum Untergang führen.

Die ursprünglich selbständige Fabel hat ihre Pointe in Vers 15a. Sie lautet:[150]

8 Einst gingen die Bäume hin, um sich einen König zu salben.
Und sie sprachen zum Ölbaum: „Sei König über uns!"
9 Aber der Ölbaum sprach zu ihnen „Soll ich mein Fett aufgeben,
mit dem man Götter und Menschen ehrt,
und hingehen, um für die Bäume herumzutorkeln?"
10 Da sprachen die Bäume zum Feigenbaum: „Komm du, sei König über uns!"
11 Aber der Feigenbaum sprach zu ihnen: „Soll ich meine Süße aufgeben
und meinen guten Ertrag
und hingehen, um für die Bäume herumzutorkeln?"
12 Da sprachen die Bäume zum Weinstock: „Komm du, sei König über uns!"
13 Aber der Weinstock sprach zu ihnen: „Soll ich meinen Wein aufgeben,
der Götter und Menschen erfreut,
und hingehen, um für die Bäume herumzutorkeln?"
14 Da sprachen alle Bäume zum Dornstrauch: „Komm du, sei König über uns!"
15 Und der Dornstrauch sagte zu den Bäumen:
„Wollt ihr wirklich mich zum König über euch salben,
so kommt, bergt euch in meinem Schatten!"

Der Schatten des Königs gilt im Orient allgemein als Ausdruck für seine Schutzfunktion. Somit bietet der Dornstrauch hier etwas an, was er schon von seinen Voraussetzungen her nicht erfüllen kann.

Die Aussage wird damit deutlich:

„Das Königtum ist unproduktiv, bringt keine Frucht und kann die Schutzfunktion, die es sich anmaßt, nicht ausfüllen."[151] So sieht **F. Crüsemann** die Redeabsicht des Fabeldichters.

Die **Entstehung der Fabel** läßt sich wohl nicht mit den frühen Auseinandersetzungen um das Königtum in Verbindung bringen, sondern gehört in die Zeit nach der Etablierung des Königtums bis spätestens zum 8. vorchristlichen Jahrhundert. Verfaßt ist sie von dem aristokratischen Selbstverständnis her, das sich in den Aussagen der

Bäume ausspricht. Der Verfasser ist damit wahrscheinlich der bäuerlichen Oberschicht zuzuordnen, die in einem kritischen Verhältnis zum Königtum steht.

> **Aufgabe:**
> - Versuchen Sie, Argumente dafür und dagegen zusammenzustellen, ob es sich bei der Fabel in ihrer ursprünglichen Fassung um eine grundsätzliche Kritik am Königtum oder nur um Kritik ungeeigneter Bewerber handelt.

6.5.2. Herrschaftskritik in der Gideon-Geschichte (Ri 6-8)

Gideon ist den sogenannten **großen Richtern** zuzurechnen, deren Aufgabe darin bestand, in einer (außenpolitischen) Notsituation den Heerbann Israels anzuführen, in dem sich die Kämpfer der Stämme Israels vereinigten. In der Überarbeitung wird der Ablauf der Ereignisse hier wie bei anderen Texten des Richterbuches in ein **Grundschema** eingeordnet: JHWH übergibt die Israeliten wegen ihres Fehlverhaltens in die Hand ihrer Feinde. Israel wendet sich in ihrer Not wieder JHWH zu, der aus seiner Mitte einen charismatischen Führer erstehen läßt, der es schließlich unter Anleitung JHWHs (in einem „Heiligen Krieg") von seinen Feinden befreit.

Normalerweise ist nach dem Sieg die Aufgabe des Richters beendet. Gideon wird aber nach verschiedenen siegreichen Taten von den Männern Israels die Königswürde angeboten. Dieser aber weist sie zurück mit dem Hinweis, daß allein JHWH über Israel herrschen soll (Ri 8, 22-23). In der jetzigen Verbindung von Ri 8 und 9 werden zwei grundverschiedene Führergestalten einander gegenübergestellt. Auf der einen Seite Gideon, der charismatische Führer und Retter Israels, der die ihm angetragene Königswürde ablehnt und auf der anderen Seite Abimelech, der durch eine Gewalttat zur Herrschaft gelangt, schmählich umkommt und seine Anhänger mit in den Untergang hinein reißt. Der eine ist von JHWH berufen, der andere kümmert sich nicht um seinen Willen. Auf diesem Hintergrund gewinnen die Verse Ri 8, 22-23 an Profil. In der Forschung werden im Blick auf die zeitliche Einordnung dieser Verse alle Variationen von der Vorkönigszeit bis zu den Deuteronomisten erwogen. Da religionsgeschichtlich das Bild vom Königtum JHWHs die Erfahrung der Königszeit Israels voraussetzt und außerdem das Angebot einer Dynastiebildung für die vorstaatliche Zeit undenkbar ist, scheidet eine sehr frühe Datierung mit großer Wahrscheinlichkeit aus.[152] So wird man davon ausgehen müssen, daß der Spruch der erst im Anschluß an die Davidszeit bekannten Form dynastischer menschlicher Herrschaft das Modell der unmittelbaren „Königsherrschaft" JHWHs – offensichtlich als Alternative – gegenübergestellt. Die folgenden Verse geben dann einen Hinweis darauf, in welcher Gestalt die Herrschaft JHWHs zu denken ist: „JHWH herrscht, indem er konkrete Befehle und Entscheidungen bekanntgibt, und zwar mit Hilfe des Ephod, zunächst in Ophra."[153]

Unter Ephod ist ein Orakelgewand zu verstehen, das vermutlich auf das metallene Gewand einer Götterstatue zurückgeht. Gleichzeitig wird der Begriff auch für das Gewand des Priesters verwendet.

Der auf diese Art ausgeführten Herrschaft JHWHs steht menschliche (Dauer-) Herrschaft, so wäre dann zu deuten, fundamental entgegen. Die Befragung JHWHs mittels eines Ephods hat eine gewisse Parallele in den David-Geschichten (Aufstiegsgeschichten), so daß sich der Schluß nahelegt, daß hier in Ri 8,22 f eine theologische Gegenposition zu den Legitimationsversuchen des Königtums zu Wort kommt. Die Herrschaft JHWHs durch das „Ephod" ist in Ri 8,22 f als Argument gegen die Königsherrschaft gewendet, während die David-Geschichte ausführt, daß dessen Herrschaft gerade durch die Befreiungstat JHWHs mittels eines Ephods zustande gekommen ist.

Auch in anderer Weise wird Gideon dem David (bzw. späteren Herrschern) gegenübergestellt. Während die Davidherrschaft sich gerade *auch* auf außenpolitischen Erfolgen gründet und mit ihnen *be*gründet, verzichtet Gideon auf ein so abgeleitetes Herrschaftsamt.

Hinter dieser Argumentation stehen vermutlich priesterliche Kreise, deren Einfluß an die kleinen Landheiligtümer gebunden war, und der mit dem Ausbau der Zentralgewalt entsprechend zurückging.

Den im Gesamtumfang wenigen erhaltenen königskritischen Traditionen stehen königsfreundliche Traditionen in größerem Umfang gegenüber.

6.6. Legitimation des (davidischen) Königtums

Nachdem Jerusalem als Stadt Davids und Regierungszentrum etabliert war, entwickelte sich dort eine kulturelle Aktivität, deren Gesamttendenz davon bestimmt war, den gewaltigen politischen, sozialen und religiösen Umbruch ideologisch aufzuarbeiten und die Tradition des vorstaatlichen Israels (bes. den JHWH-Glauben), die religiösen Traditionen Kanaans sowie die neue Sozialordnung mit ihrer Herrschaftsstruktur miteinander zu vermitteln.

Bei diesen Bemühungen waren besonders die Schichten im Blick, die von den neu entwickelten Zentralinstanzen durch das Abgabesystem, Militärdienst u. a. am meisten betroffen wurden, und die vermutlich den Hintergrund („Sitz im Leben") der antiköniglichen Bewegung und ihres entsprechenden literarischen Niederschlages abgeben. Deutlich wird dieser Sachverhalt etwa an den Kap. 17-21 des Richterbuches. Dort wird das vorstaatliche Israel im Gegensatz zu gegenläufigen Erinnerungen als Anarchie dargestellt, wobei betont zum Ausdruck gebracht wird, daß gerade auch die (jetzt gegen das Königtum opponierenden) besitzenden Schichten besonders gelitten hätten. So wird an Beispielen von Ephraimiten, Judäern, friedlichen kanaanäischen Stadtbewohnern, Leviten u. a. vor Augen geführt, wie stark diese von den ungeordneten Verhältnissen betroffen waren.[154]

Das ausdrucksvollste Dokument zur Legitimation der davidischen Herrschaft ist die sogenannte Aufstiegsgeschichte.

6.6.1. Der Aufstieg Davids

Die Texte von 1Sam 16,14 bis 2Sam 5,25 gelten als eine in sich geschlossene Komposition, die gemeinhin als **Aufstiegsgeschichte (AG)** bezeichnet wird. Ihre deutlich erkennbare Funktion liegt darin, nachzuweisen, daß David der legitime Nachfolger Sauls ist. Die sie einleitende Erzählung von der Salbung Davids in Bethlehem (1Sam 16,1-13) ist aller Wahrscheinlichkeit nach eine legendäre Dichtung.

Hauptthema der Aufstiegsgeschichte ist *das Verhältnis Davids zu Saul und seinen Söhnen*. Am Anfang der Darstellung kommt David an den Hof Sauls (1Sam 16, 14 f), am Ende ist er selbst König (2Sam 5). Aus der Sicht der Erzähler wird das ganze Geschehen von JHWH gelenkt, der seinen Geist von Saul wegnimmt und David gibt: Ihr Interesse liegt eindeutig in der Entlastung Davids von Vorwürfen, die vermutlich einen sehr realen Hintergrund haben. So wird z. B. sein Übertritt zu den israelfeindlichen Philistern als letzter Ausweg geschildert, der David angesichts der Verfolgungen Sauls bleibt (1Sam 27). Selbstverständlich hat er dabei die Philister getäuscht und Israel geschont. Schließlich wird David ausdrücklich von der Beteiligung an der vernichtenden Philisterschlacht gegen Saul ausgenommen (1Sam 29,1 ff). Er kämpft zu der Zeit an einer anderen Front und besiegt Israels alten Feind, die Amalekiter (1Sam 30). Ausdrücklich betont wird die ungebrochene Loyalität Davids zu Saul, obwohl sein Leben von diesem ständig bedroht wird. Die Reden Davids bezeugen dies: „JHWH hat dich in meine Hand gegeben, aber ich wollte nicht Hand an den Gesalbten JHWHs legen." (1Sam 26,23; vgl. auch 1Sam 24,10 - 16; 26,10 - 24).

Mit großer Akribie versucht die Darstellung nachzuweisen, daß David mit dem Tod Sauls nichts zu tun hat, und er auch am Tod seines Heerführers Abner und seines Sohnes Eschbaal in keiner Weise beteiligt ist. Als er Kunde von dem Tod Sauls und Jonathans erhält, bestraft er die Schuldigen, zeigt offen seine Trauer und ehrt Saul mit einem Trauerlied (2Sam 1,17ff). Ganz ähnlich verläuft die Reaktion auf die Kunde vom Tod Abners und Eschbaals (2Sam 3 u. 4). David ist am Untergang Sauls völlig unschuldig; er hält sich ausschließlich an die Weisungen JHWHs, die ihn in das Königtum führen (2Sam 2).

Die allzu deutliche Intention der Darstellung zielt offensichtlich auf gegenteilige Behauptungen, die ihren Niederschlag in Texten wie 2Sam 21 und 2Sam 16,7 gefunden haben.

Die detaillierte und intensive Auseinandersetzung der Aufstiegsgeschichte legt die Vermutung nahe, daß David es mit innenpolitischen Gegnern von ziemlichem Ausmaß zu tun hatte, die in dem längst nicht so bedrückenden Königtum, wie es Saul praktiziert hatte, eine Alternative sahen.[155] *Davids Königtum ist von JHWH eben so gewollt wie Sauls Untergang,* an dem David keinerlei Schuld trägt. Das ist der Grundgedanke dieser Geschichtsschreibung.

Auf einen besonderen Zug der Darstellung ist noch gesondert hinzuweisen. Es fällt auf, daß Saul als der von JHWH Gesalbte an mehreren Stellen als für menschliche Zugriffe unantastbar dargestellt wird (1Sam 24,5ff; 26,5 u. ä.). Die Betonung dieser von den konkreten Taten unabhängige Unantastbarkeit des Königs zielt deutlich darauf ab, den besonderen Schutz des gesalbten Königs herauszustellen und zu begründen.

Am Ende der Aufstiegsgeschichte wird berichtet, daß David mit seiner ganzen Familie und Hausmacht – im Anschluß an eine Befragung JHWHs – nach Juda zieht und in Hebron von den Männern Judas zum *König über das Haus Juda* gesalbt wird (2Sam 2,4).

Da keine Rede davon ist, daß er von irgendwem gerufen wurde, ist der Vorgang vermutlich als Besetzung zu verstehen. Die Salbung sanktioniert dann die realen Machtverhältnisse.

Anders liest sich die Einsetzung und Salbung Davids zum König über die Nordstämme Israels (2Sam 5,1-5). Es ist zu vermuten, daß dem mächtigen David die Führung angetragen wurde, weil man nach dem Tode Sauls und seiner Nachfolger in ihm die einzige Macht sah, die die Oberherrschaft der Philister brechen konnte.

Es ist zweifelhaft, ob dabei eine dauerhafte Herrschaft intendiert war. Faktisch bestand dann aber wegen der Stärke von Davids Hausmacht und seiner Verbindung mit den Interessen der nichtproduzierenden Schichten später keine Möglichkeit mehr, die Herrschaft Davids wieder abzuschütteln.[156]

Bei der Herrschaftsübertragung über die Nordstämme wird ausdrücklich die Verwandtschaftsbeziehung betont und damit ein Legitimationsansatz aus der vorstaatlichen Zeit herangezogen.

Auch der Hinweis auf die frühere Heerführung durch David und auf die Verheißung JHWHs knüpft an vorstaatliche Führungstraditionen an.

Da man davon ausgehen muß, daß Juda erst unter David mit den übrigen Stämmen verbunden war, wurde *David in Personalunion König von zwei unabhängigen Herrschaftsbereichen (Juda und Israel)*. Zwischen den beiden Territorien lagen gleichsam als Keil noch einige befestigte Städte, insbesondere die kanaanäisch-jebusitische Stadt Jerusalem. Eine kurze Notiz in 2Sam 5,6 ff berichtet davon, daß David mit seiner Söldnertruppe – also nicht mit den Heeren Israels und Judas – diese Stadt für sich selbst erobert und sie zu seiner Residenz ausbaut.

Mit Jerusalem hatte David damit an der Grenze zwischen den beiden Territorien Israel (Benjamin) und Juda ein eigenes von den Traditionen Israels unabhängiges Herrschaftszentrum gewonnen.

Ergebnisse archäologischer Forschung haben ergeben, daß die Eroberung möglicherweise dadurch gelang, daß Davids Truppe durch das Bewässerungssystem in die Stadt eindrang.[157]

Den vermutlichen Abschluß der Aufstiegsgeschichte bilden die Hinweise auf eine vernichtende Niederlage der Philister und damit die Befreiung Israels von der Fremdherrschaft.

6.6.2 Die schillernde Gestalt des David – Wirkungsgeschichte

„Also war David König über ganz Israel, und er schaffte Recht und Gerechtigkeit allem Volk. (2Sam 8,15)

Das Königtum Davids hat im Laufe der Geschichte Israels immer idealere Züge angenommen.

2Sam 8,15 wirft ein strahlendes Licht auf die Gestalt des David. Er ist zum Urbild der messianischen Hoffnung geworden. In Erinnerung seiner erhält eine erwartete Zukunft ihren Ausdruck.

Doch die Überlieferung hat auch andere Aspekte aufgehoben, die nicht ins Idealbild passen.

In einer Besprechung des Filmes „König David" heißt es:

„Regisseur Bruce Beresford versteht es, seine Zuschauer herauszufordern. Er scheut sich nämlich nicht, auch die Gewalttätigkeit seiner Vorlage ungeschminkt zu inszenieren. (...) Die Sichtweise dieses Films geht parallel zu aktuellen Bemühungen der Theologie, das Thema ‚Gewalt in der Heiligen Schrift' stärker zu beachten. Der Zuschauer, den die Blutrünstigkeit des Films (hoffentlich) abstößt, sollte diese Kritik auch bei seiner Bibellektüre zu Wort kommen lassen. Denn Altes und Neues Testament sind nicht allein Schriften einer heilen Welt. Vielmehr sind sie für uns Spiegel unserer weithin unheilen Situation und rufen uns zugleich auf einen anderen Weg."[158]

Von „unheilen Verhältnissen" ist in den meisten theologischen und religionspädagogischen Beurteilungen der Davidgestalt und seiner Epoche nur wenig zu spüren. Eine Darstellung der Geschichte Israels charakterisiert ihn so: Er war eine „elastische Persönlichkeit" und eine „komplexe Erscheinung, nicht ohne Schwächen, aber eine geniale Persönlichkeit mit dem Blick für das Nötige und Mögliche, diplomatisch und voller Ideen. Saul war urwüchsig und noch ganz der israelitischen Stämmeordnung und ihren Bindungen verhaftet. David löste sich daraus, begründete einen neuen Lebensstil und trug dazu bei, ein neues Bewußtsein zu schaffen. Die Kühnheit seiner Pläne und Entschlüsse mag überrascht haben; er bändigte alles mit staatsmännischer Klugheit und überzeugte nicht nur Juda, sondern am Ende auch das widerstrebende Israel."[159]

In einer Zielbeschreibung für den Religionsunterricht heißt es: „Den Schülern soll die Vielschichtigkeit und Gegensätzlichkeit im Umgang Davids mit der Macht bewußt werden, damit sie erkennen, warum er in seiner Größe und in seinem Scheitern letztlich doch mit Recht in der Erinnerung des jüdischen Volkes und der Kirche König nach dem Willen Gottes wurde und blieb."[160]

Trotz positiver Gesamttendenz fallen aber auch in diesen beiden Charakterisierungen einschränkende Aussagen auf. Diese Einschränkungen, die auch diejenigen vorbringen, die eine insgesamt positive Würdigung der Gestalt abgeben, können zum Ansatzpunkt einer Nachfrage werden. Welcher Wahrheitsgehalt steht hinter den Überlieferungen und Deutungen? **Stefan Heym** hat in seinem Roman „Der König David-Bericht" (1972) diese Frage thematisiert. Der Schriftsteller Ethan bekommt während der Regierungszeit Salomos den Auftrag zur Ausarbeitung des „Einen und Einzigen Wahren und Autoritativen, Historisch Genauen und Amtlich Anerkannten Berichts über den Erstaunlichen Aufstieg, das Gottesfürchtige Leben, sowie die Heroischen Taten und Wunderbaren Leistungen des David ben Jesse, Königs von Juda während Sieben und beider Juda und Israel während Dreiunddreißig Jahren, des Erwählten Gottes und Vaters von König Salomo".[161] Bei seinen Recherchen erfährt Ethan, daß die Wahrheit jeweils von der Interessenlage der einzelnen Personen abhängt und daß es im Zweifel ‚gut' ist, der herrschenden Lehre zu folgen. Zugleich zeigt der Roman deutlicher als viele wissenschaftliche Auslegungen der biblischen Überlieferungen von den Anfängen des Königtums in Israel, wie den Texten durch bestimmtes Fragen auch solche Antworten entlockt werden können, die sie zu verbergen suchen.

Heyms Roman macht deutlich, daß eine Auseinandersetzung mit diesen Texten den ideologiekritischen Blick schulen kann. Die mehrschichtige Überarbeitung hat jeweils unterschiedliche Akzente gesetzt, aber die gegenläufigen Tendenzen nicht einfach eingeebnet. Nicht das Geschehen selbst, sondern die Interpretation aus dem Blickwinkel unterschiedlicher Standpunkte und Interessen machen die Auslegung zu einem spannenden, aber nicht abzuschließenden Unternehmen.

6.6.3. Die Geschichte von der Thronfolge Davids (ThFG)

Der wesentliche Bestand der Texte von 2Sam 9-20 und 1Kön1-2 wird nach einer Analyse von **L. Rost** (1926) neben der Aufstiegsgeschichte als eine der ältesten zusammenhängenden Geschichtsschreibungen Israels verstanden. Welche Texte jedoch zum genauen Bestand des alten Werkes gehören, ist bei den Auslegern umstritten. Inzwischen werden auch Zweifel laut, ob die These von Rost sich überhaupt halten läßt.

Besonders ins Auge stechen bei den Interpreten die völlig unterschiedlichen Tendenzbeurteilungen, die von pro- bis antiköniglich reichen. Nicht zuletzt wegen der vielen Intrigen wird der Geschichte eine antikönigliche Tendenz zugeschrieben. So stellt **Würthwein** heraus, daß Salomo in dieser Geschichte unter Umgehung des altisraelitischen Rechts und des JHWHwillens durch einen Staatsstreich von oben König wird. Während die ursprüngliche Darstellung den Gegensatz Davids/Salomos zum altisraelitischen Recht hervorhob, habe die spätere Überarbeitung das Davidbild zuungunsten von Joab aufgehellt.

An der Analyse **Würthweins** ist problematisch, daß er mit sehr vielen Überarbeitungen und späteren Einschüben rechnet. So werden die wenigen theologischen Aussagen (2Sam 11,27; 2Sam 12,24 u. 2Sam 17,14b) allesamt als nicht ursprünglich angesehen.

Crüsemann hat demgegenüber herausgearbeitet, daß der Verfasser der ThFG den Regenten als von JHWH eingesetzt versteht und die Dynastie nicht in Frage stellt wie die sonstigen antiköniglichen Texte der Hebräischen Bibel.[162] Da die unübersehbaren negativen Züge jedoch eine einfache Einschätzung als Propagandaschrift verbieten, versucht er sie als *„höfisch-weisheitliche Königskritik"* zu verstehen.

Die **Darstellung Salomos** ist trotz unbestrittener Legitimation durch JHWH negativ. Er kommt durch eine Intrige an die Macht und beginnt seine Herrschaft mit einer Bluttat, während David dagegen im positiven Licht erscheint. Auch David begeht Unrecht und Fehler, läßt sich aber korrigieren bzw. belehren (z. B. 2Sam 12). Somit könnten die Unausgeglichenheiten der Darstellungen darin ihre Erklärung finden, daß ihre Absicht darin besteht, Salomo das Vorbild seines Vaters gegenüberzustellen, der zum einen gegenüber seinen Gegnern Milde walten, zum anderen sich bei Fehlverhalten durch Ratschläge auf den rechten Weg zurückführen ließ.

Wenn die salomonische Zeit als Abfassungszeit zunehmend fraglich wird, könnte die Gegenüberstellung von David und Salomo auch für die spätere Königszeit als eine Mahnung an die Herrschenden interpretiert werden, dem Vorbild Davids zu folgen.

Besonders interessante Stücke innerhalb der Thronfolgegeschichte

sind die Berichte über die **Aufstände von Abschalom** (2Sam 15-19) und **Scheba** (2Sam 20).
In beiden Fällen werden die Gründe für die Aufstände nicht erwähnt. Berichtet wird aber über ihr Vorgehen. Abschalom versucht offensichtlich die unausgeglichene Rechtslage zwischen Volk und König zu seinen Gunsten in Anschlag zu bringen (2Sam 15,1 ff), um mit Hilfe großer, von David abgefallener Heeresteile Israels und Judas an die Macht zu gelangen und ein Reformprogramm durchzusetzen. Es gelang David jedoch mit Hilfe seiner Söldnertruppe und dem Rückhalt in jerusalemer Kreisen den Aufstand niederzuschlagen.

Der von Scheba berichtete Aufruf zum Aufstand enthält im Kern die Aussage „nach Hause zu gehen". („Ein jeder zu seinen Zelten, Israel!" – 2Sam 20, 1). Das wird nur verständlich, wenn man sich darunter eine Rückkehr zu vorstaatlichen Verhältnissen vorstellt. Die Auflösung des Heerbannes und die Heimkehr der Krieger stand jeweils am Ende einer kriegerischen Epoche.[163] Der Aufruf Schebas spielt am Ende der salomonischen Epoche im Zusammenhang mit der Trennung des Nordens vom Süden wieder eine Rolle.

Übersicht: Texte für und gegen die Königsherrschaft in Israel

Texte, die das Königtum grundsätzlich kritisieren	Texte, die bei anderer Gesamttendenz grundsätzliche Königskritik erkennen lassen	Texte, die bei grundsätzlicher Anerkennung die Praxis oder das Selbstverständnis des Königtums kritisieren	Texte, die König und Königtum grundsätzlich positiv sehen
Ri 8,22-23 (Gideonspruch) Ri 9,8-15 (Jotamfabel) 1Sam 8 (Königsrecht)	1Sam 12,12 2Sam 20,1	2Sam 9-20 / 1Kön 1-2 (Thronfolgegeschichte) 2Sam 12 1Kön 14 1Kön 21 Jer 22, 13-19	Ri 17-21 (bes. 17,6; 18,1; 19,1; 1, 25) 1Sam 9-11 1Sam 16 - 2Sam 5 2Sam 7

6.7. Zur Gesamtbeurteilung des Königtums

Die **frühe Königszeit** ist vermutlich nur dann angemessen zu beurteilen, wenn gesehen wird, daß neben der oft hervorgehobenen glanzvollen Herrschaft ein mindestens ebenso glanzvoller Widerstand steht.[164]

Auf beiden Seiten ist auch das Bemühen kennzeichnend, die Bedeutung der religiösen Überlieferungen Israels für die Gegenwart neu zu erschließen. Nicht übersehen werden sollte der Sachverhalt, daß die frühe antikönigliche Tendenz sich vermutlich bald relativiert hat und zumindest ein Teil der besitzenden Schichten sich mit der Macht des Königtums arrangierte. Dieses Arrangement ist sicher auch dadurch möglich, daß es nach der Salomischen Epoche – sicher auch als Teilerfolg des Widerstandes – zu einer Relativierung der königlichen Macht kommt. Dabei bilden die weiterentwickelten altisraelitischen Rechtstraditionen ein gewisses kritisches Gegengewicht (vgl. 1Kön 21).

Doch die Auseinandersetzung um Macht und Recht setzt sich nun auf einer anderen Ebene fort. Wie die **prophetische Kritik** des 7. und 8. vorchristlichen Jahrhunderts zeigt, gerät nun gerade die Schicht (bzw. ein Teil von ihr), die vermutlich Träger des antiköniglichen Widerstandes war, auf besondere Weise unter den Vorwurf, das Recht JHWHs zu brechen:

„Sie treten in den Staub den Geringen und drängen den Elenden beiseite." (Amos 2, 7)

Versucht man die Texte zum frühen Königtum in Israel auch oder sogar in besonderer Weise von den hinter den Bearbeitungen stehenden Gruppen und Tendenzen her zu verstehen, wird deutlich, daß der Glaube an JHWH, der nach eindeutiger Meinung aller Ausleger in entscheidendem Maße die Geschichte Israels bestimmt hat, ein Glaube ist, der sich unlösbar mit den politischen und sozialen Auseinandersetzungen jeder Epoche verbindet. Zugleich wird in der Gesamttendenz der theologische Grundgedanke wirksam, daß JHWH nie auf bestimmte Vorstellungen, Verhältnisse oder Personen fixiert werden darf, sondern immer neu erfahren werden will.

Die Überlieferungen haben Gegensätze und Widersprüchlichkeiten aufgehoben. Gerade in der produktiven Erschließung dieser gegenläufigen Tendenzen, können die Texte im Blick auf gegenwärtige Auseinandersetzungen und Fragestellungen produktiv ins Spiel gebracht werden, zur Interpretation der eigenen Wirklichkeitserfahrung beitragen und anleiten, sie aus anderer Perspektive wahrzunehmen. In der Realität ist ja das Spannungsverhältnis zwischen Macht und Gerechtigkeit eine unendliche Geschichte.

Weiterführende Aufgaben:
Möglichkeiten zu einer eigenständigen Erschließung liegen in dem Versuch, die in den Texten geschilderten Sachverhalte jeweils aus

der Sicht verschiedener beteiligter Personen wahrzunehmen (z. B. Michal, Abschalom).

Zur näheren Betrachtung können die Texte 1Sam 25 (Nabal und Abigail); 2Sam 11-12 (David und Bathseba); 1Kön 21,1-20a (Ahab und Naboth) herangezogen werden.

Alle drei Texte sind in ihrer gegenwärtigen Gestalt Produkte eines Überarbeitungsprozesses, der sich nur noch hypothetisch rekonstruieren läßt.

Versuchen Sie selbständig, mögliche Thesen aufzustellen und zu begründen, wie die Geschichte der Texte wohl aussehen mag.

1Sam 25 ist jetzt Bestandteil der davidfreundlichen Aufstiegsgeschichte. Hier hat sie deutlich die Funktion, anhand der beiden Gestalten, des reichen Bauern Nabal und seiner klugen Frau Abigail, zwei Möglichkeiten vorzuführen, sich gegenüber der Herrschaft Davids zu verhalten. Der Verweigerer Nabal wird von JHWH mit dem Tode bestraft; die kluge Abigail steigt auf zur Frau Davids.[165]

Nehmen Sie Stellung zu den folgenden Sätzen:

1. „Kapitel 1Sam 25 läßt uns (...) in einzigartiger Weise in die Entstehung des Staates selbst hineinblicken: Der Übergang von der organisierten Räuberbande zur geheiligten Institution ist hier wie sonst wohl kaum in der Weltliteratur in statu nascendi unmittelbar abzulesen."[166]

2. „Aus 1Sam 25 erfahren wir etwas Näheres darüber, wie David sich und seine Leute über Wasser hält. Er schützt die reichen Grundbesitzer vor Überfällen von Beduinen und Räubern, bekommt aber dafür von ihnen auch Proviant."[167]

In 2Sam 12 und 1Kön 21 geht es jeweils um ein Vergehen des Königs (David/Ahab), das durch einen Propheten „ans Tageslicht" gebracht wird. In beiden Fällen spielt der in altisraelitischen Rechtsvorstellungen grundlegende Gedanke von Tat und Tatfolge eine zentrale Rolle.

In 1Kön 21 wird zusätzlich die Rolle von Königsfrauen thematisiert, die nicht in dieser Rechtstradition stehen.

In Vers 3 bezeichnet Naboth sein Land als Nahala, als Erbbesitz, der in Israel als unveräußerlich gilt. Nach Vers 10 werden zwei Lügenzeugen (neuntes Gebot) gedungen, deren Aussagen Naboth zu Tode bringen.

- Welche Verhältnisse im Blick auf „Macht und Recht" spiegeln die Texte wider?
- Welche Gruppen repräsentieren möglicherweise die handelnden Personen?
- Aus welchen Gründen und mit welchen Absichten könnten möglicherweise die Erzählungen überliefert worden sein?

6.8. Grausamkeit, Gewalt und Krieg

In den geschichtlichen Büchern der Hebräischen Bibel, aber auch in anderen Zusammenhängen finden sich Kriegsberichte, Erzählungen von Gewalttaten und u. ä., die unbefangene Leser in Schrecken versetzen und das gängige Vorurteil vom gewalttätigen „alttestamentarischen" Gott offensichtlich bestätigen.

Bei keinem anderen Thema wird so deutlich, daß die Hebräische Bibel zum gleichen Problem **Geschichten und Gegengeschichten** überliefert und gerade darin die Problematik nicht verharmlost, Wege aufzeigt, aber Irrwege nicht verschleiert, die selbstverantwortliche Entscheidung nicht abnimmt, aber ihr doch eine Richtung weist.

Wenn es in Dtn 13,5 (u. ä.) heißt, „du sollst das Böse in deiner Mitte ausrotten!", scheint eine Mentalität durch, die der beliebten Stammtischforderung „Kopf ab" entspricht. Beim unbefangenen Lesen kann das Herz ins Stocken geraten, – aber Hand aufs Herz –, sind die Gedanken aus der Welt, wenn man sie ignoriert? Mit Verdrängung ist den Rachegedanken nicht beizukommen. Auch wenn wir uns eine andere Sprache wünschen, sollte folgendes wahrgenommen werden: In einigen biblischen Psalmen wird angesichts erfahrenen Unrechts der Vernichtungswunsch gegen die Täter offen ausgesprochen (z. B. Ps 137,7-9), d. h. eine vorhandene Emotion wird nicht verdrängt, zugleich aber auf die Ausführung des Rachegedankens verzichtet. Übrigens kann die Erzählung vom Schutz Kains nach seiner Tat (siehe Kap. 4.9.) auch als Gegengeschichte zur allzu menschlichen Rachementalität gelesen werden.

In den Überlieferungen der Hebräischen Bibel wird der emotionsgeladene menschliche Impuls nach Vergeltung, Rache, Haß und Vernichtung des Widrigen offen ausgesprochen, aber aufs Ganze gesehen haben *diese* Texte einen relativ geringen Umfang im Verhältnis zu gegenläufigen Texten **und** werden in der biblischen Gesamttendenz durch Solidarität und Liebe überwunden.[168]

Verweist nicht gerade die Erfahrung darauf, daß man Rachegedanken zwar ignorieren aber nicht aus der Welt schaffen kann? Angesichts der Realität der Gewalt stellt sich nur die Alternative von Verdrängen und Überwinden. Die biblische Tendenz geht den Weg des Auseinandersetzens und Überwindens.

Besonders in hymnischen Texten (Ps 137,7-9; Ps 104,35 u. ä.) wird deutlich, daß Rachegefühl zwar als Verhaltensweise aufgenommen wird, daraus aber keine Verhaltensnorm ableitbar ist.

Einen besonderen Problemkreis bilden Textgruppen, die von den sogenannten **JHWH-Kriegen** berichten. (z. B. Jos 8 u. ä.). In diesen Zusammenhang gehört auch der alte Liedvers in Ex 15,3 „JHWH ist ein Kriegsmann". Zunächst ist festzuhalten, daß diese Überlieferungen vom JHWH-Krieg Anhalt an einer gemeinorientalischen, wenn nicht gemeinmenschlichen Tradition haben, nach der es selbstverständlich war, daß die Götter mit ihren Völkern mitkämpfen. (Noch im ersten Weltkrieg zogen die Deutschen und die Franzosen jeweils mit dem Spruch „Mit Gott für Volk und Vaterland" in den Krieg.) Gerade hier ist jedoch aufschlußreich, wie diese altbekannte Tradition in der erinnerten Geschichte Israels gestaltet wurde.

Grundtendenz der Kriegsüberlieferungen der Hebräischen Bibel ist nicht, Krieg im Auftrage oder mit Unterstützung Gottes zu führen, sondern den Krieg allein Gott zu überlassen. Diese Tendenz wird deutlich an Texten, in denen Feldzüge eher an Prozessionen, denn an Kriegshandlungen erinnern und die beteiligten Menschen nur in einer Statistenrolle erscheinen (vgl. Jos 6).[169]

Das Kriegsgesetz in Dtn 20 ist vor dem Hintergrund der Kriegspraxis der Antike ein bemerkenswertes Dokument einer humanistischen Haltung.[170] Die dort genannten Gründe der Freistellung vom Militärdienst dürften selbst heutige Rechtspraxis noch in den Schatten stellen.

Im Königsgesetz in 17,14 ff kommt der Bereich des Militärischen nur im einschränkenden Sinne vor: Der König soll nicht so viele Rosse (für die Streitwagen) halten.

Einen deutlichen Mißklang in diesem Gesamtbild stellen (scheinbar?) die Überlieferungen zum sogenannten **Bannkrieg** (z. B. 1Sam 15,3) dar, der insgesamt in den Kriegsüberlieferungen eher eine Nebenrolle spielt. Der Grundgedanke dieser auch außerhalb Israels nachweisbaren „Kriegstheologie" ist, daß in einem Bannkrieg alle Beute, auch das Leben der Besiegten, der Gottheit gehört. Ob wirklich solche Kriege geführt wurden oder ob sie Produkt der Phantasie späterer Erzähler sind, ist nicht auszumachen. Die Texte stammen jedenfalls aus Zeiten, in denen Israel wegen seiner verlorenen staatlichen Autonomie keine Kriege mehr führen konnte.

Es könnte der Gedanke dahinterstehen: wenn damals so verfahren worden wäre, wäre uns viel erspart geblieben. Mitzubedenken ist auch, daß die Motivation von Kämpfern nicht gefördert wird, wenn sie am Erfolg absolut keinen Anteil haben dürfen.

Grundsätzlich ist in der Auseinandersetzung mit entsprechenden Textgruppen zu bedenken, daß sie aus der Erfahrung erlittenen Unrechts oder anhaltender Ungerechtigkeit konzipiert sind. Kriegs- und Rachephantasien aus der Perspektive der Opfer sind unter moralischen Gesichtspunkten nicht positiv zu bewerten und doch können sie eine Funktion darin haben, daß aus Opfern nicht immer neue Täter werden. Indem die Vergeltung Gott anheim gestellt wird, ist ein erster Schritt zur Durchbrechung des Gewaltzirkels gemacht. Zu beachten ist der Stellenwert solcher Überlieferungen im Zusammenhang der Hebräischen Bibel.

Die **Gesamtkomposition der Hebräischen Bibel** ist einerseits von einer realistischen Wahrnehmung der die menschliche Geschichte von Anfang an durchziehenden Spur der Gewalt (hebr.: hamas) bestimmt,[171] andererseits ist die theologische Auseinandersetzung von dem Grundgedanken geleitet, daß Gottes Wille auf eine Unterbrechung des Gewaltzirkels und schließlich auf ein Ende der Gewalt zielt. Es muß nicht immer so bleiben! Der am Ende der Fluterzählung im Bild des Regenbogens als Bundeszeichen symbolisierte Gewaltverzicht Gottes, trotz anhaltender menschlicher Gewalt, mündet ein in die **Hoffnungsbilder vom gerechten Frieden**, der auch den Frieden mit der Natur umfaßt (z. B. Jes 11 und 32). Gottes Zukunft beginnt, wenn der Weg in diese Richtung beschritten wird.[172]

Literatur:

Crüsemann, Frank: Der Widerstand gegen das Königtum. Die antiköniglichen Texte des Alten Testamentes und der Kampf um den frühen israelitischen Staat, Neukirchen-Vluyn 1978; *Dietrich*, Walter: David, Saul und die Propheten. Das Verhältnis von Religion und Politik nach den prophetischen Überlieferungen vom frühesten Königtum in Israel, 2. verbesserte u. erw. Aufl., Stuttgart u. a.1992; *Dietrich*, Walter: Die frühe Königszeit in Israel. 10. Jahrhundert v. Chr., Stuttgart u. a. 1997; *Dietrich*, Walter/*Link*, Christian: Die Dunklen Seiten Gottes. Willkür und Gewalt, Neukirchen-Vlvyn 1995; *Ebach*, Jürgen: Das Erbe der Gewalt. Eine biblische Realität und ihre Wirkungsgeschichte, Gütersloh 1980

7. Einspruch um der Zukunft willen – Zur Bedeutung der Prophetie in Israel

Barlach, Ernst: „Zorniger Prophet". Kohlezeichnung 1918/19. WVZ-Nr. 1318

© Ernst und Hans Barlach Lizenzverwaltung Ratzeburg

„Wenn ich wüßte, daß morgen die Welt unterginge, würde ich doch heute ein Apfelbäumchen pflanzen."

Dieser Ausspruch wird Martin Luther zugeschrieben. Der Wissenschaftsjournalist Hoimar von Ditfurth formulierte im Anschluß daran den Titel eines Buches, in dem er Material ausbreitete, das in erschreckender Weise den nahen Untergang der Erde entweder durch eine ökologische oder durch eine atomare Katastrophe erkennen läßt:

„So laßt uns denn ein Apfelbäumchen pflanzen.

– Es ist soweit!"

Welche Funktion soll ein Buch mit einem derartigen Titel haben? Wie wird es aufgenommen? Kann man ein Werk in dieser Art als moderne prophetische Schrift bezeichnen?

Über die Deutung der biblischen Prophetie gehen die Meinungen weit auseinander. Bis heute läßt sich jedoch ein Handeln und Reden ausmachen, das ihrer Spur folgt und in jeder Epoche vermutlich ähnlich umstritten ist, wie es die später kanonisierte biblische Prophetie jeweils zu ihrer Zeit war.

Worin liegt das Spezifische, das Besondere des Prophetischen?

Aufgabe:
- Welche der folgenden Textauszüge haben nach Ihrer Ansicht prophetischen Charakter? – Versuchen Sie, Ihre Meinung zu begründen.

(1) „Es steht nicht gut um uns. Die Hoffnung, daß wir noch einmal, und sei es um Haaresbreite, davonkommen könnten, muß als kühn bezeichnet werden. Wer sich die Mühe macht, die überall schon erkennbaren Symptome der beginnenden Katastrophe zur Kenntnis zu nehmen, kann sich der Einsicht nicht verschließen, daß die Chancen unseres Geschlechts, die nächsten beiden Generationen heil zu überstehen, verzweifelt klein sind.

Das Eigentümlichste an der Situation ist die Tatsache, daß fast niemand die Gefahr wahrhaben will. Wir werden daher, aller Voraussicht nach, als die Generation in die Geschichte eingehen, die sich über den Ernst der Lage hätte im klaren sein müssen, in deren Händen auch die Möglichkeit gelegen hätte, das Blatt noch in letzter Minute zu wenden, und die vor dieser Aufgabe versagt hat.

Ich weiß, daß man bei den meisten immer noch auf Ungläubigkeit stößt, wenn man versucht, sie aufmerksam zu machen auf das, was da mit scheinbar schicksalhafter Unabwendbarkeit auf uns zukommt. Daß man sich den Vorwurf einhandelt, man verbreite Angst und nehme insbesondere der jungen Generation jede Zukunftshoffnung..."
(Aus: Hoimar v. Ditfurth: So laßt uns denn ein Apfelbäumchen pflanzen. Es ist soweit, Hamburg/Zürich 1985, 7.)

(2)„... Ich habe einen Traum, daß eines Tages diese Nation sich erheben wird und der wahren Bedeutung ihres Credos gemäß leben wird: „Wir halten diese Wahrheit für selbstverständlich: daß alle Menschen gleich erschaffen sind." ...

Ich habe einen Traum, daß eines Tages auf den roten Hügeln von Georgia die Söhne früherer Sklaven und die Söhne früherer Sklavenhalter miteinander am Tisch der Brüderlichkeit sitzen können.

Ich habe einen Traum, daß meine vier kleinen Kinder in einer Nation leben werden, in der man sie nicht nach ihrer Hautfarbe, sondern nach ihrem Charakter beurteilen wird...

Ich habe einen Traum, daß eines Tages jedes Tal erhöht und jeder Hügel und Berg erniedrigt wird. Die rauhen Orte werden geglättet und die unebenen Orte begradigt werden. Und die Herrlichkeit des Herrn wird offenbar werden, und alles Fleisch wird es sehen. Das ist unsere Hoffnung."

(Auszug aus Martin Luther Kings Rede, gehalten am Lincoln Memorial in Washinton am 28.8.1968, zit. nach: H.W. Grosse (Hg.), Testament der Hoffnung, Gütersloh 1974, 124.)

(3) „Die Welt gleicht einer Titanic auf Kollisionskurs. Vor uns liegt ein Eisberg, dessen Spitze aus dem Wasser herausragt. Ich meine damit die Verschlechterung der Umwelt durch Rohstoffverknappung, Umweltverschmutzung und als Folge dessen die Verschlechterung der Lebensqualität. Den großen unsichtbaren Teil des Eisbergs bilden die sozialen, politischen und wirtschaftlichen Strukturen und die geistige Desorientierung über den Sinn des Lebens. Nur ein Kurswechsel kann das Unheil verhüten. Noch tanzt die politische und wirtschaftliche Führung auf Deck, der Kurs aber bleibt unverändert."

(Auszug aus einer Rede von Ch. Birch vor der Vollversammlung des Ökumenischen Rates in Nairobi 1975; Ch. Birch: Es ist an der Zeit zu zahlen. Schöpfung, Technik und Überleben der Menschheit, in: LM 1/1976, 12.)

7.1. Was ist Prophetie?

Ob diese Texte im Sinne biblischer Prophetie als „prophetisch" bezeichnet werden können, hängt neben anderen Erwägungen davon ab, welche Funktion man den biblischen Propheten beimißt. Fachleute schwanken zwischen ihrer Deutung als „Gewissen der Nation" und „Sturmvögel von heraufziehendem Gewitter".[173]

Die darin zum Ausdruck kommende Spanne hat ihre Ursachen in unterschiedlichen Gewichtungen und Beurteilungen der Tradition. Was läßt sich über die biblischen Propheten aussagen? Der gängige Sprachgebrauch ist einem angemessenen Verständnis eher hinderlich, weil er Prophetie weitgehend auf *Vorhersage* reduziert. In der Vorhersage liegt sicherlich ein Aspekt des komplexen Phänomens Prophetie, der vermutlich besonders in der Frühzeit Israels bedeutsam war. Für die sogenannte klassische Prophetie dürfte am ehesten die Beschreibung zutreffen, die öffentliches (provozierendes) Auftreten, Wahr(heit)-sagen und Konfrontation gegenwärtiger Zustände mit der Erinnerung an den Anspruch und das Recht Gottes verbindet.

Der biblische Prophet ist in erster Linie ein von Gott „berufener Rufer".[174]

Nach **jüdischer Tradition** werden auch die Bücher Josua, Richter, Samuel und Könige neben den prophetischen Büchern der christlichen

Bibelausgaben zu den prophetischen Büchern gerechnet. Im Anschluß an die Tora genießen sie als deren erste Auslegungsschicht, den zweithöchsten Rang im hebräischen Kanon.

Nach dem Verständnis Israels (vgl. Ps 74, 9) ist die Epoche der Prophetie mit dem Übergang in den Hellenismus (etwa 300 v. Chr.) beendet.

Die **traditionelle christliche Auslegung** bis zum 19. Jahrhundert sah in den Propheten im wesentlichen Interpreten des Gesetzes. Als dann im Kontext moderner Bibelkritik die Prophetie als eigenständiges Phänomen entdeckt wurde, trug man das zeitgenössische Ideal von religiös unabhängigen genialen Männern an die prophetischen Gestalten heran und versuchte den Typus der vorwärtsweisenden prophetischen Religion dem Typ der traditionsverhafteten priesterlichen Kultreligion gegenüberzustellen. Vor allem im Zusammenhang mit **formgeschichtlichen Untersuchungen** wurde in diesem Jahrhundert das so entworfene Persönlichkeitsbild der Propheten stark relativiert. Es wurde entdeckt, wie stark die prophetischen Worte jeweils an verschiedene Traditionen Israels anknüpfen und zum anderen an feststehende vorgeformte Redewendungen gebunden sind. In ihrer **kanonischen Gestalt** sind die prophetischen Überlieferungen durch ihre Funktion bei der gottesdienstlichen Vorlesung geprägt („Sitz im Leben"). Im Zusammenhang der jüngeren Forschung zeichnet sich immer mehr ab, daß die prophetischen Bücher jeweils Ergebnisse einer z.T kunstvollen literarischen Gestaltung sind, in die überlieferte Worte und Erzählungen vom Wirken der Propheten eingearbeitet und mit einer reflektierenden Betrachtung des Geschichtsverlaufs verbunden sind. Tendenzänderungen und Akzentverschiebungen sind dabei unausweichlich. **H. W. Wolff** bringt den Spannungsbogen zwischen Auftreten der Propheten und der Verwendung ihrer Worte in gottesdienstlichen Lesungen bis hin zu ihrer Kanonisierung in den prophetischen Büchern auf markante Weise zum Ausdruck: „Die im Endurteil kanonisch geworden sind, wurden im Vorurteil als verrückt beschimpft."[175]

7.2. Methodische Zugänge zum Verständnis der Prophetie

Den zwischen dem Auftreten der Propheten und der abgeschlossenen Gestaltung der uns überlieferten prophetischen Schriften liegenden Prozeß versuchte die Forschung mit verschiedenen methodischen Zugängen zu durchleuchten (zu den Methoden siehe auch Kap. 1.3.).

Eine wichtige Station auf dem Wege der historisch-kritischen Erforschung dieses Prozesses liegt in der Anwendung der **formgeschichtlichen Betrachtungsweise**, die besonders auf **H. Gunkel** zurückgeht. Bei der Analyse der prophetischen Texte stellte er fest, daß dort Redegattungen aus fast allen Lebensbereichen aufgenommen wurden. Speziellere prophetische Redegattungen sind die in Rechtsverfahren verwendeten Formen wie Drohworte, Mahnworte und Scheltworte. Eine zentrale Rolle im prophetischen Redegut spielt der **Botenspruch**, der seinen Sitz im Leben in der diplomatischen Praxis des alten Orients hatte. In der prophetischen Rede wird der Botenspruch eingeleitet durch den Satz: „So spricht JHWH". Der Botenspruch steht in der Regel zwischen der Gegenwartskritik und der Ansage der Folgen für die Zukunft. Inhalt des Botenspruches kann eine Unheils- bzw. Heilsankündigung (Gerichtswort/Heilswort) sein, das sich an Israel (bzw. den König, oder die Elite des Volkes) und/oder Fremdvölker richtete.

In der Folge der formgeschichtlich geprägten Forschung wurde davon ausgegangen, daß in diesen Botensprüchen jeweils das *ursprüngliche Zentrum der prophetischen Botschaft* zu finden sei.

Aufgrund dieser Annahme wurde versucht, von diesen kleineren überschaubaren Einheiten her methodisch den weiteren geschichtlichen Redaktionsprozeß der prophetischen Bücher zu analysieren und ihre hypothetische **Redaktionsgeschichte** zu rekonstruieren.

Dieses Vorgehen war stark von dem Werturteil mitgeprägt, daß dem *urspünglichen* Prophetenwort bei der Deutung die „eigentliche" Aufmerksamkeit zukommen müsse.

Bei der Analyse der Wachstumsprozesse wird versucht, die Intention der verschiedenen
literarischen Schichten bis hin zur vorliegenden Endfassung zu ermitteln.[176] Eine Durchsicht von Fachliteratur und einschlägigen Untersuchungen zeigt, daß dabei z. T. sehr unterschiedliche Ergebnisse herauskommen.

Bereits **G. von Rad** erkannte, daß es den Tradenten (z. B. Prophetenschülern) nicht um Bewahrung des Originals ging, sondern um einen produktiven Tradierungsprozeß mit einer immer neuen, aktualisierenden Auslegung. Die Frage nach der sogenannten Echtheit (z. B. die Frage: Hat Amos das wirklich selbst gesagt?) wird schon durch die Einsicht in den Überlieferungsprozeß selbst zu einem problematischen Kriterium.

Wichtige Einsichten sind der **traditionsgeschichtlichen Untersuchung** zu verdanken, die versucht, den jeweiligen sozialen Hintergrund zu ermitteln, in dem die einzelnen Propheten sowie die von ihnen verwendeten Traditionen zu Hause sind (z. B. H. W. Wolff, Hoseas geistige Heimat). Die neuere **sozialgeschichtliche Forschung** bemüht sich, diese Fragerichtung mit eigener Akzentsetzung weiterzutreiben.

7.3. Begriffliche Orientierungshilfen

Es ist höchst fraglich, ob man von einer einheitlichen Institution „Prophetie" ausgehen kann. Obgleich die Zuordnung nicht immer trennscharf erfolgen kann, lassen sich in den Überlieferungen allgemein folgende „Typen" ausmachen:
1. **Propheten in ekstatischen Gemeinschaften,**
2. **Kult- bzw. Tempelpropheten,**
3. **Hofpropheten.**
4. **Oppositionelle Einzelpropheten**

Obwohl die Bearbeitung der Überlieferungen einen Vereinheitlichungsprozeß erkennen läßt, lassen sich diese verschiedenen prophetischen Traditionen noch unschwer erkennen. Alle Kategorien beziehen sich auf unterschiedliche Erscheinungsformen der mit dem Wort ‚Prophet' (hebr.: Nabi) bezeichneten Gestalten.

Zu 1.: Erinnerungen an Prophetengruppen, die sich in **ekstatische Zustände** (z. B. durch Musik und Tanz; vgl. 1Sam 10,5 f; 2Kön 3,15) versetzten, um den Gotteswillen zu ergründen, finden sich in den Samuel- und Königsbüchern. Sie zogen als Wundertäter und Heiler umher und wurden entsprechend ihrer Verhaltensformen als „verrückt" bezeichnet (vgl. 2Kön 9, 11). Besonders der Prophet Elisa ist solchen Gruppen zuzurechnen.

In der ekstatischen Form der Prophetie wird neben dem Sehertum (vgl. 1Sam 9,9) der Ursprung der Prophetie in Israel gesehen. Seine älteste Funktion stand möglicherweise im Zusammenhang mit der Institution des JHWH-Krieges. Während sich die Forschung darüber einig ist, daß das ekstatische Prophetentum auf kanaanäische Wurzeln zurückzuführen ist, wird in bezug auf das Sehertum einerseits ebenfalls eine kanaanäische Herkunft angenommen (z. B. Würthwein), daneben aber auch die These einer Herkunft aus der vorstaatlichen Tradition Israels vertreten (Fohrer).

Zu 2.: Für die sogen. **Kultpropheten** ergibt sich kein einheitliches Bild. 2Kön 19,2; 22,11-14; Jer 21,1; 37,3 lassen erkennen, daß sie in Jerusalem den Priestern untergeordnet waren und vermutlich zur königlichen Beamtenschaft gehörten. Ihre Hauptfunktion wird im Vorbringen von Fürbitten im Rahmen von Heiligtümern und gottesdienstlichen Klagefeiern und im anschließenden Aussprechen eines Erhörungsorakels zu suchen sein. Vermutlich erhielten sie für ihren Beruf eine entsprechende Ausbildung. Die von Micha in 3,5.11 mit negativer Wertung genannte Prophezeiung für Geld wird vermutlich hier ihren Hintergrund haben. Möglicherweise waren auch einige Schriftpropheten ursprünglich Inhaber eines solchen öffentlichen Amtes am Heiligtum und haben sich dann verselbständigt (Habakuk, Nahum und Joel gehören in die Tradition der Tempelpropheten).

Zu 3.: Die Gruppe der **Hofpropheten** (z. B. Gad, Nathan u. a., auch Frauen wie Hulda 2Kön 22,14) zeigt ebenfalls kein einheitliches Bild. Vermutlich standen sie im königlichen Dienst und mußten mit dem Gottesspruch kritische Entscheidungen absichern und bei wichtigen Staatsereignissen fungieren. Die deuteronomistische (dtr) Überarbeitung hat vermutlich ihre Funktion eines kritischen Gegenübers zum Königtum besonders herausgestellt (vgl. 1Kön 22; 2Sam 11 u. a.).

Zu 4.: Die **oppositionellen Einzelpropheten** bildeten in der Geschichte Israels die kleinste, aber wirkungsgeschichtlich die bedeutendste Gruppe. Ihr sind mit Ausnahme von Habakuk, Nahum und Joel alle sogenannten Schriftpropheten zuzurechnen.

Neben diesen Typisierungen werden in der Literatur weitere Kategorien gebildet bzw. Unterscheidungen gemacht:

Unter **Schriftpropheten** versteht man die prophetischen Gestalten, die wie Amos, Hosea, Jesaja, Jeremia u. a., nach denen jeweils eigene prophetische Bücher benannt sind. Ob sie selbst schriftliche Überlieferungen hinterlassen haben, muß insgesamt offen bleiben. Im Gegensatz dazu stehen prophetische Gestalten wie Nathan, Elia, Elisa u. a. Die Bezeichnung Schriftpropheten darf nicht darüber hinwegtäuschen, daß auch diese Propheten in erster Linie Redner und Boten und keine Schriftsteller waren. Die theologische Reflexion der Prophetie bezieht sich im wesentlichen auf diese Gruppe. Nach dem Umfang der Schriften, nicht nach ihrer Bedeutung, werden die Schriftpropheten in **(12) kleine und (4) große Propheten** eingeteilt.

Die **Unterscheidung von wahren und falschen Propheten** (Lügenpropheten) ist ein im Tradierungsprozeß vielreflektiertes Thema.

Dem liegt die Erinnerung zugrunde, daß den Propheten, deren Botschaft sich später bewahrheitet hat, während ihres Autretens oft eine große Zahl anderer Propheten gegenüberstanden.

Als Kriterien für wahre Prophetie werden u. a. deren materielle Unabhängigkeit betont (Mi 3,5; Am 7,10-17), die Entsprechung von Botschaft und Lebensweise (Jer 23,14), der Widerstand gegen die Berufung (Jes.6; Jer 1) oder die gegen Siegesgewißheit gerichtete kritische Rede (Mi 2,11 u. a.).

Aus der Erfahrung mit der Geschichte entwickelte die deuteronomistische (dtr) Theologie das Eintreten der Ansage als Kriterium. Es versteht sich, daß diese Qualifizierung nur nachträglich erfolgen kann (vgl. Dtn 18, 20-23).

Ein Beispieltext für das Ringen um die Unterscheidung von wahren und falschen Propheten ist 1Kön 22.

Auf einer anderen Ebene liegt die Unterscheidung zwischen **echten und unechten Prophetenworten**. Diese nicht sehr glückliche Unterscheidung stammt aus dem Vokabular der *literarkritischen Methode*.

Damit wird differenziert zwischen den vermutlich der historischen Prophetengestalt zuzurechnenden Textstücken einerseits und späteren Zuwächsen andererseits. Mit der hypothetischen Rekonstruktion der urprünglichen Botschaft eines Propheten wird in einem Nebeneffekt die produktive Weiterentwicklung der prophetischen Verkündigung in der Tradition abgewertet. Die Unterscheidung wird unmittelbar bedeutsam für die Fragestellung, ob die klassischen Propheten neben der Unheilsdrohung auch eine Heilsverheißung im Blick hatten.

Problematisch ist auch die generelle Unterscheidung zwischen **Heilsprophetie und Unheilsprophetie**. Traditionell wurden die klassischen vorexilischen Schriftpropheten als Unheilspropheten bezeichnet, weil ihre Botschaft im Kern das unmittelbar bevorstehende und das ganze Volk betreffende Gericht JHWHs ankündigt. Als Heilspropheten im vollen Sinne lassen sich erst exilische und nachexilische Propheten bezeichnen (z. B. Deuterojesaja). Nun sind aber in der kanonischen Gestalt aller prophetischen Bücher auch Heilsankündigungen zu finden. Diese werden jedoch von einem überwiegenden Teil der Ausleger dem Tradierungsprozeß zugeschrieben und damit als spätere Ergänzungen und Zusätze gekennzeichnet.

Die Geschichte der (Schrift-)Prophetie läßt sich in folgende Epochen einteilen:

Epoche	Propheten	Ereignisse
klassische Prophetie etwa 750–700 v. Chr.		Großmacht Assur
im Nordreich	Amos Hosea	Eroberung Samarias
im Südreich	Jesaja Micha	Belagerung Jerusalems
vorexilische Prophetie etwa 650–600 v. Chr.	Nahum Habakuk Zephanja Jeremia	Großmacht Babylon
		Fall Judas
exilische Prophetie 587–538 v. Chr.	Hesekiel	Zerstörung des Tempels
	Deuterojesaja (Jes 40-55)	Deportation der Oberschicht Untergang Babylons
nachexilische Prophetie etwa 530–300 v. Chr.	Tritojesaja (Jes. 56-66)	Großmacht Persien
	Haggai Sacharja Maleachi (Jona) Joel Obadja (?)	

7.4. Welcher Prophet spricht wahr?

Für den Bibelleser ist das historische Problem erledigt. In der biblischen Erinnerung sind vorwiegend die Überlieferungen von Propheten aufgehoben, die in ihrer Zeit, meist mit eigener Gefährdung, gegen den Trend des Zeitgeistes im Namen Gottes die wirklichen Verhältnisse ihrer Gegenwart als Anlaß für eine düstere Zukunft aufdeckten.

Aus diesen prophetischen Überlieferungen wird aber zugleich deutlich, daß es viele Propheten gab und in aktuellen Auseinandersetzungen oft Prophetenwort gegen Prophetenwort stand. Es ist davon auszugehen, daß alle Propheten ihren Beruf beherrschten und die Form der Aussage keine Kriterien für die Entscheidung der Wahrheitsfrage bot.

In Jer 23,9-32 wird die ganze Paradoxie des Problems deutlich: Ein Prophet (Jeremia) sagt, daß *alle Propheten lügen.*[177]

Da es in einer konkreten Situation an eindeutigen Kriterien dafür mangelt, die Geister zu unterscheiden, wird die Frage nach Wahrheit der Prophetie im Zusammenhang mit geschichtlichen Erfahrungen und im Anschluß daran in Israel selbst zum Thema theologischer Reflexion.

In Dtn 18,15 ff findet eine Lehrmeinung ihren Ausdruck. Im Gegensatz zu anderen Völkern, die auf Wahrsager und Zeichendeuter hören, ist Israel auf die Propheten verwiesen, durch deren Mund JHWH sprechen will. Der Wahrheitsgehalt eines Prophetenspruches läßt sich jedoch nur nachträglich feststellen:

„Wenn du aber bei dir selbst denkst:
wie sollen wir erkennen, welches Wort JHWH nicht geredet hat? so wisse: Wenn der Prophet im Namen JHWHs redet und es erfüllt sich nicht und trifft nicht ein, so ist das ein Wort, das JHWH nicht geredet hat. (...)" (Dtn 18, 21 f)

Wie sehr das Problem, welchem Propheten man vertrauen kann, drängte und bedacht wurde, läßt sich z. B. an der **Erzählung 1 Kön 22** erkennen.

Die jetzige Textgestalt wird als Ergebnis eines längeren Bearbeitungsprozesses verstanden, über dessen Verlauf die Meinungen jedoch weit auseinandergehen.

> **Aufgabe:**
> Lesen Sie den Text 1Kön 22 und versuchen Sie, mit Hilfe der folgenden Leitfragen die dort intendierte Aussage des Textes herauszufinden und zu beschreiben.
> - Geht es allgemein um die Thematik wahre und falsche Prophetie?

> - Wird primär der politische Einfluß der Prophetie bedacht?
> - Liegt der Schwerpunkt auf der Begründung für den Tod des Königs? (Durch die Verbindung mit 1 Kön 20, 35-42 findet das Bannvergehen Ahabs hier seine Strafe.)
> - Oder liegt der Schwerpunkt auf einer generellen Kritik der vorexilischen Heilsprophetie? Welche Funktion hatte sie angesichts der erfahrenen Katastrophe?

Die Erzählung weist auf den Brauch hin, vor einer Schlacht JHWH zu befragen. Zuständig sind dafür Propheten, deren Anzahl offensichtlich nicht gering gewesen ist. Neben der vermutlich institutionalisierten **Hofprophetie** tritt eine **unabhängige Einzelgestalt** auf. Alle werden als Propheten JHWHs eingeführt. Der Text bietet anscheinend zwei Lösungsmöglichkeiten für das Problem der wahren „Prophetie":
1. Die wirklich wahre Prophetie wird – wie sich im nachhinein herausstellt – nicht beachtet.
2. Auch die anderen Propheten dienen (indirekt) dem Geschichtswirken JHWHs.

Die Frage, wer sich zu Recht auf ein Wort JHWHs beruft, ist in der Geschichte der Prophetie immer neu aufgebrochen.

In 1 Kön 22 und auch in Jes 28 zeigt sich die Tendenz, daß eine Botschaft, die den Interessen der Empfänger zuwiderläuft, eher Wahrheit verbürgt. Doch auch daraus läßt sich kein Grundsatz gewinnen. Das von Dtn 18 formulierte Kriterium, das eine nachträgliche Entscheidung über die Wahrheit der Prophetie ermöglichen soll, bringt für die Gegenwart nichts. Außerdem wird auch dieses Kriterium im Laufe der biblischen Geschichte überholt: Das Buch Jona, eine Prophetenerzählung aus der Spätzeit Israels, stellt mit Jona eine prophetische Gestalt dar, die der Rollenkonflikt zur Flucht treibt. Er soll gegen Ninive predigen und ihr den Untergang verkündigen. Doch seine Worte führen letztlich zu einer Umkehr Ninives und ihre Bekehrung veranlaßt JHWH, die Stadt zu verschonen. Jona reagiert mit Zorn und Verdruß. Weil Jona um die Güte und Barmherzigkeit Gottes wußte, hat er versucht, sich seiner Aufgabe zu entziehen. Deswegen wurde ihm in der Auslegungstradition gern Hartherzigkeit unterstellt. Vor dem Hintergrund der prophetischen Tradition klärt sich dies unverständliche Verhalten als Flucht vor einem Dilemma:

Der Erfolg seiner Predigt kennzeichnet ihn auf dem Hintergrund von Dtn 18 als falschen Propheten. Und doch zeichnet ihn die Erzählung als jemanden, der im Auftrage Gottes handelt. Er spricht eine kritische Wahrheit aus, er kündigt Unheil an, damit es – vielleicht – doch noch eine heilvolle Zukunft gibt.[178]

7.5. Berufungsgeschichten

Wie der vorhergehende Abschnitt deutlich erkennen läßt, ist der Anspruch der Propheten, mit der Autorität JHWHs aufzutreten umstritten. In den sogenannten Berufungsgeschichten wird gewissermaßen die Innenperspektive des Verhältnisses von Gott und Prophet entfaltet und zugleich die Rolle des Propheten als Werkzeug Gottes betont.
- Jes 6; Jer 1; Ez 1-3; Elemente aus diesen in Am 7,1 ff; 8,1; Jes 40,6.

In diesen Texten wird vor allem das Verständnis des Propheten als **„Bote JHWHs"** hervorgehoben.

B. Lang begründet die These, daß die Berufungserlebnisse wahrscheinlich in einen Prozeß der Prophetenschulung eingebunden sind, so daß dahinter ein realer psychischer Vorgang steht, der durch Wahrnehmungslehre und Aneignung der Tradition vorstrukturiert und vordefiniert ist.[179]

> **Aufgaben**:
> - Lesen Sie die Texte und versuchen Sie, vergleichbare Einzelelemente festzustellen.
> - Wo liegen vermutlich festliegende Formen vor?
> - Welcher Vorstellungshintergrund ist erkennbar?
> - Was läßt sich über die Aufgabe des Propheten entnehmen?

Wie kommt der Prophet zu seiner Botschaft? – Zwei Weisen sind vornehmlich überliefert: Die **Audition** (z. B. Jes 5,9; 22,14; Ez 1,5; Jes 50,4) und die **Vision** (Am 7,1; Ez 8,1 f). Wie vorliegende Beispiele bestätigen, sind Versuche, das dahinterliegende Geschehen weiter aufzuhellen, immer reine Spekulation. Wichtig ist den Texten, das unmittelbare Betroffensein herauszustellen, das an anderen Stellen deutlich auch als unausweichliche Indienstnahme verstanden wird.

„Du hast mich betört und ich habe mich betören lassen; du bist mir zu stark geworden und hast mich überwältigt."
(Jer 20,7)
„Der Löwe hat gebrüllt,- wer fürchtet sich nicht! Der Herr JHWH hat gesprochen, – wer weissagt nicht!"
(Am 3, 8)

7.6. Zur Funktion der Unheilsverkündigung

1975 formulierte **H. W. Wolff**, daß es „die Gewißheit des drohenden Eingriffs JHWHs [ist, die] die klassischen Gerichtspropheten allererst veranlaßt hat, das gegenwärtige Verhalten der Hörer zu verurteilen."[180]

Nicht ein zukunftsentscheidender Umkehrruf, sondern die Begründung des kommenden Unheils im gegenwärtigen Fehlverhalten war danach die Funktion der Unheilsverkündigung der klassischen Propheten. Dieses Urteil gründet u. a. darin, daß die in allen prophetischen Büchern auch zu findenden Heilsworte (z. B. Am 5,15 u. 9,11-15) als „unechte", d. h. der Botschaft des jeweiligen Propheten im Laufe der Tradierung hinzugefügte Prophetenworte identifiziert wurden.

Das Forschungsinteresse war vor allem auf das Herausarbeiten des authentischen Kerns der prophetischen Botschaft und seine Einordnung in einen konkreten politisch-sozialen Kontext gerichtet, weil sich die Bedeutung der Worte erst in der Korreleation zur Situation, in die sie vermutlich hineingesprochen wurden, wirklich erschließt: „Erst wenn die geschichtliche Stunde, in der die Propheten auftreten, mit allen Mitteln historischer Forschung erhellt ist, kann die Botschaft in ihrer Intention und in ihrem Aussagegehalt wirklich verstanden werden.[181]

In der jüngeren Forschungsgeschichte hat sich wie bei anderen Büchern der Hebräischen Bibel auch die Aufmerksamkeit von einer (hypothetischen) Analyse der ursprünglichen Prophetenworte auf die Gesamtkomposition der **kanonischen Endgestalt** der jeweiligen Prophetenbücher verschoben.

Das Interpretationsinteresse verlagert sich damit auf die vorliegende literarische Gestaltung, (z. B. Am 5,15 u. 9,11-15) und ihren theologischen Sinn. Zugleich nähert sich diese Orientierung am kanonischen Text der jüdischen Auslegungstradition an. Das Urteil **Martin Bubers** ist auf auf die Gesamtüberlieferung von der Prophetie bezogen:

Das „Verhältnis des Propheten zur Zukunft [ist] nicht ein voraussagendes. Prophezeien heißt, die Gemeinschaft, an die das Wort gerichtet ist, unmittelbar oder mittelbar vor die Wahl und Entscheidung zu stellen. Die Zukunft ist nicht etwas gleichsam schon Vorhandenes und daher Wißbares, sie hängt vielmehr wesentlich von der echten Entscheidung ab, d. h. von der Entscheidung, an der der Mensch in dieser Stunde teilhat."[182]

Es ist wichtig auseinanderzuhalten, aus welcher Perspektive ein Urteil jeweils zustandekommt.

In der Komposition der Prophetenbücher ist die Dialektik von Unheilsansage und Heilsverheißung oft ein strukturierendes Grundschema.

Für die religionspädagogische Arbeit können beide Aspekte fruchtbar gemacht werden.

Die folgenden Beispiele versuchen beide Perspektiven aufzunehmen.

Zum Beispiel „Amos"

Das Amosbuch ist eine durchgestaltete Komposition, die mit in Untaten begründeten **Strafankündigungen** an die Israel und Juda umgebenden Völker sowie Israel und Juda selbst beginnt (Völkerzyklus 1,2-2,16). Im 2. Teil (3.1-6,14) schließen sich **Unheilsworte** gegen das Nordreich (Israel) an. Es folgt im 3. Teil der **Visionszyklus** (7,1-9,6), der wohl am ehesten Erinnerungen an die ursprüngliche Amosgestalt aufbewahrt. Den Abschluß bilden **Heilsworte** an Gesamtisrael (9, 7-15).

Amos ist der älteste der klassischen Propheten. Er trat in der **Mitte des 8. vorchr. Jahrhunderts** auf, als die assyrische Großmacht sich immer weiter ausdehnte und schließlich das Nordreich Israel zunächst tributpflichtig machte und mit der Eroberung Samarias (722 v. Chr.) die staatliche Existenz des Nordreiches beendete. In die gleiche Epoche wie Amos gehören Jesaja und Micha, die im Südreich auftraten, und Hosea, der sich wie Amos an Israel wandte.

Nach der „Überschrift" des Buches in 1,1 lag seine Wirkungszeit während der Regierung der Könige Usia von Juda (787-736 v. Chr.) und Jerobeam II. von Israel (787-747 v. Chr.). Die spärlichen Notizen führen zu einem breiten Spektrum an Erwägungen über die genaue Zeit seines Auftretens, die wahrscheinlich um 760 v. Chr. lag.

Von Herkunft ist Amos Judäer aus Thekoa, weissagte aber im Nordreich am Heiligtum in Bethel (3,14; 4,4; 5 f; 7,10.13), vermutlich auch in Gilgal (4,4; 5,5), vielleicht auch in der Hauptstadt Samaria (3,9; 4,1; 6,1; 8,14). Die Angaben über seinen ursprünglichen Beruf lassen seine soziale Stellung offen. Die mögliche Spanne reicht vom unselbständigen Hirten und Plantagenarbeiter bis zum reichen Herden- und Plantagenbesitzer. Als Indiz für eine etwas bessere soziale Stellung kann allerdings sein Bildungsstand und seine Unabhängigkeit herangezogen werden. Wenn Amos in 7,14 darauf hinweist, daß er „kein Prophet" ist, bringt er damit zum Ausdruck, daß er keiner Prophetengruppe zuzurechnen ist, sondern ein unabhängiger Kämpfer für den Gott Israels und seine Option für gerechte soziale Verhältnisse.

Im Zentrum der Amosbotschaft steht eine massive Gesellschaftskritik, die sich wie die Kultkritik an den Kriterien von Gottes Recht und der daraus folgenden Gerechtigkeit festmacht.

„Ich hasse, ich verschmähe eure Feste und mag nicht riechen eure Feiern. Denn wenn ihr mir Brandopfer beibringt – an euren Gaben hab' ich keinen Gefallen, und das Opfer eurer Mastkälber sehe ich nicht an.

Hinweg von mir mit dem Lärm deiner Lieder! Das Spiel deiner Harfen mag ich nicht hören! Aber es ströme wie Wasser das Recht, und die Gerechtigkeit wie ein unversieglicher Bach!" (5,21-24)

Die gesellschaftlichen Verhältnisse hatten sich so verschoben, daß die grundbesitzende Oberschicht auf Kosten der übrigen Volksschichten lebte, die zunehmend verarmten und unter Schuldsklaverei, Rechtsbeugung, Betrug und Wucher etc. zu leiden hatten. Das Amosbuch bezieht sich bei seiner Kritik auf die mißachteten Rechtstraditionen Israels und begründet das Recht JHWHs zum Strafgericht damit, daß er Israel befreit und erwählt hat (3,1 f). Aus der kanonischen Fassung liest sich die Kritik des Amos auch als Begründung des inzwischen eingetretenen Unheils. Ob die Kritik des Amos auf Veränderung abzielte und somit auch einen Hoffnungsaspekt hatte oder ausschließlich die Berechtigung des kommenden Gerichtes feststellen wollte, ist in der Auslegung umstritten. „Amos hat der Opfer jenes Israel, in dem er auftrat, nur als Opfer gedacht; er hat ihnen keine Zukunft eröffnet."[183]

„Natürlich weiß Amos auch vom Heil, das JHWH seinem Volk schenken kann. ‚Haßt das Böse, liebt das Gute und sorgt für das Recht! Vielleicht ist JHWH, der Gott der Heere, dem Rest von Josef dann gnädig!' (5,15). Das will wohl besagen: Wenigstens ein Teil der verbrecherischen Oberschicht kann durch einen gründlichen Wandel von Gesinnung und Praxis doch noch dem Unglück entgehen, wie Amos wahrscheinlich annimmt, daß die stets betrogene Unterschicht von der angekündigten nationalen Katastrophe nicht oder doch nicht stark in Mitleidenschaft gezogen wird."[184]

In weiterem Zusammenhang damit steht das Problem, ob man die Sozialkritik des Amos als eigenständige Ebene interpretieren darf oder *nur* als Bestandteil seiner Gerichtspredigt. (Der Vorwurf einer ausschließlichen Konzentration auf die soziale Botschaft wurde gelegentlich religionspädagogischen Bearbeitungen des Amosbuches gemacht). Schließlich wird diskutiert, ob die Zukunftsvisionen in direkter Entsprechung zum prophetischen Selbstbericht als „visionär-auditative-Widerfahrnisse" zu verstehen sind, die nicht durch die „Analyse der Verhältnisse in Israel oder durch Beobachtungen der Umweltbewegungen (7,1-8; 8,1 f; 9,1-4; 7,14 f; 3,8)" zustande gekommen sind[185] oder umgekehrt die Vision „durch Aneignung der Tradition vorstrukturiert und vordefiniert ist."[186]

Im letzteren Falle kommt der Wahrnehmung und der Wahrnehmungsschulung eine entscheidende eigene Bedeutung hinzu. Der richtige Blick in die Zukunft ist dann kein Zufallstreffer, sondern leitet sich aus einer tieferen Analyse der Folgen ab, die sich aus den in der Gegenwart kritisierten Verhältnissen ergeben.

In der Intention des Amosbuches bewahrheitet sich das Gottesverhältnis an nichts anderem als an der Praxis gelebter gesellschaftlicher Solidarität.

> **Aufgabe**:
> - Versuchen Sie, sich anhand des Amosbuches und ggf. durch Heranziehen weiterer Materialien (s. Literatur) eine eigene Meinung zu den verschiedenen Problemstellungen zu bilden.

Zum Beispiel „Micha"

Die Komposition des Michabuches ist von einer zweifachen Abfolge von **Unheilsabkündigungen** (1,2-3,12 sowie 6,1-7,7) und **Heilsankündigungen** (4,1-5,14 sowie 7,8-20) bestimmt.[187]

Micha aus Moreschet Gat wirkte in der zweiten Hälfte des 8. Jahrhunderts v. Chr. in Juda und wird auch der *Amos des Südreiches* genannt. Das Buch erinnert ihn als eine Gestalt, die mit kräftigen bilderreichen Worten die reiche Oberschicht Judas anprangerte, weil sie durch ihre wirtschaftlichen Machenschaften die Landbevölkerung in den Ruin trieb. Seine Botschaft ist in den ersten drei Kapiteln noch deutlich erkennbar.

Wie bei den anderen Prophetenbüchern wurden seine Worte von Oppositionsgruppen tradiert und weiter fortgeschrieben. Die Zerstörung der offenbarten Rechtsordnung führt zur Zerstörung der an den Interessen der Reichen orientierten Wirtschafts- und Gesellschaftsordnung und den Untergang Zions. Dagegen steht die Vision vom messianischen Friedensreich (Schwerter zu Pflugscharen, 4,3), das die Völker wegen seiner Gerechtigkeit fasziniert.

In der **nachexilischen Lehrrede 6,1-8** wird die erinnerte Geschichte, die erzählte Erinnerung der Befreiung, zum Anknüpfungspunkt für das dem Menschen entsprechende Verhalten: Tun, des Gerechten, Freundlichkeit lieben und behutsam mit Gott mitgehen. Nicht Kult und Sühneopfer sucht JHWH beim Menschen, sondern das, was ihm selbst gut tut.[188]

7.7. Unheil als Durchgang zu neuer Zukunft – Zum Beispiel „Jeremia"

Das Jeremiabuch ist das umfangreichste Prophetenbuch. Seine Komposition ist schwieriger zu analysieren als die beiden oben behandelten Bücher.
- Im 1. Teil (1-25) finden sich **Sprüche und Reden gegen Israel und Juda**;
- Im 2. Teil (26-45) **Erzählungen** mit einem abschließenden Trostwort an seinen Schreiber Baruch

- Im 3. Teil (46-51) **Sprüche gegen Fremdvölker.**
Angehängt ist eine Erzählung, die 2Kön 24,18-25,30 entspricht.

„Tut es kund in Juda und in Jerusalem lasset es hören: ... Unheil führe ich heran von Norden und großes Verderben." (4,5 f)

„Es gibt noch eine Hoffnung für deine Zukunft, spricht JHWH ..." (31,17)

„Siehe, es kommen Tage, spricht JHWH, da schließe ich mit dem Hause Israel und mit dem Hause Juda einen neuen Bund, nicht einen Bund, wie ich ihn mit ihren Vätern schloß zu der Zeit, da ich sie bei der Hand nahm, sie aus dem Lande Ägypten herauszuführen; denn sie hatten meinen Bund gebrochen, ich aber habe sie verworfen, spricht JHWH. Nein, das ist der Bund, den ich nach jenen Tagen mit dem Hause Israel schließen will, spricht JHWH: Ich will mein Gesetz in ihr Inneres legen und es ihnen ins Herz schreiben; ich werde ihr Gott sein und sie werden mein Volk sein. Da wird keiner mehr den anderen, keiner seinen Bruder belehren und sprechen: „Erkennet den Herrn!", sondern sie werden mich alle erkennen, Klein und Groß, spricht JHWH; denn ich werde ihre Schuld verzeihen und ihrer Sünde nicht mehr gedenken." (31,31-34)

Während bei Amos die politische Großwetterlage von der Bedrohung durch die Assyrer bestimmt war, zeichnet sich ca. 130 Jahre später der Niedergang der assyrischen Macht deutlich ab. Die Situation gibt Anlaß zur Hoffnung, die von einer großen Zahl von Propheten unterstützt wird. Gegen diese Hoffnungsstimmung tritt eine neue Gruppe kritischer, prophetischer Einzelgestalten auf, unter denen Jeremia herausragt. Das „letzte Jahrzehnt der politischen Selbständigkeit des Reiches Juda [war] eine Epoche prophetischer Hochkonjunktur, in der Jeremia mit seiner Unheilsbotschaft einen schweren Stand hatte".[189]

Auf sehr verschiedene eindrucksvolle Weisen wird im ersten Teil des Jeremia-Buches eine von Norden heraufziehende Gefahr beschrieben (1,13-17 – Kesselvision; 5,15-17; 16,22-28).

Nachdem aber die aus dem Norden kommende Gefahr in Gestalt der Neubabylonier 587/6 v. Chr. Juda verwüstet und Jerusalem mit seinem Tempel verbrannt hatte und sich keinerlei Hoffnungsperspektive abzeichnete, redete Jeremia vom neuen Bund JHWHs mit seinem Volk, dessen Qualität den alten Bund in den Schatten stellen sollte.

„Denn ich bin mir wohl bewußt, was für Gedanken ich über euch habe, spricht JHWH, nämlich Gedanken des Heils und nicht des Unheils, euch zu geben Zukunft und Hoffnung." (29,11)

In dieser großen Schwankung liegt dennoch eine Kontinuität. Zum einen ist die Geschichtsmächtigkeit JHWHs zu nennen, die – trotz

Auflehnung – den Propheten mit seiner ganzen Person erfaßt hat; auf der anderen Seite läßt sich jeweils eine tiefgehende Analyse der politischen Gesamtlage erkennen. Viele Mahnungen des Propheten zielen darauf, sich dieser Gesamtlage entsprechend zu verhalten.

Die religiöse und die politische Einstellung bilden bei der Gestalt des Jeremia ebenso eine Einheit wie sein Reden und Tun. Das Jeremia-Buch läßt eine Gestalt erkennen, die zugleich wegen der Größe ihrer Aufgabe mit Gott hadert, unerschrocken den als richtig erkannten Auftrag angeht und ihr Leiden auf sich nimmt, wo die aktiven Möglichkeiten an ihre Grenzen stoßen. Einige Theologen vertreten die These, daß sich Gestalten wie Jeremia wegen vieler herausragender Besonderheiten nicht als Identifikationsmöglichkeiten eignen. Dagegen ist kritisch zu fragen, ob durch solche Thesen nicht entscheidende biblische Lernchancen verspielt werden.

Jeremia wurde um das Jahr 650 v. Chr. als Sohn eines Priesters in Anatot, einem kleinen Ort in der Nähe von Jerusalem, geboren. Sein Geburtsort liegt im alten Stammesgebiet von Benjamin, so daß es nicht wundert, wenn die mittelpalästinischen Traditionen vom Auszug aus Ägypten, der Wüstenwanderung und der Landnahme in seiner Argumentation eine entscheidende Rolle spielen (vgl. z. B. 2,4-9 u. 6,4-6).

Wie bei anderen Schriftpropheten werden diese Traditionen jedoch nicht einfach reproduziert, sondern im Rahmen einer kritischen Argumentation neu zur Geltung gebracht. Die Zeit seines Wirkens läßt sich in **vier Epochen** aufteilen:

1. Seine Berufung 627/26 fällt in die Regierungszeit Joschijas (639/8-609/8). Die Vorgänger Joschijas hatten als Vasallen Assurs den assyrischen Staatskult zugelassen. Dieser war vermutlich stark durch astrale Elemente bestimmt. Damit verbunden war die Praxis, mit astrologischen Mitteln Einsichten über Weltordnung und Zukunft zu gewinnen.[190] In diese Epoche gehören Texte, die gegen den Baalkult polemisieren (1-6), und das Trostbüchlein für Efraim (30 f). Aus der Zeit, als Joschija auf dem Hintergrund des Niederganges der assyrischen Macht mehr politische Selbständigkeit gewann und eine grundlegende Kultreform (die sogenannten Deuteronomistischen Reformen) durchführte, gibt es keine Überlieferungen von Jeremia. Möglicherweise stand er dieser Reform positiv gegenüber.

2. In den ersten vier Jahren des Königs Jojakim (609-605) meldet er sich erneut zu Wort mit Kritik von Kult und Politik (1-26; 35 f) und Fremdvölkerorakel (46 ff). Jojakim war von Pharao Necho eingesetzt worden und verstand es offensichtlich, seine Tributpflicht auf Kosten der Bevölkerung zu erfüllen (2Kön 23,35). Jer 22,13-19 enthält einen äußerst scharfen sozialkritischen Angriff auf die Herrschaft Jojakims. Dabei hält Jeremia ihm seinen Vater als Vorbild entgegen. Die Sozialkritik verbindet sich mit Kultkritik (Tem-

pelrede Jer 7). Nur einflußreiche Helfer verhindern, daß Jeremia das gleiche Schicksal erleidet wie der Prophet Uria (26,20-24). Im Jahre 605 schlägt Nebukadnezar den Pharao Necho, und sein Einmarsch in Juda steht bevor. Nach Jer 36 läßt Jeremia seinen Freund und Schreiber Baruch das drohende Unheil niederschreiben. Die Schriftrolle wird im Tempel zweimal verlesen. Bevor sie dem König vorgelegt wird, fordern mit Jeremia symphatisierende Männer Baruch und ihn auf, unterzutauchen. Diese sind vermutlich einer pro-babylonischen Fraktion am Hofe zuzurechnen, die der königlichen Politik kritisch gegenüberstanden.[191] In die Jojakimzeit gehören auch die literarisch bemerkenswerten Konfessionen Jeremias, die ein Ausdruck intensiver Selbstreflexion des Propheten sind (11,18 - 12,6; 15,10-20; 17,14-18; 18,18-23; 20,7-18).

597 v. Chr. erobert Nebukadnezar Jerusalem, deportiert die Oberschicht nach Babylon und setzt Zedekia als König ein.

3. Nachdem auch Zedekia sich zu einer antibabylonischen Politik hat drängen lassen, setzt Jeremia seine Agitation gegen diese Tendenz fort, verhält sich jedoch nicht grundsätzlich ablehnend gegenüber dem König (vgl. 38,14-28). Pro-babylonische Stellungnahmen und Heilsworte gehören in diese Phase (27-29; 32-34; 37-39), die von 593 bis zur zweiten Deportation und Zerstörung Jerusalems 587 v. Chr. reicht.

4. Auch anschließend bleibt Jeremia bei seiner Grundlinie. Nachdem die Babylonier ihn befreit haben, unterstützt er den von Babylon eingesetzten Stadthalter Gedalja. Auch als Gedalja nach kurzer Zeit ermordet wird, hält Jeremia an der Aussage fest, daß das Gericht JHWHs ein Ende hat (42,10). Von fliehenden judäischen Nationalisten nach Ägypten verschleppt, attakiert Jeremia dort die falsche Entscheidung und das falsche Sicherheitsgefühl, bis sich seine Spuren dann dort im Sand verlaufen.

In allen vier Epochen zeigt sich eine enge Verbindung zwischen politischer Situation und prophetischer Botschaft. Aus dieser engen Verbindung ergibt sich, daß religiöse und politische Beurteilung nicht getrennt werden dürfen, sondern die theologische Reflexion jeweils auf die ganze Wirklichkeit bezogen sein muß.

Zum literarischen Werdeprozeß des Jeremia-Buches[192]

Mindestens **drei literarische Schichten** lassen sich voneinander abheben.

A. **Kurze poetische Sprüche in Ich-Form** (vorherrschend in den Kap. 1-25; 30 f). Umstritten ist, ob die Völkerorakel Kap. 46-51 hier hinzuzurechnen sind.

B. **Fremdberichte** über das Geschick Jeremias (Kap. 19-20,6; 26-29; 36-44). Diese Berichte sind in der dritten Person abgefaßt und berichten über die Leiden Jeremias. Vielfach wird angenommen, daß sie wegen der genauen Kenntnisse der Person wenigstens teilweise auf Baruch, den Freund und Schreiber Jeremias, zurückzuführen sind.

C. **Lange Prosa-Reden in Ich-Form.** Auch hier sind die Zuordnungen strittig. In der Regel werden mindestens folgende Teile hier zugerechnet: Kap. 7-8,3; 11; 18; 21; 25; 34; 35. Diese Reden unterscheiden sich sprachlich von den übrigen Teilen des Jeremia-Buches, lassen eine deuteronomistische (dtr) Bearbeitung erkennen und sind möglicherweise schon durch den Predigtstil der nachexilischen Zeit geprägt.

Aufgaben:
- Vergleichen Sie (möglichst verschiedene) Darstellungen der Geschichte Israels über die Wirkungsepoche Jeremias.
- Nehmen Sie anhand der einschlägigen Stellen des Jeremia-Buches Stellung zur These, daß Jeremia sich politisch verstanden hat und seine Verkündigung einer politischen Praxis entsprach.[193]
- Bedenken Sie die Frage, ob sich eine Gestalt wie Jeremia zur Auseinandersetzung und Identifikation in Lernprozessen eignet.

7.8. Aufbruch in eine hoffnungsvolle Zukunft – Zum Beispiel Deuterojesaja (DtJes)

„Höret auf mich ihr Verzagten, die ihr fern seid vom Heil: Schon lasse ich nahen mein Heil, es ist nicht fern, und meine Rettung wird nicht verziehen. Ich schaffe Rettung in Zion für Israel, meine Zier." (Jes 46,12 f)

Die **Kap. 40–55 des Jesaja-Buches** werden wegen ihres anderen zeitlichen Hintergrundes und völlig anderen Sprachstils als eigene literarische Schicht im Jesaja-Buch verstanden. Während bei Jeremia eine unauflösliche Verknüpfung von Person und Botschaft zu erkennen ist, tritt hier die prophetische Gestalt völlig hinter ihrer Botschaft zurück. Sie hat deshalb in der wissenschaftlichen Literatur den Namen *Deuterojesaja* (DtJes, 2. Jesaja) erhalten.

Ein **zentraler Gehalt** der Botschaft dieses Propheten, der vermutlich gegen Ende des babylonischen Exils (550–540 v. Chr.) unter den

Exilierten in Babylon auftrat, liegt in *der hoffnungsvollen Aufbruchstimmung*. Das von der früheren Prophetie angekündigte Gericht ist Vergangenheit, seine Folgen sind jedoch noch spürbar. Wie bei Jeremia u. a. bildet die weltpolitische Gesamtlage den Hintergrund seiner Verkündigung. Der Siegeszug des Perserkönigs Kyros (44,26 f u. a.) läßt den Untergang der neubabylonischen Macht und Befreiung für die Exilierten erwarten (43,14; 46 f).

Am Anfang steht eine Jes 6 ähnliche **Berufungsvision,** die aber ausschließlich als Audition dargestellt wird. In der himmlischen Hofszene (vgl. Jes 6 u. Jes 40 1-11) wird bereits hörbar, was sich auf der Erde erst anbahnt.

Die **Redeformen** haben sich gegenüber der vorausgehenden Schriftprophetie verlagert. Die wichtigsten Gattungen sind nun:

- Die **Heilsankündigung** als freie Gestaltung des gottesdienstlichen Heilsorakels.
- Die **Disputationsworte** (Streitgespräche), in denen wenig beachtete Traditionen neu ins Spiel gebracht werden.
- Die **Gerichtsreden**, in denen in Anlehnung an Gerichtsverhandlungen Auseinandersetzungen zwischen JHWH und Israel und zwischen JHWH und anderen Völkern bzw. deren Göttern thematisiert werden.
- **Hymnen**, die dazu auffordern, in Lob und Freude über das kommende Heil einzustimmen.

In vorgeformter hymnischer Sprache werden die verschiedenen Heilstraditionen Israels in neuer freier Verwendung aufgenommen, um sie zu einem Strauß von Hoffnungsaspekten zu bündeln. Neben der *Zions- und Exodustradition* spielt das *Schöpfungsthema* eine entscheidende Rolle. Alle Traditionen fließen in einem großen Hoffnungsbild zusammen.[194]

Aufgaben:
- Stellen Sie verschiedene Traditionen zusammen, die DtJes aufnimmt, und versuchen Sie aufzuzeigen, in welcher besonderen Weise und mit welcher besonderen Absicht diese verwendet werden.
- Charakterisieren Sie die „religionskritischen" Elemente, die besonders in der Götzenpolemik (41,22 ff; 40,19 f; 44,9 ff) zum Ausdruck kommen.
- Eine Besonderheit bei DtJes sind die sogenannten Gottesknechtslieder (42,1-9; 49,1-13; 50,4-9; 52,13 - 53,12). Informieren Sie sich über verschiedene Auslegungsansätze.

7.9. Das Buch Jona

Aufgabe:
- Lesen Sie das Buch Jona im Zusammenhang und notieren Sie ihre Beobachtungen und Fragen.

Im Unterschied zu den anderen prophetischen Büchern ist das Buch Jona ganz als Prophetenerzählung komponiert und ist seiner Intention nach auch eine Art Lehrerzählung über die Rolle eines Propheten bzw. die prophetische Rolle Israels.

Die Erzählung stammt vermutlich aus der Feder eines theologisch gebildeten Verfassers in der *frühhellenistischen Epoche* (2. Hälfte des 4. oder 1. Hälfte des 3. Jhds. v. Chr.).

Sie ist deutlich in *zwei Teile (Kap. 1–2 und 3–4)* gegliedert, die jedesmal mit: „Und das Wort JHWHs erging an Jona" beginnen.

Die Art der Darstellung ist deutlich durch märchenhaft-fiktive und typisierende Züge geprägt.

Die Orts- und Zeitangaben bleiben unbestimmt. Der mit den Überlieferungen vertraute Leser wird allerdings durch den Prophetennamen Jona (Taube) an den Heilspropheten Jona ben Amittai des 8. Jhds. erinnert (2Kön 14,25). Zu der Zeit war Ninive die Hauptstadt des assyrischen Weltreiches. Mit Ninive klingt zugleich die Erinnerung an die feindliche Großmacht an, die durch die Eroberung Samarias den Untergang des Nordreiches herbeigeführt hatte.

So kann die Geschichte auch unter dem Blickwinkel gelesen werden, was den Erzähler bewegt, diese Konstellation der Vergangenheit neu in Szene zu setzten.

Bedenkenswert ist auch, die weitgehend fremdenfeindlich, nationalreligiös geprägte Politik der Tradition Esras und Nehemias als Hintergrund anzunehmen, vor dem diese Geschichte so erzählt wird.

Die **christliche Auslegungstradition** hat gern in Jona die Figur des verstockten Juden gesehen und die Geschichte gewissermaßen von außen betrachtet. Wenn diese Erzählung, die ihren Ursprung in innerjüdischen Auseinandersetzungen hat, christlich rezipiert wird, dann wird sie nur unter dem Aspekt einer Identifikation mit der Jonagestalt und unter der Perspektive sinnvoll, was sie zur Lernfähigkeit von Christen beitragen kann.

Im Kontext der Geschichte der Prophetie wird der in Dtn 18 formulierte Zusammenhang problematisiert, daß man den wahren Propheten daran erkennen kann, daß seine Ansage eintrifft (siehe oben). In der Jonaerzählung liegt ja die prophetische Funktion gerade darin, den Tun-Ergehen-Zusammenhang aufzubrechen. An der unerwarteten Reaktion der Ninineviten der Erzählung wird deutlich, daß für den Erzähler die Geschichte nicht zwangsläufig so verlaufen mußte, wie sie verlaufen ist oder immer wieder verlaufen wird. Die Möglichkeit der Umkehr kommt ins Spiel, die den determinierten Zusammenhang von Schuld und Schuldfolge aufbricht. Auch Umkehr erschließt nicht automatisch eine verspielte Zukunftsperspektive, sie eröffnet aber die Chance für das „Vielleicht", das in den Worten des Königs von Ninive anklingt (3,9).

Wichtige Einzelaspekte finden sich in den gelehrten theologischen Sätzen, einschließlich seiner Gebete (1,9; 2,3-11; 4,2). Jona erscheint als in Glaubensfragen gebildeter Mensch, der aber aus seiner Dogmatik keine, bzw. die falschen Konsequenzen zieht. Er bekennt JHWH als Gott der Erde und des Meeres und versucht ihm auf dem Meer zu entfliehen u. a. Interessant ist auch das Bild, das von den *Fremden* auf dem Schiff gezeichnet wird (1,5 ff). Sie erscheinen als eine multireligiöse Gesellschaft, die versucht, das anstehende Problem gemeinsam zu lösen und nicht leichtfertig mit dem Leben anderer umzugehen.

Schließlich spielt auch das *Bild der ökologischen Gemeinschaft eine* Rolle. Einmal in der gemeinsamen Buße von Mensch und Tier (3,7 f), dann in der Einbeziehung der Tiere in das Erbarmen Gottes (4,11). Den Tieren gilt das letzte Wort des Buches! Ob der von Gott initiierte Lernprozeß zum Ziel führt, bleibt offen.

7.10. Messianische Texte

In der **christlichen Tradition** wurde die Botschaft der Propheten sehr stark auf die Ankündigung des Messias und frühe Zeugen der Messianität Jesu reduziert. Der Engführung steht gegenüber, daß die messianischen Weissagungen nur einen ganz geringen Teil der prophetischen Texte bestimmen.

Als messianische Texte werden solche Abschnitte bezeichnet, die das Auftreten eines zukünftigen Heilskönigs ankündigen. Allgemein wird angenommen, daß die *messianische Thematik* sich erst in nachexilischer Zeit entwickelt hat, als die Tradition des Königtums abgebrochen war. Die Hoffnung auf einen Messias hat sich in vielschichtiger Weise entfaltet und eine produktive Kraft erzeugt. **Urbild des Messias** (aram.: der Gesalbte) ist der **König David**. Die Salbung ist nach jüdischer Tradition wesentlicher Bestandteil des Rituals bei der Königseinsetzung (vgl. 1Kön 1,39 u. a.). Der Begriff des *Messias* wird in den kanonischen Schriften der Hebräischen Bibel nur als Titel für einen herrschenden König, nicht jedoch für den Zukunftsherrscher verwendet.

Es läßt sich eine *ältere, restaurative messianische Tradition* von einer *utopischen* unterscheiden. Bei der ersten Form geht es um die Erwartung einer Wiederherstellung des davidischen Königtums, das in der Tradition immer mehr die Gestalt eines goldenen Zeitalters annahm.

„An jenem Tage will ich die zerfallene Hütte Davids wieder aufrichten, will ihre Risse vermauern und ihre Trümmer wiederherstellen, will sie aufbauen wie in den Tagen der Vorzeit." (Am 9,11)

Der entscheidende Bezugstext für diese Hoffnung ist die sogenannte Nathanweissagung in 2Sam 7 (bes. V. 12-16), in der die Davidherrschaft einerseits in die sakralen Überlieferungen Israels verankert wird, andererseits seiner Dynastie ewiger Bestand angekündigt wird. (Siehe auch: Jer 33,14-26; Ez 34,23 f; 37,22 ff; u. a.)

Neben die rückwärtsgewandten messianischen Vorstellungen treten mehr utopische Formen von Zukunftshoffnungen. Wie Micha 4,14 - 5,5; Jes 92-7; 11,1-5 erkennen lassen, knüpft die Erwartung eines zukünftigen Friedensherrschers zwar an die Davidtradition an, enthält aber zugleich eine massive Kritik an der Königsherrschaft in Israel. Die Hoffnung entwirft ein Gegenbild: Im Gegensatz zu der erfahrenen Königsherrschaft wird die zukünftige geprägt sein von einem Frieden auf der Basis von Recht und Gerechtigkeit. Seinen weitestgehenden Ausdruck findet der utopische Messianismus in den Visionen vom universellen Friedensreich (Jes 2,2-5; Micha 4,1-4).

Die messianische Hoffnung ist innerhalb der jüdisch-christlichen Religionsgeschichte in vielerlei Gestalt bedeutsam geworden. Der Messiastitel wurde in Verbindung mit anderen als Deutung für die Gestalt Jesu aufgenommen (gr. *christós* entspricht aram. *Messias*).[195]

Schalom Ben Chorin sieht im modernen Zionismus eine Transformation des restaurativen Messianismus und im Sozialismus eine Transformation des utopischen Messianismus.[196]

Für **Erich Fromm** geht die Bedeutung des Messianismus weit über die jüdisch-christliche Ausformung hinaus:

„Vielleicht am wichtigsten für die Weltgeschichte von all dem, was die Propheten gesagt haben, ist die Vision der messianischen Zeit. Das war eine einmalige, eine neue Vision, die eine Quelle von ungeheurer geschichtlicher Fruchtbarkeit geworden ist: die Idee der ‚Heilung', des Heils des Menschen durch die Vollendung seiner selbst. Die messianische Zeit im prophetischen Sinn ist die Aufhebung des Fluches, der gegen den Menschen im Paradies ausgesprochen wurde. [...] Vielleicht hat keine Idee die Entwicklung der Menschheit so beeinflußt wie die messianische. Ohne ins einzelne gehen und ohne mich auf strittige Dinge einlassen zu wollen – so kann man doch sagen, daß sowohl das Christentum wie auch der Sozialismus aufs tiefste von der messianischen Idee beeinflußt worden sind, obwohl sie beide diese Idee in verschiedener Weise ausgedrückt haben..."[197]

> **Aufgabe**:
> - Vergleichen Sie die messianischen Vorstellungen in den Psalmen 2; 72; 110; 132 mit denen der oben genannten Texte und charakterisieren Sie das jeweilige messianische Verständnis.

7.11. Über die Prophetie lernen? – Von der Prophetie lernen?

Ein durchgehender Zug derjenigen Prophetie, die in der Redaktionsgeschichte der Hebräischen Bibel eine positive Aufnahme gefunden hat, ist eine kritische Haltung und ein engagiertes Auftreten gegen die jeweils herrschende politische, soziale und religiöse Praxis und die damit verbundene Mentalität. Das gilt mit einer gewissen Variation für die verschiedenen Epochen und für die Heils- ebenso wie für die Unheilsprophetie. Ihre Äußerung bezieht sich auf ein an sie gerichtetes, nicht weiter ableitbares Wort Gottes, das in produktiver Aufnahme und Auseinandersetzung mit der religiösen Tradition argumentativ entfaltet wird. Obwohl beide Aspekte miteinander verbunden sind, lassen sie sich doch analytisch trennen. Der Prophet versteht sich als Bote Gottes, der von seiner Aufgabe total erfüllt ist und sie als unbedingten Anspruch Gottes versteht. **B. Lang** versucht nun zu zeigen, daß diese tiefe Gotteserfahrung, die in der prophetischen Berufung zum Ausdruck kommt, ebenso einen Lernprozeß voraussetzt wie die übrige praktische Ausführung des Prophetenamtes. Dieses Verständnis, daß das Prophetenwort als Ergebnis eines Lernprozesses interpretiert, steht freilich im Gegensatz zu etlichen theologischen Interpretationen, für die erst aus der Zukunftsoffenbarung die Analyse der gegenwärtigen Wirklichkeit und der Bezug auf die überlieferten Traditionen möglich wird.[198]

Langs Modell ist gerade für die religionspädagogische Arbeit von besonderem Interesse, weil es von der Hypothese ausgeht, daß die *Erfahrung Gottes auf hinweisende Erfahrungen angewiesen ist, die in Lernprozessen erworben werden können.*

Der Weg ins Prophetenamt beginnt mit einer „Phase der Wahrnehmung", in der der Kandidat das Phänomen Prophetie mit seinen verschiedenen Erscheinungsbildern in sich aufnimmt. Es folgt eine „Phase des Erlernens", in der die entscheidenden Informationen über die Prophetentätigkeit – vielleicht in der Rolle eines Prophetenschülers – aufgenommen werden. So bereitet er sich auf die entscheidende „Phase des Durchbruchs" vor, in der er seine Berufung ins Prophetenamt erhält, die „so real erwartet wie erfahren wird". Auf das

Berufungserlebnis folgt die „Phase der prophetischen Aktivität". Obwohl es zur Rolle des Propheten gehört, als einzelner aufzutreten, bleibt er in Kontakt zu prophetischen Zeitgenossen. Im kreativen Umgang mit der Tradition und symbolischen Handlungen zeigt er seine spezifische Interpretation der Berufsrolle.[199]

Die individuelle Situation der Propheten, die jeweilige Besonderheit der Aufgabe und der sicher nicht „aufklärbare" Offenbarungsempfang sollten nicht als Argument dagegen verwendet werden, der prophetischen Überlieferung Lernimpulse abzugewinnen.

Die Geschichte JHWHs mit Israel ist besonders durch Befreiung, Gabe der Weisung (der Tora) und Gabe des Landes gekennzeichnet. Die in der prophetischen Literatur zu erkennende Auseinandersetzung mit der Geschichte wird besonders unter dem Gesichtspunkt der Mißachtung der lebensfördernden Gaben JHWHs geführt. Sie zielt u. a. auf Wahrnehmungsbereitschaft und Wahrnehmungsfähigkeit für die Situation der jeweiligen Gegenwart unter diesem Gesichtspunkt.

Im Denken der Hebräischen Bibel spielt der **Tun-Ergehen-Zusammenhang** eine entscheidende Rolle. Die Auswirkungen von menschlichem Tun, das sich, bewußt oder ahnungslos, gegen die lebenserhaltenden Grundlagen und Gaben Gottes wendet, fallen auf die Täter selbst zurück. Dieser Aspekt ist vor allem im Blick auf die vorexilische Prophetie von Bedeutung, wo Propheten den Grund für das bevorstehende Unheil aufdecken.

Sowohl *Heilsgewißheit* („Gott mit uns" vgl. Mi 3,11) als auch *Resignation* (vgl. Jes 51,12 f) wollen unter der Perspektive des ersten Gebotes und ihrer in jeder geschichtlichen Situation neu anstehenden Konsequenzen bedacht werden.

„JHWH allein gibt Leben!", halten die Propheten den angeblich lebensfördernden Ritualen des **Baalismus** entgegen.

„JHWH allein befreit!", wird gegen politisches Taktieren und Angst vor imperialer Entfremdung gesetzt.

„JHWH allein setzt Recht!", und er ist auf der Seite der Schwachen.[200]

Auf dem Hintergrund der genannten Aspekte und Kriterien verbunden mit Wahrnehmungsfähigkeit und hoher Sensibilität ist den Propheten eine kritische Analyse ihrer Zeit mitsamt ihren religiösen, sozialen, innen- und außenpolitischen Verhältnissen möglich.

Anregungen geben schließlich auch die prophetische Botschaft begleitenden zeichenhaften Handlungen. Solche Zeichenhandlungen werden uns überliefert in 1Kön 11,29; Hos 1,4; 6,9; Jes 7,3; 8,3; Jer 23,6; Jes 20,1-4. Es lassen sich dabei durchaus Verbindungen zu kreativen Protestformen unserer Zeit finden.

In **religionspädagogischen Zusammenhängen** sollte die historisch-kritische Betrachtung und literarische Analyse ergänzt werden um Aspekte der *Wirkungsgeschichte*. Besonderen Stellenwert erhält hier die versuchsweise Reflexion und Interpretation gegenwärtiger Erscheinungen und Ausdrucksformen mit den Kriterien kritischer Prophetie.

Zum Beispiel: „Schwerter zu Pflugscharen"

Neben der Frage nach einem angemessenen historischen Verständnis der biblischen Prophetie und dem Denken darüber, was von und über sie gelernt werden kann und soll, ist von Interesse, wo prophetische Tradition in aktuellen Auseinandersetzungen eine Rolle spielt.

Ein herausragendes Beispiel dafür bietet die Kontroverse um die Jes 2 bzw. Mi 4 entnommene Parole: „Schwerter zu Pflugscharen!", die sich zunächst in der DDR, dann aber auch diesseits der Grenze zu einem kräftigen **Impuls der christlichen Friedensbewegung** entwickelte.

Der folgende kurze Auszug aus einem Spiegel-Gespräch vom 10. Oktober 1983 macht einen Aspekt dieser innerkirchlichen Kontroverse deutlich.

„SÖLLE: Das Engagement der Christen in der Friedensbewegung, auch das, was viele Kirchen in den letzten vier Jahren zur Frage der Aufrüstung gesagt haben – all das spricht dafür, daß hier Glaube lebendig ist und handelt. Gott will das Heil der ganzen Welt, das heißt, ihr Wohlergehen in Gerechtigkeit und Frieden. Wer dafür arbeitet, kann nicht für die Aufrüstung arbeiten, sondern muß die andere Richtung einschlagen. Schwerter zu Pflugscharen, wie es in dem berühmten Jesaja-Zitat heißt.

RENDTORFF: Auf welchen Propheten sollen wir hören, Frau Sölle? Sie kennen sicherlich das Wort des Propheten Joel: „Schmiedet eure Pflugscharen zu Schwertern und eure Rebmesser zu Spießen." Ich bin dem Dilemma, welchen Weg wir gehen sollen, nicht enthoben. Unsere eigene Entscheidung wird uns durch solche Zitate doch nicht abgenommen."[201]

Die eigene Entscheidung kann ein Rückbezug auf ein Bibelwort nicht abnehmen. In diesem Punkt ist Rendtorff zuzustimmen.

Im Anschluß an diese Kontroverse ist zu allerdings fragen, ob hier wirklich Prophetenwort gegen Prophetenwort steht und die biblische Erinnerung wirklich sich selbst so relativiert, daß sie keine Orientierungshilfe für den Weg zum Frieden gibt.

Der Alttestamentler **H. W. Wolff**[202] macht deutlich, daß diese Einschätzung nur zustande kommen kann, wenn die Texte aus dem Zusammenhang gerissen werden. Bei einer Beachtung des Kontextes ergibt sich im Blick auf Joel 3 dieselbe Tendenz wie bei Jes 2 und Mi 4.

> **Aufgabe:**
> • Überprüfen Sie diese These!

Hinsichtlich der Frage nach der biblischen Orientierungshilfe zeigt H. W. Wolff auf, daß die Hebräische Bibel in vielerlei Varianten dem Vertrauen auf Waffen jeglicher Art entgegentritt und der Glaube an den Gott Israels mit dem Vertrauen auf militärische Macht unvereinbar ist (vgl. Jes 31,1 ff; Hos 14,5; Ps 46,7 ff). Der Ablehung eines Vertrauens auf Rüstung steht eine positive Wertung des Friedens gegenüber. Besonders in allen messianischen Weissagungen (s. o.) ist Friede ein zentrales Thema. So verbindet sich in der Vision von Jes 11 sozialer Friede, ökologischer Friede und Weltfriede. Wie Jes 2 und Mt 4 rechnen diese Texte mit einer großen Veränderung der Welt. Sind sie nun nur eine Ausschau auf Zukünftiges, die die Gegenwart nur in einem schlechten Licht erscheinen läßt? Oder können aus diesem Gemälde der von JHWH erwarteten Zukunft doch konkrete Konsequenzen abgeleitet werden? Für die Beantwortung dieser Frage ist entscheidend, daß bereits in biblischer Zeit in aktualisierenden Anhängen die Gegenwartsbedeutung ausgesprochen wird:

„Haus Jakob! Kommt und laßt uns Schritte tun ins Licht JHWHs." (Jes 2,5)

Mit der Ermutigung zu ersten Schritten wird die Zukunftsvision für Israel zu einer Gegenwartsorientierung, der es schon jetzt zu folgen gilt.

Mit Mi 4,5 verhält es sich ähnlich. H. W. Wolff schlägt dafür im Anschluß an den hebräischen Text folgende sinngemäße Übertragung vor:

„Wenn auch alle Völker (noch ihren Weg) gehen
jedes im Namen seines Gottes,
so gehen wir doch (jetzt schon unseren Weg)
im Namen JHWHs, unseres Gottes,
auf immer und ewig."[203]

Hierin liegt die Ermutigung und Selbstaufforderung der JHWH-Gemeinde, schon jetzt den verheißenen Weg zu gehen, obwohl andere Völker noch den Kriegsgöttern folgen.

Im Anschluß an die hier knapp skizzierte Darlegung nimmt H. W. Wolff Stellung zu einem Beitrag von **W. Pannenberg**.[204] Im Blick auf Joel 4,10 formuliert Pannenberg: „Solche prophetische Kritik am Vertrauen auf Rüstung und militärische Stärke darf jedoch nicht als Aufruf zu einseitiger Abrüstung mißverstanden werden."

Anstelle der einseitigen Abrüstung sieht Pannenberg im Drängen auf politische Vereinbarungen, die Abrüstungen ermöglichen, die Aufgabe einer (christlichen) Friedensbewegung.

„Wer aber den Frieden erstrebt, der auf Recht gründet, der wird am Prinzip der Gegenseitigkeit festhalten müssen, am Gedanken gegenseitiger Verpflichtung auch da, wo es um Fragen der Abrüstung geht."

Demgegenüber fragt **H. W. Wolff**, ob mit der Beschränkung auf den Rechtsgedanken die prophetische Verheißung nicht willkürlich reduziert wird: „Die befürchtete Mißachtung des Prophetenwortes liegt nach meiner Einsicht nur dort vor, wo man die Parole ‚Schwerter zu Pflugscharen' aus der Gegenwart der Gemeinde und ihrer Glieder und aus deren öffentlichem Verhalten in eine unbestimmte ferne Zukunft der Völker verbannt (oder auch in eine fromme Innerlichkeit)."[205]

Schließlich stellt Wolff die Frage: „Gibt es eine klarere Entscheidungshilfe für den Christen als die Prophetie „Schwerter zu Pflugscharen" mit den dazugehörigen alttestamentlichen Verkündigungstraditionen und den neutestamentlichen Begründungen?"[206]

Aufgabe:
- Versuchen Sie, eine Begründung für die unterschiedliche Argumentationweise zu finden. Wie würden Sie selbst argumentieren?

Im Blick auf die Zukunftsorientierung und die zukunftsermöglichenden notwendigen Verhaltensweisen kann man in die nachexilische Klage Israels einstimmen: „Kein Prophet ist mehr da ..." (Ps 74,9) oder sich durch Betrachtung der prophetischen Überlieferungen bewußt werden, daß keine Prophezeiung die eigene begründete Urteilsfindung ersetzen kann. Auch „Experten" haben keine unstrittigen Lösungen, sondern bieten nur Argumentationsmaterial, das immer auch durch eigene erkenntnisleitende Interessen bestimmt ist.

Wenn wir abschließend noch einmal auf die eingangs gegebenen Beispiele zurückblicken, wird man sagen können, daß alle drei in unterschiedlicher Weise in der Tradition prophetischen Redens stehen und diese produktiv weiterentwickelt haben.

In der prophetischen Kritik werden die freiheits- und lebenseröffnenden Erinnerungen Israels um der Zukunft willen an die Gegenwart herangetragen. Sie wendet sich „gegen die Umkehrung einer Befreiungsgeschichte zur Geschichte der Unterdrückung. [...] ihre Folge ist eine Gestaltung der Gegenwart, die vom Primat der Zukunft bestimmt ist, die nach Entsprechungen zur Verheißung Gottes in den Lebensverhältnissen der Gegenwart sucht und die Offenheit der Zukunft nicht versperrt."[207]

Aufgabe:
- Bedenken Sie im Anschluß an vorgeführte Beispiele die Richtigkeit dieses systematisch-theologischen Satzes und versuchen Sie, von diesem Satz her Beispiele moderner „prophetischer Rede" zu analysieren.

Literatur:

Lang, Bernhard: Wie wird man Prophet in Israel, Düsseldorf 1980; *Koch*, Klaus: Die Profeten I: Assyrische Zeit, Stuttgart u. a.³1995, Bd. II: Babylonische Zeit, Stuttgart u. a.²1988; *Rad*, Gerhard von: Theologie des Alten Testaments, Bd. : II: Die Theologie der prophetischen Überlieferunge Israels, München¹⁰1993; *Zenger*, Erich: Einleitung in das Alte Testament, Stuttgart u. a. 1995, 293–436; *Ebach*, Jürgen: Kassandra und Jona. Über den Umgang mit dem Schicksal, Frankfurt/ M.1987; *Steffen*, Uwe: Die Jonageschichte. Ihre Auslegung und Darstellung im Judentum, Christentum und Islam, Neukirchen-Vluyn 1994

8. Lebensregeln der Befreiten – Gesetze und Gebote

8.1. Zu den Rechtstexten des Pentateuch

Große Offenbarungen werden meist auf einem Berg lokalisiert. Für die Hebräische Bibel spielt hier der Berg Sinai (bzw. Horeb im Dtn) die zentrale Rolle. In der Komposition des Pentateuch (5 Bücher Mose / Tora nach jüdischer Tradition) wird fast alle Gesetzgebung auf diese Stelle konzentriert.

Die ganze Tora ist in der Komposition des Pentateuch das Gottesrecht, das Israel über Mose auf dem Weg aus der Sklaverei vor jeder Form gesellschaftlicher Organisation offenbart wurde.

Trotz des umfangreichen Materials (etwa ein Drittel des Pentateuch; Ex 19 bis Dtn mit wenigen Ausnahmen) erscheint die Gesetzgebung innerhalb des jetzigen Gesamtzusammenhangs als eine Episode, die den Gang der Handlung nur geringfügig unterbricht. Möglicherweise enthält sie einen historischen Kern darin, daß ein nicht mehr bekannter (heiliger) Berg Zentrum oder wichtiger Teil der Gottesverehrung einzelner Vorfahren derjenigen Gruppen war, die sich später als Volk Israel definierten.

Alle **sozialen und kultischen Gesetze** (siehe unten: Übersicht), die in Israel von der Frühzeit bis ins babylonische Exil Bedeutung gewannen, wurden auf die JHWH-Offenbarung am Sinai projiziert und als ein Bestandteil der immerwährenden Rechtsbeziehung zwischen JHWH und seinem Volk aufgefaßt. Während das **Judentum** diese Satzungen und insgesamt 613 Gebote in ihrer ganzen Fülle als lebensermöglichende Weisung Gottes (Tora) versteht, beschränkt sich die **christliche Tradition** weitgehend auf die Zehn Gebote (Dekalog).

Komposition der Rechtssammlungen

In die Tora sind drei Rechtssammlungen eingeflossen:
- Das ältere **Bundesbuch** (Ex 20,22 - 23,33)
- Das etwa im 6.–5. vorchr. Jhd. gestalteten **Rechtstexte des Deuteronomium** (Dtn 12-26)
- Das nachexilische **Heiligkeitsgesetz** (Lev. 17-26), das heute weitgehend als Teil der Priesterschrift verstanden wird.[208]

Prinzipiell lassen sich die Rechtskategorien unterscheiden in den **Lebensschutz** und die **Schutzbestimmungen für andere Rechtsangelegenheiten** (Eigentum etc.). Dahinter steht der Grundgedanke, daß

Leben ist nicht ersetzbar ist, alle anderen Delikte aber durch Äquivalente (Ersatzleistungen) ausgeglichen werden können.

In der Endkomposition ist die Tora spiegelbildlich um das Ritual vom Versöhnungstag (Lev 16) angeordnet.

Für die Auslegung ist zu beachten, daß die Gesetzgebung thematisch den Aspekten **Verheißung und Befreiung** zugeordnet ist. Gegen regressive Tendenzen legt dieser Bezug ein Grundverständnis nahe, Gebote und Gesetze als Lebensregeln zu interpretieren, die von den Erfahrungen der Befreiung und Verheißung herkommen und deren Intention es ist, Freiheit zu bewahren, zu fördern und der Verheißung des Lebens zu dienen.

Im folgenden soll dieser Grundaspekt im Blick auf die **Gegenwartsbedeutung** des Dekalogs bedacht werden.

8.2. Die 10 Gebote

Wie die Bergpredigt im Neuen Testament so gehören die Zehn Gebote (Dekalog) aus der Hebräischen Bibel wohl zu den bekanntesten Teilen der Bibel überhaupt. Ihnen wurde im Rahmen der jüdisch-christlichen Tradition zu allen Zeiten eine große Bedeutung eingeräumt. Ihre Gültigkeit wird selbst da noch akzeptiert und diskutiert, wo sonst der Bezug zur christlich-jüdischen Tradition abgebrochen ist.

8.2.1. Zur Diskussion um den Gegenwartsbezug

I. Im Herbst 1979 brachte die Wochenzeitung „RHEINISCHER MERKUR – Christ und Welt" eine Serie unter dem Titel „Die Zehn Gebote". Dafür wurde mit folgendem Text geworben (Auszüge):

„Als Moses vom Berge Sinai kam, hatte er das Grundgesetz der Menschheit unterm Arm. Nicht weniger. Diese zehn schrecklichen Vereinfachungen, diese mit dem erhobenen Zeigefinger formulierten Gebote haben seitdem die Welt bestimmt. Und wenn heute jeden Tag ein selbsternannter Moses auf den Berg steigt, um mit ein paar selbst geschnitzten ‚Du-sollst-Postulaten' zurückzukehren, dann ist es höchste Zeit, daran zu erinnern, daß es das Original noch gibt. Da steckt alles drin, was uns betrifft.

Die Zehn Gebote leben. Das ist die Absicht unserer Serie – keine theologischen Dispute, keine Exegese – sondern der Nachweis, daß uns jedes Gebot mit den aktuellsten und brisantesten Fragen konfrontiert. ‚Du sollst nicht töten' heißt es. Und schon sind wir mitten in der Diskussion um die Sterbehilfe. ‚Du sollst nicht ehebrechen' heißt es. Und schon sind wir mitten in den vereinigten Partner-, Ehe-, Scheidungsproblemen. ‚Du sollst nicht lügen' heißt es. Und schon sind wir mitten in der Medien-Praxis.

Moralin wird nicht verschrieben. Es braucht keinen Rückschritt in die moralischen Vorstellungen unserer Altvorderen – es gibt eine zeitgemäße Befolgung der Zehn Gebote. Heute, hier und jetzt wollen wir sie in den Prüfstand heben. Darin sehen wir den Reiz unseres journalistischen Versuchs. Einmal mit diesen ehernen, alten Schafhirtengesetzen durch unsere Wirklichkeit zu handeln, um festzustellen, tragen sie noch? Oder sind sie so morsch geworden, wie die Berufszyniker behaupten. Ein Experiment findet statt.

Eine These haben wir. Sie ist einfach und besagt: Wir brauchen keine neuen Regeln des Lebens. Wir müssen nur die alten erfüllen. Die Zehn Gebote halten wir dafür noch immer am geeignetsten. Notwendig ist allein der Nachweis ihrer aktuellen Gültigkeit. Das soll unsere Serie tun. In Zeiten wachsender Verantwortung (Energieknappheit, Ökologie, Abrüstung) ist der Dekalog als Richtschnur ebenso probat wie für Generationen vor uns.

Die Zehn Gebote sind persönlich gemeint. Die Serie des „RHEINISCHEN MERKUR – Christ und Welt" ist eine angewandte, lebensnahe und zeitbezogene Diskussion der Zehn Gebote. Das bringt Fingerzeige für die eigene, persönliche Moral mit sich. Schließlich duzt uns der liebe Gott nicht umsonst in seinen Geboten."

II. „Als Rabbi Schmelke nach Nikolsburg in Mähren berufen wurde, bestand dort die Sitte, jeder neue Raw habe in der Chronik der Gemeinde eine Verordnung einzutragen, die fortan zu befolgen wäre. Man forderte auch ihn auf, das zu tun; aber er verschob die Eintragung, immer genauer besah er sie, und immer wieder verschob er's, bis man ihm zu verstehen gab, er dürfe nun nicht länger säumen. Da ging er hin und trug die Zehn Gebote in die Chronik ein." (Martin Buber, ‚Die Erzählungen der Chassidim', Zürch 1949)

III. In der Wochenzeitung „Die Zeit" 11/1975 finden sich unter der Überschrift: „Die Zehn Gebote nicht mehr zeitgemäß? – Junge Leute diskutieren den Versuch, sie neu zu interpretieren" u. a. folgende Positionen (z. T. gekürzt):

1. „Die Zehn Gebote sind noch zeitgemäß! Jedes menschliche Zusammenleben ist einer gewissen Ordnung unterworfen, die für den Ablauf des Zusammenlebens notwendig ist und ihn erleichtert. Die Zehn Gebote nun liefern diese Ordnung, die in unseren Gesetzen verankert ist. Wer sich nämlich mit den Zehn Geboten befaßt, stellt fest, daß letzten Endes unsere Gesetze auf diesen Geboten basieren. Dieser Umstand zeugt von der Aktualität der von Gott gegebenen Leitlinien für unser Leben."

2. „Die Gebote sind im allgemeinen noch gültig. Aber die Gebote eins, zwei, drei und vier müßten umgeändert werden, damit sie in unsere Zeit passen. Das erste Gebot paßt nicht in unsere Zeit, weil manche Menschen an Gott glauben und manche nicht. Man könnte ja sagen: Stelle dir die Frage nach Gott. Was ist für dich das Wichtigste im Leben? Achte Menschen, die einen anderen Glauben haben als du.

Im zweiten Gebot weiß man ja gar nicht, was Mißbrauch des Namens ist. Das könnte man also ganz weglassen.

Zum dritten Gebot: Manche Menschen müssen ja auch am Feiertag arbeiten; da könnte man sagen: Gebrauche deine Freizeit sinnvoll. Nimm dir Zeit für deine Mitmenschen.

Das vierte Gebot müßte man auch umändern. Beide, Eltern und Kinder sollten die Mühe und das Bemühen des anderen anerkennen. Man könnte sagen: Versuche eine richtige Gemeinschaft in der Familie zu bilden. Sorge für ein gutes Verhältnis in deiner Familie, für Anerkennung und gegenseitiges Verständnis."

3. „Die Zehn Gebote sind nach dem Auszug des jüdischen Volkes aus Ägypten formuliert worden und waren notwendig, um ein Volk, das sich in unsicherem Zustand zwischen Agrargesellschaft und Nomadentum befand, zu festigen und durch Leitvorstellungen zusammenzuhalten. Diese Situation ist nicht die unsere. Wir leben in einer hochindustrialisierten Gesellschaft, die ihre eigenen Probleme hat. Diese Probleme müssen sich in der Interpretation der Gebote des Alten Testaments widerspiegeln und in heute möglichen moralischen Leitsätzen ausgedrückt werden."

Aufgabe:
- Versuchen Sie, die in diesen Texten enthaltenen Aussagen, Prämissen, Fragen und Wertungen zusammenzustellen; falls Ihnen wichtige Aspekte fehlen, ergänzen Sie diese.
- Notieren Sie ihre Anfragen an die Zehn Gebote.

8.2.2. Allgemeines

Es wird gern darauf hingewiesen, daß die „didaktische Form" des Dekalogs (für jeden Finger ein Gebot, kurze knappe Sätze) der **Wirkungsgeschichte** sicher förderlich gewesen ist. Für eine aktualisierende Interpretation ist jedoch zu bedenken, daß nach übereinstimmender Meinung der kritischen Ausleger die **ursprünglichen Adressaten der Gebote** erwachsene Männer und nicht Kinder waren. Indem sich im Laufe der Jahrhunderte der Adressatenkreis der Gebote vor allem über die Katechismen schwerpunktmäßig auf Heranwachsende verschoben hat, sind eine Reihe höchst problematischer Auslegungen mit größtenteils repressiven Tendenzen entstanden. Dies läßt sich besonders anschaulich an der Auslegungsgeschichte des Elterngebotes verdeutlichen.

Die biblischen Fassungen der Zehn Gebote **Ex 20, 2-17** und **Dtn 5, 6-21** wurden im Christentum in unterschiedlicher Weise tradiert.

Während die *Reformierten* und die *Anglikaner* der jüdischen Zählung folgten, begründete Augustin eine Tradition, die sich im *Katholizismus* und *Luthertum* fortsetzte: Dabei entfällt das Bilderverbot und der Bezug auf die Befreiung aus Ägypten. Um die ursprüngliche Zehnerzahl wieder zu erreichen, wird das Verbot des Begehrens in zwei Verbote aufgeteilt.

Neben der *Verschiebung des Adressatenkreises* hat sich das Gesamtverständnis vor allem durch das *Auslassen der Erinnerung an die Befreiung Gottes* entscheidend verändert. Dabei mag dahingestellt bleiben, ob diese Streichung eine repressivere Auslegung erst einleitete oder bereits Symptom anderen Verständnisses ist. Die wissenschaftlichen Auslegungen beziehen sich ausnahmslos auf die biblischen Fassungen; dabei fällt auf, daß in neueren Veröffentlichungen der Zusammenhang von Freiheit und Geboten bis in die Titel hinein deutlich hervorgehoben wird.

Mißlich ist auch die im Deutschen übliche Verwendung des Wortes „Gebote". Im Hebräischen wie im Griechischen wurde nie von Zehn Geboten, sondern immer vom **Zehnwort** (Dekalos: deka = 10; logos = wort) gesprochen. In diesem Sprachgebrauch findet auch die Besonderheit der Formulierung des Dekalogs im Verhältnis zu anderen Geboten und Gesetzen der Hebräischen Bibel ihre Würdigung.

1934 arbeitete **Albrecht Alt**[209] den Unterschied zwischen **kasuistischem und apodiktischem Recht** heraus. Während kasuistische Rechtssätze in Form einer Wenn-dann-Beschreibung ein konkretes Vergehen und die Folgen nennen, enthalten verschiedene Formen des apodiktischen Rechts allgemeine Lebensregeln, ohne diese zu konkretisieren. Während A. Alt das apodiktische Recht als eine israelitische Besonderheit herausstellte, die ihren „Sitz im Leben" in einem (vermuteten) siebenjährlich gefeierten Bundeserneuerungsfest in Sichem gehabt haben soll,[210] hat die neuere Forschung die Besonderheit der apodiktischen Sätze relativiert und den angenommenen „Sitz im Leben" grundsätzlich in Frage gestellt (s.u.).

E. Gerstenberger[211] hat nachgewiesen, daß verschiedene Formen apodiktischen Rechts auch im übrigen alten Orient zu finden sind und ihren „Sitz im Leben" in Sippenordnungen haben, in denen solche apodiktischen Lebensregeln von einer auf die andere Generation weitergegeben werden mit dem Ziel, das Zusammenleben in der Gruppe zu erhalten und zu ordnen. Die Funktion der apodiktischen Sätze als Lebensregel oder Lebensanweisung legt nahe, den Begriff des Rechts hier ganz zu vermeiden.

8.2.3. Zur Entstehungsgeschichte des Dekalogs

Unstrittig ist, daß die beiden jetzigen Fassungen des Dekalogs in Exodus und Deuteronomium eine Vorgeschichte haben. Die Vermutungen über diese Vorgeschichte weichen jedoch voneinander ab. Einige Forscher gehen von der *Annahme eines „Urdekalogs"* aus und versuchen, diesen durch Abstreichen von Zusätzen, Umformungen, Angleichungen etc. zu rekonstruieren. Einen von vielen Versuchen mag das folgende Beispiel verdeutlichen:[212]

1. Ich JHWH bin dein Gott: Du sollst keine anderen Götter neben mir haben.
2. Mache dir kein Götterbild.
3. Führe den Namen deines Gottes JHWH nicht für Nichtiges im Munde.
4. Gedenke des Feiertags, ihn zu heiligen.
5. Ehre Vater und Mutter.
6. Morde nicht.
7. Brich nicht die Ehe.
8. Stiehl nicht
9. Rede nicht Lügenzeugnis gegen deinen Nächsten.
10. Begehre nicht das Haus deines Nächsten.

Im Blick auf diesen und ähnliche Versuche weist **F. Crüsemann** darauf hin, daß außer „der vorausgesetzten Annahme, es *müsse* derartiges gegeben haben", nichts dafür spreche.[213] Im Anschluß an Gerstenbergers Untersuchung über die Herkunft der apodiktischen Sätze aus dem Sippenrecht ist die Vermutung wahrscheinlicher, daß die jetzige Zehnerfassung aus *ursprünglich selbständigen Dreier- und Viererfassungen* zusammengestellt wurde. Wenn man dieser Annahme folgt, ist weiter zu fragen, wann diese Zusammenstellung erfolgt ist und nach welchen Auswahlkriterien bzw. nach welchen Auswahlprinzipien verfahren wurde. Verschiedene inhaltliche Aussagen machen einen Ursprung in vorstaatlicher Zeit unwahrscheinlich. Das gilt wohlgemerkt aber nur für den Dekalog als Ganzes, nicht für die Einzelgebote, die wahrscheinlich jedes für sich und in geprägten Teilgruppen eine eigene Vorgeschichte haben.

Die **Endfassung** des Dekalogs setzt jedenfalls den seßhaften Landwirtschaft betreibenden Menschen voraus. Gegenüber älteren Geboten und Lebensregeln läßt sich bei den einzelnen Geboten des Dekalogs eine *Tendenz zur Verallgemeinerung*, also eine alle möglichen Fälle umfassende Formulierung erkennen.

Als gesicherter Zeitraum für die *Entstehung der Dekalogform ist die Spanne zwischen dem 9. Jahrhundert und der frühnachexilischen Zeit* anzunehmen. Nach **Crüsemann** ist der Dekalog mit hoher Wahrscheinlichkeit in der späten vorexilischen Zeit zwischen Hosea und der Abfassung des Deuteronomiums, d. h. nach Ende des Nordreiches (722 v. Chr. bis zur Herrschaft Joschijas – gestorben 608 n. Chr.) entstanden. Er setzt somit wichtige Erfahrungen innerhalb der Geschichte Israels, wie den Untergang des Nordreiches und die Entstehung massiver sozialer Gegensätze, voraus und formuliert auf diesem Hintergrund die elementaren Grundforderungen JHWHs.

Somit wurde aus ursprünglich selbständigen und selbstverständlichen Lebensregeln des Sippenrechtes Gottesrecht. Die Anbindung an die Autorität Gottes mag auch damit zusammenhängen, daß die Gültigkeit vormals selbstverständliche Regeln unter veränderten gesellschaftlichen Verhältnissen nicht mehr unumstritten war. Auch wenn er von anderen Zusammenhängen her argumentiert, sieht G. von Rad diesen Sachverhalt ähnlich, wenn er im Dekalog die Ausrufung der göttlichen Hoheitsrechte über das profane Leben sieht.[214]

Die Frage nach den *Prinzipien der Zusammenstellung* der Einzelgebote wird m. E. von **F. Crüsemann** unter *sozialgeschichtlicher Perspektive* überzeugend beantwortet. Er ordnet die Komposition des Dekalogs ins 7. vorchristliche Jahrhundert ein und sieht den freien israelitischen Bauern, der seinen Besitz als Teilhabe am von Gott verliehenen Land versteht, als eigentlichen Adressaten des Dekalogs. Das Königtum brachte eine gewisse Differenzierung der Gesellschaft mit sich: Beamte und Soldaten lebten von den Abgaben der freien

Bauern, neben und unter diesen lebten Handwerker und von ihnen Abhängige, wie Lohnarbeiter und Sklaven. Trotz dieser gesellschaftlichen Differenzierung stellten die durch Landbesitz und Rechtsfähigkeit gekennzeichneten israelitischen Vollbürger nach wie vor den Kern und den Hauptteil der Bevölkerung. Diese Schicht bildete jedoch keine homogene Gruppe mehr, sondern unterschied sich durch Besitzmenge und entsprechende Machtmittel. So wird in der prophetischen Kritik (besonders bei Amos und Hosea) deutlich, daß die Armen (im Unterschied zu Frauen, Lohnarbeitern und Sklaven) *noch rechtsfähig sind*, aber aufgrund von Ränkespielen *kein Recht mehr bekommen*.

8.2.4. Bewahrung konkreter Freiheit als ursprüngliche Intention

Von grundlegender Bedeutung ist nun der Bezug aller Einzelgebote zum Prolog, in dem sich JHWH als Befreier aus der ägyptischen Sklaverei vorstellt. Wie etwa Dtn 26 belegt, konnte und sollte jeder israelitische Vollbürger die dem ganzen Volk widerfahrenen Heilstaten JHWHs – also auch die erfahrene Befreiung – auf sich persönlich beziehen. Der Prolog spricht somit auf die reale Freiheit an, die mit dem Landbesitz, den Grundrechten u. a. verbunden war und als JHWH verdankte Freiheit verstanden wurde. *Freiheit hat hier eine reale materielle und soziale Grundlage*. „Zugleich aber ist sie ausschließlich in einer Beziehung gegründet, die zwischen den Angeredeten und JHWH besteht."[215] Das im Prolog des Dekalogs genannte Sklavenhaus steht im Kontrast zur Situation der Angesprochenen. Die Erinnerung an den Exodus soll die positive Bedeutung des Landes mit seinem Reichtum und seiner Fruchtbarkeit unterstreichen und deutlich machen, daß es dieses zu bewahren gilt. *Die Funktion der Regeln liegt somit in der konkreten „Bewahrung der Freiheit"*. Daraus ergibt sich, daß das Thema des Dekalogs nicht „ein zeitloses Ethos oder allgemeine Sittlichkeit" ist, sondern „die elementaren Forderungen, die zur Bewahrung der im Prolog beschriebenen Freiheit eingehalten werden müssen."[216]

Im Blick auf diese Deutung des Dekalogs in dieser vermutlichen Ursprungssituation sind folgende Aspekte hervorzuheben:
1. Die Begrenzung auf den landbesitzenden israelitischen Vollbürger (Mann) und die Erhaltung seiner Freiheit.
2. Das Fehlen positiver religiöser Verhaltensformen (die ersten drei Gebote enthalten einen Minimalkatalog, der die Grenzen beschreibt, die die bestehende Beziehung sichern).
3. Die sich aus dem begrenzten Adressatenkreis ergebende thematische Begrenzung: Es fehlen Regeln für ökonomisches und staatli-

ches Verhalten sowie die sonst in der israelitischen Tradition so wichtigen Schutzbestimmungen für Personen minderen Rechts.

Sinn einer historischen Analyse kann es nicht sein, die hypothetische ursprüngliche Bedeutung zur Norm für die gegenwartsbezogene Interprtation zu machen. Es geht vielmehr darum, problematische wirkungsgeschichtliche Entwicklungen zu erkennen und die in der Ursprungssituation gründende Begrenzung des Gegenstandsbereiches der Regelungen wahrzunehmen. So kann die historisch-kritische Interpretation Anstoß zur Korrektur und Kritik der aktuellen Verwendung werden „im Sinne der Freiheit, der der Dekalog entstammt, und die er thematisiert."[217]

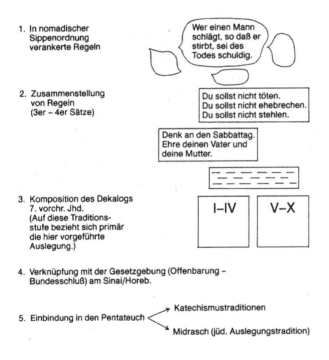

Der Dekalog ist eine zusammenfassende Form des Gottesrechts mit in konkreten historischen Bedingungen begründeten Besonderheiten, neben dem andere wichtige Rechtsthemen (wie das Fremdenrecht und Armenrecht u. a.) nicht vernachlässigt werden dürfen. Als alleinige

Grundlage einer allgemeinen Ethik oder christlicher Lebensregeln u. ä. greifen die Bestimmungen zu kurz.

Die Konzentration auf den Dekalog im Laufe der Geschichte des Christentums ist vermutlich eine Bedingung dafür gewesen, daß **christliche Ethik** weitgehend *privat und individualistisch* ausgerichtet wurde.

Für das Verstehen des Dekalogs ist die grundlegende Erinnerung zu bedenken, daß er Befreiten gilt und Regelungen zur Bewahrung der Freiheit entfaltet. Seine Intention wird auf den Kopf gestellt, wenn er zum Instrument von Unterwerfung, Domestikation und Unfreiheit wird.[218]

Unter Berücksichtigung dieses Hintergrundes kann Luthers Anstoß, neue Dekaloge zu formulieren, eine reizvolle und wichtige Aufgabe sein.[219]

Im Blick auf die Frage, wie die Gebote als Gottesrecht vermittelt wurden, lassen sich im Buch Exodus drei **Traditionsstufen** mit unterschiedlichen Akzentuierungen erkennen:
1. Die Gebote wurden durch Mose mündlich verkündigt (Ex 20,1) und mündlich durch Mose ans Volk weitergegeben (Ex 24,31)
2. Hinzufügung: Mose schrieb auf (Ex 24,4)
3. Gott selbst hat die Gebote aufgeschrieben (Ex 24,12; 31,18).

8.2.5. Zu den Einzelgeboten des Dekalogs

Der Prolog: „Ich bin JHWH ‚dein Gott', der dich herausgeführt hat aus dem Lande Ägypten, aus dem Sklavenhaus" will als Klammer aller Einzelgebote verstanden sein. Die Gebote beginnen nicht mit einer Forderung, sondern einer **Erinnerung**. Von dieser Erinnerung her gesehen, haben die folgenden Gesetze und Gebote die Funktion, die geschenkte Freiheit zu bewahren.

1. Du sollst keine anderen Götter haben vor meinem Angesicht.
(M. Buber: „Mir ins Angesicht"; möglich ist auch die Übersetzung: „Auf Kosten, zum Nachteil von ...")

Für die Hebräische Bibel bedeutet „andere Götter haben", anderen Göttern kultisch dienen. Ihre Existenz wird dabei vorausgesetzt. Es geht um **Monolatrie** (Verehrung eines einzigen Gottes, während die Existenz anderer Götter jedoch nicht abgestritten wird), (noch) nicht um Monotheismus. Eine solche Formulierung des Fremdgöttergebotes ist in der Hebräischen Bibel nur an dieser Stelle zu finden. Sie umfaßt im Gegensatz zu sonst vielfach auftretenden Verboten bestimmter Formen von Fremdgötterverehrung *alle* denkbaren Weisen von Gottesbeziehungen. Die Konsequenz aus diesem Gebot war, daß sich in Israel neue Erfahrungen nicht wie in polytheistischen Religionen üblich zu neuen Gottheiten verdichten konnten, sondern als neue Erfahrung des *einen* Gottes gestaltet werden mußten.[220]

Dieser Gott galt jedoch nicht als abstraktes Prinzip, sondern er hat „sich selbst definiert durch die *Freiheit* der von ihm angeredeten Israeliten ... neben dem als freiheitsstiftende Beziehung gedachten Gottesverhältnis kann Israel keine anderen Beziehungen haben."[221]

Unter der Voraussetzung eines nunmehr selbstverständlichen Monotheismus hat **Luther** die Bedeutung des Fremdgötterverbotes positiv interpretiert: „Du sollst Gott über alle Dinge fürchten, lieben und vertrauen" (Kleiner Katechismus). Als möglichen Gott verstand er alles, an das man „sein Herz hängen" kann (Großer Katechismus). Hier wäre m. E. auch heute eine Anknüpfung möglich, auch wenn die Voraussetzung einer allgemeinen monotheistischen Weltanschauung nicht mehr gegeben ist. Dann geht es um ein kritisches Bedenken, *was uns zu Göttern geworden ist* und was es heute heißt, von der Erfahrung der Befreiung her zu leben. Unter diesem Aspekt gibt es heute vermutlich mehr Götter als in der Antike: Arbeit, Erfolg, Geld, Gesundheit, Macht, Nation, Ansehen ... vielleicht auch das Auto? Die Sprache verrät es: sie fordern Opfer, es werden ihnen Opfer gebracht.

2. Du sollst dir kein Kultbild machen noch irgendeine Gestalt dessen, was im Himmel oben, was auf der Erde unten und was im Wasser unter der Erde ist. Du sollst dich nicht vor ihnen beugen noch sollst du ihnen dienen, denn ich JHWH, dein Gott, bin ein eifersüchtiger Gott, der nachgeht der Schuld von Vätern an den Kindern bis in das dritte und vierte (Glied) derer, die mich hassen. Aber Freundlichkeit erweisend ins tausendste (Glied) derer, die meine Gebote bewahren.

Das Bilderverbot hält offen, daß Gott immer neu erfahren werden kann.[222]

„Das Bilderverbot mutet uns zu, Gott als den *fremden*, unseren Erwartungen an das, was ein Gott ist und zu sein hat, *widersprechenden* Gott auszuhalten."[223]

Obwohl kein Objekt angegeben ist, ist die Vermutung sicher richtig, daß ursprünglich (geschnitzte oder gegossene) JHWH-Bilder gemeint sind, da das Verbot anderer Götterbilder bereits durch das Fremdgötterverbot abgedeckt ist.

Offensichtlich hat es JHWH- Bilder (als häusliche Statuen) gegeben. Ob das Bilderverbot von Anfang an zum israelitischen Kult gehörte oder sich vor allem im Gegenüber zu Kanaan entwickelt hat, läßt sich schwer sagen. Beide Annahmen lassen sich gut begründen. Zur Zeit der Entstehung des Dekalogs gehörte das Bilderverbot neben dem Sabbatgebot zu *den* Besonderheiten Israels, die in der Religionsgeschichte des alten Orients keine Parallele haben. Ein Gottesbild ist in der Vorstellung des alten Orients nicht die Gottheit selbst, sondern ihr Offenbarungsmedium, durch das ähnlich wie in den Ikonen der Ostkirchen das Verehrte transparent wird. In Ex 4 wird das – nach Ansicht einiger Autoren ursprünglichere – Verbot des Kultbildes ergänzt durch das Verbot jeder anderen Form bildhafter Darstellung (themuna) aus allen Bereichen der Schöpfung (Himmel – Erde – Wasser unter der Erde; entsprechend dem Weltbild von Genesis 1). D. h. kein Teil der Schöpfung kann den Schöpfer zur Darstellung bringen. Wie Ri 17, 4; 18,17 f erkennen lassen, hat es in bestimmten Phasen der Religionsgeschichte Israels durchaus bildhafte Verehrungen gegeben. Auch in Ex 25,18 ff und Num 21,8-9 befinden sich Hinweise auf Kultbilder. *Das Gebot richtet sich nicht gegen eine anthropomorphe Beschreibung Gottes*, für die es in der Hebräischen Bibel eine reichhaltige Anzahl von Beispielen gibt. Auch die oft zu findende Vermutung, daß das alte Israel sich durch prinzipielle Bilderlosigkeit auszeichnete, läßt sich pauschal nicht mehr aufrechterhalten.[224]

Offensichtlich enthält jedoch die Religionsgeschichte Israels eine *Tendenz vom „Sehen zum Hören"*, d. h. Tendenz zu einer immer stärkeren Ausschließlichkeit des Wortes als Offenbarungsmedium. Während **Judentum** und **Islam** an einer radikalen Geltung des Bilderverbotes festhielten, wurde diese Tradition im **Christentum** mehr oder weniger relativiert. Augustin hat das Bilderverbot nicht mehr als Einzelgebot aufgeführt, ihm folgten Katholizismus und Luthertum.

Im Kern des Gebotes geht es um die fixierende und erneuerungsfeindliche Funktion von Bildern, die Gott (und Mensch) auf je zeitgebundene Vorstellungen oder bestimmte Formen festlegen und damit neue Erfahrungen blockieren. Auf dieser Basis kann nach einer möglichen heutigen Bedeutung des Gebotes gefragt werden. In angemessener Fortschreibung einer in der Hebräischen Bibel noch nicht vollzogenen Kritik legt es sich nahe, auch bestimmte Formen begrifflicher Rede und dogmatischer Fixierungen als „Verdinglichung Gottes" zu interpretieren. Auch die einseitige Betonung des „lieben Gottes" gehört dazu.

M. Frisch läßt in seinem Drama „Andorra" die Möglichkeit und Gefahr von Bildern anschaulich werden, deren Mächtigkeit nicht nur Freiheit, sondern auch Leben gefährden könne. Besonders deutlich wird diese Gefahr vielleicht in der prägenden Kraft bestimmter infantiler Gottesvorstellungen, die im Prozeß der Reife entweder abgelegt werden oder gar die Psyche von Erwachsenen „vergiften" (**T. Moser**).

Die dem Gebot angehängte Begründung verweist im ersten Teil auf eine Menschheitserfahrung. Die Schuld der vorangehenden Generation wirkt sich wie ein Verhängnis auf die kommende aus, auch wenn diese individuell schuldlos ist. Über die Erfahrung hinaus verweist aber die Verheißung, die mit dem Tun des Guten verbunden ist.

3. Du sollst den Namen JHWHs (deines Gottes) nicht fälschlich benutzen, denn JHWH wird nicht ungestraft lassen den, der seinen Namen fälschlich benutzt.[225]

Das Problem der Auslegung dieses Gebotes beginnt mit der Frage, wie das hebräische Wort „laschaw" zu übersetzen ist. Wenn hier nach Ansicht einiger Autoren eigentlich „schwören", also vor allem ein Verbot des Meineids gemeint ist, hätte das leicht präzise zum Ausdruck gebracht werden können. Vermutlich trifft **F. Crüsemann** den Sachverhalt, wenn er vermutet, „daß alle denkbaren Versuche, mit dem Namen JHWHs Mißbrauch zu treiben, im Blick sind und ausgeschlossen werden sollen."[226] Es gehörte zum antiken Namensverständnis, daß der Name ein wesentliches Stück der Identität seines Trägers ausmachte und mit der Bekanntgabe des Namens Wesen und Eigenart zum Ausdruck gebracht wurden. Wie aus archaischen Vorstellungen bekannt ist (Rumpelstilzchen!), ist mit der Kenntnis des Namens auch ein Stück Macht verbunden. Das Gebot verbietet nun „jeden denkbaren Mißbrauch Gottes und seiner Macht."[227]

Jede Benutzung des offenbarten Gottesnamens (JHWH) bei Zauberei, Fluch, Gotteslästerung, falscher Prophetie, falschen Gelübden, Schwören – also jeder trügerische, böse und schädliche Zweck ist hier untersagt.

Um den Mißbrauch möglichst weit auszuschließen, hat das **Judentum** auf das Aussprechen des Gottesnamens überhaupt verzichtet und an die Stelle das Wort „Adonai" (HERR) gesetzt, das auch in den meisten deutschsprachigen Übersetzungen anstelle des Eigennamens zu finden ist. In der **christlichen Tradition** ist über das Vaterunser vor allem die positive Wendung des Gebotes („Dein Name werde geheiligt") wirksam geworden.

Das dritte Gebot macht darauf aufmerksam, daß die Gottesbeziehung keine Beziehung zu einem Objekt sein kann und wirft von daher auch Licht auf das Verhältnis von Menschen untereinander. Von hierher ist immer neu zu fragen, wie von Gott und mit Gott so geredet werden kann, daß sein Geheimnis gewahrt und neue freiheitsstiftende Erfahrungen möglich werden. Wenn Gott sich einerseits aus der Vergangenheit als der definiert, dem die gegenwärtige Freiheit zu verdanken ist, so läßt sich aus dem hebräischen Wortlaut des JHWH-Namens ein Zukunftsanspruch heraushören: „ich bin der, als der ich mich erweisen werde."

In den ersten drei Geboten geht es aus verschiedenen Perspektiven um die *Art der Gottesbeziehung*, in der die verdankte Freiheit Zukunft hat.

4. Denke an den Sabbattag, ihn zu heiligen. Sechs Tage sollst du arbeiten und all' dein Werk tun. Aber am siebenten Tag ist Sabbat JHWH deinem Gott; da sollst du keinerlei Arbeit tun, du, dein Sohn, deine Tochter, dein Knecht, deine Magd, dein Vieh und dein Fremd-

ling, der in deinen Toren weilt. Denn in sechs Tagen hat JHWH Himmel und Erde gemacht, das Meer und alles, was darinnen ist und er ruht am siebten Tage. Darum segnete JHWH den Sabbatttag und heiligte ihn.

Das vierte Gebot leitet von den Gottesgeboten zu den **sozialen Geboten** über. Es enthält als einziges einen Spezialausdruck (Sabbat) und bezieht sich ebenfalls als einziges Gebot auf eine religiöse Institution. Schon an seiner außergewöhnlichen Länge wird die Besonderheit dieses Gebotes erkennbar, das zudem noch wie das folgende Elterngebot nicht *ver*bietet, sondern (positiv) etwas *ge*bietet.

Während hier die Sabbatruhe mit der **Ruhe des Schöpfers** begründet wird, finden wir in Dtn 5,12-15 neben sonstigen kleineren Abweichungen als *Begründung die Erinnerung an die eigene Knechtschaft in Ägypten*.

Das *Heiligen des Sabbats* geschieht in der ursprünglichen Bedeutung durch Nichtstun und nicht durch eine kultische Feier. Vermutlich ist der wöchentliche Ruhetag als Einrichtung älter als die dafür erst seit der Exilszeit verwendete Bezeichnung „Sabbat". Es ist wahrscheinlich, daß dieser Begriff vorher zur Bezeichnung des Vollmondtages verwendet wurde. In der Tradition des Judentums gilt der Sabbat als das höchste Fest. Er wurde immer mehr zum Bindeglied und zum Konfessionskennzeichen, vor allem der jüdischen Diasporagemeinde.

E. Fromm macht darauf aufmerksam, daß es zu ursprünglichen Intentionen des Ruhetages gehört, die Arbeit an der Schöpfung für einen Tag zu unterbrechen und sich daran zu erinnern, daß alles verdankte Gabe ist. Obwohl dieser Gedanke uns unter den Erfahrungen der ökologischen Krise wieder unmittelbar zugänglich ist, hat in der Geschichte des Sabbats seine soziale Funktion eine erheblich größere Rolle gespielt. Diese für frühere landwirtschaftliche Produktionsweisen sicher ökonomisch nachteilige Regel, nach der Herren und Knechte und alle anderen am selben Tage die Arbeit unterbrechen sollten, muß im Bereich der antiken Arbeitswelt eine außergewöhnliche Besonderheit gewesen sein. Bedenkenswert ist, daß in diesem Gebot auch diejenigen an der Freiheit teilnehmen, für die sie sonst (noch) keine Geltung hatte. Das in diesem Gebot mit „Arbeiten" übersetzte hebräische Wort entspricht dem Wort für „Sklavenarbeit", aus der JHWH befreit hat. Von daher gesehen wird die Wahrnehmung des wöchentlichen Ruhetages zu einer exemplarischen Inanspruchnahme der geschenkten Freiheit und als Erinnerung eines Lebens ohne Gewalt zum Sinnbild für einen „Frieden mit der Natur". Die ökologische und die befreiungstheologische Perspektive laufen hier zusammen.

Die **christliche Tradition** hat den Ruhetag auf den Auferstehungstag (Sonntag) verlegt und die gottesdienstliche Feier in sein Zentrum gerückt. So konzentriert auch Luther die Heiligung des Feiertages ganz auf die Predigt und das Wort. Mit dieser Verschiebung sind sowohl die soziale Funktion als auch die Funktion als „Schöpfungsgedenktag" aus dem Blick geraten. Die verschiedenen Aspekte der Sabbat-Feiertagtradition bieten jedes für sich und auch in ihrer Verknüpfung vielleicht innerhalb des Dekalogs die wichtigsten Hinweise auf die Bedingungen, unter denen Erfahrungen der Befreiung zu Freiheitserfahrungen werden können.

Im Kontext der Gegenwart kommt der zunehmende ökonomische Druck in den Blick, aus Mensch und Kapital das letzte herauszuholen. Wochenendarbeit, Flexibilisierung der Arbeitszeit u. a.

Der Sabbat erinnert an einen gemeinsamen Ruhetag, an dem alle Geschöpfe das Leben feiern können, an die Ausgeglichenheit von Arbeit und Ruhe und eine heilsame Unterbrechung des Diktats der Ökonomie.

5. *Ehre deinen Vater und deine Mutter, damit du deine Tage verlängerst auf dem Erdboden, den JHWH dein Gott dir gibt.*

Eltern- und Sabbatgebot sind die einzigen wirklichen *Ge*bote im Dekalog, d. h. nur hier wird auf ein *positives* Verhalten und nicht auf ein Vermeiden abgezielt. Der ursprüngliche Sinn des Elterngebotes liegt mit größter Wahrscheinlichkeit in der Aufforderung an die erwachsenen Söhne, ihren nicht mehr erwerbstätigen Eltern die Versorgung zu sichern. Der vermutlich später hinzugefügte Finalsatz macht den praktischen Nutzen dieser Alterssicherung deutlich. Die Lebenszeit auf dem von JHWH verliehenen Land entspricht dem Verhalten gegenüber den Eltern. Hier wird dem Angeredeten vor Augen geführt, daß die Wirksamkeit dieser Regel auch für ihn selbst einmal Bedeutung haben wird. Nur die Söhne können den alten Eltern der ihnen von JHWH gewährten Freiheit noch Realität geben. **F. Crüsemann** weist darauf hin, daß die Häufigkeit der in der Hebräischen Bibel auftretenden Mahnungen zum angemessenen Umgang mit den Eltern die vielfache Gefährdung ihrer Versorgung erkennen lassen. Unter sozialgeschichtlicher Perspektive ist davon auszugehen, daß bei den sozialen Umbrüchen des siebenten vorchristlichen Jahrhunderts Existenz- und Freiheitsgefährdung (Schuldsklaverei etc.) nicht selten waren. Unter solchen Bedingungen liegt der Gedanke nicht weit, „zunächst überflüssige und inzwischen unnütze Esser loszuwerden".[228] Einige Exegeten legen den Hauptakzent des Gebotes auf eine mehr geistig-spirituelle Interpretation des Wortes „ehren". Respektvoller Umgang und würdige Behandlung waren vermutlich mitgemeint, auch wenn der Hauptakzent zunächst auf der materiellen Versorgung lag. In der Wirkungsgeschichte des Gebotes verschob sich vermutlich der Akzent, je mehr die unmittelbare Versorgung anderweitig gesichert war. Bei dieser Akzentverschiebung geht es im wesentlichen um die Bedeutung der Eltern beim Tradieren der (religiösen) Überlieferung. Das in einer gewissen Parallele zum Verhalten gegenüber JHWH interpretierte „Ehren" bedeutet dann vor allem, die Bedeutung und Gewichtigkeit der Eltern für den Traditionsprozeß und die Weitergabe von Erfahrungen in einer Gemeinschaft gebührend zur Geltung kommen zu lassen. Einen bedenklichen Funktionswandel vom Schutz alter Eltern zur Stabilisierung elterlicher Herrschaft brachte die Verschiebung des Adressatenkreises von erwachsenen Söhnen zu Heranwachsenden. Dieser Funktionswandel hängt vermutlich zusammen mit dem Einfluß der spätantiken Umwelt auf das frühe Christentum.[229] Wie sich etwa anhand von **Luthers Interpretation** des Gebotes zeigen läßt, wurde das Elterngebot im 16. Jahrhundert zur Stabilisierung gesellschaftlicher Machtverhältnisse herangezogen. So ordnet Luther allgemein die Ehre der „Herren" dem Elterngebot zu und spricht von Vätern des Blutes, im Hause und im Lande (Großer Katechismus). Die Katechismen des 19. Jahrhunderts vollzogen dann endgültig die Einbindung des Gebotes in eine repressive Gehorsamsethik.

So heißt es in einem Katechismus von 1876:
„Frage 100: Wie verachte ich meine Eltern? Antwort: Wenn ich nicht gleich tue, was mir die Eltern befohlen haben und immer erst frage.
104: Wie gehorche ich ihnen?
1. Wenn ich sie als meine Herren ehre;
2. wenn ich mir unrecht von ihnen gefallen lasse.
107: Warum geht es vielen Menschen schlecht? Weil sie ihren Eltern nicht gehorcht haben."[230]

Da diese Auslegungstradition das Verständnis des Gebotes bis in die Gegenwart hinein prägte, ist es unumgänglich, in religionspädagogischen Zusammenhängen zunächst diese Tradition kritisch aufzuarbeiten und dann im Kontext der Generationenproblematik, Altenversorgung etc. von der ursprünglichen Gebotsintention her nach den angesichts der Alterspyramide brennender werdenden aktuellen Bezügen zu fragen.

Bei den nun folgenden Geboten fällt auf, daß die möglichen Folgen der Übertretung nicht einmal angedeutet werden. Bei den ersten fünf Geboten fehlt eine Folgebestimmung nur beim Sabbatgebot. Eine einfache Erklärung dafür ist, daß die möglichen Folgen so offensichtlich waren, daß ihre Nennung überflüssig war. Übertretungen schlagen unmittelbar auf den Täter und seine Position in der Gesellschaft zurück. Für alle fünf Gebote gilt, daß sie vor der Aufnahme in den Dekalog – einzeln oder in kleinen Gruppen – eine selbständige Vorgeschichte hatten und sich auch später als ethische Sätze verselbständigt haben. Im Zusammenhang des Dekalogs und der sozialgeschichtlichen Situation des 7. vorchristlichen Jahrhunderts war das gemeinsame zentrale Thema in jedem Fall „die Bewährung der eigenen Freiheit der Angeredeten"[231], die darum zentraler Bezugspunkt der Auslegung sein muß. Auch für die allgemeiner formulierten Gebote (Tötungsverbot etc.) muß man davon ausgehen, daß sie in dieser Situation in erster Linie auf die Gruppe der freien Grundbesitzer bezogen waren.[232]

6. *Du sollst nicht töten.*

In diesem Gebot geht es um die „elementare Lebenssicherung des Nächsten und seiner Familie."[233] Das hier verwendete hebräische Wort (rasah) bedeutet Töten „eines Menschen mit Gewaltanwendung" und wird in der Hebräischen Bibel nicht verwendet für das Handeln Gottes und das Töten von Tieren. Da der Dekalog in der historischen und sozialen Situation seiner Zusammenstellung vor allem das Tun des Einzelnen (freien Grundbesitzers) im Blick hatte, sind die Probleme *Todesstrafe* und *Töten im Krieg* gar nicht im Blickfeld; sie sind weder eingeschlossen *noch* ausgeschlossen. Diese Feststellung macht F. Crüsemann gegenüber Interpretationen, die von der Wortdeutung her folgern, daß die genannten Probleme selbstverständlich ausgeschlossen seien.[234]

Von besonderer Bedeutung für das Verständnis des Gebotes ist, daß das hier verwendete Wort für „Töten" auch Gewalttaten an wehrlosen Opfern umfaßt, die den Tod nach sich ziehen oder ihnen durch bestimmtes Handeln die Lebensmöglichkeiten rauben (so Ri 20,4 und 1Kön 21,19). An diese Intention knüpft auch Luther an, wenn er in seiner Auslegung auf beide Aspekte hinweist: Dem Nächsten keinen Schaden zufügen und ihm förderlich sein. Diese bereits in der Hebräischen Bibel enthaltene lebensfördernde Tendenz und das Fehlen eines konkreten Objektes stützt eine Bedeutung des Wandels des Gebotes in Richtung auf universale „Ehrfurcht vor dem Leben" (**A. Schweitzer**). An diese Tendenz zur universalen Geltung kann angeknüpft werden.

7. *Du sollst nicht ehebrechen.*

Auch bei diesem Gebot werden zunächst die Männer aus der bereits mehrfach beschriebenen Schicht der freien Grundbesitzer angesprochen. Ihnen wird verboten, in eine andere Ehe einzubrechen, d. h. eine Beziehung zu einer verheirateten bzw. rechtlich verlobten Frau aufzunehmen. „Nur die Frau konnte im strengen Sinne die eigne Ehe brechen, der Mann nur die fremde."[235] Die patriarchalisch strukturierte Großfamilie war die entscheidende Produktionsstätte und mußte als ökonomisch weitgehend autonome Größe die Lebensgrundlage für alle ihre Mitglieder schaffen. Ehebruch wurde u. a. als massiver Eingriff in die Eigentumsrechte des anderen verstanden und stellte die Legitimität der Nachkommen und die Erhaltung der Lebensgrundlage der Familie in Frage. Nur von diesen Voraussetzungen her, daß die

Weitergabe des Lebens und damit die Zuordnung zum Lebensschutz den Hintergrund bilden, sind die in der Hebräischen Bibel häufig zu findenden harten Strafandrohungen zu verstehen.

In Analogie zur Auslegung des Tötungsverbotes und der folgenden Gebote legte Luther den Schwerpunkt seiner Interpretation auf eine positive Ausgestaltung des (ehelichen) Geschlechterverhältnisses.

Im Blick auf eine heutige Verständigung über das Gebot müssen die vielen grundsätzlichen gesellschaftlichen Veränderungen ebenso mitbedacht werden wie die Tatsache, daß aus dem Gebot keine umfassende Sexualethik abgeleitet werden kann. Einen wichtigen Gesichtspunkt bei der Suche nach der heutigen Bedeutung schlägt **Gollwitzer** vor: „Es leitet uns an, selbstkritisch zu fragen, wo wir im sexuellen Bereich und im Verhältnis der Geschlechter auf Kosten anderer leben, andere schädigen und andere die Befriedigung unserer Bedürfnisse bezahlen lassen."[236]

Nicht Sexualmoral, sondern die besondere Schutzbedürftigkeit von Menschen in der besonderen sozialen Beziehung steht im Mittelpunktes des Gebotes.

8. Du sollst nicht stehlen.

In vielen neueren Auslegungen findet man die von **A. Alt** aufgestellte These wieder, daß das letzte Gebot das eigentliche Diebstahlgebot sei und hier ursprünglich der Raub von Menschen gemeint ist. Danach soll dieses Gebot die Freiheit des Vollbürgers gegenüber allen Machenschaften schützen, die ihn in Skaverei bringen.[237] Da der Dekalog im Gegensatz zu anderen biblischen Stellen (z. B. Dtn 24,7; Ex 21,16) kein Objekt hinzusetzt und die Bedeutung des hier benutzten hebräischen Wortes (ganab) alle Arten des Diebstahls – einschließlich des Menschenraubes – umfaßt, ist davon auszugehen, daß zumindest für die Zeit der Dekalogkomposition „stehlen" ohne Einschränkung gemeint war. Es geht darum, daß „dem Nächsten unter Bruch des Rechts die Lebensgrundlage oder ein Teil von ihr entzogen wird"[238]

Eine Auseinandersetzung über die gegenwärtige Bedeutung dieses Gebotes muß die völlig veränderten sozialen Rahmenbedingungen ebenso beachten wie die unterschiedliche gesellschaftliche Bedeutung verschiedener Eigentumsformen. Da es in der Grundtendenz um die Bewahrung der Freiheit des Einzelnen geht, ist auch immer zu fragen, welche Formen des Eigentums dieser Freiheit dienlich sind und welche Formen die Freiheit anderer bedrohen (Stichwort: Sozialbindung des Eigentums o.a.).

9. Du sollst nicht gegen deinen Nächsten als Lügenzeuge aussagen.

Es gibt in der Hebräischen Bibel zahlreiche Hinweise dafür, daß „Manipulation im Rechtsprozeß" – und darum geht es in diesem

Gebot – in der Praxis nicht gerade selten vorkam. Die Aussage von zwei Zeugen konnte zur Verhängung der Todesstrafe führen (vgl. u. a. 1 Kön 21, besonders V.10 und 13). Das Gebot verbietet, einen anderen israelischen Vollbürger durch Rechtsbeugung um sein Leben oder um die Grundlagen seiner Freiheit (bzw. eines Teils) zu bringen.

Das Gebot heißt nicht: „du sollst nicht lügen", es ist ja hinreichend bekannt, daß man anderen auch mit der Wahrheit schaden kann.

Unsere Medien sind gefüllt mit Beispielen von Verleumdung, die Integrität und Existenz anderer gefährden.

Luther wendet das Gebot in seiner Erklärung positiv und regt an, Gutes vom anderen zu sagen. Hier ist heute der Anknüpfungspunkt zu suchen und nicht bei der moralischen Aufforderung, „immer bei der Wahrheit zu bleiben."

10. Du sollst nicht begehren das Haus deines Nächsten.
Du sollst nicht begehren die Frau deines Nächsten, seinen Sklaven oder seine Sklavin, sein Rind oder sein Esel, noch alles, was deinem Nächsten gehört.

Die Fassung des Gebotes in Dtn stellt in der Reihung die Frau vorne an und fügt noch das „Feld" hinzu. In beiden Varianten geht es jeweils um die Gesamtheit des Besitzes. Die Erklärung dafür, warum hier eigentlich ein Doppelgebot formuliert ist („Haus" umfaßt eigentlich alles andere auch) kann darin liegen, daß hier eine bewußte Entsprechung zum ersten und zweiten Gebot gewählt wurde. Wie das erste und zweite Gebot die Gesamtheit der Gottesbeziehung schützt, sichert das letzte Gebot die gesamte Lebensgrundlage des Nächsten.[239] Der Sinn des hebräischen Wortes (hamad), das im Deutschen mit „begehren" wiedergegeben wird, hat den Sinn von „aussein auf" und bezieht alle Versuche mit ein, den Wunsch in die Tat umzusetzen. Trotz einiger Überschneidungen mit vorangegangenen Verboten liegt hier keineswegs nur eine Verdoppelung vor. Da es durchaus auch legitime Möglichkeiten gab, den Besitz des anderen an sich zu bringen, wird mit diesem Verbot jede mögliche Art des „Darauf-aus-seins" abgewehrt, eine Schwäche des Nächsten zu nutzen, um ihm die Lebensgrundlage zu nehmen.[240] Bedenkenswert ist, daß das Gebot in seiner ursprünglichen Intention vor allem die potentiell Schwächeren vor einer Beraubung durch den Stärkeren schützen sollte. In der Auslegungsgeschichte wurde das „Begehren" gern als „Neid" verstanden und das Gebot folglich als Schutz der Besitzenden vor den Armen interpretiert.

> **Aufgaben:**
> Im Anschluß an diese Darstellung sollten die Aussagen der obigen Texte I–III in Kap. 8.2.1. (nochmals) kritisch, hinsichtlich ihrer Zuschreibungen, Unterstellungen und Annahmen, überprüft werden.
>
> **Mögliche Fragestellungen und Aspekte:**
> **zu I:** Wie sind die verschiedenen Aussagen zu bewerten?
> - „Grundgesetz der Menschheit?"
> - „Was ist das ‚Original'?"
> - „Du sollst nicht lügen?"
> - „Schafhirtengesetz!"
> - „Wir brauchen keine neuen Regeln des Lebens!"
> - „Die Zehn Gebote sind persönlich gemeint!"
>
> **zu II:** Für welche Lebensbereiche und Probleme kann der Dekalog heute neue Anstöße geben?
>
> **zu III:** Wie sind die einzelnen Behauptungen zu beurteilen?
> a) Die Zehn Gebote sind (unverändert) zeitgemäß!
> b) Die Gebote 1 bis 4 müßten verändert werden!
> c) Der Dekalog ist nur vor dem historischen Hintergrund des Übergangs Nomadentum – Agrargesellschaft deutbar!

8.3. Nicht nur die 10 Gebote

Vergleicht man die Gebote des Dekalogs mit dem gesamten Gebotskomplex der Tora, fällt auf, daß folgende Bereiche hier nicht geregelt sind:
- alle Fragen des Staats- und Völkerrechtes (Abgaben, Steuern, Verhältnis zu anderen Völkern)
- kultische Fragen (Opfer, Sühnebestimmungen)
- Sozialrecht (Verhalten gegen Schwache, Arme, Fremde) mit Ausnahme des Sabbatgebotes.

Unter der Frage nach dem spezifischen Beitrag von Anregungen aus der Hebräischen Bibel für eine Auseinandersetzung um aktuelle ethische Fragen kann der Dekalog nur ein (sicher nicht unwesentlicher) Anknüpfungspunkt sein. Insgesamt ist zu bedenken, daß die ökologische Perspektive und die Befreiungsperspektive in der Hebräischen Bibel immer auch im Zusammenhang der Gott entsprechenden Gerechtigkeit thematisiert werden und die Frage nach dieser Gerechtigkeit immer wieder mit Blick auf das Recht der Armen, Witwen, Waisen und Fremden entfaltet wird.

Aufschlußreich ist der zum **Bundesbuch** gehörende Text **Ex 23,1-13**.

> **Aufgabe:**
> - Lesen Sie den Text Ex 23,1-13 und notieren Sie die ethischen Themen, die hier angesprochen werden.
> - Ordnen Sie nach apodiktischen und kasuistischen Rechtssätzen.
> - Ordnen Sie unter dem Gesichtspunkt, wie Sie heute die Prioritäten gewichten würden.
> - Versuchen Sie, Ordnungsprinzipien zu entdecken und zu formulieren, was diese Rechtssätze zusammenhält.

Ex 23,9 nimmt Ex 22, 20 wieder auf. Mit diesem Vers beginnen die sozialen Regelungen des Bundesbuches. Das Recht des Fremden bildet den Rahmen der sozialen Bestimmungen und die Mitte des Abschnittes 23,1-13. Diese Mitte wird von zwei Themenkomplexen umrahmt. Im ersten Teil stehen in der Mitte (V.4 f) Vorschriften über den Umgang mit Tieren von Feinden. Diese werden umschlossen von Mahnungen zur Achtung des Rechts von Armen und Geringen im Rechtsstreit (V. 3-6) und im Äußeren umrahmt durch die Verse 1-2 und 7-8, die von Grundfragen des Verhaltens im Rechtsstreit handeln.[241] Es geht um das Recht gerade derjenigen, die es am dringendsten nötig haben, aber am meisten bedroht sind. Rechtlich und sozial Schwache sollen unabhängig von Macht, unabhängig von Freundschaft oder Feindschaft ihr Recht bekommen.[242]

Gerüchte, Falschaussagen und Bestechung bedrohen sowohl die Schwachen als auch die Starken in ihrem Recht.

Im zweiten Teil (V. 10-13) geht es um das Sabbatjahr und den Sabbat. Auch diese Regelungen dienen den Armen und Schwachen, den Menschen und den Tieren. Der Abschnitt endet mit der Weisung, mit dem der Dekalog beginnt. Es gibt Ähnlichkeiten mit dem Dekalog, aber auch eine signifikante andere Akzentuierung im Blick auf die Armen, die Fremden, die Tiere, die Erde und den Umgang mit dem Feind.

Das **Recht des Fremden**, das auch in Lev 19,33 f und in der Tora insgesamt eine zentrale Bedeutung hat (vgl. auch Num 15,14 f und Dtn 10,17-19), fristet in der christlichen Ethik eher ein Schattendasein. Gerade diese weniger beachteten Aspekte der Hebräischen Bibel könnten zum Anstoß für den Umgang mit gegenwärtigen Fragen werden.

Wie in den zehn Geboten wird in diesen Sätzen des Bundesbuches die Ethik mit einer erinnerten Erfahrung begründet. Der Fremde soll nicht unterdrückt werden, so lautet der Begründungszusammenhang, weil ihr selbst die Erfahrung dieser Unterdrückung kennt. Wie in der Erinnerung der Befreiung bei der Passafeier, geht es um die Identifikation der nachgewachsenen Generationen mit dieser konstituierenden Erfahrung ihres Volkes. Dabei liegt die Besonderheit darin, daß die Erinnerung hier gerade nicht dazu dient, für Kontinuität zu sorgen (nach dem Motto: „Unterdrückt die Fremden, ihr bzw. eure Vorfahren seid ja auch unterdrückt worden"). Die **Erinnerung dient vielmehr der Unterbrechung** der altbekannten und immer neuen Erfahrung, daß es immer so weitergehen muß, daß aus Unterdrückten neue Unterdrücker werden, das Gewalt immer neue Gewalt hervorrufen muß. Erinnerung hat hier den Sinn, daß sich die alte Erfahrung gerade nicht wiederholt, sondern neue Erfahrung möglich werden läßt.[243]

Im Blick auf die beträchtliche Wirkungsgeschichte des Ehebruch-Verbotes wäre zu überlegen, wie die Geschichte der christlichen Ethik verlaufen wäre, wenn das Fremden- und Asylrecht Teil des Dekalogs wäre!

In der vermutlich in nachexilischer Zeit gestalteten Redaktion des **Michabuches** findet sich der folgende Satz, der aus anderer Perspektive Licht auf den Weg wirft, den der *Dekalog* sowie auch das *Recht des Fremden* und andere Weisungen ausleuchten:

Es ist dir gesagt Mensch, was gut ist
und was JHWH bei dir sucht:
Nichts anderes als Gerechtigkeit tun,
Freundlichkeit lieben
und behutsam mitgehen mit deinem Gott. (Micha 6,8)

Ebenso wie dem Dekalog geht auch diesem Vers die Erinnerung an Gottes zuvorkommendes Handeln, an seine Befreiung aus Ägypten und an seine Führung voraus. Das, was gut ist, ist bereits gesagt. Gut meint immer, gut für den Menschen selbst. „Gut für den Menschen ist nicht mehr als *und* nicht weniger als: Gerechtigkeit tun *und* Freundlichkeit lieben *und* behutsam mitgehen mit deinem Gott."[244]

Literatur:

Ben Chorin, Schalom: Die Tafeln des Bundes, Tübingen 1979; *Crüsemann*, Frank: Tora. Theologie und Sozialgeschichte des alttestamentlichen Gesetzes, München 1992; *Crüsemann*, Frank: Bewahrung der Freiheit. Das Thema des Dekalogs in sozialgeschichtlicher Perspektive. Gütersloh 1993 (1983); *Ebach*, Jürgen: Nicht nur die zehn Gebote, in: ders.: „... behutsam mitgehen mit deinem Gott". Theologische Reden 3, Bochum 1995, 42–59; *Exeler*, Adolf: In Gottes Freiheit leben. Die Zehn Gebote, Freiburg i.B. 1981; *Schmidt*, Werner: Die Zehn Gebote im Rahmen alttestamentlicher Ethik (in Zusammenarbeit mit Holger Delkurt und Axel Graupner), Darmstadt 1993; *Schüngel-Straumann*, Helen: Der Dekalog – Gottes Gebote, Stuttgart 1973; *Zehn Worte der Freiheit*. Aktuelle Bibelarbeiten zu den Zehn Geboten. Hrsg. im Auftr. des Deutschen Evangelischen Kirchentags von Susanne Natrup, Gütersloh 1996

9. Im Schatten des Patriarchats – Zur Rolle der Frau und der Beziehung der Geschlechter in der Hebräischen Bibel

Motiv „Mirjam" aus dem Misereor Hungertuch „Biblische Frauengestalten – Wegweiser zum Reich Gottes" von Lucy D'Souza

© 1990, Misereor Medienproduktion und Vertriebsgesellschaft mbH, Aachen

Die Überlieferung der Hebräischen Bibel, vor allem aber auch ihre Auslegungen sind bis in unser Jahrhundert hinein deutlich patriarchalisch geprägt. Angesichts der nachhaltigen Wirkung dieser Tradition in Kirche und Gesellschaft ist es im Interesse der noch ausstehenden Gleichberechtigung der Geschlechter geboten, dieses Problem gesondert zu thematisieren.

Vor einer Betrachtung ausgewählter Textstücke und ihrer Wirkungsgeschichte ist jedoch in diesem Zusammenhang ein Hinweis auf diejenige theologische Bewegung angezeigt, die die hier anstehende Thematik in besonderer Weise zu ihrer Sache macht und bewegt, die sogenannte „Feministische Theologie".

9.1. Vorbemerkung zum Thema „Feministische Theologie" und Hebräische Bibel

Seit die Reformation Jedermann und Jederfrau den direkten Zugang zur Bibel eröffnet hat, wurde ihr Wort dem Argwohn und Widerspruch der politisch und theologisch Herrschenden zum Trotz immer auch zum Ferment für Aufbruchs- und Befreiungsbewegungen verschiedenster Art. Das gilt für die aufständischen Bauern zur Zeit Luthers, für Pilgerväter und Quäker ebenso wie in diesem Jahrhundert für die religiösen Sozialisten und Basisgemeinden (Befreiungstheologie) der Dritten Welt.

Jener relativ kleine Teil der feministischen Aufbruchsbewegung unserer Zeit, der sich bewußt auf die jüdisch-christliche Tradition bezieht, sieht sich mit dem Grundproblem konfrontiert, daß die Bibel von Männern geschrieben wurde und sich an der Erfahrungswelt von Männergesellschaften orientiert. Erschwerend kommt hinzu, daß die patriarchalische Sichtweise bis in die jüngste Auslegungsgeschichte hinein bestimmend bleibt. So wird die Rollenzuweisung der Frau in Kirche und Gesellschaft gern mit dem Versagen Evas begründet, wie es z. B. in 1 Tim 2,9 - 15 interpretiert wird.

Obwohl historisch-kritische Auslegung auch den Aspekt der „Sachkritik" kennt und unter diesem Aspekt auch den Texten zugrundeliegende zeitbedingte Gesellschafts- und Sozialordnungen relativiert, bleibt die patriarchalische Sichtweise hiervon weitgehend ausgespart. So heißt es in einem 1963 erschienenen Kommentar zu 1 Tim 2,9-15 abschließend: „In der Familie liegen zuerst die gottgewollten Pflichten der Frau – das ist die im schärfsten Gegensatz zu asketischer Schwärmerei stehende christliche Lösung der Frauenfrage."[245]

Auch **Gerhard von Rad**, der sich in seinem Kommentar zur Urgeschichte hinsichtlich dieser Frage insgesamt zurückhaltender verhält, bemerkt zu Gen 3,6: „Die Verführte wird sogleich zur Verführerin. Damit soll wohl angedeutet werden, daß das Weib den dunklen

Lockungen und Geheimnissen, die unser umschränktes Leben umlagern, unmittelbarer gegenübersteht als der Mann. In der Geschichte des Jahweglaubens haben gerade die Frauen immer wieder einen Hang zu dunklen Afterkulten gezeigt."[246]

Auf dem Hintergrund solcher Auslegungstradition verwundert es nicht, daß Versuche, die Hebräische Bibel im Kontext der feministischen Bewegung neu zu lesen und zu erschließen, mehr oder weniger die eingefahrenen Wege traditioneller Auslegung verlassen (müssen). Sie bewegen sich zwischen Bemühungen, innerhalb einer deutlicheren Wahrnehmung der patriarchalischen Grundstruktur zarte Ansätze teils unterdrückter, teils sporadisch vortretender Gegentendenzen aufzudecken bis hin zur Rekonstruktion eines matriarchalischen Untergrundes. Auf der einen Seite steht eine von anderen Erfahrungen geprägte neue Auslegung, auf der anderen Seite eine radikale Revision des „alttestamentlichen" Redens von Gott. Fragerichtungen und Interessen variieren je nach dem feministischen Standort. Als allgemeiner Grundgedanke steht jedoch im Hintergrund, durch Kritik und Bekämpfung patriarchalischer Fremdbestimmung die dadurch bedingte Deformation von Frauen (und Männern) zu überwinden.

Experimente mit einem hierdurch bestimmten Prozeß des Verstehens (Hermeneutik) werden von der etablierten Theologie häufig immer noch ignoriert oder heftig abgewehrt.

„Frauenrecht zu erstreiten oder zu verteidigen, ist *eine* Sache, eine sehr nötige dazu. Daß man dafür das Alte Testament *mißbraucht* ist eine andere Sache, die dem Ziel nur Schaden zufügen kann, jedenfalls dann, wenn man überhaupt noch bereit ist, das Alte Testament ernstzunehmen."[247] So äußert sich ein Alttestamentler entrüstet über eine feministische Auslegung eines Textes der Hebräischen Bibel in einer angesehenen theologischen Zeitschrift. Deutlich kommt zum Ausdruck, daß nach seiner Ansicht die Interessenlage des Auslegers vom Auslegungsprozeß säuberlich zu trennen ist. Auch die neuere Theologiegeschichte ist voller Beispiele dafür, daß dies kaum gelingt. Dieser Grundsatz ist vor allem dann methodisch fragwürdig, wenn der eigene Auslegungsstandort und die damit verbundenen Interessen nicht ideologiekritisch geklärt und damit verschleiert werden. Im Prinzip wird damit die Berechtigung von erfahrungsorientierter Hermeneutik bestritten, die das Interesse hat, mit Hilfe der Interpretation der Überlieferungen zu einer neuen Wahrnehmung und zur Auseinandersetzung mit Gegenwartserfahrungen zu gelangen. Ein Grundsatz, der geradezu verhindern kann, daß die in den Texten gebundenen Erfahrungen neu erfahrbar werden.

Möglicherweise belegt aber auch die Frontstellung die feministische These, daß die patriarchal geprägte Denktradition die Erfahrungsfähigkeit entscheidend reduziert hat.

Nach langer patriarchalisch bestimmter Auslegungsgeschichte ist eine experimentelle Suchbewegung dringend geboten. Der innertheologische Verständigungsrahmen muß dabei notwendig offener werden. Dieser Rahmen wird allerdings verlassen, wenn die Hebräische Bibel als Interpretationsgrundlage wie z. B bei **Hanna Wolff**[248] („Neuer Wein in alten Schläuchen") ganz abgelehnt wird oder nur durch eine Verständigungsbasis im Rückgriff auf eine hypothetische matriarchale Vorstufe gesehen wird. Als ein solch problematischer Versuch, durch hypothetische Rekonstruktion mythologischer Vorstufen die theologischen Auslegungen der Geschichte Israels prinzipiell gegenläufig zu erheben, sind m. E. die Arbeiten von **Gerda Weiler** zu beurteilen.[249]

Nicht Abgrenzung von der Hebräischen Bibel oder Rückbesinnung auf eine angeblich heile Welt des Matriarchats ist angezeigt, sondern eine Kritik der Auslegungstradition und ihrer Wirkungsgeschichte im Rückgriff auf eine kritische Analyse und Interpretation der überlieferten Texte.

9.2. Die Frau in der Hebräischen Bibel

Bei den folgenden Zugangsversuchen zum Thema „Frau in der Hebräischen Bibel" geht es um die Erschließung weithin verdeckter Aspekte. Die Hebräische Bibel nimmt im wesentlichen die Erfahrungsperspektive von Männern ein. Gerade weil das so ist, fallen Darstellungen besonders auf, die eine die patriarchalische Weltsicht und Norm überragende Bedeutung von Frauen und eine abweichende Frauenrolle erkennen lassen. Hervorzuheben ist hier zum Beispiel die in Gen 1,26-28 ausgedrückte Vorstellung, daß der Mensch als Mann **und** Frau seinen Ausdruck und seine Bestimmung findet. Weiter sind zu nennen: Das Hohe Lied und die schon mehrfach angesprochene Erzählung von Adam und Eva in Gen 2-3.

Innerhalb der patriarchalischen Grundstruktur der Hebräischen Bibel treten Frauengestalten wie die Urmütter Sara, Rebekka, Lea und Rachel deutlich hervor und haben auch in der jüdischen Tradition ihre eigenständige Bedeutung. Nach Frauengestalten wie Rut und Esther sind jeweils eigene Schriftrollen benannt.[250] Zu erwähnen ist Mirjam Ex 15,10-21, die in 2Kön 22,14 ff (Chr 34,22 ff) genannte Prophetin Hulda und an hervorragender Stelle Debora. Debora wird in Ri 5,4 als Richterin in einer Funktion vorgestellt, die nach der Überlieferung sonst nur Männer ausgeübt haben. Auf ihre Initiative wird der Sieg in der vielleicht wichtigsten Abwehrschlacht der Stämme Israels in der vorstaatlichen Zeit zurückgeführt.

Textauszug aus dem Debora-Lied:[251]

In den Tagen Schamgars Sohn Anats
in den Tagen Jaels
stockten die Wanderzüge,

die Straßengänger
gingen krumme Wanderpfade,
das Bauerntum, es stockte in Jisrael,
stockte,
bis du aufstandst Debora,
aufstandst, eine Mutter
in Jisrael! (Ri 5,6-7)[252]

Dieser Textauszug ist Kern eines alten Siegeslieds (Ri 5), dem in der Gesamtredaktion eine jüngere Prosaerzählung vorgeschaltet wurde.

Namentlich genannte Frauen – die Hebammen Schifra und Pua – waren es schließlich, die nach biblischen Überlieferungen in der Vorgeschichte des Exodus aus Ägypten (dieser für Israel wichtigsten Erinnerung) handelten und die Voraussetzungen für das ganze Geschehen schufen (vgl. Ex 1,15-2,10).

Einsicht in die (relative) ökonomische Selbständigkeit der Hausfrau in der Spätzeit der Hebräischen Bibel gibt ein Text in Sprüche 31,10-31.[253] Es fällt auf, daß eine christliche Nachdichtung von **Paul Gerhardt** (1607-1667) hinter dieser Rollenbeschreibung zurückbleibt.

Aufgabe:
- Vergleichen Sie Sprüche 31,10-31 mit der Nachdichtung und stellen Sie die Unterschiede zusammen.

Frauenlob

Ein Weib, das Gott den Herren liebt   **Sprüche 31,10-31**
(Paul Gerhardt)

1. Ein Weib, das Gott den Herren liebt
Und sich stets in der Tugend übt,
Ist viel mehr Lobs und Liebens wert
Als alle Perlen auf der Erd.

2. Ihr Mann darf mit dem Herzen frei
Verlassen sich auf ihre Treu,
Sein Haus ist voller Freud und Licht,
An Nahrung wirds ihm mangeln nicht.

3. Sie tut ihm Liebes und kein Leid,
Durchsüßet seine Lebenszeit,
Sie nimmt sich seines Kummers an
Mit Trost und Rat, so gut sie kann.

4. Die Woll und Flachs sind ihre Lust,
Was hierzu dien, ist ihr bewußt,
Ihr Händlein greifet selber zu,
hat oftmals Müh und selten Ruh.

5. Sie ist ein Schifflein auf dem Meer,
Wann dieses kommt, so kommts nicht leer:
So schafft auch sie aus allem Ort
Und setzet ihre Nahrung fort.

6. Sie schläft mit Sorg, ist früh heraus,
Gibt Butter, wo sie soll, im Haus
Und speist die Dirnen, deren Hand
Zu ihren Diensten ist gewandt.

7. Sie gürtet ihre Lenden fest
Und stärket ihre Arm aufs best,
Ist froh, wenns wohl von statten geht,
Worauf ihr Sinn und Herze steht.

8. Wenn andre löschen Feur und Licht,
Verlösch doch ihre Leuchte nicht,
Ihr Herze wachet Tag und Nacht
Zu dem, der Tag und Nacht gemacht.

9. Sie nimmt den Rocken, setzt sich hin
Und schämt sich nicht, daß sie ihn spinn,
Ihr Finger faßt die Spindel wohl
Und macht sie schnell mit Garne voll.

Lob der tüchtigen Frau

[10] Eine tüchtige Frau ist das kostbarste Juwel,
das einer finden kann.[11] Ihr Mann kann sich auf sie verlassen, sie bewahrt und mehrt seinen Besitz.[12] Ihr ganzes Leben lang macht sie ihm Freude und enttäuscht ihn nie.

[13] Sie sorgt dafür, daß sie immer Flachs und
Wolle hat; sie spinnt und webt mit fleißigen
Händen.[14] Sie schafft von überall her Nahrung
herbei wie ein Handelsschiff aus fernen Ländern.

[15] Sie steht schon auf, wenn es noch dunkel ist, bereitet die Mahlzeiten vor und weist den Mägden die Arbeit zu.[16] Sie schaut sich nach einem Stück Land um, kauft es mit dem Geld, das sie selber verdient hat, und bepflanzt es mit Reben.

[17] Sie packt ihre Aufgaben energisch an und
scheut keine Mühe.[18] Sie merkt, daß ihre Mühe etwas einbringt; darum arbeitet sie beim Schein der Lampe bis spät in die Nacht.[19] In jeder freien Minute nimmt sie die Spindel zur Hand.

10. Sie hört gar leicht der Armen Bitt,
Ist gütig, teilet gerne mit,
Ihr Haus und alles Hausgesind
Ist wohl verwahrt vor Schnee und Wind.

11. Sie sitzt und näht, sie würkt mit Fleiß,
Macht Decken nach der Künstler Weis,
Hält sich selbst sauber; weiße Seid
Und Purpur ist ihr schönes Kleid.

12. Ihr Mann ist in der Stadt berühmt,
Bestellt sein Amt, wie sichs geziemt,
Er geht, steht und sitzt oben an,
und was er tut, ist wohl getan.

13. Ihr Schmuck ist, daß sie reinlich ist
Ihr Ehr ist, daß sie ausgerüst
Mit Fleiße, der gewiß zuletzt
Den, der sie liebet, hoch ergeht.

14. Sie öffnet ihren weisen Mund,
Tut Kindern und Gesinde kund
Des Höchsten Wort und lehrt sie fein
Fromm, ehrbar und gehorsam sein.

15. Sie schauet, wies im Hause steht
Und wie es hier und dort ergeht,
Sie ißt ihr Brot und sagt dabei,
Wie so groß Unrecht Faulsein sei.

16. Die Söhne, die ihr Gott beschert,
Die halten sie hoch, lieb und wert,
Ihr Mann, der lobt sie spat und früh
Und preiset selig sich und sie.

17. Viel Töchter bringen Geld und Gut,
Sind zart am Leib und stolz am Mut,
Du aber, meine Kron und Zier,
Gehst wahrlich ihnen allen für.

18. Was hilft der äußerliche Schein?
Was ists doch, schön und lieblich sein?
Ein Weib, das Gott liebt, ehrt und scheut,
Das soll man loben weit und breit.

19. Die Werke, die sie hie verricht,
Sind wie ein schönes helles Licht,
Sie dringen bis zur Himmelspfort
Und werden leuchten hier und dort.

[20] Den Armen und Notleidenden gibt sie reichlich und gern.[21] Schnee und Frost bereiten ihr keine Sorgen, weil sie für alle im Haus warme Kleidung bereithält.

[22] Sie macht sich schöne Decken; ihre Kleider sind aus feinem Leinen und purpurroter Wolle.[22] Sie hat einen Mann, der von allen geachtet wird; sein Wort gilt etwas im Rat der Gemeinde.

[26] Was sie redet, hat Hand und Fuß; mit freundlichen Worten gibt sie Anweisungen und Ratschläge.[27] Alles, was im Haus geschieht, behält sie im Auge; Müßiggang ist ihr unbekannt.

[28] Ihre Kinder sind stolz auf sie, und ihr Mann lobt sie.[29] »Es gibt viele tüchtige Frauen«, sagt er; »aber du bist die allerbeste!«

[30] Anmut und Schönheit sind vergänglich und kein Grund, eine Frau zu rühmen; aber wenn sie im Gehorsam gegen Gott lebt, dann verdient sie Lob.[31] Ihre Mühe darf nicht unbelohnt bleiben: für das, was sie leistet, soll die ganze Stadt sie ehren.

Neben wenigen positiven Beispielen zur Frauenrolle finden sich in der Hebräischen Bibel überwiegend Dokumente ihrer untergeordneten Position. Aus vielerlei Einzelregelungen in Rechtstexten wird deutlich, daß die Frau ihre Rechtsstellung in Israel nur in Zuordnung zum Mann (z. B. Vater, Ehemann) hatte. Verschiedene Vorschriften haben allerdings die Funktion, der Frau innerhalb dieser zugeordneten und untergeordneten Stellung eine relative soziale Sicherheit zu geben (z. B. das Gesetz über die Leviratsehe, in: Dtn 25,5-10). Die meisten Sexualvorschriften dienen jedoch der Sicherung des Besitzrechtes des Mannes und der Sicherung der patriarchalen Erbfolge (vgl. z. B. die Ausführungen zum Ehegebot Kap. 8).

Welche Prozedur eine Frau bei einer nur auf Vermutung gestützte Eifersucht ihres Mannes über sich ergehen lassen mußte, zeigt Num 5,11-31.

Aufgaben:
- Verschaffen Sie sich einen Überblick durch zusammenhängende Lektüre der genannten Stellen!
- Versuchen Sie, die Besonderheit der Frauengestalten/bzw. der Frauenrolle in den genannten Textstücken jeweils kurz zu beschreiben!

Im Blick auf Gen 2 macht **Frank Crüsemann** deutlich, daß die Erzählung zwar aus der Perspektive und in der Sprache des Mannes berichtet, dabei aber Tendenzen enthält, die das patriarchale Weltbild transzendieren. So wird deutlich, daß erst die Erschaffung der Frau den Menschen zum Mann macht, d. h. der Mann erst durch sein Gegenüber zu seinem Selbstverständnis kommt. Die enge Zusammengehörigkeit durchbricht die hierarchischen Bande des Elternhauses. In der Szene Gen 2,23 f werden (auch) die Freude aneinander und das auf Gleichheit beruhende Aufeinanderangewiesensein sichtbar. Diese Phänomene sind nicht als Beschreibung eines verlorenen paradiesischen Zustandes zu verstehen. In jeder intensiven Zweierbeziehung kann etwas davon erlebt werden und wird etwas davon erlebt. Wo Menschen diese Erfahrungen wiederholen, kommen sie zur „Identität mit dem Ziel der Schöpfung".[254]

9.3. Die Rolle Evas

Grundlegendes zu Gen 2-3 finden Sie in Kap. 4.2.

Die folgenden Erklärungen, können dazu anregen, die Geschichte anders zu lesen als es in der Tradition üblich war. Auch wenn die frauenfeindlichen Tendenzen wesentlich durch die Auslegungstradition verstärkt wurden, sollte nicht der Eindruck erweckt werden, der Text sei nicht aus patriarchaler Perspektive geformt worden. Eine genauere Analyse kann aber den Blick dafür öffnen, daß unter der Oberfläche eine Argumentation zu entdecken ist, die an die verdeckte Möglichkeit partnerschaftlicher Gemeinschaft erinnert.

Für die Deutung der Frauenrolle wurde in souveräner Mißachtung von Gen 1,27 die Erzählung von der Schaffung der Frau aus Adams Rippe (Gen 2,21 ff) u. a. zum Anknüpfungspunkt für die Zuweisung einer untergeordneten Stellung. Gen 2-3 ist eine Komposition vermutlich ursprünglich selbständiger mythologischer Erzählungen, die zu einer Bildfolge zusammengestellt wurden.

Beim Bild von Gen 2,7 geht es um die Erschaffung des (nicht geschlechtlich zu verstehenden) Menschen. Adam (hebr.: Mensch) wird aus adama (hebr.: Ackerboden) gestaltet und von Gott belebt. Die Konturen dieses Bildes sind bestimmt durch die enge Verbundenheit des ackerbauenden Menschen zur Erde aus der lebensspendenen Kraft Gottes. Beim Bild in Gen 2,21 wird die Ätiologie der Zweigeschlechtlichkeit des Menschen „gezeichnet", begründet wird die geschlechtliche Anziehungskraft, die auf das Miteinander der Geschlechter drängt (und hier als gute Gabe Gottes zu verstehen ist!). Dadurch wird adam Mann und Frau. Erst wenn von diesem Bild auf das erste zurückgeschlossen wird und aus den unterschiedlichen Perspektiven der Schöpfung ein Nacheinander wird, kann man (fehl-)deuten: zuerst der Mann, dann die Frau. Nach der Darstellung der Urgeschichte wird erst hier aus der Gattungsbezeichnung Mensch der Eigenname Adam. Während die Tiere (im Sinne eines Herrschaftsaktes) von Adam ihren Namen erhalten haben, heißt es im Blick auf die Frau nicht: er nannte sie ..., sondern sie wird genannt. Eine Benennung durch Adam erfolgt erst nach der Vertreibung aus dem Paradies. Man könnte interpretieren: Herrschaft des Mannes über die Frau ist der erste Akt in der Beschreibung der geminderten Lebensqualität, die vom Menschen selbst verschuldet ist. Eine Bestimmung zur Unterordnung wurde auch aus der Funktionsbeschreibung der Frau als „Hilfe" abgeleitet. Die Wortbedeutung von „Hilfe" weist im Kontext der Hebräischen Bibel nicht auf subalterne Tätigkeit, sondern Partnerschaft hin. Auch von Gott kann Hilfe kommen.

Die sogenannte Verführung

Aufgaben:
- Lesen Sie Gen 3,1-7 und versuchen Sie, die Rolle Evas näher zu bestimmen.

> • Lesen Sie die folgenden Textauszüge und entscheiden Sie, wodurch die Szene bzw. die Rolle Evas Ihrer Meinung nach am besten erklärt wird.

a) „Meisterstück [des Erzählers, F.J.] ist die Schilderung des Weibes. – Die Schlange, bitterböse und schlau, will Gott etwas Böses antun und den Menschen verführen. Sie wendet sich an das Weib; warum an das Weib? Das Weib ist lebhafter und begehrlicher und erwacht eher als der Mann. – Im folgenden eine höchst interessante, ja pikante Szene: in kindlicher, gutgläubiger Harmlosigkeit steht das junge, unerfahrene Weib vor ihr; es ahnt nicht, wie verderblich die Worte der bösen Schlange sind: das Symbol kindlich-dumpfer Unschuld und schlauer Verführung neben einander. – ‚Sollte Gott wirklich gesagt haben?' [...] Wundervoll ist die folgende Schilderung: das Weib sieht sich den Baum jetzt näher an und bemerkt, was sie vorher nicht gesehen hat, daß er so wunderschöne Früchte trägt. Und dies besticht sie; der raffinierten Schlange mag an den Früchten die Hauptsache sein, daß sie geheime Kraft in sich haben, das Weib aber in seiner Kindlichkeit denkt daran, wie schön sie aussehen und wie herrlich sie schmecken müssen. Harmlos und kindlich lüstern tut sie die folgenschwerste Tat ihres Lebens."[255]

b) „Warum spricht die Schlange zu der Frau und nicht zu dem Mann? Lassen Sie einmal eine Frau spekulieren. Wenn die Schlange schlauer ist als die anderen Geschöpfe, dann ist die Frau ansprechender als ihr Mann. In dem ganzen Mythos ist sie die intelligentere, die aggressivere und die mit dem größeren Empfindungsvermögen. [...] Die Initiative und die Entscheidung sind allein ihre. Sie berät sich nicht mit ihrem Mann. Sie bittet weder um seinen Rat noch um seine Erlaubnis. Sie handelt unabhängig. Im Gegensatz dazu ist der Mann still, passiv und lediglich ein Empfänger, ‚und gab ihrem Mann, der bei ihr war, auch davon, und er aß'. Der Erzähler macht keinen Versuch, den Mann als zögernd oder nachdenkend darzustellen. [...] Wenn die Frau intelligent, sensibel und klug ist, so ist der Mann passiv, roh und untüchtig. Diese Charakterporträts sind wahrhaft außergewöhnlich in einer von Männern beherrschten Kultur. Ich betone diesen Gegensatz nicht, um weiblichen Chauvinismus zu fördern, sondern um patriarchalische Interpretationen zu unterhöhlen, die dem Text fremd sind."[256]

c) „Auch Trible müßte sehen, daß der ‚Sündenfall' nicht dem ‚schwachen' Adam angelastet wird, sondern daß dieser als beklagenswertes Opfer der verführerischen und klugen Eva, der eigentlichen Sünderin, erscheinen soll. Gewinnt der arme Adam damit nicht sogar die ganze Sympathie von uns Frauen? Trifft er uns nicht an der schwächsten Stelle unseres (patriarchalen) Frauseins, der tiefzerstörten Mütterlichkeit, die angeblich alles versteht und alles verzeiht – selbst, wenn es eines gewissen Masochismus bedarf, um dieses ‚alles Verstehen' durchzuhalten?"[257]

d) „Warum ist es gerade die Frau, die den entscheidenden Schritt tut? Ist sie eben einfach der ‚schwächere Teil' (Gunkel)? Ist sie ‚versuchlicher' als der Mann (Procksch), gar das ‚Unverständigere und Sinnlichere der beiden Menschenwesen' (Budde)? [...] Auch nicht andeutungsweise läßt der Erzähler ein solches Urteil erkennen. Kaum wird auch gemeint sein, daß bei der Frau mehr Aktivität und Initiative liegen (Trible), [...] freilich wird es kaum einfach Zufall sein, daß gerade die Frau den ersten Schritt tut. Aber man muß sich streng an Aussagen und Struktur der Erzählung halten."[258]

Zweifellos liegt die Aktivität in dieser Erzählung auf der Seite der Frau (erst in 3,20 wird sie Eva genannt!). Nun hängt aber für das Gesamtverständnis viel davon ab, wie man die Einzelzüge und die Absicht der Erzählung insgesamt deutet. Auch hier geht es zunächst um ein Einzelbild, das sich wahrscheinlich an einen vorgeprägten Mythos anlehnt, in deren Zentrum die Elemente Frau, Baum und Schlange standen.

Wenn man davon ausgeht, daß der Erzähler vorgefundenes „Bild"-Material neu interpertiert, ist es nicht entscheidend, daß hier die Frau agiert – sondern wie die „Dynamik" der Gebotsübertragung entfaltet wird. Im Hintergrund steht hier ein Wortspiel, das mit der klanglichen Nähe der hebräischen Worte für klug (arum) und nackt (aram) zusammenhängt. Die kluge Schlange verspricht Klugheit, die Folge ist Nacktheit. Der Griff nach dem Baum der Erkenntnis symbolisiert die Ambivalenz von Autonomie. In der in die Worte der Schlange verkleidete Verheißung, ihr werdet klug, mischt sich Erfahrung: ihr werdet nackt. Selbst entscheiden zu können, was gut und böse ist, meint entscheiden zu können, was nützlich und schädlich ist. Mit dieser Möglichkeit verbindet sich die Erfahrung der Nacktheit bzw. die Notwendigkeit der Verhüllung. Dem autonom gewordenen Menschen ist die Möglichkeit verlorengegangen, sich und Gott offen gegenüberzutreten.

Seiner Gattung nach ist das Textstück in der biblischen Fassung eine Ätiologie für den nachparadiesischen Zustand des Menschen. Das Paradies ist aber nicht als eine urgeschichtliche Realität zu verstehen, sondern als Symbol ungetrennter Einheit mit dem Ursprung des Lebens, das in der Selbsterfahrung des Menschen und der Menschheit immer nur als (verlorener) Urzustand und Sehnsucht präsent ist.

Gemessen an den vorstellbaren Möglichkeiten ist das Lebensgeschick des konkreten Menschen deutlich gemindert. Diese Erfahrung deutet die Erzählung mit der „Vertreibung aus dem Paradies" an. Nun stellt sich aber die Lebenssituation der Frau gegenüber der geminderten Lebensqualität des Menschen allgemein nochmals schlechter dar. Diese reale Erfahrung seiner Gegenwart versucht der Erzähler nun gesondert – ebenfalls durch ein Geschehen in der Vergangenheit – zu erklären. Ist aber die Verführungsgeschichte – wie die Paradieserzählung überhaupt – als Ätiologie zu verstehen, dann sind weder eine sexuelle Deutung, noch Rückschlüsse auf negative Eigenschaften der Frau, wie z. B. leichtere Verführbarkeit, angemessen. Der außerparadiesische Zustand (mit Mühe der Arbeit und Schmerz bei der Geburt) ist nach der Intention der Erzählung nicht „naturgegeben", sondern Produkt menschlicher Autonomiegeschichte. Nun haben aber Ätiologien immer auch die Tendenz in sich, die mit dem Geschehen in der Vergangenheit begründeten Zustände damit auch als legitimiert anzusehen und zur Norm zu erheben. Die Auslegungsgeschichte hat diese Tendenz deutlich verstärkt. Selbst wenn schon die Bearbeitung der Erzählung diese legitimatorische Absicht mitverfolgt haben sollte, steht im Vordergrund doch die Aussage, daß die erfahrbare schlechtere soziale Stellung der Frau Ausdruck einer eigentlich nicht intendierten geminderten Lebensgestalt(ung) ist. Diese Minderung ist weder naturgegeben noch im ursprünglichen Sinne gottgewollt. Sie entspricht den Sozialerfahrungen der frühen Königszeit in Israel und ist durch neue Erfahrungen überholbar.

Der grundsätzliche Fehler, der bei der Auslegung dieser (und anderer Texte) auf dem Hintergrund menschlicher Herrschaftsgeschichte unterläuft, ist, daß aus den *Voraussetzungen*, die in der Entstehungszeit begründet sind – hier konkrete Erfahrungen mit der sozialen Situation und dem Lebensgeschick der Frauen – die *Intention* wird.

„Theologisch wird man aus Strafen keine Ordnung machen dürfen, aus Negativitäten keinen guten Willen Gottes. Man wird die Unterwerfung der Frau unter den Mann so wenig zum heutigen Gebot machen können, wie die Forderung, daß jeder im Schweiß seines Angesichts auf dem steinigen Acker Palästinas zu arbeiten und sich vor Schlangen zu fürchten hat. Die theologische Leistung dieses Erzählers liegt vor allem wohl darin, daß er die Ambivalenz und Zwiespältigkeit aller menschlichen Erfahrung erkannt und in ihrer Entstehung bildhaft beschrieben hat. Stets liegen die gute Schöpfung und die selbstverschuldete Entfremdung untrennbar ineinander und in besonderer Weise wird die Beziehung der Geschlechter davon berührt. Ungebrochenes Glück der Begegnung und schmerzhafte Entfremdung durch Herrschaft, worunter besonders die Frau zu leiden hat, beides wird hier unterschieden und doch als untrennbar ineinanderliegend beschrieben."[259]

Das was hier für die Situation der Frau ausgesagt ist, gilt analog für die Situation des Menschen insgesamt. Die „Vertreibung aus dem Paradies" begründet ätiologisch den vorfindlichen Zustand ambivalenter Lebensbedingungen mit ihren tödlichen Gefahren, die von der

Dynamik des menschlichen Autonomiestrebens ausgehen. Der Weg zu den undifferenzierten, auf Harmonie angelegten Ursprungsbedingungen ist verschlossen. Aber die Erinnerung an das Paradies hält die Sehnsucht nach Lebensfülle wach, die unter den ambivalenten Lebensbedingungen der Realität zur Geltung kommen will. Im Kern der theologischen Aussage der Urgeschichte steht die Behauptung, daß die Zuwendung Gottes – als Erfahrung der liebenden Zuwendung eines persönlichen Gegenübers – trotz des unwiderruflichen Verlustes der Einheit mit den Ursprungsbedingungen des Lebens (die Psychologie spricht hier vom Verlust des primären Liebesobjekts) die Möglichkeit erfüllten Lebens unter den Bedingungen der Realität eröffnet.

9.4. Preisgabe der Ahnfrau – Zur Auslegung von Gen 12,10-20; 20 und 26

Die Auseinandersetzung um die Auslegung dieser Texte ist ein Lehrstück für Ideologieanfälligkeit – auch von wissenschaftlicher Bibelauslegung.

Bei diesen Abschnitten liegt der für die Hebräische Bibel einmalige Fall vor, daß Grundzüge ein und desselben Erzählstoffes in dreifacher Gestalt und Gestaltung tradiert sind. Daher eignen sich diese Texte in besonderer Weise dafür, Beobachtungen dazu anzustellen, wie eine bestimmte Überlieferung im Laufe der Geschichte verändert, neu interpretiert und zur Basis unterschiedlicher theologischer Aussagen wird. In ihrer jetzigen Fassung sind alle drei Texte eingebunden in den Komplex der **Erzelternerzählungen**, die nach der Urgeschichte ab **Kapitel 12 (- 50)** den zweiten Teil der Genesis bilden. Das übergreifende Thema, dem hier viele ursprüngliche Einzelüberlieferungen mehr oder weniger stringent zugeordnet sind, ist die Geschichte der Verheißungen (Land und Nachkommen) und wie JHWH trotz des dieser Verheißung zuwiderlaufenden Handelns der Menschen an seiner Verheißung festhält und sie zum Ziel bringt. Eingebunden in diesen Zusammenhang sind auch die Erzählungen von der Preisgabe der Ahnfrau. Sie sind Beispiele dafür, wie JHWH seine Segensgeschichte trotz wiederholtem menschlichen Versagen lenkt. Neben dieser Deutung, die die Erzählungen im Rahmen des Kontextes erhalten, läßt sich gerade bei dem mehrfach verarbeiteten Stoff nach der bzw. den Intentionen der vom jetzigen Kontext noch unabhängigen Überlieferungsstadien fragen.

Alle drei Versionen spielen im Bereich außerhalb des verheißenen Landes, Gen 12 in Ägypten, Gen 20 und 26 in Gerar. Als Motiv der Wanderung wird in 12,10 ff eine Hungersnot angegeben und mit Bezug darauf in 26 wiederholt. Die Grundkonstellation ist jeweils davon bestimmt, daß der Mann befürchtet, im Gastland getötet zu werden, damit die Fremden sich seiner schönen Frau bemächtigen können. Das Vorurteil, daß die Stadtbewohner sexuell zügellos sind und kein Recht achten, erweist sich in allen drei Versionen als grundlos. In allen Versionen wird die bestehende Ehebindung offen oder verdeckt verleugnet. Und schließlich endet die Erzählung in allen Versionen mit dem Reichtum der Erzeltern. In 12 und 26 greift Gott zugunsten der Ahnfrau (nicht zugunsten des Mannes) ein. Während nach der Schilderung in 12 von einem vollzogenen Ehebruch auszugehen ist, wird nach 20,3 f der fremde Herrscher gerade noch rechtzeitig gewarnt, und in 26 wird die Leugnung der Ehe bereits wahrgenommen, bevor überhaupt eine Gefahr für die Ahnfrau besteht. In jedem Fall deckt der fremde Herrscher den Betrug selbst auf durch Gott gewirkte Schicksalsschläge (12), Traum (20) und eigene Beobachtung (26). Die hinter den drei Varianten liegende ursprüngliche Erzählgestalt[260] dürfte die genannten Elemente bereits enthalten haben. Die Lokalisation des Ereignisses in Ägypten, wo der Pharao mit Plagen geschlagen wird, ist so sehr an die zentrale Überlieferung vom Exodus angelehnt, daß zu vermuten ist, daß diese Tradition hier eine andere abgelöst hat. Das südliche Palästina, eine Gegend am Rande des Kulturlandes, ist als ursprünglicher Hintergrund dieser Erzählung wahrscheinlicher. Es wird sich um eine Erzählung von einem Erzelternpaar gehandelt haben, das sich im Süden Palästinas als Schutzbürger im Herrschaftsbereich eines fremden Königs aufgehalten hat.

Allgemeine Formbeobachtungen legen den Schluß nahe, daß die in Kapitel 12 überlieferte Fassung am wenigsten bearbeitet worden ist und somit am nächsten an einer möglichen Urfassung liegt.

Es ist davon auszugehen, daß die drei Varianten voneinander abhänge Gestaltungen einer alten Erzählung sind, die den Stoff jeweils fortschreiben und weiterinterpretieren. Aus einer ursprünglichen Rettungsgeschichte wird in 26 eine relativ spannungslose Bewahrungsgeschichte.

Die Gestalt des Erzvaters wird dabei immer idealer.

Aufgaben:
- Versuchen Sie, durch Vergleich der drei Fassungen die wesentlichen Unterschiede herauszuarbeiten!
- Versuchen Sie, die Veränderungen (den Überlieferungsprozeß) zu beschreiben!
- Welche Absichten stehen vermutlich hinter den jeweiligen Erweiterungen und Veränderungen?

Folgende **Stadien** lassen sich bei der Überlieferung der Erzählung vermuten:
1. Eine ursprünglich ethnologische Sage, in der Weltgeschichte als Familiengeschichte erzählt wird, schildert ein konkretes Ereignis, das die Preisgabe und Rettung der Frau zum Inhalt hat.
2. Die Schilderung von Taten wird durch Reden erweitert, durch die Gedanken und innere Beweggründe erkennbar werden.
3. Ein verfeinertes sittliches Empfinden verändert die Darstellung so, daß eine sexuelle Beziehung gar nicht mehr zustande kommt und der Stammvater vom Vorwurf der Lüge entlastet wird.
4. Die Rolle Gottes verändert sich vom unmittelbaren Eingreifen zur (indirekten) Offenbarung.
5. Die Erzählung wird an bekannte Gestalten und Mächte gebunden.

Zur Rolle der Frau

Nach dieser grundsätzlichen Klärung nun zur „Rolle der Frau", um die es in diesem Abschnitt ja eigentlich geht. Ein Blick auf die jüngere Auslegungsgeschichte fördert hier Interessantes zutage.

Für **Klaus Koch** wurde die ursprüngliche Fassung der Geschichte im Kreis von Nomadengruppen erzählt. Er geht davon aus, daß die Männer etwa abends im Kreis vor den Zelten von ihrem Ahnherrn erzählten und dabei einfließen ließen, daß sie zwar einerseits von den Kulturlandbewohnern abhängig und diesen unterlegen seien, andererseits sich aber den Stadtbewohnern überlegen fühlten. „Der eigene Ahnherr ist klüger als die Stadtleute ... ‚Daß Abraham aber so außerordentlich gut gelogen, aus der Not noch eine Tugend gemacht hat, darüber frohlockt der Erzähler im stillen und erkennt in den klugen Praktiken seines Vorfahren in heller Freude sich selbst wieder' (Gunkel). Ebenso sind sie sich mit Stolz bewußt, daß ihre Frauen schöner sind als die der Seßhaften. Der eigene Nomadengott ist stärker; er greift ein für seine Schar, wenn die Not am größten ist. Auch in sittlicher Beziehung weiß man um die eigene Überlegenheit; weiblichen Reizen gegenüber sind die Stadtbewohner schwach und hemmungslos (...) dagegen fehlt ein Zug, der uns selbstverständlich ist, nämlich die Scheu, die Ehre der Frau dranzugeben, ‚damit es mir gutgeht, um deinetwillen'; zugleich ist man überzeugt, daß die Beduinenfrauen unbedingt ihren Männern ergeben sind und ihre Ehre drangeben, um das Leben ihres Herrn zu schützen."[261]

Dieser auch bei anderen Auslegern zu findenden Grundtendenz, daß es sich bei der ursprünglichen Erzählgestalt um eine auf Zustimmung angelegte, eher schwankhafte Erzählung von der Pfiffigkeit eines Erzvaters handelt, fehlt fast jeder Anhalt am Text.

Eine völlig gegensätzliche Intention formuliert **Maria Kassel**: „Die zentrale Aussage aller drei Fassungen ist das Versagen des Stammvaters. Er ist nicht als Heldenfigur dargestellt, wie das aus den Sagen der Frühzeit bei anderen Völkern bekannt ist. [Anmerkungshinweis auf die Odyssee: Heldenlieder der Edda; Hildebrandslied.] Da in der Tradition Israels der Stammvater als kollektive Persönlichkeit verstanden wird, in der das Volk sich selbst verkörpert sieht, bedeutet die breite Überlieferung vom Versagen dieses Stammvaters, daß Israel keine Selbstidealisierung vorgenommen hat. Es hat seine jeweilige Gegenwart nicht durch eine illusionäre Verklärung der Vergangenheit zu bewältigen versucht; es hat sich vielmehr mit den menschlichen Gegebenheiten, auch seinen eigenen Schwächen, die es bereits in seinem Ursprung beim Stammvater vorgebildet sah, realitätsgerecht auseinanderzusetzen versucht."[262]

Mit Recht wird gegenüber Auslegern, die die Schlauheit des Erzvaters hervorheben, angefragt, wie damit zusammenpaßt, daß „Jahwe eingreifen muß, um Schlimmeres zu verhindern".[263] Vielleicht ist die o.a. Auslegung, die – wie gesagt – keine singuläre Erscheinung ist, ein typisches Beispiel dafür, daß der Standort des Auslegers, hier die männliche Perspektive, gegenüber bestimmten Wahrnehmungen schlicht blind macht. Wie realistisch auch immer die geschilderte Todesgefahr für Abraham gewesen sein mag, er gibt die Frau auf und verdient gut daran (12,16). Schläue und Heldentum spiegeln sich darin jedenfalls nicht wider. „Jahwe als einziger handelt hier zugunsten der verratenen und verkauften Frau. Sein Eingreifen ist in direkter Parallele zum Exodusereignis geschildert. Ganz so, wie er Israel aus ägyptischer Sklaverei befreit hat, befreit er hier die von ihrem Mann preisgegebene Frau."[264]

Maria Kassel macht darauf aufmerksam, daß von Auslegungen auf der Grundlage historisch-kritischer Methoden einige Fragen und Aspekte nur unzureichend oder gar nicht beantwortet werden. Als Beispiele nennt sie 1) die Begründung für die mehrfache Aufnahme der Überlieferung in die Endredaktion, 2) die durch die Verleugnung der Ehefrau, also die durch versuchte Vermeidung der Gefahr hervorgerufene Gefährdung und 3) die Belohnung des Stammvaters trotz seines Verhaltens. In ihrem Versuch einer **tiefenpsychologischen Auslegung** bekommen diese Aspekte Sinn. Thema ist dann aber nicht „Befreiung der Frau", sondern die Selbstfindung des Mannes durch die Integration des weiblichen Poles seiner Psyche (Anima). Die Erzählung mit ihren Varianten wird dabei als innerpsychisches Geschehen gedeutet. Die Ereignisse auf der äußeren Ebene repräsentieren jeweils seelische Kräfte und Prozesse. Der Prozeß der psychischen Wandlung wird durch Ortsveränderungen angezeigt: Die Wanderung ins fremde Land zeigt Entfremdung und Desintegration, Aufbruch von dort, Selbstfindung und Integration an. Dabei ist hinzuzufügen, daß der gelingende Prozeß der Integration der Anima die Bedingung für ein personales Gegenüber zum anderen Geschlecht ist. Abgekürzt vollzieht sich die Bewegung zwischen Selbstentfremdung und Selbstfindung in den Erzählungen so, daß die zunächst auf die erotisch-sexuellen Aspekte reduzierte Anima von der eigenen Person abgespalten wird. Die als chaotisch erlebte seelische Kraft wird verdrängt (er erklärt sie zur Schwester), zugleich aber als Bedrohung empfunden. Abgespalten von der Person, in der Gestalt eines fremden Herrschers, wird die sexuelle Komponente dennoch gelebt. Die reale Gefahr besteht „im Verlust bzw. im Nichterreichen einer personalen Identität".[265] Die Entlarvung der Verleugnung eröffnet die Möglichkeit, nun die Verdrängung und Abspaltung als die wirklich existenzbedrohende Gefahr wahrzunehmen. Die Erfahrung des Versagens und die Gottesbegegnung fallen an dieser Stelle zusammen und eröffnen die Möglichkeit zur Integration, die auf der äußeren Ebene durch die Rückgabe der Ehefrau (als Partnerin) gekennzeichnet ist. Die Identitätsfindung findet im Reichtum ihre äußere Gestalt.

Trotz mancher Probleme kann ein solcher Versuch, in die Tiefendimension eines Textes einzudringen, eine wichtige Ergänzung zu herkömmlichen Auslegungsmethoden sein. Aus der Verknüpfung der beiden hier skizzierten Auslegungen mag hervorgehen, daß Befreiung und Selbstfindung von Mann und Frau letztlich nicht voneinander zu trennen sind.

9.5. Das Hohelied der Liebe

In der religionspädagogischen Literatur zur Hebräischen Bibel führt das Hohelied (HL) ein Schattendasein und wird auch in neueren Werken fast nicht erwähnt. Obwohl nach dem Urteil von **E. Charpentier**[266] diese „Sammlung von Liebesliedern und Gedichten mit zum Schönsten (gehört), was die Bibel zu bieten hat", ist diese Dichtung in didaktischen Zusammenhängen offenbar wenig gefragt.

Die jüdische Tradition hat das „Lied der Lieder" (so die Überschrift in der Hebräischen Bibel) als Lesung des achten Tages dem Passafest zugeordnet. Im Hintergrund dieser Zuordnung steht allerdings eine allegorische Deutung des Liedes. Diese Deutung sieht in der menschlichen Liebe, die im Lied beschrieben wird, Hinweis und Sinnbild für die Liebe Gottes zu seinem Volk. Zwar redet die Bibel von der menschlichen Liebe, sie meint aber nach dieser Interpretation die Liebe Gottes. Dieser Auslegungsgrundsatz ist sehr bald von der christlichen Auslegung mit der kleinen Abwandlung übernommen worden, daß es um die Liebe Gottes zum neuen Volk der Kirche anstelle des alten Israel geht. Es blieb dabei, daß die Rede von der geschlechtlichen Liebe im HL (nur) hinweisenden Charakter habe.

Nach dem weitgehend übereinstimmenden Urteil neuerer wissenschaftlicher Bibelauslegungen[267] hat dieses Auslegungsprinzip am Text selbst keinerlei Anhalt. Es handelt sich beim HL schlicht um eine Sammlung profaner Liebeslieder. Liegt hierin der Grund, warum ihm die neuere didaktische Literatur so wenig Beachtung schenkt?

Daß das HL seine Aufnahme in den Kanon gefunden hat, ist wohl vor allem seiner Zuschreibung zum verehrten König Salomo zu verdanken. Auf jeden Fall ist uns dadurch ein Dokument positiver Wertung menschlicher Geschlechtlichkeit innerhalb der Glaubensgeschichte Israels überliefert, dessen Chancen für heutige Lernprozesse nicht ignoriert werden sollten.

Das HL gehört zu den wenigen Stellen der Hebräischen Bibel, die aus der Perspektive der Frau gesprochen sind und von ihrer Aktivität reden. Das ist besonders deshalb verblüffend, weil es nicht so recht zu den üblichen Darstellungen des Geschlechterverhältnisses in der Hebräischen Bibel zu passen scheint. Um diesen Widerspruch etwas aufzufangen, wird in der Auslegung vielfach versucht, daß HL als Hochzeitslied zu deuten und es damit in einen moralischen Rahmen einzupassen. Hilfreich für diese Deutung sind Erkenntnisse über altorientalische Hochzeitsbräuche und der Vers 11 im dritten Kapitel des HL, in dem das Wort Hochzeit vorkommt. Ein unbefangenes Lesen des Liedes läßt jedoch erkennen, daß bei einem großen Teil des Textes der Bezug auf „eheliche Liebe" unangemessen ist und man moralisches Wunschdenken an diese Verse heranträgt.

Es kann davon ausgegangen werden, daß zumindest in der Spätzeit Israels diese Lieder von Mädchen zu vielerlei Anlässen wirklich gesungen wurden.[268] Dieser Sachverhalt hat sicher für das Selbstverständnis der jungen Frauen eine eigene Bedeutung. Nicht erklärt ist damit jedoch die Herkunft der Lieder. Hierüber gehen nun die Meinungen weit auseinander. Es ist umstritten, ob es sich um Volksdichtung oder Kunstdichtung handelt. Die besondere Sprachform und Metrik macht eine dichterische Gestaltung wahrscheinlicher. Die Vermutungen über die Entstehungszeit der Lieder reichen von der frühen Königszeit bis zur spätnachexilischen Zeit. Entscheidend ist hierbei, ob einzelne Wörter und Wendungen, die z. B. wegen ihres persischen oder griechischen Ursprungs nur aus der Spätzeit zu erklären sind, als ursprünglich oder spätere Zusätze gewertet werden.

Umstritten ist auch die Frage, ob es sich beim HL um genuin profane Liebeslyrik handelt oder ob hier eigentlich ein religiöses Kultlied zugrunde liegt, dessen Charakteristika später getilgt wurden.

Die These, daß es sich beim HL um ein mythologisches Kultdrama kanaanäischen Ursprungs handelt, wurde besonders von **H. Schmökel** unter Verwendung altorientalischer Vergleichsmaterialien entfaltet.[269]

In diesem ursprünglichen Drama geht es um den Kult des Frühlingsgottes Tammuz und seiner Geliebten, der Himmelskönigin Istar.

Die im kanaanäischen Kult verwurzelte Urfassung wurde – so die Vermutung – mit verteilten Rollen rezitiert. Ein Priester, der den Tammuz darstellt, und eine Priesterin, die Istar verkörpert, vollziehen in diesem Kult die Heilige Hochzeit, eine kultische Vereinigung, die dem Wiederauferstehen des Frühlingsgottes und damit der Fruchtbarkeit diente. Da der Tammuzglaube und Fruchtbarkeitskulte nach der Integration der Kanaanäer unter David in der israelitischen Volksreligiosität trotz starker theologischer Gegentendenzen noch lange wirksam geblieben sind, ist dieser Ursprung des Liedes durchaus denkbar.

Entscheidend ist dann aber, daß die Lieder im Laufe ihrer Überlieferung in Israel ihren kultischen Charakter völlig verloren haben und als in der Alltagswelt gesungene profane Liebeslieder einen neuen „Sitz im Leben" bekamen.

Innerhalb der patriarchalischen Tradition der Hebräischen Bibel wird hier deutlich das Bild einer aktiven Frau und einer unbefangen positiven Wertung der Sexualität gezeigt. „Die für uns traditionelle erotische Rollenverteilung ist durchbrochen. Mit Worten des Mädchens an den Geliebten setzt das Buch ein, damit endet es."[270]

F. Crüsemann setzt sich mit dem Einwand auseinander, daß die in dem HL aufgezeigte Wirklichkeit doch in einem offensichtlichen Gegensatz zu den rigiden Ehe- und Sexualgesetzen der biblischen Rechtstexte stehe. Zum einen ist davon auszugehen, daß aus Gesetzen nur ein Teil der Lebenswirklichkeit zu erschließen ist. Außerdem zeigt aber eine nähere Betrachtung selbst der strengen einschlägigen Bestimmungen der deuteronomistischen Gesetzgebung, daß diese der vorehelichen Beziehung durchaus eine Lücke läßt. Einerseits wird Jungfräulichkeit zwar als Voraussetzung für die Ehe genannt, aber nur eine voreheliche Beziehung, die dann aufgedeckt und legalisiert wird, kann eine Frau nach Dtn 22,28 f davor bewahren, später von ihrem Mann verstoßen zu werden. Anders als der Ehebruch, der in der patriarchalischen Gesellschaft Israels besonders auch aus ökonomischen Gründen hart sanktioniert wurde (vgl. Gebote), hatte die voreheliche Beziehung junger Leute offensichtlich durchaus einen größeren Spielraum. Daher ist es unangemessen, spätere Moralvorstellungen hier heranzutragen.[271]

Das HL bezeugt einen unbefangenen Umgang mit der Sexualität und eine ganzheitliche herrschaftsfreie Liebe, die weder durch religiöse noch durch moralische Vorstellungen in irgendeiner Weise eingeengt wird. Gerade in seiner Profanität charakterisiert das HL die geschlechtliche Liebe als geschöpfliche Gabe und Mann und Frau als ganzheitlich aufeinander bezogene Partner. Damit leuchtet hier mitten unter den patriarchalisch geprägten Herrschafts- und Lebensbedingungen der Hebräischen Bibel ein Leitbild auf, daß auch in unserer Zeit erst einmal eingeholt werden will.

9.6. Das Buch Rut

In der Hebräischen Bibel ist das Buch Rut dem 3. Teil, den *Schriften*, zugeordnet und zählt zu den fünf Megilloth (Festrollen), die als Lesungen an den großen Festen dienen.

In der christlichen Tradition wurde das Buch als Vorgeschichte Davids (und nach Mt 1 auch Vorgeschichte Jesu) zwischen das Richterbuch und die Samuelbücher eingeordnet.

In jüdischer Tradition wird das Buch am sieben Wochen nach Passa gefeierten Wochenfest gelesen. Das Wochenfest (Schawuot) ist ursprünglich ein Erntefest (Ende der Weizenernte) und wurde verbunden mit der Erinnerung an die Gabe der Tora am Sinai, die sich in der weiteren Lesung von Ex 19-20 niederschlägt. Wesentlicher Schauplatz der Erzählung ist die Weizenernte. Inhaltlich geht es im Buch Rut auch darum, daß Rut die Tora annimmt und die positive Lösung als ein Weg der Tora interpretiert wird.

Die meisterhafte Erzählung ist wahrscheinlich Produkt der *nachexilischen Zeit* (5.- 4. Jahrhundert vor Chr.). Sie versetzt in die *Zeit der Richter* (am Ende des 2. vorchr. Jahrtausends). Wie in den Büchern Hiob und Jona wird in einer Konstellation der Vergangenheit eine die Gegenwart betreffende Thematik erzählerisch entfaltet. Sie beginnt mit einer für die Erzählungen Israels typischen Situation (vgl. Gen 12,10):

Eine Hungersnot zwingt zum Aufbruch in ein fremdes Land. In Bethlehem (hebr: Haus des Brotes) gab es kein Brot mehr.

Wie die Orte „sprechen" auch die Namen

Elimelech	Gott ist (erweist sich als) König
Noomi	die Liebliche
Mara	die Bittere
Rut	die Genossin, die Freundin
Orpa	die Sich-Abwendende (den Rücken kehrende)
Machlon	der Gebrechliche
Kiljon	der Schwächliche
Boas	in ihm ist Kraft

Der Aufbau der Erzählung

Kap. 1	Rückkehr Noomis nach Bethlehem in Begleitung ihrer Schwiegertochter Rut
Kap. 2	Rut liest Ähren auf den Feldern Boas
Kap. 3	Rut auf der Tenne Boas
Kap. 4,1-17	Die „Lösung"
Kap. 4,18-22	Anhang: Genealogie Davids

Vor dem Hintergrund der Tora ist die Rut-Erzählung eine interpretierende Auslegung die zwei Bestimmungen kreativ verbindet: Lev. 25,25 *(Löserinstitution/Vorkaufsrecht und -pflicht für Sippeneigentum)* und Dtn 25,5 ff *(Leviratsehe/ Schwagerehe)*.

Im Mittelpunkt der Erzählung steht der „Überlebenskampf zweier (oder dreier) Frauen in einer patriarchalischen, vor allem für arme Frauen lebensgefährlichen Welt; es geht ... um den Einsatz des Körpers in diesem Überlebenskampf. Es geht um Frauen als Opfer, als Verhandlungsgegenstand und als mutig und listig Handelnde; es geht um Frauensolidarität und Frauenrivalität."[272]

Das Buch Rut ist in weiten Zügen auch eine Kontrastgeschichte, eine Gegengeschichte zu anderen Überlieferungen der Geschichte Israels. Der Kontrast wird besonders deutlich, wenn ihre Entstehung in die Zeit Esras und Nehemias mit ihren restaurativen und fremdenfeindlichen Zügen (Mischehenverbot! vgl. Esra 13, Nehemia 10) bedacht wird.

Wie einige Texte der Erzvätererzählungen beginnt die Erzählung mit einer Hungersnot in der Heimat Bethlehem, der die Handelnden als Wirtschaftsflüchtlinge entronnen sind und Asyl im Lande Moab fanden, das keinen guten Ruf hatte (vgl Gen 19,30-38). Nach dem Tod ihres Mannes und ihrer Söhne entscheidet sich Noomi in die Heimat zurückzukehren, wo sich die wirtschaftliche Lage gewandelt hat. Sie rät ihren Schwiegertöchtern in deren Heimat zu bleiben und dort ihre Zukunft zu suchen, da sie ihnen keine bieten könne. Beide entscheiden sich unterschiedlich. Orpa bleibt, Rut entscheidet sich für die Solidarität mit ihrer Schwiegermutter. Diese bezieht ihre Klage an ihrem Geschick auf Gott: Nennt mich nicht mehr lieblich, nennt mich die Bittere. Rut geht Ährenlesen, nimmt das Armenrecht Israels in Anspruch, das die Reichen verpflichtet, nicht bis auf den letzten Halm zu ernten und den Armen das Recht der Nachlese einräumt. Es „fügt sich", daß der Besitzer des Feldes der Sippe Elimelechs angehört. Und es entwickelt sich etwas:

Zuerst Freundlichkeit, Wohlwollen Boas, Dankbarkeit Ruts, menschliche Zuwendung im patriarchalen Gefüge. Die Gefährdung der jungen Frau wird mehrmals deutlich vernehmbar. Noomi entwickelt einen Plan der der Ausländerin Rut ein neues Zuhause geben soll. Rut muß sich weit vorwagen. Die Szene in Kap. 3 ist voller sexueller Anspielungen, bleibt aber zugleich eine Erzählung freundlicher Zuwendung. Nun übernimmt Boas die Initiative um die Sache rechtlich zu regeln. Er heiratet Rut nach dem Zurücktreten eines Verwandten, der vor ihm das Recht bzw. die Pflicht zur Leviratsehe mit Rut hat. Er löst für Noomi den Grundbesitz ein, den Elimelech aus Not verkaufen mußte und auf den sie bzw. ein männlicher Verwandter *für* sie nun Vorkaufsrecht hat. Die „Lösung" gelingt, rechtlich und menschlich zugleich. Durch die mutige Initiative von solidarisch handelnden Frauen gelingt mit Hilfe eines freundlichen Mannes ein guter Ausgang nach einem riskanten Weg.

Die später eingefügte Genealogie Davids macht die Erzählung auch zu einer messianischen Geschichte. Ihre Kraft liegt in der Erzählung, nicht in einer übergeordneten Perspektive. Die in der Vergangenheit oft dominanten Deutungen, aus jüdischer Sicht als Geschichte einer vorbildlichen Proselytin, aus christlicher ein Abbild des Verhältnisses von Gott und Volk, grenzt den Blick für die vielfältigen Aspekte ein.

C. Mesters interpretiert die Erzählung aus der Erfahrung der Lektüre mit armen Landarbeitern im Kontext lateinamerikanischer Befreiungstheologie, daß die Armen hier eine Begründung ihres Rechtes entdecken, einen Anteil am Land zu fordern. In der Geschichte Ruts und Noomis ist zugleich der Weg vorgezeichnet, dieses Recht auch zu bekommen.

Es gibt viele Lektüremöglichkeiten, als Befreiungsgeschichte, Liebesgeschichte, Hoffnungsgeschichte, Beitrag zur Asylfrage und Umgang mit Ausländern, Geschichte von geheimnisvollem Zusammenspiel von Gottes Führung und menschlichem Handeln. Ihr Kern ist aber eine Frauengeschichte, die selbstverständlich auch Männer etwas angeht.

Literatur:

Crüsemann, Frank /*Thyen*, Hartwig: Als Mann und Frau geschaffen, Gelnhausen 1978; *Engelken*, Karen: Frauen im Alten Israel. Eine begriffsgeschichtliche und sozialrechtliche Studie zur Stellung der Frau im Alten Testament, Stuttgart u. a. 1990; *Gerstenberger*, Eberhard S. : Jahwe – ein patriarchaler Gott?, Stuttgart u. a. 1988; *Schüngel-Straumann*, Helen: Die Frau am Anfang. Eva und die Folgen, Freiburg i.B. 1989; *Trible*, Phyllis: Mein Gott, warum hast du mich verlassen. Frauenschicksale im Alten Testament, Gütersloh 1987; *Unterrichtsmaterialien*: Frauen im Alten Testament: Religion betrifft uns, 6/1995; *Ebach,* Jürgen: Fremde in Moab – Fremde aus Moab. Das Buch Rut als politische Literatur, in: ders./*Faber,* R. (Hg.): Bibel und Literatur, München 1995, 277–304; *Fischer*, Irmtraud: Eine Schwiegertochter ist mehr wert als sieben Söhne!, in: Pissarek-Huddelist, H./ Schottroff, L.: Mit allen Sinnen glauben (Festschrift E. Moltmann), Gütersloh 1991; *Gerleman*, Gillis: Rut / Das Hohe Lied, Neukirchen-Vluyn[2]1981 (BK XVIII); *Mesters,* Carlos: Der Fall Rut. Brot-Familie -Land. Biblische Gespräche aus Brasilien, Erlangen 1988; *Trible*, Phyllis: Eine menschliche Komödie, in: dies.: Gott und Sexualität im Alten Testament, Gütersloh 1993, 190–226; *Zenger*, Erich: Das Buch Rut, Zürich 1986 1992[2] (ZBK)

10. Leiden und Lernen – Das Buch Hiob

Heinz Keller, Winterthur, Hiobs Erkenntnis, 1985, aus: Das Buch Hiob in der Kunst des 20. Jh., Sammlung Ulrich und Kritterer, Göttingen 1987, 79

„Ob Vorläufer oder Zeitgenosse, seine Gestalt erscheint uns vertraut, seine Prüfungen und Probleme sind im Heute verankert. Wir kennen seine Geschichte, als hätten wir sie selbst erlebt. In schweren Stunden greifen wir zu seinen Worten, um Zorn, Auflehnung oder Unterwerfung auszudrücken. Er gehört zur verwüsteten Landschaft unserer Seele."[273]

> **Aufgabe:**
> - Lesen Sie das Buch Hiob und notieren Sie Ihre Eindrücke:

10.1. Hinführung

Kaum eine biblische Schrift hat so viele Anregungen, literarische Auseinandersetzungen und Anknüpfungen ausgelöst wie das Buch Hiob, von Hartmann von der Aue über Goethes Faust bis zu Ernst Bloch u.v.a.[274]

Das Buch Hiob erzählt von einem, der alles was ein Mensch verlieren kann, verliert.

Es erzählt von Hiob als einem Akteur in einem Spiel, dessen Regeln dem Leser, aber nicht ihm bekannt sind. Es diskutiert die Spannung zwischen überlieferter Gotteslehre und den Erfahrungen des bzw. eines konkreten menschlichen Lebens. Die Hiobgestalt und das Thema „Der leidende Gerechte" haben eine Vorgeschichte in der hebräischen Literatur und im Alten Orient. Das Problem – zugleich Thema der jüdischen Theologie wie der Menschheitsgeschichte – wird dieser Spanne entsprechend an einer „Heldenfigur" entfaltet, die als Nichtisraelit gekennzeichnet ist, jedoch über den Herkunftsort Uz in ein frühes verwandtschaftliches Verhältnis zu Israel rückt.

Seine uns überlieferte literarische Gestalt hat das Buch mit hoher Wahrscheinlichkeit zwischen dem 5. und 3. vorchristlichen Jahrhundert erhalten. In dieser Zeit wird der für die ältere Weisheit grundlegende Tun-Ergehen-Zusammenhang problematisiert. Auch die monotheistische und universale schöpfungstheologische Argumentation hat hier ihre Bezüge. Die aramaisierende Sprache ist ein zusätzliches Indiz für die zeitliche Einordnung.

Es ist davon auszugehen, daß das Buch einen Werdeprozeß durchlaufen hat und im Hintergrund eine alte Sage steht, die im Kern in der Rahmenerzählung (1-2; 42,7-17) noch erkennbar ist. Das **literarische Wachstum** wird meist so erklärt, daß in die alte Rahmenerzählung nach und nach die diskursiven Dialogteile, zuletzt die Elihu-Reden (32-37) eingefügt wurden.

In der überlieferten Textgestalt wird im Rahmen der *Fall Hiob* erzählt. In den „Dialogen" (die oft eher Monologe sind!) wird das damit verbundene *Hiobproblem* diskutiert, das sich an der Frage festmacht, wie die Erfahrung des konkreten Leidens mit dem Glauben an Gott vereinbar ist.

Die Beobachtung, daß die Kommunikation der Dialogpartner zuweilen „gestört" ist, wird in älteren Auslegungen, die mechanistisch literarkritische Kriterien anlegen, oft zum Anlaß für formale Lösungen genommen, die sich in der Geringschätzung des betreffenden Inhalts oder textlichen Umstellungen auswirken. Demgegenüber leitet der dem folgenden weitgehend zugrunde liegende Kommentar J. Ebachs im Sinne einer **kanonischen Auslegung** überzeugend dazu an, die Endgestalt des Textes als eine bewußte, sinnvolle und stimmige Komposition zu lesen und zu verstehen.

Gliederung:

Prolog 1-2 (Rahmen)
    Dialoge 3-42,6
    Epilog 42, 7-17 (Rahmen)

Die beiden relativ kurzen Erzählteile in Kap 1 u. 2 am Anfang und 42,7-17 am Schluß verklammern den großen Dialogteil mit diskursiven Reden in der Mitte (3,1- 42,6):
- 8 Reden der drei Freunde Hiobs (Elifad, Bilhad, Zofar) und 9 Hiobreden in 3,1- 31
- 3 Reden Elihus in 32-37 (nach einer kurzen Vorstellung Elihus in 32,1-5)
- 2 Gottesreden mit jeweils kurzen Antworten Hiobs in 38-42,6

10.2. Auslegung

Die Ausgangslage

„Einen Mann gab es im Lande Uz, Hiob war sein Name. Dieser Mann war untadelig und aufrecht, gottesfürchtig und dem Bösen abhold" (1,1).

Die Geschichte spielt – wie die biblische Urgeschichte – im Osten, dem Gebiet des Ursprungs.

Mit der Namensnennung klingt eine in Ez 14,14 neben Daniel und Noah genannte Gestalt eines Gerechten aus der Urzeit an. Wie in anderen Büchern der Hebräischen Bibel wird ein Problem der Gegenwart (der nachexilischen, persischen Zeit) an einer Geschichte aus alter Zeit thematisiert. Das Bild der Hiob-Gestalt erinnert an die Erzväter Israels mit ihrer nomadischen Lebensform. Sein im orientalischen Raum verbreiteter Name hat akkadischen Ursprung: „Wo ist mein Vater?" Namen sind in der Hebräischen Bibel bedeutsam – nicht „Schall und Rauch".

Orientalisch-märchenhaft ist sein Reichtum. Es geht ihm so, wie es seinem Tun entspricht. Hier klingt die alte Grundüberzeugung des **klassischen Tun-Ergehen-Zusammenhangs** an, deren Geltung im

Hiobbuch grundlegend problematisiert wird. Auch das prophylaktische Brandopfer für seine Söhne (1,5) gehört in diesen Zusammenhang, es soll eventuelle Schuld kompensieren.

Die Rahmenerzählung

Nach der Exposition geschieht ein Szenenwechsel. Ort der Handlung in **1,6-12** ist der dem Bild des orientalischen Königtums nachgezeichnete Hofstaat JHWHs. Der JHWH-Name findet sich (mit einer Ausnahme) nur in der **Rahmenerzählung**, während in den Dialogen andere Gottesbezeichnungen (meist *El-Gott* oder auch *Schadaij*, meist als *Allmächtiger* übersetzt) verwendet werden.

Anders als später im NT ist der Satan (noch) nicht Gegenspieler Gottes, sondern eine Gestalt des Hofstaates mit begrenztem eigenen Gestaltungsspielraum wie die anderen „Himmelswesen" (Vorformen der späteren Engel). Ausgestattet ist er nur mit abgeleiteter Macht, wie beispielsweise der Vertreter eines Großkönigs in entfernteren Provinzen. In der Wortbedeutung des Namens *Satan* klingt *Hinderer, Quertreiber* u. ä. an. Seine Funktion im Hiobbuch ist es, eine Frage aufzuwerfen, ein Experiment in Gang zu setzten. Die Antwort entscheidet sich dann nicht zwischen Gott und Satan, sondern zwischen Gott und Hiob.

„Ist Hiob umsonst gottesfürchtig?" (1,9) lautet die von Satan aufgeworfene Frage.

Das zentrale Wort „umsonst" ist in fast allen biblischen Verwendungszusammenhängen mehrschichtig zu verstehen, kann aber unterschiedlich akzentuiert sein. Seine Konnotation umfaßt: ohne Entgelt, ohne Folge, ohne Grund, ohne Sinn.[275]

Satan unterstellt, daß Hiob nicht ohne Kompensation, ohne Lohn, ohne Gegenerwartung gottesfürchtig ist. (Die Hiobdichtung insgesamt verhandelt auch die Frage, ob die Frömmigkeit ohne Sinn ist, wenn die Regeln des Tauschgeschäftes zwischen Gott und Mensch nicht gelten.)

„Kann es eine Gerechtigkeit, kann es eine Ordnung in der Welt, kann es eine Stimmigkeit im Leben geben, die nicht dieser Logik (des Tauschgeschäftes) folgt?"[276] Wird Hiob an einem Gott festhalten, der nicht nach den Regeln des Tauschgeschäftes handelt? Nicht nur das Schicksal eines einzelnen, sondern die Stimmigkeit der Welt steht auf dem Prüfstand.

Gott läßt Satan – mit eingeschränktem Spielraum – prüfen, ohne mit ihm zu diskutieren.

Die Hiobsbotschaft(en) (Hi 1,13-19)

Nun bricht es über Hiob herein. Jedes der vier Unglücke könnte auch „natürliche" Ursachen haben, für jedes einzelne gibt es Parallelen in der Umwelt Hiobs. Für einen Außenstehenden könnte es sich also um eine zufällige Kette von Unglücksfällen handeln. Der Leser, der die Versuchungs-Absprache zwischen Gott und Satan kennt, weiß um die *eine* Ursache der Geschehnisse. Hiob, der nichts von der Absprache ahnt, führt die Katastrophe wie selbstverständlich auf Gott zurück.[277] Seine Reaktion besteht darin, daß er die üblichen Trauerriten vollzieht und dann den vorgeprägten Satz spricht:

„JHWH hat es gegeben, JHWH hat es genommen, gesegnet sei der Name JHWHs." (1,21b)

Entgegen der Ankündigung Satans bleibt Hiob in seiner Reaktion im Rahmen der vorgezeichneten Frömmigkeitsformen. Im Kontext des Hiobbuches nimmt Hiob hier im Sinne einer ersten Reaktion demütig sein Geschick an und rebelliert nicht. Dieses gottergebene Verhalten wurde in der Rezeptionsgeschichte des Hiobbuches oftmals als Vorbild herausgestellt und zog eine Frömmigkeitsgeschichte nach sich, für die das Buch Hiob offensichtlich hier zuende ist. Das spätere Aufbegehren wird dabei ausgeblendet.

Indem er den JHWH-Namen segnet, überschreitet Hiob aber bereits in seiner ersten Reaktion die Rolle als nur passives Opfer.

In **2,1-10** gibt Gott Satan Gelegenheit zu einer erneuten verschärften Prüfung der Ausgangsfrage. Hiob ist mit einer Hautkrankheit geschlagen, die ihm nach orientalischem Brauch einen Platz außerhalb des Ortes und der Gemeinschaft zuweist – auf einem Schutthaufen in Asche. Nun wendet sich auch seine Frau, die nur in dieser Szene eine Rolle spielt, gegen sein Festhalten an Gott.

Die folgende Szene **(2,11-13)** führt die drei Freunde Elifas, Bilhad und Zofar ein, die später seine Dialogpartner werden und leitet über in den Dialogteil. Die Freunde (das verwendete Wort hat die Bedeutung von „Nächster") kommen von weit her, um ihn zu trösten (wörtlich: zum Aufatmen zu bringen). Mit Gesten der Trauer und Empathie nehmen sie Anteil an Hiobs Geschick und setzen sich sieben Tage in solidarischem Schweigen zu ihm. Diese einem Leidenden gegenüber solidarisch-stumme Geste ist die schwerste und doch oft einzig angemessene Haltung angesichts des Schmerzes eines anderen. Nicht wegen dieser Geste, sondern wegen ihres späteren Redens über Hiobs Leid setzten sie sich ihm gegenüber ins Unrecht.

Der Dialogteil

Die erste Hiobrede (3,1-26)

In 3,1-26 beginnt Hiob seine Reden, in denen er in immer neuen Durchgängen sein Leiden thematisiert und in Auseinandersetzung mit den Freunden nach den Ursachen fragt.

Die Anklagen und Verfluchungen, mit denen die Rede zunächst

beginnt, sind wie die folgenden Teile durchsetzt mit Weisheitsmaterial, Bildern und Verweisen, die für heutige Leser oft schwer zu entschlüsseln sind und den Text nicht als authentische, sondern literarisch verdichtete Klage erkennen lassen. Zunächst beklagt Hiob sein Geschick, möchte seine Erschaffung rückgängig machen, weil das erfahrene Chaos in seinem Leben nicht mit einer geordneten Schöpfung in Einklang zu bringen ist. Der Aufschrei des rebellischen Hiob klagt noch in seinem Vernichtungswunsch Stimmigkeit ein, wie der duldende Hiob des Anfangsteils an der Stimmigkeit und Ordnung des Handelns Gottes festhält. In den Versen 11-19 und nochmals in 20-26 klingt die „warum-Frage" an.

„Ich an deiner Stelle würde . . ." – Einsatz der Freundesreden (4,1 - 5,27)

Im Blick auf die Reden der Freunde gilt wie für die Reden Hiobs, daß es sich um literarische Reden handelt. Der Grundtenor, der sehr behutsam auf Hiobs Lage eingehenden Argumentation **Elifas**, ist zunächst ganz von der klassischen Lehre des „Tun-Ergehen-Zusammenhangs" geprägt, wendet sie aber (noch) nicht *gegen* Hiob, sondern argumentiert mit tröstendem Unterton: Wenn Du schuldlos bist, wird sich dein Geschick wenden! „Wer ging je schudlos zugrunde (. . .)?" (4,7).

Je mehr für Hiob der Tun-Ergehen-Zusammenhang durch seine Erfahrung auseinanderfällt, je stärker beharren die Freunde auf der Wahrheit der Lehre. Auch Hiob hält an diesem Zusammenhang fest, kommt aber aus seiner Situation zu der Überzeugung, daß Gott seiner Aufgabe nicht gerecht wird, darüber zu wachen, wenn Tun und Geschick so auseinanderfallen wie bei ihm.

Vom Ende her gesehen sagt Elifas immer wieder durchaus Richtiges, wenn er darauf abhebt, daß Hiob wiederhergestellt wird, wenn er die Niedrigkeit des Menschen als Grund für seine Mühsal erkennt, auf den von Gott garantierten Zusammenhang von Tun und Ergehen vertraut, sein Leiden als Chance für eine Läuterung akzeptiert und sich in allem an Gott wendet.[278]

Von Anfang an laufen die Reden der Freunde und die Antworten Hiobs auseinander. Er kann die „Richtigkeiten" nicht akzeptieren, in seiner Lage werden die tröstend gemeinten Lehren immer mehr zur Qual. Das „gut gemeinte" verkehrt sich ins Gegenteil.

Hiobrede (6,1 - 7,21)

Die zweite Rede Hiobs in 6,1 - 7,21 hat ihre inhaltliche Mitte in dem Satz: „Ihr seht Schrecken, und ihr erschreckt" (6,21b). Obwohl bisher nur Elifas geredet hat, läßt der Erzähler Hiob sich kollektiv an alle drei Freunde wenden. Mehr als in der ersten Hiobrede (Hi 3) ist nun von

Gott die Rede, aber angesprochen werden (noch) die Freunde. In seinen Worten klingt deutlich an, daß ein wie er Betroffener gegen Belehrung („ich an deiner Stelle ...") taub sein muß und auch keine ausgewogene Sprache finden kann. Der Verzicht auf argumentative Sprache wird selbst zum Argument. Nach der schreienden Klage artikuliert er seine Schwäche (6,11-13) und fordert die Solidarität seiner Freunde (6, 14). Aber sie verhalten sich aus seiner Sicht wie trügerische Wadis (Flußbetten), die einen im Stich lassen, wenn man auf sie angewiesen ist (6,15 ff).

An der Vorhaltung Hiobs: „Ihr seht Schrecken, und ihr erschreckt" (6,21b) wird die Lage und Position der Freunde besonders deutlich: Damit werden sie als Menschen charakterisiert, die sich nicht etwa leichtfertig und gedankenlos zu seinem Elend verhalten, sondern als solche, die die damit verbundene tiefe Irritation nicht ertragen können. Die Glaubenslehre, die ihr Leben trägt, müßte ins Wanken kommen, wenn sie die Realität Hiobs so wahrnähmen, wie sie ist. „Wer des festen Glaubens an die Stimmigkeit der Welt und ihrer Ordnungen bedarf, steht in der Gefahr selbstauferlegter Wahrnehmungsverbote."[279] Das Motto: „was nicht sein darf, das nicht sein kann", trägt zwangsläufig Realitätsverluste nach sich. Ob und wie Empirie und Glaubenslehre zusammenpassen (können), ist durchgängiges Thema des Hiobbuches. Der erste Teil der Hiobrede schließt mit einem Hilfeschrei an die Freunde, zu ihm hin umzukehren. Der folgende Teil der Rede hat wie die weiteren Reden den Charakter eines literarisch gestalteten therapeutischen Gesprächs. Sie spiegeln Wegsuche in und aus der Verzweiflung heraus. Redundanzen, Rückschritte, Sprünge und Abschweifungen sind dafür typische Kennzeichen.[280] In Ansätzen kommt nun auch Gott als Adressat der Klage in den Blick, zunächst noch verbunden mit dem negativen Hoffnungsbild der Erwartung des Todes und der Ruhe im Totenreich (6,8 f; 7,6). In dieser „Hoffnung" als Ende „jeder Hoffnung sieht Hiob Frevler und Gerechte verbunden (14,7.19; 17,13.15; 19,10; 27,8)."[281]

Die Rede Bildads (8,1-22)

Auch die Rede Bildads in 8,1-22 ist dadurch charakterisiert, daß sie Hiobs Anklage mit abstrakt „richtigen" theologischen Argumenten korrigiert. Obwohl sie durchaus an Hiobs Gedanken anknüpft, bleibt sie zugleich „beziehungslos", weil sie wie Elifas die von der Lage Hiobs geprägten Bedingungen seiner Rede nicht berücksichtigt.

Hiobrede (9,1 - 10,22)

Zu Beginn seiner folgenden Rede 9,1 - 10,22 stimmt Hiob der Feststellung Elifas und Bilhuds zu, daß der Mensch gegenüber Gott nicht im Recht sein kann. Aber mit dieser Übereinstimmung wird der Unterschied um so deutlicher kontrastiert: „Denn die >böse< Pointe der von Hiob akzeptierten Sätze der Freunde über Gottes Gerechtigkeit und Gottes Recht lautet: Gott ist immer im Recht, weil er die Macht hat, weil er auch die Macht über das Recht hat. Wenn aber das Recht in der Macht aufgeht, dann verliert das Recht seine eigene Bedeutung."[282] So klingt in V. 19 an, daß das Recht des Stärkeren bei Gott liegt, der ihm gar nicht die Chance einräumt, seinen Rechtsanspruch vorzubringen. In 9,22-24 schärft sich Hiobs Anklage gegen Gott aufs äußerste zu: „die Erde ist in die Hand eines Frevlers gegeben". Hiob bringt hier in äußerster Konsequenz den Glauben an Gott als Herrn der Welt und seine Erfahrung des unschuldigen Leidens zusammen. In dem hier thematisierten Zweifel an der Gerechtigkeit Gottes angesichts der Welterfahrung klingt das an, was in der Neuzeit unter dem Begriff **„Theodizeefrage"** verhandelt wurde. Angesichts der so erfahrenen und interpretierten Sachlage kann Hiob nur die Aussichtslosigkeit seiner Lage beklagen: Die einzige Instanz, die ihm zu seinem Recht verhelfen könnte, steht gegen ihn.

In der tiefsten Verzweiflung deutet sich dann eine Wende an: in 10,1-7 bekommt die inhaltlich dem vorhergehenden gleiche Klage die Form des **Gebetes**. Die *Anklage gegen* Gott wendet sich in die Gestalt der *Klage an* Gott. Beachtenswert ist auch die andere Gestalt (Tradition) des Schöpfungsglaubens, der nun zur Sprache kommt, indem Hiob nicht mehr vom machtvollen Schöpfer der Welt redet, sondern ihn als seinen (Hiobs) Schöpfer anredet. Noch aber werden die bitteren Vorwürfe – nun im Gewandt anderer Sprache – wiederholt.

Aufgabe:
- Informieren Sie sich in einem einschlägigen Lexikon über die Theodizeefrage.

Die Rede Zofars (11,1-20)

Die folgende Rede Zofars 11,1-20 ähnelt in Aufbau und Diktion den vorangegangen und enthält den Wunsch, Gott möge die rechte Lehre selbst kundtun. Wie die anderen Freundesreden ist sie „gut gemeint". Indem er wie die anderen bei der Wahrheit der Lehre beharrt, ohne sich auf die Wahrheit der Situation einzulassen, entspricht er den anderen Freunden, die alles wissen und nichts verstehen.[283]

Hiobrede (12,1-14,22)

Die ironische Anknüpfung der folgenden Hiobrede in 12,1 - 14,22 bringt das sarkastisch zum Ausdruck: „Wahrhaftig ihr seid Leute – mit euch stürbe die Weisheit aus!" (12,2).

Thematisch geht es um die Differenz zwischen der Weisheit der Freunde, Hiobs und Gottes (12,1 - 13,2), das Gottesverhältnis der Freunde und Hiobs (13,3-27) und fragende Klage über die Vergänglichkeit des Menschen (13,28 - 14,22). Dazwischen liegt ein Wechsel der Adressaten, bis 13,7 werden die Freunde angeredet, ab 13,8 wendet sich Hiob Gott zu.

Kritisch nimmt Hiob die auch aus dem Tun-Ergehen-Zusammenhang gewonnene Logik in den Blick, daß dem Unglücklichen die Schuld an seiner Lage selbst zuzuschreiben ist.

Am Ende steht ganz die Klage, daß jede Hoffnung zunichte gemacht wird.

Einsatz des zweiten Redezyklus (15,1 - 21,34)

Mit der Elifasrede in **15,1-35** beginnt der zweite Zyklus der Freundesreden mit den jeweiligen Antworten Hiobs. Die Argumention ist den vorangehenden Reden ähnlich, nur kürzer, schärfer im Ton und der Abgrenzung der Positionen. Hiobs Geschick wird immer mehr in die vorausgesetzte Lehre eingepaßt. Das oft beschworene Schicksal der Frevler, von dem bisher die Perspektive Hiobs im tröstenden Sinne abgehoben wurde, wird immer mehr zum Modell für den uneinsichtigen Hiob.

Hiobrede (19,1-29)

In der Antwort Hiobs auf Bildads Rede drückt er seinen Wunsch aus, seine Klage möge in Schrift eingeprägt werden und sein Leben überdauern (19,23-24). Unmittelbar anschließend folgt der vielzitierte, aber auch umstrittene Satz: „Ich weiß, daß mein Erlöser lebt." (19,25 Lutherbibel).[284] Eine Deutung des Zusammenhangs wäre, daß hier das *Hiobproblem* und der *Einzelfall Hiob* gewissermaßen zusammenstoßen. Solange Menschen leiden, muß das Problem offenbleiben und die Klagen Hiobs auch mit Rückgriff auf das Buch Hiob immer neu wieder(vorge)holt werden. Der Einzelfall drängt dagegen nach Abschluß, nach Lösung. Das Wort Löser weist zunächst auf den Traditionszusammenhang der Befreiung aus fremder Verfügung im Sinne ökonomischer Abhängigkeit, die z. B. im Buch Rut (siehe Kap. 9.6.) eine Rolle spielt. Dabei geht es um die Wiederherstellung der ursprünglichen (gottgewollten) Ordnung.

Eine Interpretation des Satzes in 19,25 ist schwierig, ausgeschlossen ist aber in der Tradition der Hebräischen Bibel ein Verständnis von Erlösung durch den Tod. „Nicht *vom* Leben, sondern *zum* Leben wird man ‚erlöst'".[285] Mit großer Wahrscheinlichkeit spricht der Satz die Erwartung aus, daß Gott sich (letztlich) als Löser erweist.

Einsatz des dritten Redezyklus (22,1 - 31,40)

Auch im dritten Redezyklus steigern sich die Freunde ohne Empathie weiter in die Entfaltung ihrer vorgefaßten Lehre hinein, nach der Hiob zwangsläufig in die Rolle des uneinsichtigen Sünders kommen muß, die ihm Elifas in seinem Sündenkatalog (22,5-11) vorhält. Eine Schanierfunktion hat in diesem Zusammenhang das Weisheitslied in Kap. 28, vor dessen Hintergrund sich die bisherigen Diskurse als unergiebige Weisheitssuche erweisen.[286]

Der dritte Redezyklus wird aufgrund formaler und inhaltlicher Beobachtungen von vielen Exegeten als z. T. „gestörter" Text aufgefaßt, der hypothetisch rekonstruiert wird. In der konsequenten Auslegung des kanonischen Textes läßt sich jedoch zeigen, daß Unstimmigkeiten und unerwartete Sätze durchaus als beabsichtigtes literarisches Mittel sinnvoll interpretiert werden können. Das gilt auch für die im dritten Redeteil wahrgenommenen Unstimmigkeiten, die besonders in der Verwechselbarkeit der Argumente Hiobs und seiner Freunde liegen. Darin kann ein bewußtes Stilmittel gesehen werden, daß die Auflösung des Diskurses illustriert (vgl. 2,28 f). Auch wenn die Argumente verwechselbar werden, richtet sich Hiobs Klage weiter gegen eine Realität, in der das, was sein soll, nicht ist. Die Freunde versteifen sich mit Bezug auf die gleiche Lehre darauf, daß ist, was sein soll, indem sie die Realität Hiobs ausblenden.

Zu den Elihureden (32,1 - 37,24)

Wegen des unvermittelten Auftretens, sprachlicher Besonderheiten und der fehlenden Hiobantwort werden diese Reden von den meisten Auslegern als spätere Ergänzungen des Hiobbuches gesehen, in denen ein Bearbeiter seine spezifische Position eingetragen hat.

Wie dem auch sei, die Beobachtung, daß es sich um eine Ergänzung handelt, sollte nicht allein aus formalen Gründen zur Abwertung des Inhalts führen, wie es in bestimmten Auslegungstraditionen üblich war. In der Endfassung gehören auch diese Reden zur Gesamtkomposition.

Das ganze Hiobbuch ist eine Komposition aus unterschiedlichen Stoffen, Überlieferungs- und Textelementen.

Bedenkenswert ist bei der Wahrnehmung, daß sich an der Auslegung der Elihureden **christliche und jüdische Tradition** scheiden:[287]

In jüdischer Auslegung werden sie als wichtiger Beitrag und z. T. richtige Antwort auf das Hiobproblem gesehen. In christlicher Auslegungsgeschichte wurde seit dem Urteil des Kirchenvaters Gregor dem

Großen im 6. Jahrhundert, die Elihureden seien eitel und aufgeblasen, bis heute vielfach eine negative Einschätzung beibehalten.

Elihu bestimmt seine Position gegenüber Hiob, indem er sich auf die Gleichheit aller Menschen durch ihren gemeinsamen Ursprung in der Schöpfung bezieht. Damit will er deutlich machen, daß er als **Gleicher** Hiob nicht mit seiner Rede verurteilen, sondern ihn mit Argumenten überzeugen will.

In der Argumentation nimmt Elihu Hiobs Position auf. Anders als die drei Freunde, die nach dem Grund von Hiobs Leiden fragen, lenkt er die Frage auf das **Ziel des Leidens**. Gleichzeitig verweist er darauf, daß Hiobs Wahrnehmung, Gott antworte ihm nicht, eine Wahrnehmungsschwäche sei, da Gottes Antwort vielgestaltig sein könne – auch das Leiden selbst könne Antwort sein. Aus der Perspektive Elihus hätte Leiden auch eine pädagogische Funktion. – Aber kann ein Leidender mit Belehrung umgehen?

In **Kap. 34** begibt sich Elihu ganz auf die Ebene von Lehre: Er redet, reflektiert über die vorangegangenen Reden und die darin vorgebrachten Positionen. Dabei geht er von dem „Dogma" aus, Gott könne kein Unrecht tun und deduziert daraus differenzierte Antworten. Hiob kann jedoch in seiner Lage dieses Dogma nicht anerkennen.

Der Kern der theologischen These Elihus ist schöpfungstheologisch zu verstehen. Vor Gott sind alle Geschöpfe gleich und Gott hält mit seinem Atem die Kreatur am Leben. Aber Gott handelt nicht nach menschlichem Maßstab.

Die Uneinsichtigkeit Hiobs in seiner jetzigen Lage – nicht Mutmaßungen über frühere Verfehlungen Hiobs – führen Elihu zu seinen scharfen Vorwürfen.

In der **Redeeinheit 35,1 - 37,24** betont Elihu zunächst, daß wegen des großen Abstandes zwischen Gott und den Menschen weder gute noch böse Taten Gott betreffen, d. h. ihm nützen oder Schaden können. Menschliche Taten haben ihre Auswirkungen vorwiegend im mitmenschlichen Bereich. Der Grund für eine Ethik der Mitmenschlichkeit führt jedoch wieder zu Gott als dem Schöpfer zurück. So führen auch die Klagen und Leiden der Menschen ins Leere, wenn sie nicht nach Gott fragen und sich in ihrer Geschöpflichkeit wahrnehmen. Die Vorwürfe Hiobs gegen Gott und seine Selbsteinschätzung als unbegründet leidender Gerechter werden von Elihu daher als Hochmut eingestuft. Auch wenn die Taten der Menschen Gott nicht unmittelbar betreffen, so entscheidet er doch nach ihnen – es liegt jedoch nicht in der Hand der Menschen selbst, über ihre Taten zu urteilen. Elihu fordert Hiob auf, seine Auflehnung, seinen Hochmut aufzugeben und zu warten.

Elihu nennt sich selbst vollkommen wissend (36,4) und widerspricht damit seiner eigenen Rede von der Winzigkeit des Menschen gegenüber Gott. Gemeint ist allerdings etwas anderes: vollkommenes Wissen ist ein Wissen, das sich seiner Grenze bewußt ist (37,16).

Bestandteil der Rede ist der *Schöpfungshymnus in 36,27 - 37,13*, in dem durch die Schilderung der Naturerscheinungen die Macht und Fürsorge Gottes gepriesen wird.

Es klingen Gedanken von der Schwäche des Menschen gegenüber Gott an, die in den Gottesreden wiederkehren. Elihus Weisheit behält jedoch nicht das letzte Wort. Gegen seine Voraussage, Gott *sähe* nicht einmal die Verständigen an (37,24), richtet sich Gott in der folgenden Rede an Hiob: „Gott *sieht* Hiob an und redet *mit* ihm."[288]

Die Gottesreden (38,1 - 40,2)

„Da antwortete JHWH dem Hiob aus dem Wettersturm und sprach ..." (38,1).

Redet Gott zu Hiob oder über ihn hinweg?

Ebach betont, daß in dieser Szene gleichermaßen wichtig sei, daß Gott dem Hiob erscheint, also sichtbar wird (42,5: „vom Hörensagen kannte ich dich, jetzt haben meine Augen dich geschaut") **und** zu ihm spricht[289].

Das Bild dieser **Theophanieszene** – die Erscheinung im Wettersturm (vgl. z. B. Ps 50,3) – impliziert die Erfahrung der Macht Gottes. Die Rede läßt sich insgesamt als Illustration der Macht Gottes interpretieren. Erfährt Hiob mit dieser persönlichen Anrede aber wirklich eine Antwort?

Hiob hatte in Kap. 3 behauptet, eine Welt, in der ein Geschick wie seines möglich sei, könne keinen Plan haben. Hiob hatte von seinem Ergehen auf den Zustand der Welt zurückgeschlossen. Seine persönliche Erfahrung wurde ihm zum Maßstab, von dem er die Feststellung ableitete, die ganze Schöpfung sei lebensfeindlich und ungerecht. An diesem Punkt knüpft die Gottesrede an mit einer buchstäblichen Maß-Regelung: „Wer ist es, der den Plan verdunkelt mit Worten ohne Wissen?" Nicht die Klage Hiobs wird kritisiert, sondern die Maßlosigkeit, von seiner beklagenswerten Leiderfahrung her die Plan- und Sinnlosigkeit der ganzen Welt abzuleiten. Damit nimmt der Verfasser des Hiobbuches bzw. der Gottesrede genau die Ebene auf, die in der Argumentation Hiobs vorgezeichnet war. Nicht warum er leiden müsse, sondern der Rückschluß Hiobs auf den Zustand der Welt ist Thema der Antwort. In der Rede wird das vom Menschen unabhängige Schöpfungswirken entfaltet, von der Gründung der Erde über die Bezwingung der Chaosmächte zum Rhythmus der Zeiten. Alles läuft auf die Anfrage hinaus, ob Hiob (der Mensch) angesichts seiner begrenzten Perspektivmöglichkeiten überhaupt kompetent urteilen kann.

Eine Grundfrage heutiger Umweltethik bricht auf: Kann, darf der Mensch sich zum Maß aller Dinge machen? Die menschenleere, aber blühende Wüste (Hi 38,26) verweist auf ein Bild der Schöpfung jenseits auf den Menschen bezogener Zwecke. Diesen Gedanken setzt der folgende Teil der Gottesrede fort: mit der Charakterisierung der Eigentümlichkeiten von 10 Tierarten wird eine Dimension der Schöpfung und schöpferischer Fügung Gottes unabhängig vom menschlichen Interesse und Nutzen für die menschliche Lebenswelt entfaltet. Mit menschlicher Einsicht ist diese dennoch planvolle Welt nicht zu ergründen. Damit wird sowohl der Position Hiobs, der nur das Chaotische sieht, als auch der der Freunde widersprochen, die behaupteten, mit ihrer Weisheit lasse sich die Ordnung der Welt erfassen.[290]

In **40,1-2** fordert JHWH Hiob zur Antwort auf, denn dieser hatte JHWH zum Rechtsstreit gefordert.

In der kurzen **Antwort Hiobs** (40,3-5) spiegelt sich mehr Kapitulation vor dem überlegenen Gegner als Einsicht, auch wenn seine Worte nicht überzeugt haben, er hat ihnen nichts hinzuzufügen.

Die **zweite Gottesrede** ist ähnlich strukturiert wie die erste. Während die erste Rede den Vorwurf aufnimmt, Gott habe keinen Plan, geht es nun um die besonders im 9. Kap. vorgetragenen Fragen und Klagen Hiobs, daß Gott die Frevler (die Schuldigen) herrschen lasse und JHWH selbst damit zum schuldigen Herrscher wird (9,24). Mit diesem Urteil über gut und böse setzt sich Hiob selbst in die Rolle Gottes (Gen 3,5). Und so wird Hiob in 40,9-14 mit ironisch-sarkastischem Unterton aufgefordert, diese Rolle an dem Anspruch zu bewähren, an dem sie allein zu messen ist, daß er mit machtvollem Arm den Elenden Recht schafft und die Frevler in den Staub zwingt.

Nach diesem im Stil der rhetorischen Frage gehaltenen Teil der zweiten Gottesrede, folgt eine Antwort auf die Frage, wie JHWH sein Gottsein gegenüber den Mächtigen und den Frevlern erweist. Wieder wird auf Bilder aus der Tierwelt zurückgegriffen (40,15-24). Für das Verständnis ist allerdings wichtig, daß bei der Nennung der beiden nun aufgeführten Tiergestalten (Behemoth und Levithian) jeweils neben der realen eine symbolisch-mythologische Perspektive mitschwingt. Das Behemoth (Riesenvieh) kann als Nilpferd, der Levithian als Krokodil identifiziert werden. Beide Tiere können äußerst friedlich wirken und sind zugleich äußerst gefährlich. In der ägyptischen Mythologie ist das Nilpferd Repräsentant des Chaos, seine Jagd und Besiegung durch den König (später dem Gott Horus zugeschrieben) dient der rituellen Sicherung der Weltordnung. Ähnliches gilt auch für das Krokodil. Der Levithian ist zudem als Chaosdrache aus kanaanäischer Mythologie bekannt. Mit dem Verweis auf diese Tiere kommen sie *zugleich* als *Sinnbilder der Feinde* der geschöpflichen Ordnung und als *Geschöpfe* – wie Hiob – in den Blick. Am Beispiel dieser Symbolfiguren für extrem menschenfeindliche Mächte wird deutlich, daß Gott allein den Frevel in der Welt abwehren kann.[291]

Die **zweite Antwort Hiobs** (42,1-6) ist ähnlich kurz wie die erste, zeigt aber deutlich andere Akzente. Er hat in der Erfahrung (Wahrnehmung) der Macht Gottes erkannt, daß die Welt nicht nach seinem Maß zu messen ist und er sie schon gar nicht regieren könnte.

An der Auslegung von Vers 6 entscheidet es sich, ob mit dem Ende des **„Falles Hiob"** auch eine Lehre zum **Hiobproblem (Hat Leiden einen Sinn?)** gezogen werden kann.

„Darum spreche ich mich schuldig und tue Buße in Staub und Asche" (Rev. Luthertext).

Ebach schlägt im Anschluß an vergleichende Wortanalysen vor: „Darum verwerfe ich und ändere meine Einstellung" zu übersetzen. D.h. Hiob hat aus den Gottesreden gelernt, daß seine Auffassung falsch war. Ihm ist „nun etwas bewußt geworden (...), was er zuvor nur abstrakt wußte.[292] Hiob ändert seine Einstellung zu einem Zeitpunkt, als er noch in „Schutt und Asche" sitzt, d. h. aus seiner unverändert schlechten Situation heraus. Wenn die bisherige Entwicklung darauf hingedeutet hatte, der Satan würde am Ende recht behalten, so ist jetzt eine Wende eingetreten.

Der nächste **Redegang Gottes (42,7-9)** gilt der Kritik der Freunde Hiobs.

„Ihr habt nicht richtig geredet über mich und meinen Knecht Hiob!" Nicht *richtig* reden könnte sich auf die Haltung und den Inhalt beziehen. Der Vorwurf findet in der Hiobrede in 13,7 seinen Anknüpfungspunkt, wo Hiob den Freunden vorwirft, sie wollten „Trug für Gott" vorbringen. „Sie leugnen die Tatsache, daß Hiobs Leiden das Leiden eines Unschuldigen ist, daß sich jedenfalls an seinem Ergehen die regelhafte Koinzidenz von Tun und Ergehen nicht bestätigt. Um ihre Doktrin zu retten, geben sie die Wirklichkeit preis, weil nicht sein kann, was nicht sein darf."[293] Elihus Rede verfällt nicht dieser Kritik, da sie weniger den Grund als das Ziel des Leidens in den Blick nimmt.

Nun bringen die Freunde die angesichts der Lage Hiobs *falsche* Lehre nicht aus Rechthaberei ein, sondern aus einer Haltung der Abwehr. Sie meinen, Gott vor dem Vorwurf der Ungerechtigkeit in Schutz zu nehmen zu müssen. Der falsche Inhalt steht im Wechselbezug zur falschen Haltung.

So werden hier zwei konträre Lernmodelle kontrastiert und bewertet:

Hiob lernt aus der Situation der Betroffenheit, die Freunde versuchen in bester Absicht, den Einzelfall mit der überkommenen Lehre stimmig zu machen und werden dabei blind für die Wirklichkeit. „Hiob fordert Antwort *von* Gott, statt sie *für* Gott zu geben."[294] Selbst in dem *maßlosen* Rückschluß von seinem Geschick auf den Zustand der Welt wird seine Haltung – nicht seine Einstellung bzw. seine Schlußfolgerung – im Nachhinein als richtig bewertet, weil er seine Wirklichkeitserfahrung, so wie er sie wahrnahm, als Klage und Anklage an Gott richtete und Antwort forderte, während die Freunde *über* Gott redeten.

Wie im Zwiegespräch mit dem Satan am Anfang nennt JHWH Hiob „meinen Knecht". Aber dieser Knecht Hiob hat sich gewandelt:

In Kap. 1 wird erzählt, daß Hiob opferte, um sich und seine Familie zu (ver-)sichern, nun wird er in der Rolle des Fürbitters gezeichnet, der von seinem Ergehen absehen und sich dem Geschick der anderen zuwenden kann.

Die Thematisierung des **Hiobproblems** ist hier beendet, es ist nicht gelöst, sondern in der „theologischen Lehre" in einen sachgemäßen Horizont gerückt. Hier könnte die Geschichte zu Ende sein.

Der **konkrete Fall Hiob** geht in dem erzählenden Schlußteil (42,7-17) noch weiter. Es folgt noch ein geradezu märchenhafter Schluß: Der gewandelte Held wird belohnt. Ein kitschiges Happy-End? – Urteilen Sie selbst!

Wie ist die Wiederherstellung Hiobs zu deuten?

Vers 42,11 scheint vordergründig den Zusammenhang eher zu stören und wird von etlichen Auslegern im Sinne einer literarkritischen bzw. redaktionsgeschichtlichen Lösung als Notiz verstanden, die ursprünglich in Kap. 2 gehöre. Damit gehen die Ausleger offensichtlich davon aus, daß Solidarität und Trost der Verwandtschaft und Bekanntschaft angesichts der neuen Lage überflüssig sei. Doch: Das neue Glück macht den vergangenen Schmerz nicht ungeschehen. Die in den folgenden Versen skizzierte Lebensfülle malt Hiob als einen glücklichen Patriarchen der Frühgeschichte. Sein Viehbesitz – die ökonomische Basis – wird gegenüber der Ausgangsszene verdoppelt, der alte Kinderreichtum stellt sich wieder ein. Ein Vergleich mit der Ausgangslage zeigt, daß anstelle der Sorge um die dem Trinkgelage frönenden Söhne nun die Freude an der Schönheit der Töchter getreten ist, die nicht mehr versorgt werden müssen, sondern wie die Söhne versorgt sind.

Am Ende leuchtet eine utopische Gestalt von Leben auf – die Verwandten kümmern sich, die ökonomischen Grundlagen sind reichlich vorhanden, die mit lieblichen Namen bedachten Töchter sind schön und ökonomisch gleichberechtigt. Am üblichen Maß gemessen (vgl. Ps. 90,10) kann er nicht nur am Leben von zwei, sondern an vier Generationen teilhaben und dann nach gelebtem Leben alt und lebenssatt sterben.

Das Bild verweist auf die Möglichkeit eines Lebens nach überstandenem Leid und eines gelingenden Lebens vor einem Tod ohne Schrecken.

Im Hiobbuch ist diese Gestalt des Lebens Produkt eines schmerzhaften Lernprozesses, in dem Hiob sich und sein Verhältnis zur Welt grundlegend wandelt. Wandelt von einem Menschen, der um *sich* kreist, bei dem auch seine Frömmigkeit letztlich die Funktion einer Rückversicherung hat, zu einem Menschen, der von sich absehen kann.

Diese Vision eines zweckfreien Lebens von Schönheit ohne ‚um zu', Leben ohne ‚um zu', kann kein Modell sein. Gleichwohl steckt in dieser Utopie ein ideologiekritischer Stachel gegen gegenläufige Ansprüche und Lebensentwürfe. Die Wahrnehmung, daß sich im Hiobbuch nicht die Lehre des Tun-Ergehen-Zusammenhangs durchsetzt, kann zur Warnung werden, daraus wiederum eine Lehre zu machen. Diese Lehre kann an der Wirklichkeit des Lebens und die Wirklichkeit an ihr nur scheitern.

Hat Leiden einen Sinn? Dies erweist sich im Durchgang durch das Hiobbuch als eine falsche Fragerichtung. An der Gestalt des Hiob wird gezeigt, daß die Auseinandersetzung mit dem konkreten Leiden ein Lernweg werden *kann*, der sich im Nachhinein als sinnvoll erweist.

An der Gestalt der Freunde wird gezeigt, daß es nicht darauf ankommt, Leiden zu verstehen, sondern im solidarischen Miteinander durchzustehen.

Das sind *Lernperspektiven:* Der Fall Hiob sperrt sich jedoch dagegen als Präzidenzfall gelesen zu werden, aus dem eine neue Lehre gezogen werden kann. Diese müßte anhand konkreter anderer Einzelfälle immer versagen.

Das literarisch meisterhaft gestaltete Buch gibt zu erkennen, daß ein **Einzelfall Hiob** zu einem (guten) Ende kommen *kann*, daß das **Hiobproblem** aber offenbleiben *muß*.[295]

Aufgabe:
• Nehmen Sie Stellung zu folgendem Text:
Wie schon Hiobs Hoffnung, daß Gott auch nach seinem Tod sein Löser sein wird, weist auch der Schluß des Buches über das Alte Testament hinaus. Die Erkenntnis, daß der Mensch nicht imstande ist, Gott zur Anerkennung seiner Gerechtigkeit zu bewegen und so das Heil zu erlangen, und die Erwartung, daß Gott dem Menschen auf Grund seiner Offenbarung in Gnade das Heil schenken wird, führen zu Jesus Christus hin. Insofern ist der Dichter des Buches gleich den Psalmsängern, die ähnlich allein auf Gottes Gnade bauen (...), ein alttestamentlicher Zeuge des kommenden Gottessohnes.
(aus: Busch, Ernst: Die Botschaft von Jesus Christus, Frankfurt/M. u. a. 1961, 79.)

Literatur:

Ebach, Jürgen: Streiten mit Gott. Hiob. Teil 1: Hiob 1-20. Teil 2: Hiob 21-42, Neukirchen-Vluyn 1995 f (Hier Hinweise auf grundlegende und weiterführende Literatur: 1,XVII ff); *Müller*, Hans-Peter: Das Hiobproblem. Seine Stellung und Entstehung im Alten Orient und im Alten Testament, Darmstadt[3]1995; *Schwienhorst-Schönberger*, Ludger: Das Buch Ijob, in: Zenger, E. u. a.: Einleitung in das Alte Testament, Stuttgart u. a. 1995, 230–242; *Preuß*, Horst Dietrich: Einführung in die alttestamentliche Weisheitsliteratur, Stuttgart u. a. 1987, 69–113; *Langenhorst*, Georg: Hiob unser Zeitgenosse. Die literarische Hiob-Rezeption im 20. Jahrhundert als theologische Herausforderung, Mainz [2]1995

11. Kein Zugang mehr zum Baum des Lebens – Leben und Tod in der Hebräischen Bibel

Eduard Munch, Stoffwechsel, um 1898

© The Munch Museum/The Munch Ellingsen Group/VG Bild-Kunst, Bonn 1998

„Ein wesentliches Merkmal des alttestamentlichen Glaubens ist seine volle und uneingeschränkte Diesseitigkeit."[296]

„Allenthalben waren die Menschen der Frühzeit von dem Glauben beseelt, ja besessen, das sogenannte Diesseits sei nur ein Übergang zum Jenseits."[297]

Die Hebräische Bibel bietet keine geschlossene Darstellung und auch keine allgemeine Lehre über Leben und Tod. Sie ermöglicht aber Einblick in einen langen unabgeschlossenen Prozeß der Auseinandersetzung mit der Sterblichkeit des Menschen. Viele Schichten dieses Prozesses haben unmittelbare Beziehungen zu gegenwärtigen Phänomenen und eignen sich daher zur vertiefenden Betrachtung der immer neu aufbrechenden existenziellen Grundfragen.

Vielfach wird im Blick auf die Hebräische Bibel eine Tendenz zu einer dort nicht weiter konkretisierten individuellen Jenseitshoffnung wahrgenommen.

Wird nur diese Tendenz beachtet, geht der Aspekt verloren, daß jede Epoche im Blick auf ihre konkrete Lebensproblematik eigene Akzente setzt, die es zu beachten lohnt. Auch die erst in später nachexilischer Zeit aufkeimenden Vorstellungen vom Weiterleben nach dem Tode haben sehr konkrete Rahmenbedinungen in den bedrängenden Lebenserfahrungen ihrer Epoche.

Im folgenden wird versucht, verschiedene Schwerpunkte herauszustellen, die sich im Rahmen der Auseinandersetzung um Leben und Tod in der Hebräischen Bibel herausgebildet haben und die vielleicht auch für die gegenwärtige Reflexion bedeutsam sein können.

11.1. Auf der Suche nach dem Leben

Die Suche nach dem, was dem vergänglichen Leben Dauer verleiht und die Fragen nach Ursachen und Sinn des Todes sind Themen, die die Menschheitsgeschichte begleiten. Viele **Mythen** kennen die Vorstellung von einem Lebenselixier (z. B. eine Pflanze), die Unsterblichkeit verleihen kann. Man muß sich nur auf den Weg machen und danach greifen. Eine Gestalt dieser Pflanze ist der „Baum des Lebens", der in der urgeschichtlichen Erzählung von der Erschaffung der Menschen (Gen2/3) allerdings nur in einer „Nebenrolle" vorkommt (Gen 2,9). Ausführlicheren Einblick in das, was es mit diesem Baum auf sich hat, erhalten wir aus religionsgeschichtlichen Vergleichstexten, die zwar wahrscheinlich nicht unmittelbar mit den Geschichten der Hebräischen Bibel in Beziehung stehen, deren allgemeiner Erzählgehalt vermutlich aber weithin bekannt war.

Im babylonischen **Gilgamesch-Epos**, das älter ist als die biblische Urgeschichte und eine Reihe ähnlicher Überlieferungen verarbeitet hat, wird der Held Gilgamesch durch den Tod seines Freundes Enkidu mit der Sterblichkeit des Menschen konfrontiert. Erschrocken macht er sich auf die Suche, um dem Todesschicksal zu entkommen. Zwei Möglichkeiten erkennt er: Utnapischtim (die Noahgestalt des Gilgamensch-Epos) wurde von den unsterblichen Göttern zu einem von ihnen gemacht, eine Besonderheit, die dem normalen Menschen nicht offensteht. Auf die andere Möglichkeit verweist Utnapischtim bei einer Begegnung mit Gilgamesch:

„Ein Verborgenes, Gilgamesch, will ich dir enthüllen,
Und ein Unbekanntes will ich Dir sagen:
Es ist ein Gewächs, dem Stechdorn ähnlich,
Wie die Rose sticht dich sein Dorn in die Hand.
Wenn dies Gewächs deine Hände erlangen,
Wirst du das Leben finden."[298]

Gilgamesch findet die Pflanze zwar, verliert sie jedoch wieder. Am Ende bleibt es bei der Aussage, die ihm zu Beginn der Reise gesagt wurde:

„Gilgamesch, wohin läufst du?
Das Leben, das du suchst, wirst du nicht finden!
Als die Götter die Menschheit erschufen,
Teilten den Tod sie der Menschheit zu,
Nahmen das Leben für sich in die Hand."[299]

Die Tendenz des Epos ist eindeutig: Die Suche nach dem „Baum des Lebens", die dem Erschrecken über das Todesgeschick entspringt und von der Absicht bestimmt ist, diesem zu entfliehen, ist Unsinn. Es gibt für den Menschen kein Mittel gegen den Tod.[300] Die biblische Urgeschichte formuliert diese Grunderfahrung der Menschheit noch radikaler: Der Zugang zum „Baum des Lebens" ist absolut versperrt, der Mensch ohne jeden Ausweg auf seine begrenzte Lebenszeit beschränkt (Gen 3,23 f).

So steht denn auch das (begrenzte) Leben mit seinen Möglichkeiten und Minderungen in eigentlich allen Schichten der Hebräischen Bibel im Mittelpunkt, wenn „Sterben und Tod" bedacht werden.
Ein Vergleich mit anderen religionsgeschichtlichen Materialien läßt auch erkennen, welche Vorstellungen in der Hebräischen Bibel keine Wurzeln finden und welche Aspekte hier nicht thematisiert werden. Etwa das Problem, wie das Todesgeschick überhaupt in die Welt gekommen ist oder die Frage, warum die Götter den Menschen das ewige Leben verweigern, die etwa das babylonische Gilgamesch-Epos mit dem Hinweis auf den „Neid der Götter" beantwortet.

11.2. Gegen die Mächtigkeit des Todes

In vielerlei Andeutungen wird erkennbar, daß es auch im alten Israel Vorstellungen über eine eigene Mächtigkeit des Todes (bzw. einen Machtbereich des Todes) gab, von dem sich die Lebenden in irgendeiner Form abgrenzen mußten oder die auf sie eine geheime Faszination ausübte und an der sie zum (vermeintlichen) Vorteil für das eigene Leben partizipieren konnten.

Jes 65 polemisiert z. B. gegen das „Hocken in Gräbern", hinter dem sich Formen des Totenkultes vermuten lassen. Hinweise über die Praxis von Totenbeschwörung finden sich an verschiedenen Stellen. So warnt Jesaja:

„Und wenn sie zu euch sagen: befraget die toten Geister
und Wahrsagegeister, die da flüstern und murmeln!
(So sage ich:) Soll nicht ein Volk seinen Gott befragen?
Soll man sich an Tote statt an Lebende wenden?" (Jes 8,19)

In Jes 28,15 ff wird eine politische Entscheidung aufs Korn genommen, die auf einem „Bund mit dem Tod" basiert. Die Praxis, Tote zu befragen, wird im Zusammenhang mit König Saul in 1Sam 28,7 und 13 erkennbar. Die spätere Überarbeitungsschicht bringt deutlich die Tendenz zum Ausdruck, daß eine Totenbeschwörung keinerlei Aufschluß über Dinge bringt, die nicht ohnehin zu erkennen sind.

Mit einer in der Umwelt bekannten kultischen Verehrung des Todes oder von Toten mag es auch zusammenhängen, daß in den **Reinheitsgesetzen** jeder Kontakt und jede Berührung mit Totem als Verunreinigung bezeichnet wird, der mit entsprechenden Verhaltensmaßnahmen zu begegnen ist (vgl. Num 9,6; 19,11; 16,18; 31,19; Lev 11,24 u. a.).

Es ist sicher nicht unwesentlich, daß die kanaanäische Religion, die die Religionsgeschichte Israels in vielfacher Weise beeinflußt hat, für den Bereich des Todes eine eigene Gottheit (mot) kennt.

Nach den 1928 bei der nordsyrischen Stadt Ras Schamra in der Ruinenstätte Ugarit (zerstört um 1200 v. Chr.) gefundenen Texten eines Mythos besiegt der Gott der Fruchtbarkeit und der Vegetation *Baal* im jährlichen Zyklus die Macht des Todesgottes.[301]

Für die Hebräische Bibel ist **JHWH der Gott des Lebens**. Das schließt eine Herrschaft des Todes über das Leben aus. Dieser Gedanke wird immer weiterentwickelt und konkretisiert. Bestimmte Redewendungen wie „JHWH lebt" und der Anruf „Erwache JHWH" (Jes 51,9) erinnern jedoch noch an den ugaritischen Mythos, in dem die Gewalt des Todesgottes gebrochen und im kultischen Geschehen das Leben Baals beschworen wird.[302]

Während nun auf dem Hintergrund der Verknüpfung der kanaanäischen mit der israelitischen Kultur und Religion bestimmte Aussagen über Baal auf JHWH übertragen werden, läßt sich an verschiedenen Texten der Hebräischen Bibel beobachten, daß die Macht JHWHs (zunächst) an der Grenze des Totenreiches endet, ohne daß allerdings hier eine andere göttliche Macht zuständig wäre. Dieses eigentümliche „theologische Vakuum"[303] wird etwa erkennbar an Versen wie:

„Wirst du an den Toten Wunder tun?
Können Schatten aufsteh'n, dich zu preisen?"
(Ps 88,11)

„Kehre wieder, JHWH, errette mein Leben! Hilf mir um deiner Güte Willen!
Denn im Tode gedenkt man deiner nicht, im Totenreich, wer lobt dich dort?"
(Ps 6,5 f)

Noch ein anderer Aspekt wird an diesen Versen deutlich: Zum Leben gehört das Lob JHWHs. **Leben und Loben** gehören zusammen. Leben kann sich nur in Beziehungen realisieren, in Beziehung zu Gott und den Mitmenschen. Totsein bedeutet Abgeschnittensein von der Verehrung JHWHs innerhalb der dienstlichen Gemeinde. Der Tod ist ebenso Ort der Beziehungslosigkeit und Gottesferne wie Ort der Abgeschiedenheit von den Mitmenschen.

„Nicht die Toten jauchzen JHWH zu,
keiner, der ins Schweigen stieg hinab."
(Ps 11,17)
„Nicht bekennt dich mehr die Unterwelt.
Und der Tod, rühmt er dich noch?
Nicht mehr harren, die zur Grube fuhren,
deiner treuen Verbundenheit entgegen.
Nur wer lebt, der preist dich,
so wie ich es heute noch tue."
(Jes 38,18 f)

Nach und nach entwickelt sich die theologische Erkenntnis, daß es keinen Bereich gibt, der der Macht JHWHs entzogen ist. In der fünften Vision des Amos (9,2) wird zum Ausdruck gebracht, daß auch die Totenwelt ein Ort ist, den die „Hand JHWHs" erreicht. Einen ähnlichen Gedanken enthält Ps 139, 8.

> **Aufgabe:**
> - Versuchen Sie, anhand der genannten Stellen und mit Hilfe weiterer Literatur zu konkretisieren, um welche Formen des Totenkultes/Totenbefragung etc. es vermutlich geht. Lassen sich

> Formen von Nekrophilie, von Totenkulten o. ä. in der Gegenwart
> aufzeigen?

11.3. Todeserfahrung im Leben

Der Tod ist ein Erfahrungsbereich der in das Leben hineinragt. Die Scheol (Totenreich) ist nach der Hebräischen Bibel nicht nur der gegenüber den Lebenden klar abgegrenzte Ort des Todes. Vielerlei Gestalten der Lebensminderung wie Schwachheit, schwere Krankheit, ausweglose Situationen (ohne Beistand vor Gericht stehen, von Feinden verfolgt werden u. a.) werden als Erscheinungsformen des Todes im Leben verstanden.

> „Stricke des Todes halten mich umfangen und
> Netze der Unterwelt haben mich getroffen.
> Not und Kummer fand ich.
> Da rief ich den Namen JHWHs an:
> Ach JHWH rette mein Leben!"
> (Ps 116,3 f)

Der Einsamkeit, dem Leiden und der Krankheit als Erfahrungsbereichen des Todes im Leben entspricht auf der anderen Seite die Vorstellung, daß der Tod die schwächste Möglichkeit des Lebens überhaupt ist.[304]

Der Klage über den Tod in jeglicher Gestalt wird die Bitte um Errettung aus jeder Form des Totseins entgegengestellt (vgl. auch Ps 88). Die Sterblichkeit gehört zur Kreatürlichkeit des Menschseins („Von Erde bist du genommen und zu Erde sollst du werden", Gen 3,19 u. Ps 90,3 u. a.). Minderung des Lebens und vorzeitiges Sterben sind jedoch Anlaß zur Klage:

> „In der Mitte meiner Lebenstage
> gehe ich durch des Totenreiches Tore,
> bin beraubt des Restes meiner Jahre."
> (Jes 38,10)

Der alltäglichen Erfahrung des bedrohten Lebens wird das **Leitbild eines erfüllten Lebens** gegenübergestellt, das im Alter zu Grabe kommt wie Gaben eingebracht werden zur rechten Zeit (vgl. Hiob 5,26). Dieser Tod wird positiv beurteilt, diesen Tod *darf* der Mensch sterben, wenn er in einer Situation eintritt, in der sich ein Mensch „alt und lebenssatt" fühlt (vgl. Gen 25,8). Dieses Sterben wird als Gnade verstanden, der Tod jedoch, der den Menschen aus seinen Lebenszusammenhängen herausreißt, wird gefürchtet, ihn *muß* er sterben.[305] Klage und Protest gegen jede Form der Lebensminderung und Bitte um Eingreifen JHWHs zugunsten des Lebens sind die eine, die unmittelbare Reaktion auf Todeserfahrungen und Todesdrohungen im Leben. Auf der anderen Seite steht ein ständiger theologischer Reflexionsprozeß. In älteren Textschichten wird vorzeitiges Sterben und angesichts der geschöpflichen Möglichkeiten verkürztes Leben sowie jede Minderung des Lebens vom **Tun-Ergehen-Zusammenhang** her gedeutet. Mit dieser Vorstellung, daß die schlechte Tat in sich selbst den Keim der Täter legt, verbindet sich (später) der Gedanke, daß Tod und Krankheit etc. von Sünde und Schuld abhängig sind und JHWH über diesen Zusammenhang wacht.

In Hosea 4,1-3 wird menschliches Fehlverhalten mit dem Wohl der ganzen Erde in Beziehung gesetzt:

„Höret das Wort JHWHs, ihr Söhne Israels!
Denn JHWH hat zu schelten mit den Bewohnern des Landes, daß es so gar keine Treue und keine Liebe und keine Gotteserkenntnis im Lande gibt. Man schwört und lügt, man mordet und stiehlt, man bricht die Ehe und übt Gewalttat, und Blutschuld reiht sich an Blutschuld. Darum wird trauern die Erde, und verschmachten wird alles, was darauf wohnt, Tiere des Feldes und Vögel des Himmels; ja auch die Fische des Meeres werden dahingerafft." (Hosea 4,1-3)

> **Anregungen zur Weiterarbeit:**
> - Die Vorstellung vom Tun-Ergehen-Zusammenhang wird durch moderne naturwissenschaftliche Erkenntnisse in mancher Hinsicht bestätigt. Suchen Sie Beispiele und bedenken Sie die Problematik dieses Vorstellungszusammenhanges.
> - Angesichts der drängenden ökologischen Probleme wird vielfach die Herausforderung erkannt, die Gesamtzusammenhänge von menschlichem Tun und seinen Folgen in den Blick zu nehmen. Einige Autoren sprechen hier von „Teufelskreisen des Todes", die es zu durchbrechen gilt.[306] Setzen Sie sich mit diesen Überlegungen auseinander.
> - Das Leitbild vom friedlichen Verlöschen nach einem erfüllten Leben steht in Kontrast zu jeder Form von gesellschaftlich bedingtem und vermeidbarem Sterben. Vergleichen Sie dazu die in den eschatologischen Verheißungen Jes 65,17-25 und Sach 8,4 formulierten Aufhebungen von vorzeitigem Tod und Lebensminderungen. Bedenken Sie diese Ansätze im Blick auf gegenwärtige Probleme mit „Sterben und Tod".

Wegen dieses beschriebenen Wirkungszusammenhanges von Tun und Ergehen ergibt sich die notwendige Aufgabe, die lebensfördernden Weisungen JHWHs im Interesse des Lebens zu beachten und zu reflektieren.

11.4. Lebensfördernde Weisungen

Als lebensfördernde Regeln JHWHs versteht Israel sowohl die Einzelgebote als auch die ganze Tora (Pentateuch/5 Bücher Mose). Ihre Bedeutung wird so hoch eingeschätzt, daß nach deuteronomistischer (dtr) Meinung die Einstellung gegenüber diesen Weisungen der Wahl zwischen Leben und Tod entspricht.

„Siehe, ich habe dir heute vorgelegt Leben und Glück, Tod und Unglück. Wenn du hörst auf das Gesetz JHWHs, deines Gottes, das ich dir heute gebe, indem du JHWH deinen Gott liebst und in seinen Wegen wandelst und seine Gebote, Satzungen und Rechte hältst, so wirst du am Leben bleiben und dich mehren und JHWH dein Gott wird dich segnen in dem Lande, dahin du ziehst, es zu besetzen. (...) Leben und Tod habe ich euch vorgelegt, Segen und Fluch; so erwähle nun das Leben, auf daß du am Leben bleibst, du und deine Nachkommen, indem du JHWH, deinen Gott, liebst, auf sein Wort hörst und dich fest an ihn hältst – denn davon hängt dein Leben ab und dein hohes Alter –, auf daß du in dem Lande wohnen bleibst, das JHWH deinen Vätern Abraham, Isaak und Jakob zu geben geschworen hat." (Dtn 30, 15-16; 19b-20)

Einen besonders deutlichen Lebensbezug weisen die verschiedenen Formen des Tötungsverbots auf (siehe Kap. 8.2.5.).

Dem absoluten Lebensschutz für den Menschen und dem eingeschränkten Lebensschutz für Tiere dienen die sogenannten **noachitischen Gebote** am Ende der Fluterzählung (Gen 8-9). Zwei Regeln sollen die mörderischen Konsequenzen menschlicher Gewalt begrenzen:[307]

1. Fleisch, das sein Leben noch in sich hat, darf nicht gegessen werden (Gen 9,4). Diese Regel wurde in der jüdischen Schlachtpraxis des Schächtens ritualisiert. Blut als Sitz des Lebens darf nicht verzehrt werden. Diese Regel hat die Funktion, daß trotz eines Kompromisses bei der Ernährung mit tierischem Fleisch letztlich an der Unverfügbarkeit des Lebens festgehalten wird. Albert Schweitzers ethischer Grundsatz von der „Ehrfurcht vor dem Leben" kann als direkter Kommentar und Fortsetzung dieser Regel verstanden werden.

2. Menschliches Leben ist von JHWH in besonderer Weise geschützt (Gen 9,5). Dieser Satz diente früher zur Begründung der Todesstrafe bei Mord. Die Erfahrung lehrt, daß Blutvergießen und lebensfeindliche Aktivität immer wieder entsprechende Folgen haben. In der Erzählung vom Schicksal Kains wird aufgezeigt, daß es JHWHs Wille ist, den Kreislauf von Mord und Mordfolge zu unterbrechen.

11.5. Hoffnung auf segensreichen Fortgang der Geschichte

In der Abschiedsrede des Mose (vgl. Dtn 30,15 ff) wird deutlich, daß für Israel die segensreiche geschichtliche Perspektive eine zentrale Bedeutung hat. Diese und andere Reden stammen aus der deuteronomistischen (dtr) Bearbeitungsschicht (siehe Kap. 2.2.). Sie wurden den jeweils abtretenden Führergestalten beim Übergang in einen neuen Geschichtsabschnitt „in den Mund gelegt" und formulieren jeweils den Hoffnungsgrund und Ausblicke auf die verheißungsvolle Fortsetzung der Geschichte. Die einzelnen, auch die größten Gestalten, gehen „den Weg aller Welt" (vgl. Jos 23,14; 1Kön 2,2). Die Gemeinschaft aber hat Zukunft, wenn sie sich an JHWH und seine Bundesordnung hält. Die in den Reden enthaltene Tendenz deutet darauf hin, daß das Bewußtsein des Fortgangs der Verheißung die Gelassenheit gegenüber dem Sterben ermöglicht. Wie die Sterbenden in besonderer Weise die „Wahrheit" für die Künftigen erkennen, enthält nach Ansicht von **H. W. Wolff** das Deuteronomistische Geschichtswerk (DtrG), das am Ende der Königszeit gleichsam auf dem „Sterbelager Israels" geschrieben wurde, als Ganzes ein besonderes Vermächtnis.[308]

Aufgaben:
- Vergegenwärtigen Sie sich die Situation des Volkes Israel im und nach dem babylonischen Exil und versuchen Sie vor diesem Hintergrund, die Absicht des Deuteronomistischen Geschichtswerkes zu beschreiben!
- Nach Ps 112 ist für den einzelnen, der sich an die Bundesordnung hält, der segensreiche Fortgang der Geschichte gewiß. Innerhalb dieser Segensgeschichte bleibt der Gerechte in ewigem Gedächtnis (V. 7). Bedenken Sie auf dem hier gezeigten Vorstellungshintergrund auch Lk 2,29-32!

11.6. Das Todesgeschick des Menschen im Spiegel der weisheitlichen Literatur

Eine besonders intensive Auseinandersetzung mit dem Todesgeschick des Menschen spiegeln die **weisheitlichen Texte** der Hebräischen Bibel.

Zur Weisheitsliteratur der Hebräischen Bibel gehören die Sprüche (Spr), der Prediger (Pred) und das Buch Hiob. Sie wird ergänzt durch die apokryphen Schriften „Jesus Sirach" und „Weisheit Salomons". Diese Bücher bzw. Sammlungen sind ein Produkt der nachexilischen Epoche. Weisheitslehre gehört zum allgemeinen Kulturgut des alten Orients, daß in Verbindung mit der theologischen Reflexion Israels allerdings eine spezifische Ausformung fand. In einigen Texten erscheint die „Weisheit" (auch „Frau Weisheit") als eine selbständige personalisierte Größe. Sie hat schon bei der Schöpfung Pate gestanden (vgl. Spr 3,19). „Weisheit" ist identisch mit dem von Gott in die Welt eingesenkten Schöpfungsgeheimnis (Spr 8). Dieses bleibt für den menschlichen Erkenntnis- und Bemächtigungswillen unerreichbar.[309] Die Weisheitslehre fordert dazu auf, sich trotz der Grenzen des menschlichen Erkenntnisvermögens an dem aus Beobachtung der Wirklichkeit gewonnenen Erfahrungswissen zu orientieren. Dieses Erfahrungswissen hat eine eigene wichtige Bedeutung, aber wahre Weisheit gründet auf Gottesfurcht und mündet ein in die Erkenntnis, daß letztlich nur das Vertrauen auf Gott das Leben trägt. In einigen Texten wird „Weisheit" mit der Tora identifiziert. Allgemein wird der Leitgedanke entwickelt, daß *Orientierung an der „Weisheit" lebensfördernd ist, während Torheit Tod bringt.*

Im Zusammenhang mit der theologischen Entfaltung der Weisheitslehre steht die Problematisierung des **Tun-Ergehen-Zusammenhangs**, von dem die Vorstellungswelt der vorexilischen Zeit geprägt war. Dieser Zusammenhang von Tat und Tatfolge (oder umgekehrt: keine Wirkung ohne Ursache) erweist sich angesichts vieler menschlicher Erfahrungen als problematisch. Ein Aspekt dieses Problems steht im Zentrum der Diskussionen des Buches Hiob: Kann es unschuldiges Leiden geben?[310]

Der Prediger bricht das Denken in Kausalzusammenhängen auf, indem er das gleiche Geschick wahrnimmt, das alle unabhängig vom Lebenswandel trifft.

„Denn alle trifft dasselbe Geschick, den Frommen und den Gottlosen, den Guten und den Bösen, den Reinen und den Unreinen, den, der opfert und den, der nicht opfert, den Guten und den Sünder, den, der schwört und den, der sich vor dem Eide fürchtet. Das ist das Schlimme bei allem, was unter der Sonne geschieht, daß alle dasselbe Geschick trifft." (Pred 9,1-3a)

Für den „Prediger", eine Sammlung weisheitlicher Sentenzen aus dem 3. vorchr. Jhd., hat der Tun-Ergehen-Zusammenhang keine Gültigkeit mehr. Es gibt nichts Verläßliches. Das Gesamtwerk enthält die Aufforderung, das einem jeden zufallende Lebensgeschick als den von Gott zugewiesenen Teil zu akzeptieren. Einblick in den Sinn des Ganzen ist den Menschen versagt. Der Weise sieht diese Begrenztheit allerdings schärfer als andere.

> **Aufgaben:**
> - Versuchen Sie, die Einstellungen zu Leben und Tod bei Hiob und beim Prediger herauszuarbeiten!
> - Vergleichen Sie diese mit anderen Ansätzen in der Hebräischen Bibel und heutigen Einstellungen. Folgende Textstellen sind u. a. geeignet: Hiob 1,21; Hiob 14; Pred 3,19 f; 5,14; 7,15; 9,4-5 (10).
> - Beurteilen Sie im Anschluß daran den Satz: „Die Sentenzen des Predigers muten wegen ihrer skeptischen Grundstimmung moderner an als jede andere Schrift des Alten Testaments. Gerade darum ist es für den heutigen Leser wichtig, zu sehen wie isoliert sie im Alten Testament dastehen. Der Prediger weiß nichts von Israel und seiner Geschichte mit Jahwe zu sagen; das teilt er mit der Weisheit insgesamt. Er unterscheidet sich aber von der älteren mit der jüngeren Weisheit dadurch, daß er von dem Gott, den er in den natürlichen Ordnungen der Welt sucht, nichts mehr erwartet, nichts mehr erhofft und nichts mehr befürchtet. Die Schöpfung ist ebenso stumm wie der Schöpfer."[311]

Ein anderer Aspekt der weisheitlichen Reflexion bezieht sich auf die Bedeutung der Weisheitslehre für eine rechte Wahrnehmung von Leben und Tod..

„Hingehaltene Hoffnung bringt Herzeleid; erfülltes Verlangen aber ist ein Baum des Lebens." (Spr 13,12)

„Die Lehre des Weisen ist eine Quelle des Lebens, so daß man den Schlingen des Todes entgeht" (Spr 13,14)

„Wohl dem Menschen, der Weisheit erlangt hat, dem Manne, der Einsicht gewinnt; denn ihr Erwerb ist besser als Erwerb von Silber, und sie zu gewinnen, ist mehr wert als Gold. Sie ist kostbarer als Korallen, und alle Kleinodien wiegen sie nicht auf. Langes Leben ist in ihrer Rechten, in ihrer Linken Reichtum und Ehre. Ihre Wege sind Wege der

Wonne, und all' ihre Pfade sind Wohlfahrt. Sie ist ein Baum des Lebens denen, die sie ergreifen; wer sie festhält, der ist beglückt." (Spr 3,13-18)

„Des Rechttuns Frucht ist ein Baum des Lebens,
Unrechttun aber nimmt das Leben." (Spr 11,30)
„Gelassene Zunge ist ein Baum des Lebens;
falsche Zunge bringt Herzeleid." (Spr 15,4)

Interessanterweise kommt hier auch der in Gen 3 erwähnte „Baum des Lebens" wieder ins Spiel. Das Sinnbild vom „Baum des Lebens" ist hier ganz abgekehrt von allen Versuchen, Unsterblichkeit zu erlangen und ist ganz bezogen auf den Aspekt, innerhalb der Grenzen des kreatürlichen Lebens das *wahre Leben* zu suchen.

„Ja, das Alte Testament lehrt uns eben unter dem Baum des Lebens die *Grenzen der Kreatur* bejahen; es dringt darauf, daß die Sterblichkeit des Menschen anerkannt und – gelebt werden soll."[312]

In dem beharrlichen Verlangen und Suchen nach der Möglichkeit eines „Lebens vor dem Tod", sowie der damit verbundenen Besinnung auf lebensfördernde Regeln, liegen vielleicht die stärksten Impulse der Tradition der Hebräischen Bibel für das Denkens der Gegenwart.

11.7. Grab und Begräbnis

Eine kultisch richtige Form der Beisetzung ist in vielen Religionen des Orients die Bedingung dafür, daß ein Leben im Jenseits möglich wird. Funde von Grabbeigaben geben Aufschluß über die jeweiligen Vorstellungen eines jenseitigen Lebens. Die in Israel gefundenen Grabbeigaben dürften aber eher als Reste archaischer Vorstellungen von einem Weiterleben in stark geminderter Lebensform zu verstehen sein und nicht als ausgeprägter Jenseitsglaube.[313]

Daß auch gesellschaftliche Ordnungen ins Totenreich hineinreichen, lassen Textstellen wie 1Kön 14,31; 2Kön 23,16; Jer 26,23; Hiob 3,16 u. a. erschließen.

Das Grab hat in den Überlieferungen der Hebräischen Bibel keinerlei kultischen Wert. Es läßt sich einerseits ein mehr positives Verständnis als „Ruhestätte" (vgl. Gen 47,30 und 49,29) und andererseits ein Verständnis als lebensfeindlicher Ort der Abgeschiedenheit (vgl. Ps 88,6; Jes 26,14) erkennen.

Daß die Verweigerung des Begräbnisses als äußerst negativ empfunden wurde, ergibt sich aus 1Sam 31,10-13 und 2Sam 1-14.

Obwohl den Gräbern selbst keine Verehrung zukommt, wird an verschiedenen Stellen ein Zusammenhang von Grabesgeschichten und Verheißungen deutlich.

> **Aufgabe:**
> - Überprüfen Sie diese These anhand von Gen 23; 35,8; Dtn 34,6; 1Kön 2,1-9; 1Sam 25,1!

11.8. Hoffnung über den Tod hinaus?

Das, was dem Menschen sein Todesgeschick annehmbar macht, ist, daß er den Fortgang der Verheißungen JHWHs im Leben künftiger Generation wahrnehmen darf.

In einigen Textstellen der Hebräischen Bibel kommt in Zusammenhang mit dem Gedanken einer *ausgleichenden Gerechtigkeit* die Vision in den Blick, daß auch der Tod selbst einmal ein Ende hat.

> „Vernichten will er den Tod auf ewig.
> Und abwischen wird der Herr JHWH die Tränen von
> jedem Antlitz und die Schmach seines Volkes von
> der ganzen Erde hinwegnehmen."
> (Jes 25,8)

Die wenigen in der Hebräischen Bibel bekannten Texte über eine erwartete **Auferstehung** haben ihren Hintergrund in apokalyptischen Vorstellungen der späten hellenistischen Epoche (vgl. Jes 26,19 und Dan 12,2).

Vereinzelt wird auch von einer **„Entrückung"** gesprochen: In Gen 5,24 über Henoch, in 2Kön 2,3.5 und 11 f über Elia und in Ps 49,16. Wie in religionsgeschichtlichen Vergleichstexten deutlich wird – vgl. Utnapischtim im Gilgamesch-Epos – dürften auch hier die wenigen Ausnahmen die grundsätzliche Sterblichkeit des Menschen bestätigen.[314]

Dennoch klingt mit diesen Vorstellungen an, daß es neben der radikalen Alternative zwischen Leben und Tod für **JHWH** noch eine dritte Möglichkeit gibt.

Die tastenden Überlegungen „am Rande der Hebräischen Bibel", die darauf abzielen, daß der Tod nicht das letzte Wort behalten wird, beziehen sich allerdings nicht auf eine im Menschen liegende Anlage wie eine unsterbliche Seele oder eine dem Menschen irgendwie zur Verfügung stehende Möglichkeit, sondern auf eine in JHWH gesetzte **Hoffnung**.

Grundsätzlich gilt für das Verständnis der Hebräischen Bibel, daß der Mensch als Ganzer vergänglich ist. „Er ist aus Staub und verfällt wieder zu Staub" (Gen 3,19 u. Ps 90,3 u. a.). Durch JHWH wird er ins Leben gerufen (vgl. z. B. Hiob 33,4) und er zerfällt, wenn ihn die

Lebenskraft wieder verläßt (vgl. z. B. Ps 104,29). Nichts an ihm bleibt; auch keine unsterbliche Seele.[315]

So bedeutet **Tod in jüdischer Tradition** das Ende der menschlichen Existenz und das Ende aller menschlichen Möglichkeiten. Je nachdem, wie dieses begrenzte Leben erfahren wird, ist die Reaktion: Furcht, Protest, Resignation oder Einverständnis. Darin unterscheidet sich das Denken der Hebräischen Bibel fundamental von der platonischen Vorstellung, die Sterben als Übergang definiert, der für denjenigen, der rechtschaffend gelebt hat, keinen Schrecken bedeutet.

Aufgaben:
- Vergleichen Sie den Tod des Sokrates (am Schluß von Platons Phaidon) und die Sterbeszene Jesu (nach Mt 27,33-50).
- Versuchen Sie, Denkmuster der Hebräischen Bibel und der griechisch-platonischen Tradition in heutigen Vorstellungen zu identifizieren und zu beurteilen.
- Bedenken Sie den religionskritischen Vorwurf, daß der Glaube an ein ‚Jenseits' schlechte Lebenschancen im Diesseits kompensieren soll auf dem Hintergrund der Hebräischen Bibel.

11.9. Bitte und Dank, Lob und Klage

11.9.1. Tod und Leben in den Psalmen

Die Hebräische Bibel erinnert in ihrer Gesamtheit an das spannungsvolle Verhältnis Israels mit seinem Gott. Dieses Verhältnis findet seinen elementaren Ausdruck in der **Gebetssprache der Psalmen**, in der die von der Gemeinschaft und vom Einzelnen erfahrene Wirklichkeit unmittelbar vor Gott gebracht wird. Alle Erfahrungen zwischen Leben und Tod werden ins Gebet gefaßt als Dank für oder Bitte um das Gelingen des geschöpflich begrenzten Lebens.

Den Grundformen der Gebetssprache entsprechen konkrete Erfahrungen des gelingenden oder mißlingenden Lebens, die in Lob und Dank bzw. Klage und Bitte um Zuwendung zum Ausdruck gebracht werden. Die besondere Stärke dieser überlieferten Gebetssprache liegt darin, daß ihre *metaphorische Sprachform* die Möglichkeit bereitstellt, jeweils die ganz eigene Lage dort einzubeziehen. Loben und Leben gehören zusammen.

„Denn du hast meine Nieren geschaffen,
hast mich gewoben im Mutterschoß.

Ich danke dir, daß ich so herrlich bereitet bin,
so wunderbar, wunderbar sind deine Werke."
(Ps 139,13 f.)

Freude über das verdankte Leben äußert sich als Lob JHWHs als Ursprung und Liebhaber des Lebens.

Erst wer lobt, lebt. Diesem Grundgedanken stehen nun Lebenserfahrungen gegenüber, die das Lob verstummen lassen. Der **90. Psalm**, dem in christlicher Tradition eine herausragende Rolle als Beerdigungspsalm zukommt, spricht aus einer Lebenssituation, die das Loben schwer macht. Der Psalm nimmt den Beter auf einen Weg mit, der nachvollzogen und nicht durch Beschränkung auf einzelne Verse abgekürzt werden sollte. Im ersten Vers wird Gott (in der allgemeinen Form, nicht mit Namensnennung) als Fluchtpunkt von Generationen angesprochen.

Dieser Gott ist dem Beter vertraut und zugleich weit entfernt. Die Klage wird gefaßt in die Wahrnehmung der unbegreifbaren Differenz zwischen dem zeitenübergreifenden Gott und der Lebensspanne des Menschen, dessen Geschick mit Bildern aus der Natur illustriert wird. Das, was Anlaß zur Klage gibt, ist für den Beter kein abstraktes Schicksal, ein Naturgesetz, sondern Erfahrung des Zornes Gottes – und darum nicht unabänderbar! Das, was das Leben bestimmt, ist die Mühsal vergeblicher Arbeit. Diese Einsicht mündet in den 12. Vers, mit dem der als Beerdigungstext verwandte Psalm endet:

„Lehre uns unsere Tage zählen, daß wir ein weises Herz gewinnen."

Andere Übersetzung:

„Lehre uns bedenken, daß wir sterben müssen, auf daß wir klug werden." (Ps 90,12)

Bedenken der Begrenztheit des Lebens dient dazu, eine realistische Einstellung zum geschöpflichen Leben zu gewinnen.

Wenn man den Psalm hier aufhören läßt, wäre das ein Ergeben ins unabänderlich (bzw. in das gottgegebene) letzte Wort. Aber die Bitte um Einsicht in die Grenze des Lebens behält in diesem Psalm nicht das letzte Wort. Die den Psalm durchziehende Klage über die Vergeblichkeit menschlicher Mühen mündet nun ein in eine persönliche Anrede an JHWH, nachdem vorher gewissermaßen anonym von Gott gesprochen wurde. Nicht die Bitte um Unsterblichkeit angesichts des vergänglichen Lebens, sondern die Bitte um Erfahrung mit dem geschöpflichen Leben, die dies Leben mit seinen Mühen nicht als vergeblich erscheinen läßt, steht am Ende. Es ist die Bitte um Erfahrungen der Gnade, der Freude, der gelingenden Arbeit. Auf dem Weg des Gebetes wird deutlich, daß Vergänglichkeit nicht mit Vergeblichkeit korrespondieren muß. Realismus und Hoffnung werden verbunden, Klage schlägt um in die Bitte, wieder loben zu können.[316]

11.9.2. Exkurs: Der Psalter

(hebr.: sefer tehillim – Buch der Preisungen)
 Das in der griechischen Wurzel von „Psalm" anklingende Wort hat die Bedeutung von „Saiten zupfen"; Psalmen wurden als vom Saitenspiel begleiteter Sprechgesang rezitiert.
 Der Psalter umfaßt eine Sammlung von 150 (LXX 151) Gebetsliedern. Auch außerhalb des Psalters sind in der Hebräischen Bibel Psalmen überliefert.
 Die *Forschungsgeschichte* orientierte sich zunächst weitgehend an **H. Gunkel** (1862–1932), der eine gattungsorientierte Unterscheidung von Liedern mit einem gemeinsamen „Sitz im Leben" vornahm (z. B. Hymnus; Klagepsalm; Königspsalm).
 Gunkels Zuordnung und Gliederung wurde mehrfach modifiziert. Während das Forschungsinteresse in Gunkels Spuren die Analyse des Einzelpsalms ins Zentrum rückte, verschiebt sich der Blick der neueren Forschung stärker auf den Gesamtzusammenhang und fragt nach Struktur und Theologie der ganzen Psalmen-Sammlung.
 Der Psalter ist *gegliedert* in die Teile: 1(2)-41; 42-72; 73-89; 90-106; 107-150
 Die fünf Teile sind jeweils durch Doxologien (Gepriesen sei JHWH, der Gott Israels von Ewigkeit zu Ewigkeit! Amen! Amen!) getrennt. Die Fünfteilung entspricht der fünfteiligen Tora. Entsprechend deutet die jüdische Tradition den Psalter als Antwort Israels auf die Tora.
 Etwa die Hälfte der Psalmen nennen David als Verfasser:
 Die Zuordnung zu David lehnt sich an das u. a. in 2Sam 6 gezeichnete Davidbild an, in dem er tanzend und singend die Lade nach Jerusalem bringt. In der jüdischen Tradition schwingt damit aber zugleich die messianische Perspektive mit.
 Unter historischem Blickwinkel ist die Verfasserschaft Davids eine spätere Zuschreibung:
 Wie die Tora auf Mose zurückgeführt wird, wird der Psalter auf David zurückgeführt.
 U.a. aus Doppelüberlieferungen (vgl. Ps 14 u. Ps. 53) läßt sich erschließen, daß die Gesamtkomposition aus schon festliegenden Teilsammlungen zusammengefügt wurde.
 Als Entstehungszeit ist der Zeitraum zwischen 520 v. Chr–200 v. Chr. anzunehmen. Die genaue Festlegung der Reihenfolge erfolgte noch später.
 Die **Gesamtkonzeption des Psalters ist u. a. durch einen doppelten Rahmen bestimmt:**

1. dem Lobpreis der universalen Gottesherrschaft JHWHs durch seinen auf Zion eingesetzten messianischen König (2), der sein messianisches Volk unter der Völkerwelt aufrichtet (149).
2. Die Einbindung in den lebensfördernden Weg der Tora (Ps 1), der in ein großes Halleluja (Ps 150) einmündet.

Zahlenmäßig überwiegen die Klagelieder gegenüber den Lobliedern. Da die Klage immer auf Gott bezogen ist und in die Hoffnung auf eine Wende der Klage durch sein Eingreifen einmündet (vgl. z. B. Ps 22), ist der Gesamttitel *Buch der Preisungen* dennoch angemessen.

Die häufige Zitierung von Psalmen im Neuen Testament läßt erkennen, daß die Psalmen zur Zeit Jesu Grundtexte der Frömmigkeit und messianischen Hoffnung waren.

Die Sprache der Psalmen weist darauf hin, daß elementares Sprechen *von* Gott, Sprechen *zu* Gott ist. Dieses Sprechen entfaltet sich in den elementaren Ausdrucksformen von Klage und Bitte, Lob und Dank.

I. Baldermann hat an Praxisbeispielen deutlich gemacht, daß in der Arbeit mit Psalmen für den Religionsunterricht eine besondere Möglichkeit liegt. Der Umgang mit ausgewählten Psalmversen gibt den Schülerinnen und Schülern eine sonst kaum verfügbare Ausdrucksmöglichkeit für bewegende Erfahrungen und zugleich eine elementare theologische Sprache für die Deutung der Wirklichkeit.

Literatur:
Jüngel, Eberhard: Tod. Themen der Theologie, Bd. 8, Stuttgart 1971, 8–80; *Wolff*, Hans W.: Anthropologie des Alten Testaments, München²1974 (1973), 150–176; *Kaiser*, Otto/*Lohse*, Eduard: Tod und Leben, Stuttgart u. a.1977, 78–103

12. Geschichte des alten Israel und Probleme der Rekonstruktion

12.1. Geschichten und Geschichte

Die Hebräische Bibel zeichnet einen geschichtlichen Abriß von den Ursprüngen von Welt und Mensch über die Erzeltern Israels zur Abhängigkeit in und Befreiung aus Ägypten, Einwanderung bzw. Eindringen der Stämme in Kanaan, die vorstaatliche Richterzeit, die wechselvolle Königszeit bis zum Untergang, die Zeit des Exils in Babylon und die nachexilische Zeit des II. Tempels.

Die Geschichte ist der Hintergrund für die Geschichten. Aber es gilt auch die andere Seite: Die Geschichten leiten an, die Geschichte unter bestimmten Blickwinkeln wahrzunehmen. D.h. für ein tieferes Verständnis der biblischen Überlieferungen ist eine Einsicht in den historischen Rahmen unverzichtbar. Soweit dieser historische Rahmen überhaupt rekonstruierbar ist, wird er in den folgenden Abschnitten zusammenhängend skizziert. Damit dem Leser bewußt bleibt, daß auch kritische Geschichtsschreibung immer nur ein Versuch ist, wird die **Problematik der Quellen bzw. Quellenauswertung** immer wieder in die Darstellung eingeblendet. Ursprung und geschichtliche Entwicklung Israels sind eng mit der Geschichte des alten Orients verbunden. Aber die Art der Geschichtsliteratur wie sie in der Hebräischen Bibel entworfen wurde, ist im orientalischen Raum singulär. Relativ vergleichbare Formen der Geschichtsreflexion sind nur aus der griechischen Tradition bekannt. Die biblischen Überlieferungen über die vorstaatliche Zeit setzen sich aus Erzählungen zusammen, die für rein historische Interessen kaum Aussagekraft haben, da sie als Produkt eines langen Überlieferungsprozesses erst Jahrhunderte später im Rückblick als konstruierte Volksgeschichte gestaltet wurden. Da die historisch verläßlichen Geschichtsquellen der altorientalischen Reiche über das alte Israel so gut wie gar nichts hergeben, öffnet sich hier ein weites Feld der Spekulation.

Wenn sich diese Spekulationen dann noch mit der Aura der seriösen Wissenschaft verbinden, erschließt sich offensichtlich leicht ein Markt für verkaufsträchtige Publikationen, wie Bestseller „Und die Bibel hat doch recht"[317] u. a. belegen.

12.2. Beispiele für historische Spekulationen

1. Zu einer Fülle von Deutungen hat die sprachlich *mögliche* **Gleichsetzung** der in einigen biblischen Texten vor allen von Fremden verwendeten Bezeichnung der Israeliten als **Hebräer** mit der in verschiedenen Keilschrifttexten des 2. vorchr. Jahrtausend genannten Gruppe der **Hapiru** (Apiru) geführt. Die Hapiru lassen sich als außerhalb der Städte mehr oder wenig räuberisch lebende, nichtseßhafte Gruppe kennzeichnen, die auf Kosten der Stadtbevölkerung lebt. In den **Amarna-Briefen**[318] (14. Jh. Ägypten) versichern die Herrscher kanaanäischer Städte dem Pharao ihre Loyalität und bitten um Unterstützung gegen die der ägyptischen Ordnung feindlich gegenüberstehende Gruppe der Hapiru.[319] So wurde von einigen Wissenschaftlern eine Verbindung zwischen diesen Hapiru und der Söldnergruppe Davids im Sinne einer späten Entsprechung hergestellt.[320]

Karawane semitischer Halbnomaden, Wandmalerei aus dem Grab des Chnem-Hotep aus Beni-Hassan, 19. Jh. v. Chr., aus: Metzger, Martin, Grundriß der Geschichte Israels, Neukirchener Studienbücher Bd. 2, 10. Aufl. 1998, Neukirchener Verlag, Neukirchen-Vluyn.

2. Zwischen 1650 und 1550 v. Chr. wurde Ägypten von einem aus Asien eingedrungenen Fremdvolk, den **Hyksos** (ägyptisch: Herrscher der Fremdländer), beherrscht, die den pferdebespannten Streitwagen als neues Kriegsgerät mitbrachten. Es gibt eine Fülle von Versuchen, die Josefgeschichte in diese Zeit zu legen[321]. Nach der Vertreibung der Hyksos dehnten die Ägypter ihre Herrschaft über den syrisch-palästinensischen Raum aus (Vasallenherrschaft). Nach der Regierungszeit

Ramses' II. (1290–1224 v. Chr.) können aufgrund einer Schwächeperiode der Ägypter die aus dem Gebiet der heutigen Türkei stammenden **Hethiter** (ägypt. Hatti) Einfluß auf den palästinisch-syrischen Raum gewinnen. Die Zeit Ramses' II. wird von der Forschung häufig mit den Exodus-Ereignissen in Verbindung gebracht. Der Selbstdarstellungsdrang dieses Pharaos hatte zu gesteigerter Bautätigkeit geführt, und die in Ex 1 genannten Vorratsstädte lassen sich mit einiger Phantasie mit ägyptischen Orten dieser Zeit in Verbindung bringen. Diese Spekulationen werden von der Entdeckung unterstützt, daß aus Grabbildern aus Theben zu schließen ist, daß hellhäutige semitische Arbeiter unter ägyptischer Aufsicht beim Bau eingesetzt wurden.

12.3. Die Problematik der Zeitberechnung in der alten Geschichte

Unsere heutige Zeitrechnung nach **Sonnenjahren** geht auf Julius Cäsar zurück (Julianischer Kalender) und wurde von Papst Gregor XIII auf Christi Geburt bezogen und geringfügig korrigiert. Die Orientierung am Sonnenjahr hat Cäsar von den Ägyptern übernommen.

Der **jüdische Kalender** orientiert sich am **Mondjahr**. Dessen ursprüngliche Länge betrug 354 Tage und mußte durch einen Schaltmonat (11 Tage) an das Sonnenjahr angeglichen werden, damit der Jahresrhythmus erhalten blieb.[322] Der alte, vermutlich von den **Kanaanäern** übernomme **Bauernkalender** begann im Herbst mit der Erntefeier (später: Laubhüttenfest, vgl. Ex 34,22). Im Anschluß an den alten Bauernkalender mit seinen **drei Erntefesten** (vgl. Ex 23,14 ff) wurde in der nachexilischen Zeit der Neujahrstag (Rosch Haschana) als Feier der Geburt der Erde festgelegt (3760/3761 v. Chr., das Jahr 1998 entspricht also dem jüdischen Jahr 5758/5759). Der Neujahrstag wird als Beginn einer zehntägigen Besinnungszeit begangen, die mit dem Versöhnungstag (Jom Kippur) endet (Num 29,1-11).

In Anlehnung an den **babylonischen Kalender** wurden nach der Exilszeit die babylonischen Monatsnamen übernommen und der Jahresbeginn in Erinnerung des Auszugs aus Ägypten (Ex 12,2) auf den ersten Frühlingsneumond datiert. So beginnt in der jüdischen Gemeinschaft das religiöse Jahr mit der Passahfeier im Frühling (14. Tag des 1. Monats; vgl. Lev 23,5) und das „zivile" Jahr im Herbst am 1. Tag des 7. Monats mit dem Neujahrsfest (Lev 23,24 u. Num 29,1).

In verschiedenen Überlieferungstraditionen finden sich unterschiedliche **Monatsbezeichnungen**. In älteren Schichten sind die frühen Monatsbezeichnungen (Aviv = Frühling, Ährenmonat, Ziw = Blütenmonat; Etanim = Trockenmonat) aufbewahrt. In der vorexilischen Zeit werden numerische Monatsbezeichnungen verwendet, später die aramäisierten babylonischen Monatsnamen (Tischri; Cheschwan; Kislew; Tewet; Schwat; Adar I; Adar II als Schaltmonat; Nissan; Ijar; Siwan; Tannus; Aw; Elul).

Jahreskreis: Jüdische und christliche Feste

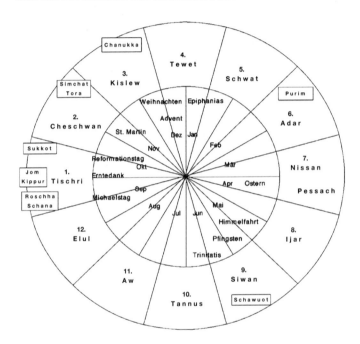

Während die zeitliche Einordnung der frühen Geschichte Israels nur sehr vage erschlossen werden kann, ist es den Historikern gelungen u. a. durch **Auswertung der Königslisten** der beiden Staaten Juda und Israel mit ihrer relativen Chronologie eine plausible zeitliche Zuordnung zu gewinnen. Wenn dennoch in verschiedenen Untersuchungen und Darstellungen z. T. erhebliche Abweichungen zu verzeichnen sind, erklärt sich das durch eine Reihe nicht völlig aufklärbarer Unsicherheitsfaktoren:

Im ganzen Nahen Osten wurden Ereignisse nach dem Jahr der Thronbesteigung der Könige datiert. Unklar bleibt aber, ob und wann der jeweilige Regierungsantritt bezogen auf das Neujahrsfest vor oder nachdatiert wurde. Dann ist unsicher, welcher Kalender für einzelne Epochen zugrunde gelegt werden muß. Das alte palästinensische

Bauernjahr begann im Herbst, das babylonisch-assyrische Jahr im Frühling. Es ist nicht abschließend geklärt, bis wann nach dem alten Jahreszyklus gerechnet wurde. Ein **Wechsel des Kalenders** wird zwischen der Zeit Josias (ca. 620 v. Chr.) oder erst nach der Königszeit angenommen. Unklar bleibt ebenfalls, inwieweit sich einzelne Zeiten durch Mitregentschaften überschneiden. Schließlich weichen die wesentlichen Textgruppen in ihren Angaben z. T. voneinander ab.

Im Deuteronomistischen-Geschichtswerk (DtrG, siehe Kap. 2.2.) läßt sich zwar mit einigen Kunstgriffen eine widerspruchsfreie Chronologie ermitteln. Diese ist jedoch für eine historische Auswertung wertlos, weil sie z. T. vom Idealschema der Generationenfolge (jeweils 40 Jahre) geprägt ist. Da das auch für die Festlegungen der Regierungszeiten Davids und Sauls gilt, ist die Zeitbestimmung hier auf Schätzungen angewiesen.

Die Datierung des Endes der salomonischen Zeit und Beginn der Geschichte der getrennten Reiche Juda und Israel schwankt bei den verschiedenen Autoren zwischen 932 und 922 v. Chr.

Im Umgang mit alten Texten ist immer mitzubedenken, daß unser modernes Zeitverständnis für biblisches Denken oft ein eher unsachgemäßer Maßstab ist.

So macht Prediger 3 auf das Verständnis von Zeit aufmerksam, daß sich nicht chronologisch, sondern an Grunderfahrungen und Wechsel von Zeiten orientiert: Zeit des Feierns, Zeit des Handelns..." alles hat seine Zeit".

Für die Priesterschrift vollzieht sich Leben im Wechsel der Generationen (Toledot).

12.4. Die Frühgeschichte Israels

Während wichtige Vertreter der angelsächsischen Forschung versuchten, durch Vergleich biblischer Notizen und außerbiblischen Materials eine Frühgeschichte Israels zu rekonstruieren, blieb die deutsche Forschung diesen Versuchen gegenüber skeptisch. Hier setzte sich weitgehend die Einsicht durch, daß aufgrund der Quellenlage eine Rekonstruktion der Frühgeschichte Israels nicht möglich sei. Alle Versuche, aus Einzeldaten wie Gebräuchen, Rechtsgrundsätzen u. a. zeitliche Einordnungen und Gesamtzusammenhänge abzuleiten, sind aufgrund vielschichtiger Interpretationsmöglichkeiten gescheitert.

Ein **methodisches Grundproblem** liegt darin, daß es sich bei der Textanalyse schwer auseinanderhalten läßt, wo echte Traditionen überliefert sind und wo Interpretationen späterer Bearbeiter vorliegen.

Die biblischen Darstellungen der Geschichte Israels müssen immer als theologische Texte gelesen werden und sind in historischer Hinsicht zu relativieren. Da außerbiblische Quellen zur Frühgeschichte Israels kaum etwas aussagen, ist eine historische Rekonstruktion der Ereignisse nicht möglich.

12.4.1. Zeit der Erzeltern

Es läßt sich weder durch archäologische Befunde, noch durch biblische Texte rekonstruieren, wann die Zeit der Erzeltern (auch Väterzeit/ Patriarchenzeit) vorzustellen ist. In der deutschen Forschung wird sie meist um 1500–1300 v. Chr. angesetzt.

> *Die Erzeltern-Erzählungen*
> *Die biblischen Texte zu den Erzeltern finden sich fast alle im Buch Genesis, von Gen 11,10 ff bis Gen 50,26.*
> *In den Erzeltern-Erzählungen werden verschiedene Einzelüberlieferungen als Erfahrungen der „Vorfahren" Israels mit dem Wirken und Lenken Gottes thematisiert. Diese Erfahrungen werden exemplarisch anhand einer Familiengeschichte überliefert und begegnen uns in den Erzählungen über Abraham und Sarah und ihrem Sohn Isaak, über Jakob und Esau, Josef und seinen Brüdern u. a. (siehe Kap. 5).*

Zur Abfassungszeit

Nach Gen 11,27-31 ist Abraham mit seiner Sippe von Ur in **Chaldäa** (südöstliches Zweistromland) in das nördlichere **Haran** (heute Nordwestsyrien) ausgewandert[323]. Nach Gen 12,1-3 und in den Isaak-Jakob-Erzählungen ist Haran der Ursprung, von wo die Väter ins Land der Verheißung (Kanaan[324]) zogen.

Mit der Bezeichnung **Chaldäa** gibt der Text einen Hinweis auf seine späte Entstehung: diese Bezeichnung für das südöstliche Zweistromland läßt sich erst für die Zeit um 700 v. Chr. nachweisen.

Die Reiseroute zwischen Zweistromland und Kanaan wird nur äußerst dürftig beschrieben, was vermuten läßt, daß es sich um einen allgemein bekannten, nicht seltenen Reiseweg handelte. Es läßt sich annehmen, daß die Bearbeiter der Überlieferungen hier den **Reiseweg zwischen den Gemeinden der babylonischen Diaspora und dem Mutterland in der Zeit nach dem Exil** (nach 539 v. Chr.) im Blick hatten. Dieser Sachverhalt läßt sich als ein weiterer Hinweis auf die späte Abfassungszeit der Erzeltern-Erzählungen verstehen[325].

Diese Beobachtungen machen deutlich, daß die **Vorformen von Gen 11 und 12 frühestens in der mittleren Königszeit** verfaßt worden sein können und ihre **Endgestalt in exilischer bzw. nachexilischer Zeit** gefunden haben. Inwieweit hier und in anderen Texten von Gen 11-50 ältere Traditionen verarbeitet sind, läßt sich nicht mehr ermitteln.

12.4.2. Aufenthalt in Ägypten und Exodus

Nach priesterlicher Chronologie aus der Exilszeit ist die Zeit vom Exodus-Geschehen bis zur Landnahme etwa zwischen 1300–1100 v. Chr. anzusetzen.

> *Josefnovelle – Exoduserzählung – Wüstenwanderung*
> *Nach der biblischen Überlieferung folgt auf die Zeit der Erzeltern der Aufenthalt in Ägypten. Die Verbindung wird durch die Josefgeschichte geschaffen (Gen 37 – Gen 50,1-26, siehe Kap. 5.5.). In Ex 1 wird erzählt, daß ein neuer Pharao von Josef nichts mehr wußte und das größer werdende Volk Israel durch Fronarbeit unterdrückte. Obwohl der Pharao die Tötung männlicher Nachkommen angeordnet hatte, wurde Mose gerettet und wuchs am Hofe als Rettergestalt heran, um nach seiner Berufung durch JHWH sein Volk aus der Sklaverei zu führen (Ex 1-15). Nach dem wundersamen Exodusgeschehen verbringt Israel 40 Jahre in der Wüste, wo es die Tora empfängt. Am Ende dieser Zeit stirbt Mose, nachdem er Josua zu seinem Nachfolger designiert hat (Dtn 34).*

Auf der **Suche nach dem historischen Kern** dieser Überlieferungen gab und gibt es mannigfaltige Versuche, um entsprechend dem Buchtitel Kellers die Behauptung zu untermauern: „Und die Bibel hat doch recht"[326].

Trotz mancher zuweilen als Sensationsmeldungen gehandelter Erkenntnisse bleibt die Forschung jedoch auch in diesem Bereich auf äußerst schwankendem Boden. Weder läßt sich die Wanderung der Erzväter nach Ägypten, noch die Tätigkeit Josefs, mit einer außerbiblischen Quelle auch nur halbwegs plausibel in Verbindung bringen. Als gescheitert müssen auch verschiedene Hypothesen gelten, den Regierungswechsel in Ägypten historisch festzumachen, der zu der in den biblischen Überlieferungen erzählten Unterdrückung der Nachfahren Josefs und seiner Brüder führte.[327]

Auch das Exodusgeschehen und das Schilfmeerwunder sind außerbiblisch nicht bezeugt. Nach der Überlieferung führte der Weg durch das Schilfmeer zur Oase Kadesh, von dort zum Sinai[328] und dann über Kadesh zurück durch das ostjordanische Moab und Midian ins Land Kanaan (siehe auch Kap. 12.2.).

Da die in Num 22-25 und 31 genannten Völker erst nach dem 12. Jh. seßhaft wurden, läßt sich auch diese Überlieferung historisch nicht einordnen.

Ebenso entzieht sich die **Gestalt des Mose** historischer Nachweise, die über spekulative Vermutungen hinausgehen. Es ist anzunehmen daß die Mosegestalt als Religionsstifter, Gesetzgeber und Prophet erst kurz vor dem Exil bzw. in exilischer und nachexilischer Zeit ihre Konturen bekam.

12.5. Der Ursprung Israels und seine Landnahme – das vorstaatliche Israel

12.5.1. Zur biblischen Darstellung der Geschichte in den Büchern Josua und Richter

Die sogenannte Landnahme und die Richterzeit sind etwa im Zeitraum zwischen 1200 und 1000 v. Chr. anzusetzen. Die biblische Darstellung findet sich in den Büchern Josua und Richter, die in der biblischen Anordnung auf den Pentateuch folgen.

> ***Das Buch Josua***
> *Nach dem Tod Mose (Dtn 34, 1-6) führt Josua das Volk aus Moab westwärts über den Jordan in das Land Kanaan (Westjordanland). Die 12 Stämme nehmen das Land in einem großen **militärischen Eroberungszug als Gemeinschaftsaktion** in Besitz und verteilen es an die Stämme. Auch die Stämme, deren Gebiet im Ostjordanland liegt, beteiligen sich an der Eroberung.*

Die **Abfassung des Josuabuches** fällt im wesentlichen in die *exilische und nachexilische Zeit*. Die ältesten Texte (enthalten im Listenmaterial Jos 13-19) stammen aus der späten Königszeit. Die biblischen Überlieferungen zu den Ursprüngen Israels wurden also erst Jahrhunderte später im Rückblick verfaßt. Das Josuabuch ist daher als historische Quelle zur vorstaatlichen Zeit unbrauchbar. Die Erzählperspektive der Verfasser ist stark durch ihre eigenen Erfahrungen in der Exilszeit, als das Volk Israel sein Land verloren hatte, gefärbt.

Die dtr Verfasser erklären in der Retrospektive den **Verlust des Landes** an die Babylonier (587/86 v. Chr.) mit der Geschichte ihres Volkes.

Es erscheint daher plausibel, daß das **Zentralthema** des Josuabuches die **Inbesitznahme des Landes** der Verheißung ist.

Das Josuabuch betont, daß Israel das Land jedoch nicht aus eigener Stärke gewonnen hat, sondern nur durch Hilfe JHWHs. Das Land ist somit durch JHWH geschenktes Land – der Abfall von JHWH und seiner Wegweisung (Tora) und die Zuwendung zu anderen Göttern wird von der deuteronomistischen (dtr) Theologie als die Ursache für den Verlust des Landes gesehen.

Zu den **Intentionen des Buches** läßt sich folgendes festhalten: Aufgrund der Exilsituation steht für die Deuteronomisten nicht die historische Darstellung der Anfänge Israels im Vordergrund. Wichtiger ist die Frage, wie Israel wieder zu seinem Land kommen kann. Diese Frage wird im Josuabuch beantwortet: durch Hinwendung zu JHWH und seiner Tora.

Außerdem soll mit dem Josuabuch gezeigt werden, daß es für die Rückerlangung des Landes kein Königtum braucht, sondern einen der Tora verpflichteten JHWH-Diener, wie er mit der Josuagestalt konstruiert wurde.[329]

Mit der **Ablehnung fremder Götter** verbindet sich im Josuabuch die Ablehnung von Fremden in der Gemeinschaft Israels wie sie in nachexilischer Zeit unter Esra und Nehemia propagiert wurde (vgl. hierzu die ganz andere Sicht des Rutbuches, Kap. 9.6.

Das Buch Richter
*Das Richterbuch überliefert die **Landnahme als Aktion einzelner Stämme** bzw. Stammesgruppen und erinnert im sogenannten negativen Besitzverzeichnis (Ri 1,27-35) an die Ortschaften, die bis zur Königszeit nicht zu erobern sind.*
*Das Buch schildert die Zeit zwischen der Inbesitznahme des Landes Kanaan und dem Aufkommen des Königtums als Zeit der **„Richter", d. h. der Stammesherrscher** (schoftim). In Notzeiten werden diese durch eine Fügung Gottes zu charismatischen Rettergestalten auserkoren, die die Stämme zum Kampf gegen einen gemeinsamen Feind vereinigen.*

Für die Geschichte der vorköniglichen Zeit gibt es keine außerbiblischen Quellen, und das Richterbuch ist mit Ausnahme von Textstücken aus Ri 5 wegen der starken deuteronomistischen (dtr) Überformung als Dokument zur vorstaatlichen Zeit historisch kaum auswertbar.

Zur Abfassungszeit

Wie im Josuabuch läßt sich jedoch eine rückblickende, ideologisch gefärbte Konstruktion der Volksgeschichte durch die deuteronomistischen (dtr) Hauptredaktoren des Richterbuches herauslesen. Ausgehend von der Exilssituation stellte sich ihnen die Frage, wie das Land ohne die Institution des Königtums weiterregiert werden könne. So zeigten sie anhand der vorköniglichen Zeit, wie JHWH die Richter zur Leitung und Rettung Israels befähigte. In dieser Regierung des Volkes ohne Königtum liegt für die Deuteronomisten die geschichtliche Analogie zwischen Richterzeit und Exilszeit. Dabei wird die Richterzeit als das ideale Gegenmodell zu der negativ konnotierten Königszeit gesehen.[330]

12.5.2. Zur sogenannten Landnahme – Archäologische Spuren des alten Israels im 12. und 11. Jahrhundert v. Chr.

Israel habe sein Land wesentlich durch kriegerische Ereignisse erobert, ist der Grundtenor des Josuabuches. Archäologen mühten sich, dies zu bestätigen. Doch die deutlich vom Gedanken „es muß so gewesen sein, wenn es in der Bibel steht" geleiteten Auswertungen archäologischer Grabungen wurden immer brüchiger:

Jericho ist oft zerstört und wieder aufgebaut worden. Für die Epoche, in die die Erzählung von Jos 6 zu datieren wäre, ist jedoch keine Zerstörung nachweisbar.

Die in Jos 8 genannte Stadt Ai war nach archäologischem Befund bereits vor der vermuteten Eroberung eine zerstörte Stadt.

So bestätigt der archäologische Befund *indirekt* den **literarischen Charakter** der Josuaüberlieferungen als ein in die Geschichte zurückgelegtes Hoffnungsbild.

Da die Darstellungen in den Büchern Josua und Richter als Anknüpfungspunkte für historische Theorien weitgehend ausfallen, müssen für die **Theoriebildung zur „Landnahme"** einerseits die Ergebnisse der *archäologischen Forschung* und andererseits *Analogiebildungen* zu vergleichbaren Vorgängen an anderen Orten und zu anderen Zeiten herangezogen werden.

Aus **archäologischen Untersuchungen** läßt sich entnehmen, daß im *Übergang von der Spätbronzezeit zur frühen Eisenzeit (um 1200 v. Chr.)* in den vorher wenig oder gar nicht besiedelten Hochebenen und Steppen zwischen den verstreuten kanaanäischen Stadtstaaten viele kleine Siedlungen entstanden. Diese Siedlungen lassen sich möglicherweise mit der „Landnahme" in Verbindung bringen und sind vermutlich der erste Nachweis einer israelitisch-judäischen Landbevölkerung, über deren Ursprung unter historischem Aspekt nur gemutmaßt werden kann.

Das erwähnte negative Besitzverzeichnis (Ri 1,19 ff) spiegelt vermutlich die Siedlungsgebiete der Menschen, aus denen die Stämme Israels entstanden. Diese Siedlungsgebiete waren durch zwei ostwestlich verlaufende Querriegel kanaanäischer Städte gewissermaßen gedrittelt.[331] Nach **archäologischem Befund**, z. B. Analyse der Gebrauchsgegenstände, handelte es sich bei diesen Siedlern nicht um eingewanderte Gruppen. Israel hat in seinen späteren Erinnerungen immer betont, daß seine Vorfahren „Nichtseßhafte" waren. Hinter diesem Begriff kann sich aber eine Fülle sozial- und wirtschaftsgeschichtlich zu differenzierender Gruppen verbergen: *einerseits* viehzüchtende, aber auch ackerbautreibende Nomaden, die zwischen den kulturellen Zentren oder in den Wüstenrandgebieten umhergezogen waren und zur seßhaften Lebensweise übergingen und *andererseits* sog. aus den Städten verbannte „outlaws".

Da die Städte nach 1200 v. Chr. durch die in die Küstenregionen eingedrungenen Seevölker (Philister, Phöniker) durch Handelshemmnisse wirtschaftlich geschwächt wurden, könnten an der Aufsiedlung der Gebirgs- und Steppenregionen auch aus den Städten ausgewanderte Bauern und Handwerker beteiligt gewesen sein.

Aus dieser Siedlungsbewegung ist offensichtlich die Gemeinschaft Israel hervorgegangen, deren Existenz im kanaanäischem Raum erstmals auf einer Siegesstele aus dem 5. Regierungsjahr des Pharao Mernpta (ca. 1207 v. Chr.) erwähnt ist.[332]

Zu den Siedlern sind *möglicherweise* aus den östlichen und südlichen außerpalästinensischen Regionen kommende Nomadengruppen gestoßen, die die Verehrung des Gottes JHWH und Grunderfahrungen mitbrachten, die den Kern der Exodusüberlieferung bildeten (zur Herkunft JHWHs siehe Kap. 3.3.).[333]

Da die **politische Gesamtlage** zwischen Äygpten und dem Zweistromland gestört war, waren die verschiedenen Mächte mit sich selbst beschäftigt, so daß sich in diesem Windschatten die Ursprünge des späteren Israel entwickeln konnten.

Es läßt sich nach gegenwärtigem Forschungsstand festhalten, daß die „**Landnahme**" zumindest in den Anfängen ein **friedlicher Vorgang** war, der vor allem auf soziologischen Veränderungen **innerhalb Kanaans (des späteren Palästinas)** beruhte.

Diese Erkenntnisse der gegenwärtigen Forschung wurden in der Vergangenheit bereits durch verschiedene „**Landnahme**"-Modelle zur Diskussion gestellt, die bis heute von weiteren Forschern in verschiedenen Varianten fortgeführt wurden. Im folgenden werden zwei Grundrichtungen der Theoriebildung kurz vorgestellt:[334]

Das Infiltrationsmodell

Mit der Annahme der gegenwärtigen Forschung, daß die „Landnahme" wenigstens in der ersten Phase als **friedliche Besiedelung** verlief, werden die seit **1925 von A. Alt** vorgeschlagenen Thesen zur „Landnahme" zu einem großen Teil bestätigt. Er ging davon aus, daß die israelitischen Stämme ursprünglich Kleinviehnomaden aus den Randzonen waren, deren Seßhaftwerdung mit dem Übergang von der Viehzucht zum Bauerntum zu begründen sei. Diese Art der friedlichen Besiedelung war die während Jahrtausenden übliche in dieser Region. Erst in einer zweiten Phase, zur Zeit Sauls und Davids gegen Ende des 2. Jahrtausends, kam es nach Alt zu kriegerischen Auseinandersetzungen.

Das Revolutionsmodell

Die sogenannte „soziologische" These über die Landnahme, die **1962 von G.E. Mendenhall** und später von N.K. Gottwald vorgetragen wurde, hat zuerst festgestellt, daß sich die „Landnahme" ganz als **innerkanaanäische Begebenheit**, ohne nennenswerten Beitrag ausländischer Einwanderer zugetragen haben muß. Diese These steht im Gegensatz zu den Annahmen A. Alts und auch M. Noths, muß jedoch als einziges Element der „soziologischen" These als gültig angenommen werden.

Ausgangsvoraussetzung des Revolutions-Modells ist, daß die aus keilschriftlichen Quellen bekannte Gruppe der Hapiru mit den späteren Hebräern identisch ist. Die Hapiru waren eine unterprivilegierte, soziale Klasse außerhalb der Städte, die meist in Feindschaft zu den Stadtbewohnern standen. Die „Landnahme" wird als Widerstand dieser Gruppen ehemaliger Stadtbewohner gegen die Stadtherrschaften verstanden. Die neue Einheit dieser außerhalb der Städte auf dem Land zusammengeschlossener Gruppen wird als „Stamm" gesehen.

Die Landnahme hatte hiernach also ihren Ursprung in den Städten und führte zu einer neuen Siedlungsstruktur, Sozialstruktur und einer neuen Religion.

Beide Modelle beeinhalten einige Ungereimtheiten, die im Widerspruch zu den archäologischen Befunden stehen. Als „harter Kern" der Modelle bleiben nach heutigem Forschungsstand die bereits genannten folgenden Aspekte: Die Landnahme ist als eine zumindest in den Anfängen **friedliche Besiedelung** vorzustellen, die auf soziologischen Veränderungen **innerhalb Kanaans** beruhte.

12.5.3. Zu den Stämmen Israels

Die **Stämme Israels** (deren Idealzahl 12 später konstruiert wurde) bildeten sich erst nach der Landnahme. Die Stämme verstanden sich jeweils als Nachfahren eines gemeinsamen Ahnen, ohne daß aus diesem Selbstverständnis historische Rückschlüsse gezogen werden dürfen[335].

Das **Stammessystem** ist in der Tradition durch die Idealzahl 12 geprägt und wird von den Jakobsöhnen abgeleitet. Neben den Stammesspruchsammlungen in Gen 49 (Jakobsegen)[336] und Dtn 33 (Mosessegen) läßt sich ein System geographischer Zuordnung (Num 26, 5-51) von einem genealogischen System (Gen 29,31-30,12; 35, 16-20) unterscheiden.

Im **genealogischen System** sind die Jakobssöhne (Ruben, Simeon, Levi, Juda, Dan, Napftali, Gad, Ascher, Issachar, Sebulon, Josef, Benjamin) seinen beiden Frauen Lea und Rachel sowie deren Mägden Silpa und Bilha zugeordnet. Das **geographische System** dient vor allem der Untermauerung der These, daß das ganze Gebiet des späteren Königreiches bereits in vorstaatlicher Zeit im Besitz der Stämme war. Der Stamm Levi (nach priesterlicher Sicht Teil des Kultpersonals) fehlt in der geographischen Zuordnung und Josef ist durch seine beiden Söhne Efraim und Manasse ersetzt. In der Überlieferung von Richter 5 (Deboraschlacht) werden insgesamt nur 10 Stämme genannt. Es fehlen die Südstämme und einige Namen weichen von den sonstigen Listen ab.

Martin Noth[337] hatte 1930 als gemeinschaftstragendes Element die Institution der **Amphiktyonie** angenommen. Darunter verstand er einen durch die gemeinsame JHWH-Verehrung verbundenen 12-Stämmeverband, der sich um ein gemeinsames Zentralheiligtum sammelte (Bethel, später Sichem). Inzwischen wurde diese *Hypothese als nicht tragfähig fallengelassen.*

Möglicherweise erinnern Einzelüberlieferungen, die das Richterbuch als gesamtisraelitische Ereignisse darstellt, an Geschehnisse, die sich in kleineren lokalen Rahmen und mit kleinen Koalitionen einzelner Stämme abspielten. Die **großen Richter** erinnern eher an „heldenhafte" Kämpfer; hinter den sogenannten **kleinen Richtern** verbergen sich wohl eher Personen, denen die Schlichtung von Streitigkeiten und die Rechtsprechung oblag.

Die **Stämme** setzten sich jeweils aus **Sippen und Großfamilien** zusammen, deren Zusammenhalt vermutlich älter ist als der Stamm. Die Entwicklung zur Königszeit setzt voraus, daß sich nach und nach ein stammensübegreifendes Gemeinschaftsgefühl herausbildete, das sich bei den Nordstämmen unter dem Namen Israel (Haus Josefs), bei den Südstämmen unter dem Namen Juda festmachte.

12.6. Die frühe Königszeit – Saul, David und Salomo

Nach Darstellung der Hebräischen Bibel ist die Zeit des Übergangs zum Königtum etwa um 1000 v. Chr. anzusetzen. Wie in den vorangehenden Abschnitten sind auch die Königsherrschaften Sauls, Davids und Salomos in keiner außerbiblischen Quelle erwähnt, so daß sich das folgende allein auf die biblische Überlieferung stützen kann, deren historische Authenzität nicht belegt ist.

> *Saul – David – Salomo*
> *Nach den Erzählungen von **Samuel**, der zum Priester, Propheten und politischen Führer berufen worden war, wird berichtet, wie das Volk nach einem König verlangt (1Sam 8,1-22). Nach der Rettung des Volkes durch seinen Sieg gegen die Ammoniter wird der Heerführer **Saul** zum König erwählt (1Sam 9; 10,1-16; 1Sam 10,17-27; 1Sam 11). In den folgenden Erzählungen wird in einer Abfolge von Erwählungen geschildert, wie der jeweilige Nachfolger sich vor dem Hintergrund der Verfehlungen seines Vorgängers zu bewähren versucht. Auf Sauls Nachfolger **David** (1Sam 16-30; 2Sam) folgt dessen Sohn **Salomo** (1Kön 3-12). Nach dessen Tod zerfällt das Reich in das Nordreich (Israel) und das Südreich (Juda).*

12.6.1. Saul

Die Entstehung des Königtums in Israel ist verbunden mit der immer stärker werdenden Bedrohung durch die **Philister**. Diese waren ein möglicherweise aus dem Raum der Ägäis ausgewanderter Volksstamm, der bereits vor den späteren Israeliten an der Südküste Palästinas siedelte und den Israeliten an Größe und Kampfkraft (David und Goliath), vielleicht auch an Waffentechnik (Schmiedekunst; Übergang von der Bronze- zur Eisenzeit) überlegen war. Von den „Philistern" ist der Landesname „Palästina" abgeleitet, den die Römer (135 n. Chr.) als offizielle Landesbezeichnung einführten.

Von den Kleinstaaten an der Küste drangen die Philister in das Landesinnere vor. Der ständigen Bedrohung waren die Stammesorganisationen Israels, die sich in Notzeiten zum Kampf zusammenschlossen, nicht mehr gewachsen.

Die kontinuierliche Bedrohung verlangte Kontinuität in der Abwehrorganisation und ließ zunächst das **Heerkönigtum Sauls** (um 1000 v. Chr.) entstehen, das allerdings nur von kurzer Dauer war. Die Überlieferungen von Saul sind stark vom Interesse an seinem Gegenspieler und Nachfolger David überlagert. Mit hoher Wahrscheinlichkeit ist Saul nach dem im Orient bekannten Modell als siegreicher Heerführer zur Macht gelangt (siehe Kap. 6) und tötete sich in Verzweiflung als das Kriegsglück ihn verlassen hatte. Wie weit sein Herrschaftsbereich reichte und ob er auch den Süden (Juda) umfaßte, läßt sich kaum noch ausmachen. Sauls Herkunft und die Auseinandersetzungen mit den Philistern machen sich am Stamm und im Gebiet von Benjamin fest, das für die Philister eine geographische Schlüsselstellung für die Ausdehnung nach Zentralpalästina hatte.

Die Grundbedingung dafür, daß sich im syrisch-palästinensischen Raum mit dem davidisch-salomonischen Reich ein eigenständiges Machtgebilde entfalten konnte, liegt darin, daß die **traditionellen Hegemonialmächte** dieses Raumes, die Herrscher in **Ägypten** und im **Zweistromland**, wegen innerer Auseinandersetzungen für einen begrenzten Zeitraum ihre Rolle nicht wahrnehmen konnten.

Die *Erinnerung an diese relativ kurze Zeit politischer Größe* wurde mit zunehmender neuer Abhängigkeit, die schließlich zum Verlust der Eigenständigkeit führte, immer stärker idealisiert und in der messianischen Erwartung zum **Symbol einer neuen Zukunftshoffnung**. Die biblischen Überlieferungen vom Beginn der Königszeit sind massiv von späteren Reflexionen über das Königtum und grundverschiedenen Traditionsschichten mit z. T. unterschiedlicher Tendenz (zwischen Königskritik und Bejahung des Königtums) durchsetzt, so daß sich ein geschichtliches Bild nur mit großer Einschränkung in Umrissen gewinnen läßt (siehe Kap. 6).

Dies gilt in besonderem Maße auch für die Überlieferungen vom **Aufstieg Davids**.

12.6.2. David

Der in Bethlehem geborene Judäer David trat zunächst in den Dienst Sauls und sammelte dann eine eigene „Truppe" um sich. Damit stellte er sich in den Dienst der Philister und ließ sich – vermutlich mit ihrer Zustimmung[338] – die **Königsherrschaft über Juda** in Hebron übertragen (2Sam 5,6 ff). Die **Nordstämme** trugen ihm ebenfalls die Königswürde an, so daß er in Personalunion über Juda und Israel herrschte.

David gelang es, sich von der Abhängigkeit von den Philistern zu lösen, ohne daß allerdings die Beziehungen zu den Philistern in ein negatives Verhältnis umschlugen. Sein strategisch wichtigster Erfolg ist darin zu sehen, daß es ihm gelang, die Jebusiter-Stadt (bzw. Kanaanäer-Stadt) **Jerusalem** unter seine Oberhoheit zu bringen. Jerusalem gehörte weder zum Territorium Israels noch Judas, lag aber günstig zwischen den beiden Bereichen, so daß die „Stadt Davids" der ideale Residenzort war. Indem David die **Bundeslade**, die die Gegenwart JHWHs repräsentierte, nach Jerusalem bringen ließ, setzte er auch ein Signal für eine Wende im Kult, ohne die kanaanäische Religion Jerusalems zu unterdrücken. Damit war die Bedingung dafür geschaffen, daß altkanaanäische und altisraelitische religiöse Traditionen auf dem Boden Jerusalems zusammenwachsen konnten.

Neben den Beziehungen zu den Philistern wurden Beziehungen zu der anderen Seemacht, den **Phönikern** mit Zentrum in Tyrus, aufgenommen.[339]

Die kanaanäischen Stadtstaaten verloren ihre politische Selbständigkeit und damit auch ihre trennende Funktion zwischen den Stammesgebieten. Über die wirkliche **Ausdehnung der davidischen Herrschaft** über den kanaanäischen Raum hinaus ist eine historisch gesicherte Auskunft nicht möglich. Nach der biblischen Überlieferung sollen die das heutige Jordanien umfassenden Gebiete Ammon durch David mitregiert, Moab als Vasall tributpflichtig und Edom annektiert worden sein. Die aramäischen Stadtstaaten im heutigen Syrien und östlichen Libanon sowie Teile der phönikischen Küstenebene wurden ebenfalls abhängig. Die letztgenannten konnten sich bereits unter Salomo wieder verselbständigen.

Der Zusammenhang der heterogenen Teilgebiete war nur über den Herrscher David hergestellt, der sich die unterschiedlichen Herrschafts- und Verwaltungsstrukturen dienstbar machte und nach seinen Interessen unterwarf. Aus der Regierungszeit Davids ist die Erinnerung an zwei **Aufstände** überliefert, die David jedoch niederschlagen konnte (2Sam 15-19, 2Sam 20). Ein Aufstand soll vom **Kronprinzen Absalom** angeführt worden sein, der nach kurzem Erfolg umkam, ein weiterer verbindet sich mit dem **Benjaminiten Scheba**, unter dessen Einfluß sich die Nordstämme von David lossagten. Es ist nicht verwunderlich, daß die Nachfolge erst nach erheblichen Auseinandersetzungen geregelt werden konnte.

In der letzten Phase der Regierungszeit lag die Macht bei Davids **Oberbefehlshaber Joab**, der von Salomo ebenso ausgeschaltet wurde wie Salomos Bruder **Adonai**, der in der Thronfolge den Vorrang gehabt hätte.

12.6.3. Salomo

Auch über die salomonische Epoche schweigen die außerbiblischen Quellen und der archäologische Befund ist spärlich. Von den legendenhaft ausgemalten biblischen Überlieferungen, die den weisen Staatsmann zeichnen, sind nur einige Beamten- und Gouverneurlisten (1Kön 4) und verstreute Hinweise historisch auswertbar.

Insgesamt ist erkennbar, daß Salomos Herrschaftsbereich kleiner war als der Davids, da er keine Expansionspolitik betrieb, sondern den

Schwerpunkt auf die Sicherung der Grenzen und die innere Verwaltungsstruktur legte. Die Überlieferung hebt Salomo als **Erbauer des ersten Tempels** hervor. Nach dem Bild der dtr Geschichtsschreibung hat er die kultische Einheit begründet, zugleich aber durch Götzendienst den Ansprüchen dieses Kultes selbst nicht genügt. Das Aussehen des Tempels kann nur aus **Vergleichen mit kanaanäisch-syrischen Modellen** erschlossen werden. Danach wird es sich um einen dreigliedrigen Bau von eher bescheidener Größe gehandelt haben. Er bestand aus einem durch einen Bogengang umgebenen Vorhof und einem überdachten Innenbau mit dem darin abgetrennten **Allerheiligen**, wo anstelle der sonst üblichen Götterstatue die Lade stand.

Nach dem Tode Salomos gelang es dem Nachfolger nicht, die Herrschaft über Juda und Israel in Personalunion zu erhalten. Der üblicherweise verwendete Bergriff „Reichsteilung" ist unscharf, weil es gar keine Einheit, sondern nur einen gemeinsamen Herrscher über zwei unterschiedliche Gebiete gab.

12.7. Die Zeit der Reiche Juda und Israel

Die Zeit der Reiche Juda und Israel reicht von etwa 930 bis 722 v. Chr. Als Grundlage der geschichtlichen Darstellung dienen im wesentlichen die Texte der Königsbücher mit den Angaben der Regierungszeiten der einzelnen Könige. Dieses den Königsbüchern zugrunde liegende chronologische System ermöglicht die Errechnung *relativ* sicherer historischer Daten (siehe auch Kap. 12.3.).[340]

In assyrischen Annalen finden einige wenige Ereignisse oder Personen der biblischen Überlieferung ihre Bestätigung und können so zur Rekonstrution der Geschichte der Reiche Juda und Israel mit herangezogen werden.

Juda und Israel
*Nach dem Tod Salomos können die Reiche Juda und Israel nicht weiter von einem Herrscher zusammengehalten werden. Der Salomosohn **Rehabeam** regiert Jerusalem und Juda, während **Jerobeam I.** Herrscher des Nordreiches wird.*
*In den Königsbüchern wird die Geschichte der beiden Reiche und ihrer Könige geschildert. Die Proheten **Elija** (1Kön 17,1 - 2Kön 2,18) und **Elischa** (2Kön 2,19-8,29) treten als Kämpfer für den Ausschließlichkeitsanspruch JHWHs ein und mahnen zur Umkehr. Schließlich wird Samaria von den **Assyrern** erobert (2 Kön 17) und*

> *das Nordreich in das assyrische Reich eingegliedert. Juda wird assyrischer Vasallenstaat.*
> *2 Kön 22,1-25,30 schildert die Geschichte des Königtums Juda von der Regierung des Joschijas bis zum Untergang aufgrund der **babylonischen Eroberung**.*
> *Herausragende Gestalt ist aufgrund seiner Kultrefom der Herrscher **Joschija**. Der nach ihm erneut einsetzende Abfall von JHWH wird als Grund für den Untergang und die Zerstörung des Tempels geschildert.*
> *Die Oberschicht Judas wird ins **Exil nach Babylon** deportiert. In dieser Zeit wirken die Exilpropheten Hesekiel und Deuterojesaja.*

12.7.1. Die Trennung der Reiche

Die Ereignisse nach dem Tod Salomos lassen sich nur sehr bruchstückhaft wirklich klären.

In **Jerusalem und Juda (Südreich)** ist der vermutlich älteste Salomosohn **Rehabeam** offensichtlich problemlos als Herrscher akzeptiert worden. Ihm gelang es aber nicht, in Personalunion die Herrschaft über Juda und Israel zu erneuern (1Kön 12, 16).

Der erste Herrscher des **Nordreiches (Israel), Jerobeam I.**, war unter Salomo zum hohen Beamten aufgestiegen und nach 1Kön 11,29 ff bereits zu Lebzeiten Salomos durch den Propheten Ahia von Silo zum König über Israel designiert worden. Nach einem Zerwürfnis mit Salomo floh er nach Ägypten und erhielt von Pharao Schoschenk I. politisches Asyl. Nach 1Kön 12,20 machten ihn die Ältesten Israels durch Akklamation zum König. Mit dieser Entwicklung war im syrisch-palästinensischen Raum wieder ein System kleiner Staaten entstanden, das der vordavidischen Zeit ähnlich war.

Obwohl für die spätere Geschichtssicht Juda im Vordergrund stand, muß beachtet werden, daß aufgrund der geographischen und wirtschaftlichen Situation das **Nordreich Israel** im Rahmen der politischen Gesamtkonstellation eine weit größere Bedeutung hatte. Für das Nordreich war neben der Frage der Residenz die **Frage des kultischen Zentrums** zu entscheiden. Jerobeam ließ zwei Reichsheiligtümer für JHWH in *Bethel* und *Dan* errichten. Da ein Symbol wie die Lade in Jerusalem fehlte, ließ er jeweils stierförmige Statuen errichten, die berühmten goldenen Kälber, die die vernichtende Kritik späterer (deuteronomistischer) Interpreten als Götzendienst auf sich zogen.

Die von der deuteronomistischen (dtr) Theologie stereotyp als „Sünde Jerobeams" bezeichneten Kultbilder nehmen, vielleicht im Sinne einer **synkretistischen Verknüpfung** der Traditionen Kanaans und Israels, Elemente der **Baal-Hadat-Verehrung** in den zu dieser Zeit noch nicht monotheistisch zu verstehenden **JHWH-Kult** auf.

Der aus den Überlieferungen Israels nur in polemischer Sicht bekannte **Baalkult** ist in einer früheren Gestalt durch die Ausgrabungen der Bibliothek von **Ras Schamra (Ugarit)** in Nordsyrien ab 1929 bekanntgeworden. Die Darstellung des Vegetationsgottes Baal als Stierbild ist im syrischen Raum vielfältig nachzuweisen.

12.7.2. Die Geschichte Judas und Israels bis zu ihrem Untergang

In den ersten Jahrzehnten nach Salomos Tod kam es zu Kämpfen zwischen dem Nordreich Israel und dem Südreich Juda um die endgültige Festlegung der Grenze, die zunächst sehr nahe an der judäischen Hauptstadt Jerusalem lag. Mit Hilfe der Aramäer von Damaskus gelang es dem **judäischen König Asa** (ca. 908-868 v. Chr.), die dann nicht mehr veränderte Grenze mit der ursprünglich zu Israel gehörenden Festung Mizpa zu sichern.

Unter der Herrschaft **Omris über Israel** (ca. 869–850 v. Chr.) wurde Samaria als Residenzstadt errichtet. Omri hatte eine neue Dynastie begründet und wird in den **assyrischen Annalen** wie sein Sohn Ahab als bedeutender Politiker gesehen, während die biblische Darstellung beide nur negativ zeichnet. Ahab kommt in den biblischen Überlieferungen nur als der große Widersacher der Propheten **Elia und Elischa** in den Blick.

In die **Zeit Ahabs** (Sohn Omris) fällt der Beginn des Befreiungskampfes Moabs gegen Israel. Aus den **assyrischen Annalen** ist bekannt, daß ein Bündnis zwischen Israel und den Aramäern von Damaskus 853 v. Chr. am Orontes gegen ein assyrisches Heer kämpfte. Dazu stehen die Berichte von Feldzügen Ahabs gegen die Aramäer in 1Kön 20 und 22 in einer gewissen Spannung.

Nach den Königsbüchern wurde die Dynastie Omris mit Unterstützung prophetischer Kreise durch einen Staatsstreich des **Heerführers Jehu** gestürzt (2Kön 9), der die Mitglieder der Königsfamilie tötete und den Baalkult in Samaria bekämpfte.

Nachdem **Josaphat von Juda** um 850 v. Chr. formellen Frieden mit Israel geschlossen hatte, trat Juda in Kriegen an der Seite Israels auf.

Der bekannteste König aus der Dynastie Jehus (Israel) war **Jerobeam II.** (ca. 786-746 v. Chr.). Ihm gelang es, die traditionell israelitisch besiedelten Gebiete Ostjordaniens zurückzuerobern und einen wirtschaftlichen Aufschwung herbeizuführen. Daß der Wohlstand unter den sozialen Schichten sehr ungleich verteilt war, macht der scharfe Protest des Propheten **Amos** deutlich.

Auch in Juda entstand unter **Ussia/Asarja** (der Name wird in doppelter Form überliefert) zu dieser Zeit ein wirtschaftlicher Aufschwung, der mit der Ausdehnung des Gebietes bis ans Rote Meer (heutiges Elat/Aquaba) verbunden war. Wegen einer Erkrankung wurde Ussias Sohn **Jotham** bereits zu seinen Lebzeiten als Mitregent eingesetzt. Im Todesjahr Ussias erfährt nach Jes 6,1 **Jesaja** seine Berufung (Beginn der Schriftprophetie).

Die Zeit vom Ende des 9. bis zum Anfang des 7. vorchr. Jahrhunderts ist durch die **Expansion der Assyrer in den syrisch-palästinischen Raum** bestimmt. Die am nördlichen Tigris verankerten Assyrer brachten vom 12. vorchr. Jahrhundert an das Zweistromland unter ihre Kontrolle und lösten die Hethiter als beherrschende Macht ab, expandierten nach und nach und errichteten unter der Herrschaft **Tiglat Pileser III.** (745–727 v. Chr.) ein Großreich von bis dahin nicht bekannter Größe. Tiglat Pileser III. begnügte sich nicht damit, die Kleinstaaten in Abhängigkeit zu bringen, sondern gliederte sie weitgehend durch Okkupation in das neuassyrische Provinzialsystem ein. Dabei wurden die Oberschichten ausgetauscht, so daß die Voraussetzungen für einen politischen Widerstand entfielen.

Für die Geschichtsschreibung dieser Zeit können neben der Bibel auch die assyrischen Keilschrifttexte herangezogen werden.

Im sogenannten **syrisch-ephraimitischen Krieg**, der im Hintergrund der Überlieferungen von 2Kön 15,29 f, 37; 16,5-9; Jes 7; 8 10, 27b-34; 17,1-11 und Hos 5,6 steht, versuchten die Könige von Israel (Pekach) und Damaskus, Ahas von Juda (742-725 v. Chr.) in eine antiassyrische Koalition hineinzuziehen. Als Ahas militärisch unter Druck gesetzt wurde, wandte er sich gegen den Rat Jesajas um Hilfe an die Assyrer.

Nach der Eroberung gliederte Tiglat Pileser III. Damaskus und Zweidrittel des nördlichen Israels als Provinzen in sein Reich ein. Pekach von Israel kam durch eine Verschwörung um.

Der Anführer der Verschwörung, **Hosea, regierte als Vasallenfürst** (ca. 732–724 v. Chr.) den verbliebenen Teil des Nordreiches. Nachdem er versucht hatte, den Regierungswechsel in Assur auszunutzen und sich an die **Ägypter** wandte, nahm ihn der neue **König Salmanassar V.** gefangen und eroberte Samaria nach zweijähriger Belagerung. Nun wurde auch Samaria assyrische Provinz und die Oberschicht nach bewährtem Muster ausgewechselt.

Das **Südreich Juda** konnte bis zum Ende der assyrischen Herrschaft Mitte des 7. Jhds. als Vasallenstaat überleben. 705 v. Chr. nahm **König Hiskija** von Juda den Thronwechsel von Sargon II. auf Sanherib von Assyrien (705–681 v. Chr.) zum Anlaß, sich mit ägyptischer Rückendeckung an die Spitze einer antiassyrischen Koalition zu setzten. Mit einer hohen Kontribution (2 Kön 18,13 ff) konnte er verhindern, daß die Strafexpedition Sanheribs auf Jerusalem ausgedehnt wurde.[341] Hiskijas Sohn **Manasse** wird wegen seiner Religionspolitik von der deuteronomistischen (dtr) Geschichtsschreibung außergewöhnlich negativ gezeichnet.

12.7.3. Zerstörung des Tempels – Babylonisches Exil

Eine neue Situation trat mit dem **Niedergang des neuassyrischen Reiches** (730 v. Chr.) ein, der durch die Meder und Neubabylonier eingeleitet wurde. In diese Zwischenepoche fällt die **Kultreform des König Joschija** (638-609 v. Chr.), die nach der Darstellung von 2Kön 22 f durch einen Fund alter Tempelrollen ausgelöst wurde. Außenpolitisch versuchte Joschija durch Expansion nach Norden an die Tradition des davidischen Reiches anzuknüpfen.

Ob er das in 2Kön 22 f geschilderte Ergebnis wirklich erreichte, kann historisch nicht geklärt werden.

Mit seiner Politik geriet er in Konkurrenz zu den ebenfalls auf die Konkursmasse des assyrischen Reiches ausgerichtete Politk des **Pharaos Necho II.** und fiel 609 v. Chr. bei Megiddo als er sich dem Heer des Pharaos entgegenstellte. Necho setzte anstelle des Joschijasohnes Joahas dessen Halbbruder **Eljakim/Jojakim** als Vasallenfürst über Jerusalem und Juda ein (2Kön 23, 34 ff).[342]

Der Pharao Necho wurde vom **neubabylonischen Kronprinzen Nebukadnezar II.** (605–562 v. Chr.) im Jahr 605 vernichtend geschlagen, und die Neubabylonier übernahmen die Vormachtrolle in Syrien-Palästina. Gegen den Rat Jeremias versuchte Jojakim ab etwa 601 v. Chr. sich auf die Seite Ägyptens zu schlagen.

Nebukadnezar belagerte mit einem aus Babyloniern, Ammonitern, Moabitern und Edomitern zusammengesetzten Heer zwei Jahre Jerusalem. Jojakim starb während dieser Zeit und sein Sohn **Jojakin** wurde mit einem Teil der Oberschicht, zu der auch der spätere **Exilsprophet Hesekiel** gehörte, ins **Exil nach Babylon** deportiert. An seiner Stelle wurde Mattaja, ein anderer Sohn Joschijas, zum letzten König Judas eingesetzt und in Zedikia umbenannt.[343]

Zedekia (597–586 v. Chr.) war der durch verschiedene politische und religiöse Strömungen gekennzeichneten Situation nicht gewachsen (vgl. sein Verhalten gegenüber dem Propheten Jeremia, Jer 37-38). Nachdem er ebenfalls versuchte, mit Hilfe Ägyptens gegen die Neubabylonier zu konspirieren, nahm Nebukadnezar Jerusalem nach 18monatiger Belagerung zum zweiten Mal ein, ließ die Stadt plündern, den Tempel zerstören und verbannte Zedekia mit weiteren Teilen der Oberschicht nach Babylon, nachdem er ihn zuvor blenden ließ.

Jerusalem und Juda wurden ins babylonische Provinzialsystem eingegliedert.

Der **Verlust Jerusalems und des Tempels als Kultzentrum** war ein tiefer Einschnitt in die Geschichte. Die Katastrophe gab aber zugleich für die nach Babylon Exilierten den Anstoß zu einer wesentlichen **Neuorientierung in Anknüpfung an die alten Überlieferungen**. Durch die Ansiedlung im Südosten Babyloniens konnte die jüdische Elite im Exil einen Zusammenhang bewahren und vermutlich in kurzer Zeit einen relativen Wohlstand erreichen.[344]

12.8. Zur Entwicklung des Judentums in nachexilischer Zeit[345]

Die Zeit nach der Babylonischen Herrschaft (587/6–538 v. Chr.) läßt sich in die folgenden Epochen einteilen:

Persische Herrschaft	538–332 v. Chr.
Griechische Herrschaft	332–301 v. Chr.
Ptolemäische Herrschaft	301–198 v. Chr.
Seleukidische Herrschaft	198–129 v. Chr.
Herrschaft der Hasmonäer	**129–63 v. Chr.**
Römische Herrschaft	63 v. Chr.–324 n. Chr.

Von der Rückkehr nach Jerusalem bis zum Makkabäer-Aufstand
*Der Fall Jerusalems mit der **Zerstörung des Tempels**, der Untergang der davidischen Monarchie und das Exil der jüdischen Oberschicht in Babylon ergeben einen tiefen Einschnitt in der alten Geschichte Israels, der mit einer grundlegenden Neuorientierung verbunden ist.*
*Nachdem Babylon von den **Persern** erobert ist, wird in Jerusalem der Tempel wieder aufgebaut. In den Büchern Esra und Nehemia geht es neben dem Wiederaufbau des Tempels und der jerusalemer Mauern vor allem um die Verpflichtung auf die Tora und ihre Durchsetzung.*
*Nach einer Epoche **hellenistischer Herrschaft** folgt nach dem Befreiungskampf der Makkabäer (Hasmonäer) und der Wiedereinweihung des Tempels eine kurze Zeit der Eigenstaatlichkeit unter **Herrschaft der Hasmonäer**, die schließlich von der Fremdherrschaft der **Römer** abgelöst wird.*

Die nachexilische Zeit gilt als die eigentlich prägende Epoche des Judentums. Der Abschluß der Tora, die letzten Redaktionen der prophetischen Bücher und die Entstehung, Sammlung und Bearbeitung wichtiger Schriften, haben hier ihren historischen Ort.

Über die sogenannte Zeit des zweiten Tempels bis zur Zerstörung durch die Römer im Jahre 70 n. Chr. geben verschiedene biblische Bücher einschließlich der Apokryphen des ATs Auskunft. Die wichtigsten sind die Bücher *Esra* und *Nehemia*, Teile des *chronistischen Geschichtswerkes* sowie die Propheten *Haggai, Sacharja, Maleachi, Tritojesaja* (Jes. 56-66).

Dazu kommen die (apokryphen) *Makkabäerbücher*, Notizen griechischer Autoren; rabbinische Notizen, die Schriften von *Qumran*, einzelne archäologische Materialien und vor allem die Werke des jüdisch-römischen Schriftstellers *Flavius Josephus* (geb. 37/38 n. Chr. in Jerusalem).

12.8.1. Von der babylonischen zur persischen Herrschaft

Die Zeit des babylonischen Exils wird durch die Eroberung Babylons durch Kyros von Persien 538 v. Chr. beendet, damit endet aber keineswegs der Aufenthalt der Exilierten in Babylon.

Auch für diese Epoche gilt, daß die biblischen Quellen kritisch ausgewertet werden müssen, damit die von den Autoren gemalten Geschichtsbilder und ihre Geschichtskonstruktionen nicht unkritisch mit dem realen Geschichtsverlauf identifiziert werden.

So ist es beispielsweise wenig wahrscheinlich, daß sich Kyros II. bereits im ersten Regierungsjahr (538 v. Chr.) mit den Problemen des Jerusalemer Tempels und den jüdischen Exilierten beschäftigte, wie es das Esra-Buch schildert. Diesen Eindruck vermittelt der sogenannte Kyros-Erlaß, über dessen historischen Wert sich die Experten streiten.

Der **Kyros-Erlaß** wird in Esra 6,3-5 in aramäischer Originalfassung und in Esra 1-4 in davon abweichender hebräischer Fassung überliefert. Inhaltlich weichen beide Darstellungen in einigen Punkten voneinander ab.

Nach **Esra 6** gab Kyros von Persien den Auftrag zum Bau des Tempels, detaillierte Angaben für die Bauarbeiten sowie die Aufforderung, die geraubten Tempelgeräte zurückzugeben. Dabei handelt es sich möglicherweise um die spezifische Form eines allgemeinen Erlasses, der auf der Linie der persischen Religionspolitik liegt, den verschiedenen Gruppen religiöse Autonomie zu geben.

Esra 1 zeichnet Kyros als den **Beauftragten JHWHs**, der im ersten Jahr seiner Regierung den von JHWH empfangenen Auftrag zum Tempelbau in Angriff nimmt und auch die Rückführung der Exilierten zu diesem Zweck anordnen läßt.

Man kann davon ausgehen, daß Esra 1 eine theologische Interpretation von Esra 6,3-5 ist, die Kyros als Werkzeug JHWHs deutet.

Nach chronistischer Geschichtsdarstellung, zu der auch Esra 1 gehört, war die Kulttradition in Jerusalem während des Exils unterbrochen. Die Exilierten (Gola) repräsentierten während dieser Zeit das wahre Israel. Mit dem Sieg des Kyros war das Gericht über Israel beendet, und es setzte sofort eine Rückkehrbewegung ein, die zunächst ausschließlich der Restauration des für die Existenz Israels unbedingt wichtigen Tempels diente. Daß die Fertigstellung dann unterbrochen wurde und der Bau erst 515 v. Chr. vollendet wurde, lastet die chronistische Darstellung der im Lande verbliebenen Mischbevölkerung an.

Der tatsächliche historische Verlauf war aller Wahrscheinlichkeit nach so, daß der Sieg der Perser anfangs kaum Auswirkungen auf Palästina hatte, sich die **persische Herrschaft** erst allmählich auf den syrisch-pälästinensichen Raum ausdehnte und eine Rückwanderung erst nach einer Zwischenzeit in mehreren Schüben einsetzte. Prinzipiell entsprach es der persischen Religionspolitik, die Restauration der von den Babyloniern zerstörten Kultzentren zu betreiben und eine straffe Staatsorganisation mit einer kulturellen und religiösen Eigenständigkeit der einzelnen Regionen zu verbinden. Der **Tempelneubau** ist aber vermutlich erst zwischen 520 und 515 v. Chr. erfolgt, wie Hinweise bei Haggai und Sacharja erkennen lassen. Die Vollendung erfolgte unter der Leitung des vermutlich von den Persern als Beamten eingesetzten **Serubbabel,** der nach 1Chr 3,19 ein Davidide war, und dem **Hohenpriester Josua.**

Der **Machtwechsel in Persien** und der Regierungsantritt **Darius I.** (521 v. Chr.) war mit politischen Turbulenzen verbunden, die kurzfristig nationalen Hoffnungen in Jerusalem Nahrung gaben, die aber schnell wieder verklangen.

Trotz seiner relativen Schlichtheit wurde der **Tempel** nun zu dem entscheidenden Symbol des Judentums.

Die **politische Herrschaft** lag unantastbar bei der persischen Verwaltung, die Syrien-Palästina ab 520 v. Chr. zu einer Verwaltungseinheit (Satrapie oder Untersatrapie Transeuphratene mit vermutlichem Zentrum in Damaskus) machte. Das von den Persern als Amtssprache eingeführte **Aramäisch** verdrängte langsam auch das Hebräische als Volkssprache, das sich nur im Kult erhalten konnte. Diese Rahmenbedingungen stärkten zwangsläufig die Priesterschaft in Jerusalem, die **Zadoiken.** Als Hoherpriester übernahm der zadokidische Oberpriester nun auch die Funktion, die vor dem Exil im Kult der König hatte: **Israel existierte nun in der Gestalt einer Theokratie.**

In literarischen Weiterentwicklungen von **Tritojesaja** (56-66) und **Deutero- und Tritosacharja** wird diese theokratische Gestalt als eine vorläufige Größe betrachtet. Auf dem Hintergrund prophetischer

Traditionen wird die konkrete Wirklichkeit durch Zukunftsvisionen relativiert und aufgebrochen.

Neben dem palästinensischen Judentum entwickelten sich jüdische Gemeinden in der **Diaspora** (z. B. Babylon und Ägypten) weiter. Das Verhältnis zwischen der Diaspora und dem Judentum in Palästina ist durch eine fruchtbare Spannung geprägt. Über die Zeit nach dem Tempelbau bis zum Auftreten **Esras** und **Nehemias** um 450 v. Chr. ist aus biblischen Quellen fast nichts bekannt. In diese Epoche fallen entscheidende Auseinandersetzungen zwischen den Griechen und Persern, in denen die Ausbreitung des persischen Reiches nach Westen zum Stillstand gebracht wurde.

Für die Perser war **Palästina als Landbrücke nach Ägypten** wichtig, wo es zwischen 460-458 v. Chr. zu Aufständen gekommen war. Im Zusammenhang mit den persischen Interessen an gesicherten Verhältnissen sind die Aufträge an Esra und Nehemia zu sehen, eine relative Selbständigkeit Judäas herzustellen.

Nach chronistischer Darstellung kam der Priester und Schriftgelehrte **Esra** 458 v. Chr. (im 7. Regierungsjahr des Artaxerxes; 464–423 v. Chr.) als Anführer einer Rückwandergruppe von Babylon nach Jerusalem. Im Jahr 445 wurde **Nehemia** als persischer Statthalter nach Jerusalem entsandt. Er hatte den Auftrag, eine verwaltungsmäßige Selbständigkeit Judäas zu organisieren, die Stadtmauer von Jerusalem wieder aufzubauen und Judäa von den umliegenden Provinzen abzugrenzen. Dies geschah besonders durch eine harte nationalreligiöse Haltung in der Mischehenfrage und eine verstärkte Integration der unteren Gesellschaftsschichten. Die chronistische Geschichtsschreibung verbindet Nehemias Werk mit Esras Auftreten und schreibt Esra den zeitlichen Vorrang und die größere Bedeutung zu.

Historisch ist hier vieles umstritten. Die Rolle Esras ist durch die chronistische Übermalung hindurch nur schwer zu bestimmen. Wahrscheinlich hatte er im wesentlichen den Auftrag, die Einheit Judäas durch die Belebung des israelitisch-jüdischen Gesetzes als persisches Recht für diese Provinz zu fördern. Ein Vorgang, der für die persische Politik bezeichnend ist, die die lokalen Rechtstraditionen anstelle eines allgemeinen Reichsrechts bevorzugte.

12.8.2. Die Hellenistische Zeit

Für die Epoche bis zum **Anbruch der hellenistischen Zeit**, die für Palästina mit dem Sieg **Alexanders des Großen** über Darius III. **333 v. Chr. bei Issos** begann, ist über die Entwicklung in Judäa nichts bekannt. Die Gesamtlage für diesen und die folgenden Geschichtsabschnitte läßt sich nur indirekt aus der in dieser Zeit redigierten und entstandenen alttestamentlichen Literatur erschließen. Es ist anzunehmen, daß der Herrschaftswechsel auf Judäa zunächst kaum Auswirkungen gehabt hat und sich der hellenistische Einfluß erst nach und nach bemerkbar machte.

Irgendwann in diesem Zeitraum löste sich die **samaritanische Gemeinde** von Jerusalem und errichtete auf dem Berg Garizim einen eigenen Tempel. Grundlage des samaritanischen Kultes ist ausschließlich der Pentateuch (und das Buch Josua), der wahrscheinlich um 400 v. Chr. in seiner Endgestalt abgeschlossen war.

Nach dem Tode Alexanders (323 v. Chr.) begann unter den Generälen Alexanders der Kampf um die Macht im Reich. In den **Diadochenkämpfen** fielen Syrien-Palästina sowie Ägypten 301 v. Chr. an **Ptolemaios. Seleukos** regierte Mesopotamien und den Osten.

Judäa blieb eigene Verwaltungseinheit (Hyparchie), die im inneren und religiösen Bereich unter der Leitung des Hohenpriesters autonom war. Der Hohepriester wurde von einem Ältestenrat (Gerusia) beraten, einem Vorläufer des späteren *Synhedrions*[346]. Seine Macht war allerdings durch Beamte eingeschränkt, die die Finanzverwaltung einschließlich des Steuerwesens innehatten.

Unter der ägyptischen ptolemäischen Herrschaft konnten sich in dieser Epoche die jüdischen Gemeinden in Ägypten entfalten, da die Ptolemäer eine relativ große religiöse Autonomie gewährten. Besonders **Alexandria** bekam für das hellenistische Judentum eine besondere Bedeutung. Viele literarische Werke entstanden hier; erwähnenswert ist vor allem die griechische Übersetzung der Hebräischen Bibel **(Septuaginta).**

Der Anspruch auf Syrien-Palästina war zwischen den **Ptolemäern** und den **Seleukiden** immer umstritten. Unter **Antiochus III.** (223–187 v. Chr.) fiel es nun unter syrisch-seleukidische Herrschaft. Damit begann eine sehr unruhige Zeit, in der kriegerische Übergriffe und Wechsel der Herrschaft an der Tagesordnung waren.

Kurzfristig führte der Übergang zur **seleukidischen Herrschaft** in Jerusalem zu einer Stärkung der traditionellen jüdischen Kreise.

Nach der **Niederlage gegen Rom** (190 v. Chr.) und dem darauf folgenden Zerfall des Seleukidischen Reichs kam es unter den Nachfogern Antiochus III., Seleukos IV. (187–175 v. Chr.) und Antiochus IV. (175–164 v. Chr.) zu Eingriffen gegen die religiöse Autonomie Judäas bis hin zu einer Zwangshellenisierung mit dem **Verbot jüdischer Religionspraxis**. Die Entwicklung in Jerusalem wurde von jüdisch-hellenistischen Kreisen vorangetrieben, die auch das Amt des Hohenpriesters an sich brachten.

Einen Höhepunkt bildete 169 v. Chr. die **Tempelplünderung** durch Antiochus IV., die in 1Makk 1,20-28 geschildert wird. Der Tempel wurde dem Zeus Olympios geweiht, die Stadtmauern geschleift und die seleukidische Besatzung und die sie stützende jüdisch-hellenistische Minderheit in der Acra, einer Befestigungsanlage der Stadt, untergebracht.

Das **Buch Daniel** und das um 180 v. Chr. anzusetzende **Buch Jesus Sirach** lassen die antihellenistische Stimmung erkennen, die durch diese Ereignisse angeheizt wurde.

12.8.3. Von der Hasmonäerzeit bis zur römischen Herrschaft

Es formierte sich eine **Widerstandsbewegung**, die von den **Hasmonäern**, einer dem unteren Priestertum zugehörenden Familie, angeführt wurde. Familienoberhaupt Mattathja und seine fünf Söhne führten zunächst einen Partisanenkampf gegen kollaborationswillige Landsleute und heidnische Einrichtungen. Nach dem Tod des Mattathja übernahm 166 v. Chr. sein Sohn Judas die Führung, der den Beinamen **Makkabäus** (makkaba, aram. Hammer) erhielt. Durch geschicktes Taktieren konnte er gegen die überlegenen Seleukiden verschiedene kleine Siege erringen. Den Höhepunkt bildete die **Tempelreinigung 164 v. Chr.**, an die das um die Weihnachtszeit gefeierte Chanukkafest erinnert.

Einen endgültigen Sieg konnte die Aufstandsbewegung jedoch nicht erringen. Thronstreitigkeiten nach dem Tod Antiochus IV. schufen die Voraussetzung für einen Kompromiß, der den Juden wieder die freie Religionsausübung ermöglichte. Daneben blieb jedoch die Acra als Zentrum der Hellenisten erhalten.

Mit der Wiederherstellung religiöser Autonomie war für einen Teil der Widerstandsbewegung das eigentliche Ziel erreicht. Dies gilt besonders für die Gruppe der **Chassidim** (der Frommen), für die politische Aktivitäten nur bei Beschränkung religiöser Rechte angezeigt waren (vgl. 1Makk 2,42).

Die Distanzierung dieser Gruppen vom weiteren Kampf führte zu einer **Schwächung der Makkabäerbewegung**. Judas kam nach einer Niederlage – vermutlich durch Freitod – ums Leben. Sein Bruder **Jonathan** zog sich auf einen kleinen Bereich in der Gegend Jerichos zurück. Unter geschickter Ausnutzung von Thronstreitigkeiten bei den Seleukiden gelang es Jonathan, in Jerusalem die Macht zu gewinnen und sich von einem umstrittenen Seleukidenherrscher zum Hohenpriester einsetzen zu lassen.

Nach dem Tode Jonathans gelang es seinem älteren Bruder **Simon** (143–134 v. Chr.), Judäa faktisch zu einem selbständigen Staat zu machen. Er eroberte die Acra, schuf über Joppe einen Zugang zum Meer und verschob die nördlichen Grenzen bis kurz vor Sichem. Nach der Ermordung Simons folgte ihm sein Sohn **Johannes** (Johannes Hyrkenos 134–104 v. Chr.) ins Amt des Hohenpriesters.

Der Machtverfall der Seleukiden und die noch nicht so weit reichende Entfaltung der römischen Macht ließen ein Vakuum entstehen, in dem sich für begrenzte Zeit ein **selbständiger Staat auf palästinensischem Boden** halten konnte. Nach Süden hin wurde Idumäa eingegliedert, und auch nach Norden hin versuchte Johannes, die alten Grenzen Israels wiederherzustellen.

Judas Aristobulos, sein Sohn und Nachfolger, führte den Königstitel ein. Er und seine Nachfolger regierten mit allen Attributen eines orientalischen Herrschers.

Die zunehmende Machtentfaltung der Hasmonäer (Makkabäer) führte zu einer stärkeren Gruppenbildung bei den Chassidim.

Eine Eigenentwicklung ist bei den **Essenern** zu beobachten, die sich für einen Rückzug aus der Öffentlichkeit und dem Gemeinschaftsleben in der Abgeschiedenheit entschlossen.

Die wichtigste Gruppe, die aus der chassidischen Bewegung hervorgegangen ist, sind die **Pharisäer** (Abgesonderte), die eine theologische Gruppe darstellten, der es vor allem um Bewahrung und Aktualisierung des Gesetzes ging. Indem sie die mündlichen Traditionen neben die schriftlichen Überlieferungen stellten, schufen sie die Voraussetzung für eine lebendige Weiterentwicklung des Judentums nach der Zerstörung des Tempels. Ihr Rückhalt in der Bevölkerung war vermutlich sehr groß.

Im Gegensatz dazu sind die **Sadduzäer** eher als Standesorganisation der adelig-priesterlichen Familien zu verstehen.

Um 70 v. Chr. bekamen die **Pharisäer** Stimmrechte im Synhedrion, einer Institution, von der immer mehr die wesentlichen kulturellen und religiösen Entscheidungen ausgingen.

Dem pharisäischen Einfluß ist es zu verdanken, daß sich die **römische Herrschaft** nach dem Sieg des **Pompeius ab 63 v. Chr.** in Judäa ohne Kampf durchsetzen konnte.

Die Römer bestätigten **Hyrkan II.** als Hohenpriester, nahmen ihm aber die Königswürde. Gleichzeitig wurde durch die römische Besatzungspolitik der Keim für Unruhen gelegt, die ihr Ende erst 70 n. Chr. mit dem **Feldzug des Titus** und der **Zerstörung des zweiten Tempels** fanden. Die Reste der jüdischen Widerstandsgruppen zogen sich auf die Wüstenfestung Massada zurück und begingen kollektiven Freitod, als ihre Lage aussichtslos wurde.

Durch den jüdischen Krieg ist vermutlich das Land fast zur Hälfte entvölkert worden. Der Titusbogen in Rom, mit einer Abbildung des siebenarmigen-Leuchters, ist eine Erinnerung an diese Katastrophe in der Geschichte des Judentums[347]. Mit der Zerstörung des Tempels hatten die Sadduzäer keine Existenzgrundlage mehr und das Judentum organisierte sich unter pharisäischer Führung. In Palästina wurde das Lehrhaus in Jabne (Jamnia) ein neues religiöses Zentrum, in dem später (um 100 n. Chr.) der Tanach kanonisiert wurde.

12.9. Zeittafel zur Geschichte Israels

Epochen	Ereignisse	Literaturgeschichte der Hebräischen Bibel
um 1200–1000 v. Chr. Israel als Stämmegesellschaft	Ende der ägyptischen Vorherrschaft; Ankunft der Seevölker; Entstehung der Stämmegesellschaft „Israel" in Kanaan	Stammes-, Helden-, Heiligtums- und Ortssagen; Lieder; Sprüche; Rechtssätze
1000–586 v. Chr. Eigenstaatliche Epoche	Saul – David – Salomo 931 Trennung des Nordreiches Israel und des Südreiches Juda 850–800 Druck des Aramäerreichs auf Israel ab 750 Expansion des assyrischen Weltreichs 722 Eroberung Samarias u. Eingliederung des Nordreiches in das assyrische Reich 733–622 Juda assyrischer Vasallenstaat 622 „Kultreform" durch Joschija 605–586 Juda babylonischer Vasallenstaat 597 u. 586 erste und zweite Eroberung Jerusalems 586 Zerstörung Jerusalems u. des Tempels	Erzählkränze über die „Ursprünge Israels" um 900 Teile des Privilegrechts Ex 34 und Bundesbuch 9.Jh. Elija-Erzählungen Mitte 8.Jh. Amos und Hosea Ende 8.Jh. Jesaja u. Micha um 690 Jerusalemer Geschichtswerk 622 (Joschijanisches) Deuteronomium Ende 7.Jh. Zefanja, Nahum u. Habakuk Anfang 6.Jh. Hesekiel u. Jeremia
Stammeskönigtum Davids und Salomos 1000–931 v. Chr.		
Nordreich Israel 931–722 v. Chr.		
Südreich Juda 931–586 v. Chr.		
586–129 v. Chr. Fremdstaatliche Herrschaft	586–538 Juda babylonische Provinz 538 Eroberung Babylons durch Kyros von Persien 520–515 Wiederaufbau des Jerusalemer Tempels 445 Statthalterschaft Nehemias; Wiederaufbau der Mauern Jerusalems 398 Promulgation der Tora in Jerusalem durch Esra 332 Alexander der Große in Israel und Ägypten	Mitte 6.Jh. Deuteronomistisches Geschichtswerk (DtrG) Mitte 6.Jh. Jesaja II 520–518 Priesterschrift, Haggai u. Sacharja 5.Jh. Rut um 400 Abschluß der Tora 4.Jh. Hiob 3./2.Jh. Chronik, Esra, Nehemia, Tobit, Ester, Sprüche, Kohelet, Hoheslied
Babylonische Herrschaft 586–538 v. Chr.		
Persische Herrschaft 538–332 v. Chr.		
Griechische Herrschaft 332–301 v. Chr.		

Epochen	Ereignisse	Literaturgeschichte der Hebräischen Bibel
Ptolemäische Herrschaft 301–198 v. Chr.		um 240 Zwölfprophetenbuch um 200 Psalter
Seleukidische Herrschaft 198–129 v. Chr.	167–164 Befreiungskampf der Makkabäer (Hasmonäer) 164 Wiedereinweihung („Reinigung") des Tempels	um 175 Jesus Sirach um 150 Daniel 150–100 Judit
Eigenstaatlichkeit Herrschaft der Hasmonäer 129–63 v. Chr.	7/6 v. Chr. Geburt Jesu 66–70 n. Chr. Jüdischer Krieg gegen die Römerherrschaft 70 n. Chr. Zerstörung Jerusalems	um 100 1./2. Makkabäer um 30 Weisheit Salomos
Fremdstaatliche Herrschaft Römische Herrschaft 63 n. Chr.–324 n. Chr. Klientelkönigtum der Herodianer 40 v. Chr.–100 n. Chr.	132–135 n. Chr. Aufstand gegen die Römer unter Bar Kochba	um 100 n. Chr. Schließung des jüdischen Kanons

Literatur:

Fritz, Volkmar: Die Entstehung Israels im 12. und 11. Jahrhundert v. Chr., Stuttgart u. a. 1996; *Dietrich*, *Walter*: Die frühe Königszeit in Israel. 10. Jahrhundert v. Chr., Stuttgart u. a. 1997; *Donner*, Herbert: Geschichte des Volkes Israel und seiner Nachbarn in Grundzügen. Bd. 1. Von den Anfängen bis zur Staatenbildung. Bd. 2. Von der Königszeit bis zu Alexander dem Großen, Göttingen²1995; *Donner*, Herbert: Einführung in die biblische Landes- und Altertumskunde, Darmstadt²1988; *Lemche*, Niels Peter: Die Vorgeschichte Israels. Von den Anfängen bis zum Ausgang des 13. Jahrhunderts v. Chr., Stuttgart u. a. 1996; *Soggin*, J. Alberto: Einführung in die Geschichte Israels und Judas. Von den Ursprüngen bis zum Aufstand Bar Kochbas, Darmstadt 1991; *Zenger*, Erich u. a.: Einleitung in das Alte Testament, Stuttgart u. a. 1995

Anmerkungen

[1] J. Ebach in Anschluß an ein Midraschzitat, vgl. Ebach, J.: Die Bibel beginnt mit b, in: ders.: Gott im Wort, Neukirchen-Vluyn 1997, 91.

[2] Vgl. Scheindlin, R.P.: Die Fäden des Hebräischen. Jüdische Sprachen in den Kulturen der Welt, in: Nachama, A./Schoeps, J.H./Voolen, E. van (Hg.): Jüdische Lebenswelten. Essays, Frankfurt 1992, 68–85.

[3] Die Schrift. Verdeutscht von Martin Buber gemeinsam mit Franz Rosenzweig, 10., verbesserte Auflage der neubearbeiteten Ausgabe von 1954 in vier Bänden, Darmstadt 1997.

[4] Das Alte Testament Deutsch (ATD). Neu übersetzt und erklärt. Hrsg. von Otto Kaiser und Lothar Perlitt, z. Z. 26 Teilbände, Göttingen;
Biblischer Kommentar Altes Testament (BK), z. Z. 30 Teilbände, Neukirchen;
Kleine Biblische Bibliothek, z. Z. 5 Teilbände, Neukirchen;
Zürcher Bibelkommentare, z. Z. 19 Teilbände, Zürich.

[5] Vgl. Dohmen, C./ Stemberger, G.: Hermeneutik der Jüdischen Bibel und des Alten Testaments, Stuttgart u. a. 1996, 161.

[6] Ebd., 162.

[7] Ebd., 80.

[8] Einen umfassenden Überblick gibt: Berg, H.K.: Ein Wort wie Feuer. Wege lebendiger Bibelauslegung, München 1991.

[9] Diese Unterscheidung der Auslegungsmethoden ist angelehnt an Berg, H.K.: a.a. O., 40.

[10] Dazu: Kraus, H. J.: Geschichte der historisch-kritischen Erforschung des Alten Testaments, 3., erw. Aufl., Neukirchen-Vluyn 1982.

[11] Vgl. Crüsemann, F.: Alttestamentliche Exegese und Archäologie, ZAW 91, 1979, 282.

[12] Vgl. Ebach, J.: Interesse und Treue. Anmerkungen zu Exegese und Hermeneutik, in: ders.: Biblische Erinnerungen. Theologische Reden zur Zeit, Bochum 1993, 27–51, bes. 37 ff.

[13] Im Anschluß an U. Eco plädiert Ebach für eine begründete Vielfalt in der Exegese ohne Beliebigkeit. Vgl. Ebach, J.: Die Bibel beginnt mit „b", in: ders.: Gott im Wort, Neukirchen 1997, 106 f.

[14] Ebach, J.: Die Bibel. Das bekannte Buch, in: ders.: . . . und behutsam mitgehen mit deinem Gott, Bochum 1995, 25–41, 39.

[15] Klee, P.: Schöpferische Konfession, in: Das bildnerische Denken. Form- und Gestaltungslehre. Bd. 1, hg. von J. Spiller, Basel/Stuttgart 1956, 76.

[16] Verschiedene Darstellungen der „Geschichte Israels" versuchen, diese Aufgabe zusammenhängend anzugehen. Ein Grundproblem liegt darin, daß die Hebräische Bibel dafür die Hauptquelle bleibt und die Texte aus der Umwelt des alten Orients ebenso wie archäologisches Material nur in Einzelfällen ergänzend herangezogen werden können. Ein Überblick über die rekonstruierte alte Geschichte findet sich in Kap. 12.

[17] Z. B. Sellin, E. (Bearb.: G. Fohrer): Einleitung in das Alte Testament. 10., neuberarb. Aufl., Heidelberg 1965.

[18] Zenger, E., u. a.: Einleitung in das Alte Testament, Stuttgart u. a. 1995, 73 f.

[19] Zu Merkmalen und Stil der Priesterschrift siehe Kap. 4.4.

[20] Zenger, E., u. a.: a.a.O. 36 f.

[21] Grundlage für die Bezeichnung ist das nach 2Kön 22 (wieder-)entdeckte Gesetzbuch (Dtn), das zum Anlaß der sogenannten Joschijanischen Kultreform (622 v. Chr.) wurde.
[22] Vgl. Dietrich, W.: David, Saul und die Propheten. Das Verhältnis von Religion und Politik nach den prophetischen Überlieferungen vom frühesten Königtum in Israel, 2., verb. und erw. Aufl., Stuttgart u. a. 1992, 137 f.
[23] In Anlehnung an Zenger, E., u. a.: a.a.O, 74.
[24] Ebach, J.: Der Gott des Alten Testaments ein Gott der Rache?, in: ders.: Biblische Erinnerungen, Bochum 1993, 81-93, 81.
[25] Augstein, R. in: Der Spiegel 16 (1962), 47 zit. in Bargheer, F. W.: Fachdidaktische Probleme des AT im Überblick, in: Der Ev. Erz. 37 (1985), 286 f; vgl. auch Schmidt, A.: Atheist? – Allerdings!, in: Deschner, K.: Was halten Sie vom Christentum, München 1961, 64–75.
[26] Wolff, H.: Neuer Wein – Alte Schläuche, Stuttgart 1981.
[27] Vgl. ebd.,162 ff.
[28] Ausführliche Erörterung des Themas in: Dietrich, W./ Link, C.: Die dunklen Seiten Gottes. Willkür und Gewalt. Neukirchen-Vluyn 1995.
[29] Vgl. Ebach, a.a.O., 82.
[30] Vgl. auch Jes 6,5.
[31] Siehe Kap. 8.
[32] Link, C.: Die Spur des Namens. Wege zur Erkenntnis Gottes und zur Erfahrung der Schöpfung; Theologische Studien, Neukirchen 1997, 48.
[33] Vgl. z. B. Wolff, H.W.: Bibel. Das Alte Testament, Stuttgart ²1972, 24–26.
[34] Vgl. Ebach, J.: Gottesbilder im Wandel. Biblisch – theologische Aspekte, in: ders.: „... und behutsam mitgehen mit deinem Gott", Bochum 1995, 157–170, 164.
[35] Vgl. Link, a.a.O., 43.
[36] Vgl. a.a.O., 45 f.
[37] Mit einer Ausnahme: Im Rahmen des jährlich vollzogenen Rituals am Versöhnungstag (Lev 16) sprach der Hohepriester einmal den Namen aus.
[38] Vgl. auch Kraus, H.-J.: Geschichte der historisch-kritischen Erforschung des Alten Testaments, 3., erw. Aufl., Neukirchen-Vluyn 1982, 574.
[39] Vgl. Link, a.a.O., 23.
[40] Zum 2. Gebot siehe Kap. 8.2.5.
[41] Vgl. Ebach, J.: Gottesbilder im Wandel. Biblisch – theologische Aspekte, in: ders.: „... und behutsam mitgehen mit deinem Gott", Bochum 1995, 157–170, 167 f.
[42] Link, a.a.O., 26.
[43] Vgl. Ebach, J., a.a.O., 158 f.
[44] Zum jüdischen Hintergrund des Gebetes siehe: Becker, U.: Wenn ihr betet. Das Vaterunser. In. Becker u. a.: Neutestamentliches Arbeitsbuch für Religionspädagogen, 2., überarb. Aufl. Stuttgart u. a. 1997, 113 ff.
[45] Dietrich, W.: Die frühe Königszeit in Israel, Stuttgart u. a. 1997, 281.
[46] Vgl. Lemche, N. P.: Die Vorgeschichte Israels, Stuttgart u. a. 1996, 67.
[47] Dietrich, W., a.a.O., 184.
[48] Vgl. Gerstenberger, E. S. : Jahwe – ein patriarchaler Gott?, Stuttgart u. a. 1988, 38–50.
[49] Z. B. Aschera: Ri 6,25; 1Kön 14,15; 1Kön 16,33; 1Kön 18,19; 2Kön 18,4; Jer 17,1 f u. ä.

[50] Crüsemann, F.: Elia – die Entdeckung der Einheit Gottes. Eine Lektüre der Erzählungen über Elia und seine Zeit (1Kön 17 - 2Kön 2), Gütersloh 1997, 12.
[51] Vgl. Jer 24,14; Ri 11,23 f; 1Sam 26,19; 2Kön 5,17 f. u. ä.
[52] Vgl. z. B. Jer 44 u. 45.
[53] Ebach, J.: a.a.O., 167.
[54] Vgl. Bultmann, R.: Weissagung und Erfüllung. Glauben und verstehen II, 1952, 184 f.
[55] Dazu u. a.: Dohmen, C./Söding, T. (Hg.): Eine Bibel – zwei Testamente, Paderborn 1995.
[56] Vgl. Westermann, C.: Theologie des Alten Testaments in Grundzügen, (ATD Erg. 6), Göttingen 1978, 28 ff.
[57] Vgl. Schmidt, W. H.: Art. Gott II. Altes Testament, TRE Bd. 13, 623.
[58] Vgl. Huber, W.: Der überraschende Gott, in: ders.: Auf Gottes Erde Leben, München 1985, 15–22;
Dietrich, W.: Den aufrechten Gang lernen, in: Religion heute 4/5 1983, 191–194.
[59] Ein besonders eindrucksvolles Beispiel für die Religionspägogik ist der unter Mithilfe und für peruanische Campesinos geschriebene Katechismus Vamos Caminando, Lima 1977; deutsch: Equipo Pastoral de Bambamarca: Vamos Caminando. Machen wir uns auf den Weg. Glaube, Gefangenschaft u. Befreiung in den peruanischen Anden, Freiburg (Schweiz)/ Münster 1983.
[60] Vgl. zu den symbolischen Speisen: Hannover, J.: Gelebter Glaube. Die Feste des jüdischen Jahres, Gütersloh 1986, 41 f.
[61] Assmann, I.: Schrift, Erinnerung und polititsche Identität in frühen Hochkulturen, München 1992, 16.
[62] Siehe Kap. 4.10.
[63] Siehe Kap. 8.
[64] Siehe Kap. 8.
[65] Vgl. Crüsemann, F.: Grundfragen sozialgeschichtlicher Exegese, in: Der Ev. Erz. 3/83, 280.
[66] Baldermann, I.: Der Gott des Friedens und die Götter der Macht, Neukirchen-Vluyn 1983; siehe auch Kap. 6.8.
[67] Fromm, Erich: Haben und Sein. Die seelischen Grundlagen einer neuen Gesellschaft, Stuttgart 1976.
[68] Baldermann, I.: Der Gott des Friedens und die Götter der Macht, Neukirchen - Vluyn 1983, 15.
[69] Vgl. Steck, O. H.: Die Paradieserzählung. Eine Auslegung von Gen 2,4b-3,24, Neukirchen-Vluyn 1970, 100.
[70] Vgl. Gunkel, H.: Genesis, (1. Aufl. 1901), Göttingen ⁹1977, 15.
[71] Vgl. Kassel, M.: Sei, der du werden sollst. Tiefenpsychologische Impulse aus der Bibel, München 1982, 72.
[72] Vgl. Steck, O. H.: Welt und Umwelt, Stuttgart u. a. 1978, 63.
[73] Vgl. ebd., 63–69.
[74] Z.B. Hiob, Sprüche, Prediger.
[75] Vgl. v. Rad, G.: Glaube und Welterkenntnis im alten Israel, in: ders.: Gesammelte Studien zum Alten Testament, Bd. II, München 1973, 265.
[76] Siehe Kap. 4.8.
[77] Vgl. Fromm, E.: Haben oder Sein. Die seelischen Grundlagen einer neuen Gesellschaft, Stuttgart 1976, 55 ff.
[78] Vgl. Ebach, J.: Die Bibel beginnt mit „b", in: ders.: Gott im Wort, Neukirchen 1997, 87 ff.

[79] Vgl. Westermann, C.: Genesis, Teilb. 1, Genesis 1-11, (BK I), Neukirchen ²1976, 43.
[80] Vgl. v. Rad, G.: Das erste Buch Mose, Genesis, (ATD 2-4), 9., überarb. Aufl., Göttingen 1972, 35.
[81] Gottebenbildlichkeit meint keine dem hebräischen Denken nicht mögliche Wesensbestimmung, sondern eine Entsprechung (korrelierendes Gegenüber) von Gott und Mensch(heit).Vgl. Westermann, C.: a.a.O., 203 ff.
[82] Vgl., ebd.
[83] Vgl.: Ebach, J.: Bild Gottes und Schrecken der Tiere. Zur Anthropologie der priesterlichen Urgeschichte, in: ders.: Ursprung und Ziel, Neukirchen-Vluyn 1986, 31.
[84] Vgl., ebd., 32–47.
[85] Ebd., 41.
[86] Vgl. Ebach, J.: Schöpfung und Umweltzerstörung, in: ders.: Theologische Reden mit denen man keinen Staat machen kann, Bochum 1989, 143–159, 152.
[87] Jes 40-55; zu Deuterojesaja siehe Kap. Prophetie
[88] v. Rad, G.: Theologie des Alten Testaments, Bd. I, 4. bearb. Auflage, München 1962, 150; vgl. auch ebd. 149–153, „Der theologische Ort des Zeugnisses von der Schöpfung".
[89] Westermann, C.: Genesis, Teilb. 1, Genesis 1-11, (BK I), Neukirchen ²1974; ders.: Schöpfung, Themen der Theologie Bd. 12, Stuttgart u. a.1971.
[90] Westermann, C.: Schöpfung, Stuttgart u. Berlin ³1979, 27.
[91] Liedke, G.: Im Bauch des Fisches. Ökologische Theologie. Stuttgart u. a. 1979.
[92] Neben Liedke z. B. Altner, G.: Schöpfung am Abgrund. Die Theologie vor der Umweltfrage. Neukirchen-Vluyn 1974; Steck, O. H. : Welt und Umwelt, Stuttgart u. a. 1978; Rau, G. u. a. (Hg.): Frieden in der Schöpfung. Das Naturverständnis der protestantischen Theologie, Gütersloh 1987; Moltmann, J.: Gott in der Schöpfung. Ökologische Schöpfungslehre, Münchern 1985; Sölle, D.: Lieben und Arbeiten. Eine Theologie der Schöpfung, Stuttgart 1985.
[93] Weizsäcker, C. F. von: Die Tragweite der Wissenschaft, Bd. I, Stuttgart 1964, 196.
[94] Backhaus, G.: . . . und macht sie euch untertan. ThE heute 84, München 1960, 8 f.
[95] Vgl. White, L.: Die historischen Ursachen unserer ökologischen Krise, in: Lohmann, M. (Hg.): Gefährdete Zukunft. Prognosen angloamerikanischer Wissenschaftler, München 1970; Amery, C.: Das Ende der Vorsehung. Die gnadenlosen Folgen des Christentums, Reinbeck b. Hamburg 1972.
[96] Besonders hervorzuheben ist hier Altner, G.: Schöpfung am Abgrund. Die Theologie der Umweltfrage, Neukirchen-Vluyn ²1977.
[97] Krolzik, U.: Umweltkrise – Folge des Christentums?, Stuttgart u. Berlin 1979, 80 u. 84.
[98] Liedke, G.: Im Bauch des Fisches. Ökologische Theologie. Stuttgart u. a. 1979, 175 f.
[99] Westermann, C.: Schöpfung, Stuttgart u. Berlin ³1979, 156.
[100] Steck, O.H.: Die Herkunft des Menschen, Zürich 1983, 85 f.
[101] Das hebräische Wort *awon* umfaßt die Bedeutungen von Schuld, Sünde, Strafe, Verfehlung.
[102] Crüsemann, F.: Autonomie und Sünde, in: Schottroff, W./Stegemann, W. (Hg.): Traditionen der Befreiung. Bd. 1 München 1980, 67.

[103] So die Übersetzung von F. Crüsemann in: ders.: Autonomie und Sünde, in: Schottroff, W./Stegemann, W. (Hg.): a.a.O., 72 f.
[104] Vgl. ebd., 73.
[105] Die Bibel in Bildern. Nachdruck der Erstausgabe von 1852–1860, Dortmund 1978. Die bibliophilen Taschenbücher Nr. 41.
[106] Vgl. Beltz, W.: Gott und die Götter. Biblische Mythologie, Düsseldorf 1977, 77 f.
[107] Zu dieser Vorstellung siehe auch: „Kein Zugang mehr zum Baum des Lebens"; K. 11
[108] Zu den religionsgeschichtlichen Vergleichstexten siehe: Westermann, C.: Genesis, Teilb. 1, Genesis 1-11, (BK I), Neukirchen ^{2}1976, 536–546.
[109] Siehe Kap. 12.3.
[110] Vgl. Crüsemann, F., a.a.O.
[111] Zu Gen 9,3-5 siehe Kap. 8.
[112] Rendtorff, R.: „Wo warst du, als ich die Erde gründete?" Schöpfung und Heilsgeschichte, in: Rau, G. u. a. (Hg.): a.a.O., 57.
[113] Vgl. Westermann, C.: Genesis, Teilb. 1, Genesis 1-11, (BK I), Neukirchen ^{2}1974.
[114] Siehe Kap. 9
[115] Vgl. Westermann, C.: Die Bedeutung der Vätergeschichten für die Gegenwart, in: Pastoraltheologie 71 (1982), 248–356, bes. 353 ff.
[116] Milgram, S.: Einige Bedingungen des „Autoritätsgehorsams" und seiner Verweigerung, 1965.
[117] Vgl. Hahn, F.: Das Alte Testament. Evangelische Unterweisung, II. Teil, 1957, 48 f.
[118] Z.B. Moser, T.: Gottesvergiftung, Frankfurt a.M. 1980, 80;
Ziehe, T./Stubenrauch, B.: Plädoyer für ungewöhnliches Lernen, Hamburg 1982, 207–213.
[119] Biblische Unterweisung. Handbuch zur Auswahlbibel „Reich Gottes", hrsg. v. H. Fischer, verfaßt v. E. Beck und G. Miller, Bd. I, 1964.
[120] Die Bezeichnung „Erzelternerzählungen" wird anstelle der alten Denomination „Erzväter- bzw. Patriarchenerzählungen" gewählt, um die gerade in diesen Überlieferungen bedeutenden Frauengestalten nicht schon terminologisch auszuklammern. Die Vernachlässigung der Frauengestalten ist nicht erst von feministischen Theologinnen entdeckt worden: Bereits C. Westermann stellt in seinem Kommentar fest: „Auf jeden Fall hatten die Frauen in der Väterzeit eine gößere Bedeutung als allgemein angenommen wird." Westermann, C.: Genesis, 2. Teilband, Kapitel 12–36, Neukirchen-Vluyn ^{2}1989, 385.
[121] So z. B. fast durchgehend: Wilms, F.-E.: Didaktik des Alten Testaments. Ein Handbuch für die Sekundarstufe I, München 1978, l00 ff.
[122] Vgl. Stellungnahme des Rates des EKD zu verfassungsrechtlichen Fragen des Religionsunterrichts (7. Juli 1971), in: Die Evangelische Kirche und die Bildungsplanung. Eine Dokumentation, Gütersloh/Heidelberg 1972.
[123] So z. B. Renker, A.: Zentralthemen des Alten Testaments im Religionsunterricht der Sekundarstufe I und II, Paderborn u. a. 1984, 871;
Peek-Horn, M.: Der Gottesglaube der Vätergeschichte als Lernort für unseren Glauben, in: ru 16 (1986) H. 1, 3–8.
[124] Dieses Vorgehen wird z. T. auch bewußt gewählt, so z. B. Renker, a.a.O., 86 ff.
[125] Siehe Kap. 1.3.2
[126] Vgl. Fischer, I.: Die Erzeltern Israels, Berlin und New York 1994, 357.

[127] Vgl. Ellinger, K.: Der Jakobskampf am Jabbok. Gen 32, 23 ff als hermeneutisches Problem, in: ZThK 48 (1951), 1–31, hier 10.
[128] Die folgende Auslegung erfolgt in Anlehnung an Kassel 1980, 258–219.
[129] Wiesel, Eli: Adam oder das Geheimnis des Anfangs. Brüderliche Urgestalten, Freiburg i. B. 1980, 75.
Zum Verständnis der jüdischen Auslegungstradition und der Bedeutung der Erzählung im christlich-jüdischen Dialog: Zuidema, Willem (Hg.): Isaak wird wieder geopfert. Die „Bindung Isaaks" als Symbol des Leidens Israels. Versuche einer Deutung, Neukirchen-Vluyn 1987.
[130] Vgl. Ebach, J.: Babel und Bibel, in: ders.: Hiobs Post, Neukirchen-Vluyn 1995, 162 f.
[131] Vgl. Kassel, M.: Biblische Urbilder, 234–257.
[132] Vgl. Bonhoeffer, D.: Widerstand und Ergebung, hg. v. E. Bethge, Neuausgabe, München 1977, 394.
[133] Vgl. Crüsemann, Frank: Der Widerstand gegen das Königtum. Neukirchen-Vluyn 1978, 143–155.
[134] Dietrich, Walter: Die Josefnovelle als Novelle und Geschichtsschreibung, Neukirchen-Vluyn 1989.
Zum Umfang der alten Novelle siehe 53–56, zur Überarbeitungsschicht 67 f.
[135] Die Verehrung *eines* Gottes, während die Existenz anderer Götter jedoch nicht abgestritten wird.
[136] Vgl. Zenger, E., u. a.: Einleitung in das Alte Testament, Stuttgart u. a. ²1995, 155 f u. 162 f.
[137] Dietrich, Die frühe Königszeit in Israel, Stuttgart u. a. 1997, 278
[138] Nach Crüsemann, F.: Widerstand gegen das Königtum, Neukirchen 1978, 54 ff.
[139] Vgl. ebd. 73 ff.
[140] Vgl. ebd. 59 f.
[141] Vgl. ebd. 60 ff.
[142] Vgl. ebd. 65 f.
[143] Noth, M.: Das System der zwölf Stämme Israels, (1930), Darmstadt ²1966.
[144] Vgl. Herrmann, S. : Geschichte Israels in alttestamentlicher Zeit, 2., überarb. Aufl. 1980, 147–166.
[145] Vgl. Crüsemann a.a.O., 4 ff.
[146] Vgl. ebd. 5 u. 203 ff.
[147] Vgl. ebd. 207.
[148] Vgl. ebd. 194 ff.
[149] Vgl. ebd. 40.
[150] Nach Crüsemann, a.a.O., 19 ff; die Begründung für die Abgrenzung führt F. Crüsemann hier überzeugend vor.
[151] Ebd. 29.
[152] Vgl. hier und im folgenden: Crüsemann a.a.O, 42 ff.
[153] Ebd. 48.
[154] Vgl. ebd. 166 f.
[155] Vgl. ebd. 134.
[156] Vgl. ebd. 214.
[157] Vgl. Otto, E.: Jerusalem. Die Geschichte der Heiligen Stadt, Stuttgart u. a. 1980.
[158] Jungnitsch, R./Mörchen, R.: Dramatische Bibel, in: Ev. Zeitung, Nr. 36, 1985, 12.

159 Hermann, S. : Geschichte Israels in alttestamentlicher Zeit, München 1980, 217.
160 Baldermann, I. u. a. (Hg.): Lehrerhandreichungen zum Arbeitsbuch Religion 5/6 für die Ev. Religionslehrer im 5. und 6. Schuljahr, Neufassung, Düsseldorf 1976, 89.
161 Heym, S. : Der König David Bericht, Frankfurt/M. 1974, 34.
162 Vgl. Crüsemann, a.a.O., 186.
163 Vgl. ebd. 107.
164 Vgl. ebd. 126.
165 Vgl. ebd. 140 f.
166 Ebd. 141.
167 Scharbert, J.: Sachbuch zum Alten Testament, Aschaffenburg 1981, 286.
168 Vgl. Ebach, J.: Das Erbe der Gewalt. Eine biblische Realität und ihre Wirkungsgeschichte, Gütersloh 1980, 52.
169 Vgl. Dietrich, W./Link, C.: Die Dunklen Seiten Gottes. Willkür und Gewalt. Neukirchen-Vluyn 1995, 190.
170 Vgl. ebd., 192.
171 Siehe dazu Kap. 4.9 und 4.10.
172 Siehe dazu Kap. 7.10.
173 Vgl. Lang, B.: Wie wird man Prophet in Israel? Aufsätze zum Alten Testament, Düsseldorf 1980, 193.
174 Vgl. Zenger, E., u. a.: Einleitung in das Alte Testament., Stuttgart u. a.1995, 293.
175 Wolff, H.W.: Prophet und Institution im Alten Testament (Vortrag auf dem Europ. Theologenkongreß Zürich 1984 – MS), 13.
176 Vgl. z. B. Kaiser, O.: Einleitung in das Alte Testament, 5., grundl. neubearb. Aufl., Gütersloh 1984, 306–313.
177 Vgl. Ebach, J.: Unterscheidung der Geister. Bibelarbeit über Jeremia 23,9-32, in: ders.: Biblische Erinnerungen. Theologische Reden zur Zeit, Bochum 1993, 94–112.
178 Vgl. Ebach, J.: Apokalypse. Zum Ursprung einer Stimmung, in: Marquardt, F. W. u. a.(Hg.): Einwürfe, München 1985, 5–61, 27 ff.
179 Vgl. Lang, B., a.a.O., 45.
180 Wolff, H.W.: Bibel. Das Alte Testament, Stuttgart ²1975, 97.
181 Kraus, H.-J.: Geschichte der historisch-kritischen Erforschung des Alten Testaments, 3. erw. Aufl., Neukirchen-Vluyn 1982, 471.
182 Buber, M.: Werke II, 1974, 238, zitiert nach Schmidt, W. H.: Alttestamentlicher Glaube in seiner Geschichte, Neukirchen-Vluyn ⁴1982, 233.
183 Schottroff, W.: Der Prophet Amos. Versuch der Würdigung seines Auftretens unter sozialgeschichtlichem Aspekt, in: ders./Stegemann, W.: Der Gott der kleine Leute, Bd. I, München 1979, 39–67, 59.
184 Lang, B., a.a.O., 23.
185 Wolff, H.W.: Das Alte Testament, Stuttgart ²1975, 107.
186 Lang, B., a.a.O., 45.
187 Vgl. Zenger, E., a.a.O., 406 ff.
188 Vgl. Ebach, J.: „... und behutsam mitgehen mit deinem Gott". Theologische Reden 3, Bochum 1995, 9–24.
189 Rad, G.v.: Theologie des Alten Testaments, Band II, Die Theologie der prophetischen Überlieferungen Israels, München ⁴1960, 219.

[190] Vgl. Koch, K.: Die Profeten II. Babylonisch-persische Zeit, Stutttgart u.a 1980, 30.
[191] Vgl. Kegler, J.: Prophetisches Reden und politische Praxis Jeremias. Beobachtungen zu Jeremia 26 u. 36, in Schottroff, W./Stegemann, W. (Hg.): Der Gott der kleinen Leute, Bd. 1, München 1979, 67–80.
[192] Vgl. zum Folgenden: Koch, K., a.a.O., 23 f; Schmidt, W. H.: Einführung in das Alte Testament, 2., durchges. Aufl., Berlin und New York 1982, 235.
[193] Vgl. Kegler, J., a.a.O., 77.
[194] Zur Schöpfungstradition bei DtJes siehe Kap. 4.5.
[195] Siehe dazu: Becker, U. u. a.: Neutestamentliches Arbeitsbuch für Religionspädagogen, 2., überarb. Aufl., Stuttgart u. a. 1997, 156 f.
[196] Vgl. Ben Chorin, S.: Hoffnungskraft und Glaube in Judentum und biblischer Prophetie, in: EvTh 33 1973, H. 1, 103–112; Lang, B., a.a.O., 69–79; Schmidt W. H.: Alttestamentlicher Glaube in seiner Geschichte, Neukirchen-Vluyn ^{4}1982, 199–206; Koch, K.: Die Profeten I. Assyrische Zeit, Stuttgart u. a. 1978, 145 ff u. 145 ff.
[197] Auszug aus: Fromm, E.: Die Aktualität der prophetischen Schriften, in: Schultz, H. J. (Hg.): „Sie werden lachen – die Bibel" – Erfahrungen mit dem Buch der Bücher, München 1985 (dtv, 1. Aufl. Stuttgart 1975).
[198] Vgl. u. a. Schmidt, W. H., a.a.O., 230 f.
[199] Vgl. Lang B., a.a.O., 42 f.
[200] Vgl. Baldermann, I.: Der Gott des Friedens und die Götter der Macht. Biblische Alternativen, Neukirchen-Vluyn 1983.
[201] Aus: Der Spiegel 37 (1983) Nr. 41.
[202] Vgl. Wolff, H.W.: Schwerter zu Pflugscharen – Mißbrauch eines Prophetenwortes?, in: Evangelische Theologie 44, 1984, H. 3, 280–292.
[203] Ebd. 289.
[204] Pannenberg, W.: Schwerter zu Pflugscharen – Bedeutung und Mißbrauch eines Prophetenwortes, in: Briefdienst 3/83 des Arbeitskreises „Sicherung des Friedens", Bad Boll.
[205] Wolff, H.W., a.a.O., 291.
[206] Ebd. 292.
[207] Huber, W.: Prophetische Kritik und demokratischer Konsens. Vortrag beim Europäischen Theologenkongreß in Zürich am 27. Sept. 1984, M.S.S. 14.
[208] Vgl. Crüsemann, F.: Tora. Theologie und Sozialgeschichte des alttestamentlichen Gesetzes, München 1992, 325.
[209] Vgl. Alt, A.: Die Ursprünge des israelitischen Rechts, in: ders.: Grundfragen der Geschichte des Volkes Israel. Eine Auswahl aus den „Kleinen Schriften", München ^{2}1979.
[210] Ebd., 324; vgl. auch: Rad, G. v.: Theologie des Alten Testaments, Bd. I, 4. bearb. Aufl., München 1962, 206.
[211] Vgl. Gerstenberger, E.: Wesen und Herkunft des „apodiktischen Rechts", Neukirchen 1965.
[212] Aus: Kittel, R.: Geschichte des Volkes Israel I, Stuttgart ^{7}1932, 383 f.
[213] Crüsemann, F.: Bewahrung der Freiheit. Das Thema des Dekalogs in sozialgeschichtlicher Perspektive, Gütersloh 1993 (1983), 18.
[214] Rad, G.v.: a.a.O., 205 ff.
[215] Crüsemann, a.a.O., 39.
[216] Ebd., 80.
[217] Ebd., 85.

218 Vgl. ebd.
219 Beispiel: Wilde, B.: Meine zehn Gebote, Gelnhausen/Berlin ²1982.
220 Vgl. ebd. 45.
221 Ebd. 46 f.
222 Vgl. Link, C.: Die Spur des Namens. Wege zur Erkenntnis Gottes und zur Erfahrung der Schöpfung. Theologische Studien, Neukirchen 1977, 58–85, siehe auch Kap. 3.
223 Link, C.: a.a.O., 5.
224 Vgl. Keel, O. (Hg.): Monotheismus im Alten Israel und seiner Umwelt, Fribourg 1980; ders.: Die Welt der altorientalischen Bildersymbolik und das Alte Testament am Beispiel der Psalmen, Zürich u. a. ³1980.
225 Der Klammersatz „deines Gottes" ist ein deuteronomistischer Zusatz und gehört nicht zum ursprünglichen Wortlaut des Gebotes.
226 Crüsemann, a.a.O., 51.
227 Ebd. 53.
228 Ebd. 60.
229 Vgl. Päschke 1971, 114–129.
230 Zitiert nach Päschke, a.a.O., 122.
231 Crüsemann, a.a.O., 63.
232 Vgl. ebd., 64.
233 Ebd., 65.
234 Vgl. ebd., 65 ff.
235 Ebd. 69.
236 Gollwitzer 1979, 72.
237 Vgl. Alt 1968, 334.
238 Crüsemann, a.a.O., 73.
239 Vgl. ebd., 76.
240 Vgl. ebd. 78.
241 Vgl. Crüsemann, Tora, 221.
242 Vgl. a.a.O., 223.
243 Vgl. Ebach, J.: Nicht nur die zehn Gebote, in: ders.: „... behutsam mitgehen mit deinem Gott". Theologische Reden 3, Bochum 1995, 56 f.
244 Vgl. ebd., 24.
245 Jeremias, J./Strobel, A.: Die Briefe an Timotheus und Titus. Der Brief an die Hebräer, Göttingen ¹²1981, 19.
246 Rad, G. v.: Das erste Buch Mose. Genesis, (ATD 2-4), 9., überarb. Aufl., Göttingen 1972, 64.
247 Hermisson, H.-J.: Der Rückschritt, in: EvTh 42 (1982), H. 3, 290.
248 siehe Kap. 3.1.
249 Z. B. Weiler, G.: Ich verwerfe im Lande die Kriege. Das verborgene Matriarchat im Alten Testament, München 1984.
250 Bei den Apokryphen der Hebräischen Bibel kommt noch das Buch Judith hinzu.
251 Zur Interpretation: Kegler, J.: Debora-Erwägungen zur politischen Funktion der Frau in einer patriarchalischen Gesellschaft, in: Schottroff, W./Stegemann, W. (Hg.): Traditionen der Befreiung. Sozialgeschichtliche Bibelauslegungen. Bd. 2. Frauen in der Bibel, München 1980, 37–59.
252 Übersetzung nach Buber-Rosenzweig.
253 Eine Interpretation dieses Textes und eine ausführliche Darstellung zur rechtlichen Stellung der Frau und ihre Einbindung in die ökonomischen

Verhältnisse des alten Israel findet sich bei Frank Crüsemann, in: Crüsemann, F./Thyen, H: Als Mann und Frau geschaffen, Gelnhausen 1978, 21–51.
254 Ebd., 61.
255 Gunkel, H.: Genesis (1901), Göttingen ⁹1977, 16 f.
256 Trible, P.: Gegen das patriarchalische Prinzip der Bibelinterpretation, in: Moltmann-Wendel, E. (Hg.): Frauenbefreiung, 3., veränderte Aufl., München 1982, 105 f.
257 Sorge, E.: Religion und Frau, Stuttgart u. a. 1985, 101.
258 Crüsemann, F., a.a.O., 63.
259 Ebd., 67 f.
260 I. Fischer geht bei ihrer Analyse von weiteren Varianten aus, indem sie für Gen 20 und 26 jeweils eine Grundschicht und eine Überarbeitungsschicht herausarbeitet, vgl.: Fischer, I.: Die Erzeltern Israels. Feministisch-theologische Studien zu Genesis 12-32, Berlin, New York 1994, 119–130.
261 Koch, K.: Was ist Formgeschichte? Neue Wege der Bibelexegese, Neukirchen-Vluyn 1964, 141 f.
262 Kassel, M.: Biblische Urbilder. Tiefenpsychologische Auslegung, München 1980, 228 f.
263 Crüsemann, F., a.a.O., 74.
264 Ebd., 75. Crüsemanns These wird bei I. Fischer weiter exliziert (vgl. a.a.O.).
265 Kassel, M., a.a.O., 232.
266 Charpentier, E.: Führer durch das Alte Testament, Düsseldorf 1984, 112.
267 Z.B., Charpentier, E.: a.a.O.
268 Vgl. Crüsemann, F., a.a.O., 83.
269 Vgl. Schmöckel, H.: Heilige Hochzeit und Hohes Lied, in: ders: Abhandlungen für die Kunde des Morgenlandes, Wiesbaden 1956.
270 Crüsemann, F., a.a.O., 81.
271 Vgl. ebd., 88 f.
272 Ebach, J.: Fremde in Moab – Fremde aus Moab. Das Buch Rut als politische Literatur, in: ders. /Faber, R. (Hg.): Bibel und Literatur, München 1995, 277–304, 278.
273 Wiesel, E.: Biblische Urgestalten, Freiburg i.B. 1980, 207.
274 Siehe z. B.: Schrader, U.: Die Gestalt Hiobs in der deutschen Literatur seit der frühen Aufklärung, Frankfurt 1992.
275 Eine genaue Analyse findet sich in: Ebach, J.: Ist es ›umsonst‹, daß Hiob gottesfürchtig ist?, in: ders.: Hiobs Post, Neukirchen-Vluyn 1995, 15–31.
276 Vgl. Ebach, J., a.a.O., 29
277 Vgl. Ebach, J.: Streiten mit Gott. Hiob. Teil 1: Hiob 1-20, Neukirchen-Vluyn 1995, 19;
Die von den Boten der Hiobsbotschaften jeweils verwendete Formel: „und ich allein bin entronnen, um es die zu melden" wurde zu einer wichtigen Charakteristik für die jüdischen Literaten, die der Shoa entronnen waren. Erzählen aus dem Entrinnen, nicht über das Entrinnen: Erinnerung als Trauerarbeit und Aufruf gegen das Vergessen (vgl. ebd., 20–25).
278 Vgl. ebd., 59.
279 Ebd., 74.
280 Mit dieser Wahrnehmung wendet sich J.Ebach zu recht gegen eine Exegese, die logische Stimmigkeiten einklagt (vgl. ebd., 75).
281 Ebd., 77.
282 Ebd., 94.

283 Vgl. ebd., 106.
284 In der christlichen Auslegungsgeschichte wurde dieser Satz zum Kernsatz des ganzen Buches. Zum einen wurde der Erlöser mit Christus identifiziert, zum anderen hier bereits durch die Übersetzung im Anschluß an die Vulgata eine Erlösung und Wiederherstellung Hiobs nach dem Tode hineininterpretiert. Diese christliche Auslegung geschah sicher mit lauterer Absicht aus der Perspektive des NT, läßt sich am hebräischen Wortlaut aber nicht festmachen. Auf die antijudaistische Implikation dieser Auslegung weist Ebach zu Recht hin (vgl. ebd., 162 f).
285 Ebd., 166.
286 Zum Weisheitslied (Hi 28) siehe Kap. 11.6.
287 Vgl. Ebach, J.: Streiten mit Gott. Teil 2: Hiob 21-42, Neukirchen-Vluyn 1996, 99.
288 Ebd., 118.
289 Vgl. ebd., 122.
290 Vgl. ebd., 138 f.
291 Vgl. ebd., 154.
292 Ebd, 159.
293 Ebd., 163.
294 Ebd., 163 f.
295 Ebach, J.: Verstehen, Lernen und Erinnerung in der Hebräischen Bibel, in: Ev.Erz. 38 (1986), 106–117, 116 f.
296 Fohrer, G.: Das Geschick des Menschen nach dem Tod im Alten Testament, in: KuD 14 (1968), 249–262, 249.
297 Jung, E. F.: Der Weg ins Jenseits. Mythen vom Leben nach dem Tode, Düsseldorf und Wien 1983, 14.
298 Zit. nach Westermann, Claus: Genesis. Teilbd. ²1.Genesis 1-11. Neukirchen-Vluyn 1976, 291.
299 Ebd., 292.
300 Vgl. ebd.
301 Vgl. Beyerlin, W. (Hg.): Religionsgeschichtliches Textbuch zum Alten Testament, Göttingen 1975 (ATD Erg. 1), 210–240.
302 Vgl. Schmidt, W.H.: Altestamentlicher Glaube in seiner Geschichte, Neukirchen-Vluyn ²1975, 156 f.
303 Wolff, H.W.: Anthropologie des Alten Testaments, München ²1974, 162.
304 Vgl. Jer 31,13 und Kaiser/Lohse, 29.
305 Vgl. Jüngel, E.: Tod. Themen der Theologie Bd. 8, Stuttgart 1971, 94.
306 Vgl. Moltmann, J.: Der gekreuzigte Gott, München ⁴1981, 306 ff.
307 Siehe auch Kap. 4.5
308 Vgl. Wolff, H.W., a.a.O., 152.
309 Vgl. von Rad 1973, 265.
310 Siehe Kap. 10
311 Lutz, H.-M./Timm, H./Hirsch, E. C.: Das Buch der Bücher. Altes Testament, München ³1980, 528.
312 Miskotte, K. H.: Wenn die Götter schweigen. Vom Sinn des Alten Testaments, München ³1966, 354
313 Vgl. ebd., 23.
314 Vgl. ebd.
315 Vgl. Schmidt, W.H., a.a.O., 255.
316 Vgl. zu diesem Abschnitt: Ebach, Jürgen: „Unsere Lebenszeit währt sieben-

zig Jahr". Bibelarbeit über Psalm 90., in: ders.: Biblische Erinnerungen. Theologische Reden zur Zeit, Bochum 1993, 113–129.

[317] Keller, W.: Und die Bibel hat doch recht. Forscher beweisen die historische Wahrheit, Düsseldorf u. Wien 1955.

[318] Die im Ruinenfeld der Hauptstadt des Pharao Echnaton (Amenophis IV) gefundenen Tafeln mit „Diplomatenpost" geben einen Einblick in die politisch-soziale Gesamtlage des Orients im 14. vorchr. Jh.

[319] Vgl. Fritz, V.: Die Entstehung Israels im 12. und 11. Jahrhundert v. Chr., Stuttgart u. a. 1996, 111 ff.

[320] Vgl. Rohl, D.: Pharaonen und Propheten. Das Alte Testament auf dem Prüfstand, Münschen 1996, 241; durch massive Veränderungen der Chronologie „gelingt" ihm sogar eine unmittelbare Identifizierung.

[321] So auch Keller, W., a.a.O, 85.

[322] Die Sintflut nach P dauerte 354 + 11 Tage.

[323] Beide Orte waren Zentren der Verehrung des Mondgottes Sin. Man könnte nach Meinung einiger Forscher eine Wanderung von einem Monheiligtum zum anderen als Erklärung annehmen; vgl. dazu Soggin, J.Alberto: Einführung in die Geschichte Israels und Judas. Von den Ursprüngen bis zum Aufstand Bar Kochbas, Darmstadt 1991, 87.

[324] Kanaan wird als Landesbezeichnung für die vorisraelitische Zeit verwendet.

[325] Vgl. Soggin, J.Alberto, Einführung in die Geschichte Israels und Judas. Von den Ursprüngen bis zum Aufstand Bar Kochbas, Darmstadt 1991, 81 f.

[326] Keller, W., a.a.O.

[327] Vgl. Soggin, J. A., a.a.O, 94 ff.

[328] Eine Lokalisierung des Berges Sinai bzw. Horeb ist nicht möglich. Die Lokalisierung des heutigen Berges Sinai ist erst in christlicher Zeit belegt.

[329] Vgl. Zenger, E., u. a.: Einleitung in das Alte Testament, Stuttgart u. a. ²1995, 135 f.

[330] Vgl. Zenger, E., u. a.: a.a.O., 142 f.

[331] Vgl. Donner, H.: Geschichte des Volkes Israel und seiner Nacbarn in Grundzügen. Bd. 1. Von den Anfängen bis zur Staatenbildung, Göttingen ²1995, 139.

[332] Erwähnt wird die Niederwerfung von 9 durch Vasallenvertrag an Ägypten gebundenen Völker auf dem Boden Kanaans. „Israel hat kein Saatgut mehr"; vgl. dazu Soggin, J.A., a.a.O. 38 f.

[333] Zur Herkunft JHWHs vgl. auch Fritz, V.: Die Entstehung Israels im 12. und 11. Jahrhundert v. Chr., Stuttgart u. a. 1996, 140 f.

[334] Ausführlicher in: Soggin, J.A., a.a.O., 120 f; Fritz, V., a.a.O., 106 ff.

[335] Vgl. Soggin, a.a.O., 125.

[336] Nach diesem Text hat Chagall die Fenster der Synagoge des Hadassah-Krankenhauses in Jerusalem gestaltet.

[337] Noth, M.: Das System der zwölf Stämme Israels, (1930), Darmstadt ²1966.

[338] Vgl. Soggin, a.a.O., 49.

[339] Daran erinnert die Notiz in 2Sam 5,11. Möglicherweise sind diese positiven Beziehungen aber auch erst in der salomonischen Zeit zu verorten (1Kön 5,15 ff).

[340] Zur Chronologie der Staatenbildungszeit vgl. Donner, H., a.a.O., 257 ff.

[341] Vgl. ebd. 97.

[342] Vgl. ebd. 98.

[343] Vgl. Soggin, J. A., 180 f.

[344] Vgl. ebd. 184.

[345] Vgl. Gunneweg, Antonius J.: Geschichte Israels. Von den Anfängen bis Bar Kochba und von Theodor Herzl bis zur Gegenwart, 6., durchges. u. erw. Auflage, Stuttgart u. a. 1989;
Herrmann, Siegfried/Klaiber, Walter: Die Geschichte Israels. Von Abraham bis Bar-Kochba, Stuttgart; Safrai, S.: Das jüdische Volk im Zeitalter des Zweiten Tempels, Neukirchen 1978.

[346] Bezeichnung des aufgrund von 4 Mos 11,16 gebildeten „Hohe Rates" der Juden, der in römischer Zeit die höchste einheimische Behörde darstellte.

[347] Vgl. Soggin, J.A., a.a.O., 262.

Anhang

Register

Abraham 6, 108-111, 113-114, 118-120, 124-125, 221-222, 252, 267, 304
Adam 20, 66, 210, 215-216, 297
Ägypten 8, 53-54, 56, 58-59, 80, 95, 127, 129-130, 171-173, 188-189, 194, 198, 206, 211, 219, 263-264, 268, 276, 279, 286-287, 290, 303
Alexander der Große 290
Amos 19, 37, 151, 160, 162-163, 168-171, 192, 249, 281, 290, 298
Amphiktyonie 139, 274
Archäologie 32, 292
Assyrien 281
Ätiologie 67, 106, 134, 215, 217-218

Baal/Baalkult/Balismus 50, 80, 172, 248-249, 280
Babylonisches Exil 282
Baum 8, 60, 67, 216-217, 245-247, 255-256, 296
Babylon 15, 37, 54, 63, 73, 103, 163, 173, 175, 262, 279, 282-284, 286
Befreiung/Befreier 5, 42, 45, 52-56, 58, 80, 114, 147, 170, 175, 180, 186, 189, 192, 195, 199, 206, 222-223, 237, 262, 294-295, 300
Bekenntnis 60, 81
Berufung 16, 45, 51, 54, 162, 172, 179, 268, 281
Bethel 18, 27, 120, 168, 274, 279
Bundesbuch 37, 130, 185, 205, 290
Bund 52, 97, 101-102, 109, 171, 248

David 7, 9, 48-49, 69, 132, 138, 140, 142, 144-150, 152, 155, 177, 225, 260, 275-277, 290, 293, 298
Deuterojesaja 6-7, 51, 65, 79, 81, 163, 174, 279, 295
deuteronomistisch (dtr) 38-40, 133-135, 137-138, 162, 174, 252-253, 270-271, 278-279, 282

Deuteronomistisches Geschichtswerk (DtrG) 5, 38, 40, 253, 266, 290
Deuteronomium (Dtn) 19, 37-39, 53-54, 57, 60, 133, 153-154, 162, 164-165, 176, 185, 189-190, 192, 198, 202-203, 205, 214, 225, 227, 252-253, 257, 268-269, 274, 290, 293
Debora 139-140, 210-211, 300
Dekalog 38, 185-187, 191, 193-194, 199-202, 204-206

El 18, 48-49, 232
Elohim 35
Erfahrung 30, 32, 45-46, 48, 58-59, 61-62, 70, 77, 79, 82, 87, 92-93, 95, 100-102, 105, 109, 114, 119, 122-124, 126, 143, 154-155, 162, 179, 195-196, 205, 217-219, 223, 228, 230, 234, 236, 240, 242, 250, 253, 259, 293, 300
Erziehung 14, 114
Eschatologie 52
Eva 88, 92, 210, 216-217, 228
Exil 14, 36, 38, 133-134, 185, 253, 267, 269, 279, 282-283, 285
Exodus 8, 19, 36, 38, 45, 54, 57-58, 80-81, 111, 190, 192, 194, 211, 220, 264, 268

Fest 49, 57-58, 198
Feministische Theologie 7, 208
Formgeschichte 301
Frau 7-8, 11, 17, 67, 77, 79, 88, 92, 97, 119, 129, 152, 181, 201, 203, 207-208, 210, 212-218, 220-225, 227-228, 233, 254, 300-301
Freiheit 6-7, 22, 63, 68, 72, 186, 189, 192-199, 201-203, 206, 299
Friede 43, 182

Gattung 29, 79, 217
Gebote 7, 39, 60, 79, 185-189, 192,

194-195, 199-200, 202, 204, 206, 225, 252, 299-300
Geschichte/Geschichtsschreibung 7-9, 11, 19, 24, 31-32, 37, 41, 43, 46, 52, 54, 57, 59, 63, 71, 75, 79, 81, 90, 92, 94, 96, 108, 119-120, 123-124, 129, 131, 133-134, 141, 143-144, 146-147, 149, 151-152, 154-155, 157, 162-163, 165, 170, 174, 176, 180, 183, 191, 194, 198, 206, 209-210, 214, 219, 221, 227-229, 231, 243, 253, 255, 262, 264-266, 269-271, 278-283, 286, 289-293, 297-299, 302-304
Gesetz 13, 22, 39, 43-44, 52-53, 60, 71, 93, 171, 214, 252
Gewalt 7, 42-45, 60, 62, 77-80, 84, 94, 100-102, 122, 137, 147, 153-155, 198, 206, 248, 252, 293, 298
Gideon 7, 143-144
Götzen/-dienst 278-279

Heiligkeitsgesetz 37, 185
Heil/Heilswort (Unheil) 134, 138, 160, 169, 174-175, 181, 244
Herrschaft/-kritik 9, 14, 30, 47-48, 64, 70, 75, 77-78, 88, 105, 127, 129, 131, 134-135, 138, 141, 143-146, 149, 151-152, 172, 191, 200, 215, 218, 248, 263, 277-281, 283-285, 287-291
Herrschaft/-skritik 7, 143
Hiob 8, 13, 19, 70, 226, 229-244, 250, 254-257, 290, 294, 301-302
Hoffnung 8, 54, 58, 60, 102, 109, 112, 147, 157-158, 171, 177-178, 235, 237, 244, 253, 255, 257, 260-261
Hosea 19, 37, 162-163, 168, 191-192, 251, 281, 290

Ideologiekritik 62
Israel 6-9, 11, 20, 38-39, 41, 45-46, 48, 54, 56, 58, 60-61, 72, 76-77, 81, 106, 108, 110, 121-122, 127, 129-130, 132-135, 137-140, 143, 145, 147-148, 150-151, 153-156, 160-161, 164, 168-171, 174-175, 178, 180, 182, 184-185, 194-196, 211, 214, 218, 222-223, 225, 228, 230, 248, 252-253, 255-256, 262, 265-266, 268-272, 274-276, 278-281, 285, 290-291, 293-294, 297-300, 303

Jahwist 35, 86
Jakob 27, 108-111, 119-123, 127, 129, 182, 252, 267
Jeremia 7, 19, 48, 162-164, 170-175, 282, 290, 298-299
Jerusalem 39, 49, 57, 65, 69, 144, 147, 161, 171-173, 260, 276, 278-280, 282-288, 290, 297, 303
Jerusalemer Geschichtswerk 6, 37, 55, 65, 290
Jesaja 19, 37, 162-163, 168, 174, 181, 248, 281, 290
Joschija 38, 133, 172, 279, 282, 290
Jotham 141, 281
Jona 7, 19, 32, 163, 165, 176-177, 184, 226
Josef 127-131, 169, 267-268, 274
Judentum 12, 22, 52, 60, 85, 184-185, 196-197, 286-287, 289, 299

Kanaan 16-17, 111, 195, 262, 267, 269-270, 290, 303
Kanonisierung 13, 159
Katechismus 195, 200, 294
Keniter 91-92, 94
Klage 8, 29, 48, 94, 133, 183, 227, 234-238, 240, 242, 250-251, 258-259, 261
Königsherrschaft 6, 134-135, 138, 144, 150, 178, 276
Krieg 7, 44, 51, 139, 143, 153-154, 201, 281, 289, 291
Kultreform 172, 282, 290, 293
Kult (Gottesdienst)/-bilder 55, 110-112, 161, 170, 172, 195, 224, 277, 279, 285

Lernen 8, 54, 229, 296, 302
Leben 8, 28-29, 53, 55, 59-60, 68-69, 74, 78-79, 86, 93, 97, 100, 120-124, 126, 139, 145, 148, 154, 159-160, 177, 180, 186, 188, 190-191, 196, 199, 201, 203, 209, 212, 221, 225, 232, 234-235, 237, 239, 243, 245-261, 266, 288, 294, 302
Leviratsehe 214, 227

Liebe 8, 42-44, 154, 223-225, 251
Lob 8, 48, 59, 175, 212-213, 249, 258-259, 261

Makkabäer 19, 283, 289, 291
Messias/-erwartung 58, 177-178
Midian 269
Mirjam 55, 210
Monolatrie 51, 134, 194
Monotheismus 51, 194-195, 300
Mose 5, 13, 27, 35-36, 38-39, 45, 54-56, 102, 185, 194, 252-253, 260, 268-269, 295, 300
Mutter/Mutter Gottheit 48, 58-59, 66, 92, 190, 199, 211
Mythos 73, 77, 216-217, 248

Natur 64, 66, 72, 77-79, 83-85, 88, 91, 155, 198, 259
Noah 31, 96-99, 101-102, 231
Nomaden 28, 272

Offenbarung/Theophanie 20, 39, 45, 185, 221, 244
Opfer 89, 92, 94, 100, 113, 124, 126, 141, 155, 168-169, 195, 204, 216, 227, 233

Passa 38, 56-58, 226
Pentateuch 5, 7, 13, 19, 28, 33, 35-38, 40-41, 71, 127, 185, 252, 269, 287
Persische Herrschaft 283, 290
Philister 140-141, 145-147, 272, 275-276
Priester/-schrift 6, 27, 35, 37, 63, 65, 71, 74, 99-101, 109, 115, 185, 225, 266, 275, 286, 290, 292
Propheten 13, 19, 33, 41, 58, 129, 134, 152, 155, 158-168, 171-174, 176-178, 180-181, 275, 279-282, 284, 293, 303
Ptolemäer 287

Ras Schamra 248, 280
Recht(-sprechung) 6, 22, 44, 48, 59, 87-88, 132, 134-135, 138, 147-149, 151, 153, 158, 160, 165, 168-169, 178, 180, 183, 190, 192, 205-206, 220, 222, 227-228, 236, 241, 274, 286, 290

Redaktionskritik 28
Reich Gottes 114, 296
Richter/-zeit 5, 8, 19, 38-41, 48, 52, 117, 133-135, 140, 158, 226, 262, 269-271, 274
Römische Herrschaft 283, 291
Rut 8, 13, 19, 210, 226-228, 237, 290, 301

Sabbat 51, 72, 197-199, 205
Saul 9, 133, 135, 137-138, 140, 145-146, 148, 155, 248, 275, 290, 293
Salomo 9, 39, 130, 138, 141, 148-149, 224, 275, 277-279, 290
Sara 109, 210
Schöpfung/-serzählung 6, 36, 52, 62-64, 68-70, 72-74, 80-84, 99-102, 158, 196, 198, 214-215, 218, 234, 239-241, 254-255, 293, 295-296, 300
Seleukiden 287-288
Septuaginta 14, 287
Sippe 118, 127, 227, 267
Sicherheit 214
Sinai 49, 185, 187, 226, 269, 303
Staatenbildung 291, 303
Strafe 93, 95, 165, 295
Sünde 39, 85-87, 89, 93, 171, 251, 279, 295-296
Symbol/symbolische Handlung 45, 54, 58, 64, 67, 80, 94, 102, 113, 119, 122, 125, 216-217, 276, 279, 285, 297

Taube 98-99, 176
Tempel 50, 57, 133-134, 171, 173, 282-283, 285, 287
Textkritik 25
Tiefenpsychologische Auslegung 23, 131, 301
Tod 8, 36, 39, 44, 60, 85, 93, 112, 120-123, 127, 140, 145, 165, 201, 227, 237, 243-252, 254-258, 261, 269, 275, 278-280, 288, 302
Toledot 266
Tora 13-14, 19, 30, 38-39, 52-53, 58, 60, 67, 134, 159, 180, 185-186, 204-206, 226-227, 252, 254, 260-261, 268, 270, 283-284, 290, 299-300

Überlieferung/Tradition
6, 12-13, 15, 22, 24, 27, 30, 43, 46-48, 51, 54, 60, 69-70, 72, 77, 81-83, 85, 88, 112, 114-116, 118-119, 123-124, 130, 138, 144, 154, 158, 161, 163, 165-166, 169, 176-177, 179-181, 183, 185-186, 189, 193, 196-198, 200, 207-208, 210, 215, 220, 222-223, 225-226, 236-238, 256, 258-260, 262, 274, 282

Ugarit 49-50, 248, 280

Wasser 56, 66, 69, 73, 75, 79, 97-99, 126, 152, 158, 168, 195-196
Weisheit 15, 19, 33, 60, 70, 230, 237, 240-241, 254-255
Wüste 73, 99, 241, 268

Zion 79, 174, 261
Zukunft (s. a. Eschatologie, Heilswort, Unheilsansage) 7, 30, 32, 48, 101-102, 117, 129, 147, 155-156, 160, 164-165, 167, 169-172, 174, 182-183, 197, 227, 253, 295

Karte 1: Großmächte des alten Orients

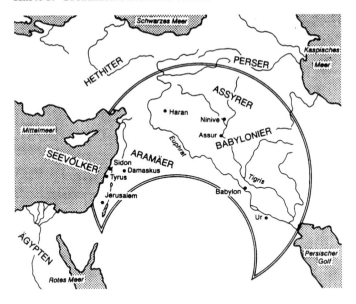

Karte 2: Reich Davids

Karte 3: Vermutliche Besiedelung Kanaans vor der Staatengründung

Siegfried Kreuzer u.a.
Proseminar I

Altes Testament
Ein Arbeitsbuch
Ca. 200 Seiten. Kart.
Ca. DM 29,–/ca. öS 212,–
Ca. sFr 26,50
ISBN 3-17-013050-1
Erscheint im Herbst 1998

Martin Meiser u.a.
Proseminar II Neues Testament - Kirchengeschichte

Ein Arbeitsbuch
Ca. 230 Seiten. Kart.
Ca. DM 34,–/ca. öS 248,–
Ca. sFr 31,50
ISBN 3-17-015531-
Erscheint im Frühjahr 1999

Proseminare sind ein wichtiger Teil des Theologie-Grundstudiums. Arbeitsbücher für Proseminare orientieren sich sowohl an der Zielsetzung der grundlegenden Einführung als auch an den Weiterentwicklungen der theologischen Disziplinen. Vorgelegt wird hier ein aktuelles zweibändiges Arbeitsbuch für die drei historischen Fächer Altes Testament, Neues Testament und Kirchengeschichte, in dem im Horizont neuester wissenschaftlicher Standards die methodischen Arbeitsschritte einschließlich der dazu nötigen Hilfsmittel beschrieben werden. Hinzu treten folgende Beiträge: Biblische Archäologie und Landeskunde; Christliche Archäologie und Kirchliche Kunst; Sozialgeschichtliche Auslegung; Feministische Auslegung; Linguistik und Textauslegung; Tiefenpsychologie und Textauslegung.

Kohlhammer

W. Kohlhammer GmbH · 70549 Stuttgart